중앙은행과
통화정책

중앙은행과 통화정책

1판 인쇄 | 2012년 4월 25일
1판 발행 | 2012년 4월 30일

지은이 | 김병화
펴낸이 | 양기원
펴낸곳 | 학민사

등록번호 | 제10-142호
등록일자 | 1978년 3월 22일

주소 | 서울시 마포구 합정동 373-4 성지빌딩 715호(121-897)
전화 | 02-3143-3326~7
팩스 | 02-3143-3328

홈페이지 | http://www.hakminsa.co.kr
이메일 | hakminsa@hakminsa.co.kr

ISBN 978-89-7193-205-6 (03320), Printed in Korea

ⓒ 김병화, 2012

이 도서의 국립중앙도서관 출판시도서목록(CIP)은 e-CIP홈페이지(http://www.no.go.kr/ecip)와
국가자료공동목록시스템(http://nl.go.kr/kolisnet)에서 이용하실 수 있습니다.
(CIP제어번호 : CIP2012001757)

중앙은행과
통화정책

김 병 화 지음

CENTRAL
BANK &
MONETARY
POLICY

학민사
Hakmin Publishers

필자가 우리나라 금융의 총본산이라 할 수 있는 한국은행에 30년 넘게
근무하면서 통화정책 관련 이론과 실무를 배우고, 또한 금융시장 일선에서
현실금융을 피부로 체험할 수 있었던 것은 큰 보람이었다. 여러 가지 귀중한
경험중의 하나는 우리나라가 외환위기를 겪은 1990년대 말에 세계 금융의
중심지 뉴욕에서 근무하면서 금융자본의 속성을 뼈저리게 깨닫고, 선진국 중
앙은행의 운용행태를 엿볼 수 있었다는 점이다.

　또한 적지 않은 기간 동안 통화정책의 결정을 가까이서 돕고, 이를 종합적
인 시각에서 볼 수 있었다는 것은 누구에게나 주어지는 행운이 아니었다. 이
러한 경험은 우리나라의 중앙은행인 한국은행이 나아가야 할 방향, 더 나아
가 우리 금융시장의 발전방향에 대해 많은 것을 생각하게 해주었다.

　한편 금융시장 일선에서 새삼 배운 것은 중앙은행의 통화정책이 직간접
적으로 금융시장은 물론 실물경제에 막중한 영향을 미치며, 적절한 통화정책
이 금융경제 발전의 핵이 된다는 점이다. 금융시장 참가자들의 입장에서는
중앙은행의 통화정책에 대해 잘 이해하고 합리적인 예상을 하는 것이 필요하
며, 이를 위해서는 통화정책 운용에 대한 구체적 메커니즘을 이해하는 것이
크게 도움될 것임이 자명하다. 중앙은행 입장에서도 금융시장이 중앙은행의
정책을 잘 이해하고 동조할 때 정책의 효과가 극대화된다는 점에서 상호간의
이해가 필수적이다.

중앙은행과 금융기관 일선에서 일한 필자가 이에 조그마한 보탬이 될 수 있을지 모른다는 생각이 이 책을 집필하게 하는 용기를 불어넣어 주었다. 그리고 이 책을 쓰게 된 또 다른 동기는 실제 통화정책이 당대의 경제이론을 직간접적으로 반영하고 있다는 당연한 사실을 말하고 싶었기 때문이다.

입행 초기 필자는 학창시절에 배운 경제학이 중앙은행에서 근무하는 데 큰 도움이 될 것 같은 생각이 들지 않았다. 그러다 1980년대 중반 다시 대학에서 최신 경제학이론을 공부할 기회를 가지게 되었지만, 이 유학 시기에도 과거에 느낀 것과 같이 경제이론이 중앙은행의 실제 목표설정이나 운용과 관련이 있는 것일까에 대한 회의가 떠나지 않았다. 그 당시 배운 수리에 크게 의존하는 순수 경제이론은 너무나 현학적인 것이어서 현실경제를 설명하고 경제정책을 수립하는 데 아무런 보탬이 되는 것 같지 않았다.

그러나 유학생활을 마치고 다시 한국은행에 복귀하게 되면서 이러한 생각은 잘못된 것임을 깨닫게 되었다. 경제이론에 대한 이해가 나아지고, 중앙은행 실무에 대한 시야도 넓어짐에 따라 경제이론이 경제정책, 특히 중앙은행의 통화정책에 심대한 영향을 미치고, 역으로 금융시장의 실제 움직임과 통화정책의 결과가 새로운 경제이론의 정립 및 수정과 학계의 연구방향 설정에 큰 영향을 미친다는 것을 절감하게 되었다.

이는 대학에서 경제이론을 배우는 학생이나 금융시장 참가자들이 중앙은행의 통화정책이 어떤 경제이론에 바탕을 두고 있는지에 관해 이해하는 데 도움을 주는 것이 의미 있는 일이라 생각하게 해주었다. 경제학을 공부하는 학도들이 상아탑에서 배우고 있는 이론이 현실경제와 실제 정책의 대부분을 잘 설명하고 있다는 것을 깨달을 때, 경제학을 보다 잘 이해하고 경제지식을 현실경제에 응용하는데 주저하지 않을 것이다.

이런 점에서 필자는 30여년의 한국은행 근무, 유학생활과 금융시장 일선에서의 경험을 나름대로 정리해 보고, 가능하면 이를 다른 사람들에게 전달하고 싶었다. 이 책은 이러한 나의 조그마한 소망을 바탕으로 태어나게 되었다. 하지만 호랑이를 그리려다 고양이를 그린 것처럼 마음에 차지 않고 부끄러움이 앞서 중도에 그만둘까 하는 생각이 들 때가 한 두 번이 아니었다. 이런 이론을 모르는 사람이 누가 있으며, 중앙은행 실무에 통달하고 있는 분들이 부지기수라는 생각이 들 때마다 회의가 들었다. 그렇지만 관련 이론, 실무지식과 실제 시장접점을 종합해 놓는다면 비록 만족스럽지는 못하지만 다음을 위한 디딤돌이 되리라는 것이 위안이었다.

이 책을 저술할 때 가장 주안점을 둔 부분은, 첫째 경제이론과 실제 통화정책과의 연관성이며, 둘째 통화정책의 구체적 결정과정이다. 이에 따라 통화정책을 수립하고 집행하는 각 과정마다 경제이론이 깊숙이 자리 잡고 있음을 보여주고자 하였으며, 통화정책 집행에 필요한 일상적인 연구 분석을 실물, 금융, 외환 등 분야별로 지루하다 할 정도로 상세히 언급하였다. 이렇게 한 이유는 이 책을 숙독하고 어느 정도의 실물경제 분석능력만 갖추면 독자적으로 통화정책에 관한 견해를 가질 수 있도록 한다는 것이 필자의 바램이었기 때문이다. 이렇게 될 경우 중앙은행 통화정책에 대한 이해가 높아지고, 원활한 소통과 건전한 비판과 격려를 통한 통화정책, 나아가 금융발전을 위한 토양의 형성에 적지 않은 보탬이 되리라고 생각한다.

먼저 제1장에서 중앙은행 통화정책의 목표를 살펴보고, 제2장에서는 통화정책과 관련된 이론에 대해 고찰하였다. 제3장에서는 주요국 중앙은행의 통화정책 운용에 대해 알아본 후 우리나라의 운용 메커니즘에 대해 상세히 기술하였다. 현재 우리나라의 통화정책은 주된 목표인 물가안정을 이루기 위해 기준 금리를 조정하는 금리중심 통화정책인데, 금융통화위원회가 금리를 조정할 때 국내외 경제상황을 면밀히 점검하고 정책의 예상결과에 대해 심사숙고한다. 제4장에서는 경제상황 판단에 필요한 분석지표들을 실물, 금융, 외환 세 부문으로 나누어 설명한 후 과거 기준금리 조정사례를 이들 변수들의 움직임으로 살펴보았다. 마지막 제5장에서는 최근에 부각되고 있는 거시건전성정책과 양적완화정책에 대해 간략하게 정리하였다.

한편 작년에 한국은행법이 개정되었는데, 이는 국내외적으로 금융안정이 중요한 과제로 대두된 것이 그 배경이라 하겠다. 과거에는 중앙은행에게 물가안정이란 한 가지 목표만 주어진 경우가 많았지만, 최근에는 최종대부자 역할이 커지면서 자연스럽게 금융안정이라는 책무도 부여되고 있다. 이 책에서도 최근 개정된 한국은행법을 최대한 반영하여 서술하려고 하였으나 만족스럽지는 못하였다.

이 책을 집필하는데 많은 사람들로부터 도움을 받았다. 먼저 한국은행 관계자 여러분들이 저술해 놓은 금융과 통화정책 관련 책자, 보고서, 논문 등이 없었더라면 이 책은 불가능하였을 것이다. 그리고 필자의 동료, 후배들, 특히 필자가 한국은행 금융경제연구원에 근무할 당시의 동료들로부터 많은 도움을 받았다. 일일이 나열해 고마움을 표시하기에는 너무 많은 분들이다. 지면을 빌어 깊은 감사의 마음을 보낸다.

2012. 3 **김 병 화**

CONTENTS

중앙은행과 통화정책
The Centarl Bank and Monetary Policy

제3장 통화정책의 운용제도와 수단

CONTENTS

정책결정을 위한 경제상황 판단

제 **1** 장

통화정책의
목적

The Centarl Bank
and
Monetary Policy

제 1 절

통화정책의 목표

오늘날 세계 각국은 경제 · 역사 · 문화적 배경과 발전과정에 따라 중앙은
행의 설립 및 운영에 관해 각기 다른 법률적 근거와 제도적 장치를 갖고 있으
며, 통화정책의 명시적인 목표[1]와 지향점에 있어서도 약간의 차이를 나타내
고 있다. 그러나 각국의 통화정책 틀 속에서 그 공통분모가 되는 요소들을
추출해 낸다면 중앙은행 설립근거로서의 통화정책은 대체로 물가안정과 거
시경제의 안정적 성장이라는 두 가지 목표를 위해 수행된다고 볼 수 있다.

2008년 글로벌 금융위기 이후에는 자산가격의 안정 및 거품 방지, 금융시
스템의 안정, 외환시장 및 환율의 안정, 국제수지 균형, 일자리의 창출과 고
용의 안정 등 여러 가지 정책적 가치들 또한 통화정책의 목표로 추가되어야
한다는 주장들이 제기되는 등 중앙은행이 수행하는 통화정책의 역할에 대한
각계각층의 다양한 요구가 더욱 커지고 있다.

그러나 이와 같은 새로운 논의들 역시 물가안정과 경제의 지속적 성장이라

---

1) 통화정책이 추구하는 궁극의 바람직한 경제 상태로서의 개념을 나타내는 '목적(goals)'과 통화
    정책의 지향 변수로서의 개념을 나타내는 '목표(objectives)'를 구분하는 경우도 있으나 본서에
    서는 바람직한 경제 상태라는 것도 결국에는 특정 경제변수로 구체화될 수밖에 없다는 점에
    서 굳이 구분하지 않기로 한다.

는 두 가지 커다란 목표 안에 모두 포함된다고 볼 수 있다. 자산가격의 안정과 거품의 방지를 통화정책의 목표에 포함시켜야 하는가에 대한 논란이 물가안정의 범위를 자산가격에까지 확장한 요구로도 해석될 수 있으며, 금융시스템 · 외환시장 · 환율 · 국제수지 · 완전고용 · 소득분배에 관한 정책목표들 또한 모두 거시경제의 안정적 성장이라는 큰 틀 안에 포괄되는 내용이라 할 수 있기 때문이다.

주요국들이 통화정책의 목표로 제시하고 있는 사례들을 살펴보면, 미국의 중앙은행법(Federal Reserve Act)은 1977년 개정 이래 통화정책의 목표로서 최대고용, 물가안정, 그리고 장기금리의 안정 세 가지를 명시하고 있다. 영국의 중앙은행법(Bank of England Act)은 통화정책의 목표로서 1998년 개정 이래 물가안정, 성장 및 고용을 포함한 정부 경제정책 지원을 명시하고 있다.

유럽연합의 경우 유럽연합의 운영에 관한 조약(Consolidated Version of the Treaty on the Functioning of the European Union) 가운데 경제정책에 관한 장에서 통화정책의 주된 목표로서 물가안정을 들고 있으며, 부가적으로 회원국들의 평화와 국민들의 복지를 도모하기 위해 탄생된 유럽연합 기구의 설립목적을 달성하기 위해 펼쳐지는 경제정책에 대한 지원을 명시하고 있다.

일본의 중앙은행법(日本銀行法)은 1998년 개정 이래 통화정책의 목표로서 물가안정을 통해 국민경제의 건전한 발전에 이바지하는 것을 명시하고 있다. 중국의 중앙은행법(中國人民銀行法)은 1995년 개정 이래 통화정책의 목표로서 화폐가치의 안정과 경제성장의 촉진을 명시하고 있다.

우리나라는 1950년 한국은행법 제정을 통해 한국은행의 주요목적으로 국민경제 발전을 위한 통화가치의 안정, 은행 · 신용제도의 건전화와 그 기능향상에 의한 경제발전과 국가자원의 유효한 이용의 도모, 정상적인 국제무역 · 외환거래의 달성을 위한 국가의 대외결제준비자금의 관리를 명시하여 통화정책에 경제개발과정에 있어서 필요한 다수의 중층적 목표를 부여하였다.

[표 1-1] 주요국의 중앙은행법에 명시된 통화정책 목표*

국가	법률명칭	관련조항	내용
한국	한국은행법	제1조	• 물가안정을 통해 국민경제의 건전한 발전에 이바지함 • 통화신용정책을 수행함에 있어 금융안정에 유의
미국	Federal Reserve Act	Section 2a	• maximum employment • stable prices • moderate long-term interest rates
영국	Bank of England Act	Chapter II, Section 11	• price stability • support the economic policy of Her Majesty's Government, including its objectives for growth and employment
유럽연합	Consolidated Version of the Treaty on the Functioning of the European Union	Title VIII, Article 127	• price stability • support the general economic policies in the Union with a view to contributing to the achievement of the objectives of the Union
일본	일본은행법	제2조	• 물가안정 • 국민경제의 건전한 발전
중국	중국인민은행법	제3조	• 화폐가치의 안정 • 경제성장 촉진

* 2010년 말 현재. 원문에 대한 해석은 본문을 참조. 한국은 2011년 9월 한은법 개정 반영

출처 : 한국은행, Board of Governors of the Federal Reserve System, Bank of England, EUROPA , 日本銀行, 中國人民銀行

이후 1962년 개정시 "정상적인 국제무역·외환거래의 달성을 위한 국가의 대외결제준비자금의 관리"를 삭제하였고, 외환위기 이후 1998년 개정된 한국은행법은 통화정책의 목표(목적, 제1조)를 "물가안정을 통해 국민경제의 건전한 발전에 이바지함"으로 명시하였다. 글로벌 금융위기 이후 2011년 개정시에는 목적 조항(제1조)에 "통화신용정책을 수행함에 있어 금융안정에 유의하여야 한다"는 내용을 추가하였다.

주요국들의 사례에서 볼 수 있듯이 대부분의 나라들이 우리나라와 마찬가

지로 물가안정과 거시경제의 안정적인 성장을 통화정책의 주된 목표로 삼고 있다. 이에 대한 대표적인 실증적 사례로 테일러(J. Taylor, 1993)는 정책금리 목표 설정시 물가상승률과 경제성장률을 함께 고려하는 아래 식 (1-1)으로 실제적인 통화정책의 운용체계를 나타낸 바 있다.

$$r = p + 0.5 \times \frac{(Y - Y^*)}{Y^*} \times 100 + 0.5 \times (p - P^*) + 2 \quad \cdots\cdots\cdots \ (1\text{-}1)$$

$\quad r \ : \quad$ 정책금리(federal fund rate)
$\quad p \ : \quad$ 과거 4분기 동안의 물가상승률
$\quad P^* : \quad$ 목표 물가상승률
$\quad Y \ : \quad$ 실질GDP
$\quad Y^* : \quad$ 추세 실질GDP

식 (1-1)은 물가상승률 목표를 2%라고 할 때 물가상승률이 목표치를 넘어서거나($p > 2$) 또는 실제GDP가 추세 실질GDP를 초과하는 경기과열의 경우($Y > Y^*$)에 정책금리를 인상한다는 것을 나타낸다. 예를 들어, 물가상승률이 목표치인 2%이며($p = 2$) 실질GDP도 목표수준인 추세 실질GDP와 같을 때($Y - Y^* = 0$) 정책금리는 4%가 되는데, 여기서 물가상승률만 3%로 상승한다면 물가를 안정시키기 위해 정책금리는 5.5%로 인상된다.

한편 물가상승률이 목표치와 같은 2% 수준을 유지하는 가운데 실질GDP가 추세 실질GDP 수준을 1% 초과하는($(Y - Y^*) / Y^* \times 100 = 1.0$) 경우 이때의 정책금리는 경기과열을 진정시킬 수 있도록 4.5%로 인상된다. 테일러는 1987년부터 1992년까지 미국경제를 대상으로 한 분석결과를 토대로 위의 식이 미국 연방준비제도이사회의 정책금리 결정 행태를 잘 설명해 준다고 주장하였다. 식 (1-1)은 중앙은행이 목표 인플레이션율과 목표 경제성장률을 고려하여 정책금리를 얼마만큼 조정할 것인가에 대한 하나의 준칙과도 같다고 하

여 이를 '테일러 준칙(Taylor rule)'[2]이라고 부른다.

[그림 1-1] 통화정책의 목표

그러나 중앙은행이 실제 통화정책을 수행할 때 고려해야 할 정보와 변수들이 너무도 많기 때문에 이와 같이 단순한 기계적 메커니즘에 따라서 정책금리를 결정하는 것은 아니며, 그 어느 나라도 이와 같은 도구적 준칙을 활용하여 통화정책을 수행한다고 공표하고 있지는 않다.

한편 물가안정과 경제성장 가운데 통화정책이 보다 직접적으로 지향하는 단 하나의 목표를 든다면 물가안정을 들 수 있다. 이는 인플레이션의 폐해가 경제 전체적으로 초래하는 손실이 매우 크기 때문이다. 인플레이션의 가장

---

2) 보다 일반화된 형태의 테일러 준칙은 다음과 같이 표현된다.

$i_t = \pi_t + r_t^* + \alpha_\pi(\pi_t - \pi_t^*) + \alpha_y(y_t - y_t^*)$. 여기서 i_t;명목단기정책금리, r_t^*;균형 실질금리, π_t;물가상승률, π_t^*;목표 물가상승률, y_t;실질GDP, y_t^*;잠재GDP. 이 때 정책목표금리 설정시 물가와 경제성장간의 가중치라 할 수 있는 α_π와 α_y의 계수값은 국가별 상황에 따라 각기 다르게 적용될 수 있는데 테일러는 이를 임의로 각각 0.5로 설정하여 분석한 것이다.

큰 폐해는 무엇보다도 미래에 대한 불확실성을 초래함으로써 경제주체들이 장기적인 시각에서 합리적인 의사결정을 내리기 곤란하게 한다는 점이다.

향후 자신의 실질소득이 어떻게 변화될지 모르는 상황에서 합리적인 소비가 이루어지기 곤란하고, 자산가치가 어떻게 변할지 모른다면 투자가 활성화될 수도 없다. 자금거래에 있어서도 대부자는 차입자에게 미래의 불확실성에 대한 프리미엄으로 과도한 리스크 프리미엄을 요구하고 이에 따라 차입자의 조달비용이 높아지게 되어 투자재원조달도 어려워진다.

이에 더하여 높은 인플레이션이 지속되는 상황에서는 금융자산보다 실물자산을 선호하게 됨으로써 설비투자와 같은 생산적 투자활동보다는 부동산투기가 만연하게 되고 급여생활자의 근로의지가 저하되는 등 경제 전체의 성장동력을 잠식하게 된다. 따라서 물가안정의 기반 위에서만 거시경제의 안정적 성장과 경제내 각 부문의 선순환이 가능한 일이기 때문에 물가안정은 중앙은행이 수행하는 통화정책의 직접적이고도 가장 중요한 목표가 된다.

제2절
물가안정의 개념

물가안정을 통화정책의 우선 목표라 할 때 중앙은행은 세 가지 중요한 문제에 직면하게 된다. 첫째, 물가란 무엇이며 둘째, 물가를 어떻게 측정할 것인지 셋째, 물가가 안정된 상황이란 어떤 경제 상태를 의미하는가에 관한 문제이다.

1. 물가의 개념

시장에서 판매되는 모든 재화와 서비스에는 가격이 붙어있는데 물가란 그 개별 재화와 서비스의 가격들을 모두 포괄하여 나타내는 경제 전체의 가격수준을 의미한다. 물가는 개별 소비자나 기업이 소비 또는 생산과 관련한 의사결정을 할 때 기준이 되는 재화 및 서비스의 가격과는 또 다른 개념이다. 소비자들은 개별적인 재화나 서비스의 가격을 보고 무엇을 얼마나 구입할 것인지에 대한 의사결정을 하며, 기업들도 스스로 생산·판매하는 재화 및 서비스의 가격과 원자재의 가격 등을 보고 생산·판매량을 결정한다. 이처럼 소비자와 기업이 의사결정을 할 때 이를 좌우하는 가격은 재화 및 서비스의 절대적인 가격수준이 아니라 다른 재화와 서비스의 가격에 비춰 본 당해 재화 또는 서비스의 가격, 즉 상대가격이다. 그런데 물가는 이들 개별 재화 및 서비스의 상대가격이 아니라 그 전체의 절대적인 가격수준을 말하는 것이다. 이때의 물가를 나타내는 지표는 재화 및 서비스 시장가격들의 단순한 집합을 의미하는 것은 아니며, 시장에서 거래되는 재화와 서비스의 생산 · 소비 · 국제교역 등의 시장거래에 관계된 가격수준을 일관된 체계를 가지고 통합적으로 보여줄 수 있는 것이어야 한다. 이러한 기준에 부합하는 대표적인 두 가지 중요한 물가지표로 소비자물가지수(Consumer Price Index)와 생산자물가지수(Producer Price Index)가 있다.

소비자물가지수는 가계의 재화 및 서비스 소비 가격이 매 기간 어떻게 변해 가는지를 파악하기 위한 가격지표이다. 소비자물가지수는 소매점 또는 백화점, 할인점 등에서 수집한 가격정보를 기초로 작성되는데 가격의 시점 간 변화, 즉 기준시점에 대한 비교시점의 가격변화를 측정한다. 전체 지수를 작성하기 위해 개별 품목에 적용하는 가중치로는 가계가 소비하는 총액에 대한 품목별 비중을 활용한다. 소비자물가지수는 우리나라의 공식적인 물가지표로 사용되고 있으며, 통화당국이 추구하는 물가안정목표의 중심지표로 활용된다.

생산자물가지수는 국내 생산자가 생산하는 재화 및 서비스 생산가격의 변화를 파악하기 위한 가격지표이다. 소비자물가지수와 생산자물가지수의 주요 차이점은 소비자물가지수가 최종 소비단계에서의 가격변화를 측정하는 데 반해 생산자물가지수는 최종소비가 아닌 생산 직후 출하단계에서 기업상호간 거래가격의 변화를 측정한다는 점이다. 과거에는 최종소비단계에 해당하는 소매시장에 도달하기 이전 단계인 도매시장(primary markets)에서의 가격변화를 파악하기 위해 도매물가지수(wholesale price index)를 작성하였는데 지금은 대부분의 국가들이 산업적 관점에서 보다 광범위한 유용성을 갖는 생산자물가지수로 대체하여 작성하고 있다. 이는 생산자물가지수가 원재료·중간재·최종재의 가공단계별로도 가격의 변화를 파악함에 따라 경제 전체의 물가상승 파급과정을 단계별로 알 수 있도록 하기 때문이다.

한편 미국의 연준은 소비자물가지수와 유사한 개념의 물가지수로서 개인소비지출 물가지수(PCEPI: Personal Consumption Expenditure Price Index)를 인플레이션 판단지표로 활용하고 있다. 개인소비지출 물가지수는 미국의 국민계정 가계부문에서 명목 개인소비지출액을 물량기준으로 실질화할 때 적용하는 가격지수들을 가중평균한 지표인데, 연준은 물가 분석 및 전망시 개인소비지출 물가지수의 움직임을 중요한 가이드라인으로 이용한다. 1930년대 이후 미국 개인소비지출 물가지수의 장기 시계열을 살펴보면 소비자물가지수와 거의 비슷한 움직임을 나타내는 것을 확인할 수 있다. 다만, 1947년 및 1980년 같은 경우에는 소비자물가지수 상승률이 개인소비지출 물가지수 상승률보다 상당폭 높게 나타나기도 하였다. 가계 서베이를 통해 물가조사 기준품목을 정하는 소비자물가지수와는 달리 개인소비지출 물가지수는 기업 서베이를 통해 개인소비지출에 포함되는 품목을 정하고 가중치 또한 동 조사 결과를 활용한다. 따라서 포괄범위에 있어서도 다소간의 차이가 있으며 소비자물가지수는 일반가계 부문만을 대상으로 하는 반면 개인소비지출 물가지수는 가계부문 뿐만 아니라 가계에 봉사하는 비영리단체(Non-profit Institutions Serving Household)를 모두 포함하고 있다. 지수를 산출하는 공식에 있어서도 소비자물가지수는 기준시점의 가중치를 활용하는 라스파이레스 산식을 이용하여 산출되는 반면, 개인소비지출 물가지수는 라스파이레스 산식과 비교시점의 가중치를 활용하는 파쉐 산식을 기하평균하여 이상적인 지수로 평가되는 피셔방식을 이용하여 산출된다. 지표로서의 안정성과 관련하여서도 소비자물가지수는 조사대상품목의 가중치를 새로이 적용하게 되는 기준년 개편의 경우를 제외하고는 통계의 수정이 발생하지 않는 반면, 개인소비지출 물가지수는 분기 국민소득통계의 수정과 함께 연중에도 수시로 수정되어 공표된다. 이에 따라 가계부문이 부담하는 생계비의 측정 및 소비자물가의 변동을 파악하는 데 있어서 소비자물가지수와 개인소비지출 물가지수 가운데 어느 것이 더 나은 지표인가 하는 데 대해서는 미 연준 내에서도 여전히 많은 논란이 되고 있다.

[그림 1-2] 우리나라의 물가지수 수준 및 상승률 추이

(수준)

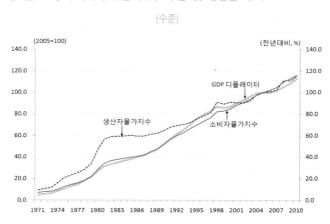

(상승률)

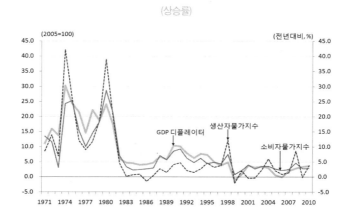

출처 : 한국은행 경제통계시스템(ECOS)

경제 전체의 물가수준을 나타내는 또 하나의 물가지표로 GDP 디플레이터를 들 수 있다. GDP 디플레이터는 명목GDP를 실질GDP로 나누어 사후적으로 얻어지는 물가지수를 말한다. GDP를 추계할 때에는 생산자물가지수나 소비자물가지수 이외에도 수출입물가지수, 금리, 임금, 환율 등의 다양한 가격지수를 종합적으로 이용하기 때문에 GDP 디플레이터는 경제 전체에 영향을 주는 모든 물가요인을 포괄하는 가장 종합적인 물가지수라고 할 수 있다. 따라서 GDP 디플레이터는 생산자물가지수나 소비자물가지수와 함께 국민경제 전체의 물가수준을 나타내는 지표로 사용되기도 한다.

[그림 1-2]에서 알 수 있듯이 각각의 물가지수는 대체로 비슷한 움직임을 나타내기는 하지만 그 작성목적에 따라 조사대상품목, 조사단계 및 가중치 구조 등의 작성방법이 각기 다르기 때문에 상승률의 수준 및 방향성 등에서 각 지수마다 다소간의 차이를 나타내고 있다. 따라서 물가지수를 올바로 이용하기 위해서는 물가지수 각각의 특성을 충분히 이해할 필요가 있다.

2. 물가지수 측정에 관한 문제

물가지수는 기준시점의 물가를 100이라고 할 때 비교시점의 물가수준이 얼마인가를 나타내는 것이므로 물가지수를 작성할 때에는 기준시점과 비교시점 사이에 존재하는 서로 다른 여러 가지 재화와 서비스의 가격을 종합한 물가수준을 어떻게 비교, 측정할 것인가 하는 문제가 최대 관건이 된다. 이와 관련하여 1990년대 중반 미국에서 소비자물가지수의 측정에 관한 문제가 공식적으로 제기되었는데[3] 주된 이슈는 소비자물가지수에 상향편의(upward

---

3) 1995년 FRB의 그린스펀(A. Greenspan) 의장이 미 의회에서 소비자물가지수 상승률이 실제 생계비 상승률보다 0.5%p ~ 1.5%p 정도 높은 것으로 보인다고 증언함으로써 문제 제기가 공

bias)가 존재하여 소비자물가지수 상승률이 실제 인플레이션율을 과대평가하는 경향이 있다는 것이었다. 이에 따라 미 의회는 '소비자물가지수 연구를 위한 자문위원회[4]'를 구성하고 소비자물가지수의 상향편의 현황 및 요인에 대한 조사에 착수하여 1년여의 연구 끝에 실제로 소비자물가지수가 인플레이션율을 과대평가하는 경향이 있다는 결론을 도출하였다.

소비자물가지수에 상향편의가 발생하는 이유에 대해서는 대체편의(substitution bias), 신제품편의(new product bias), 품질편의(quality bias), 할인점편의(outlet bias) 등 네 가지 편의가 거론되었다. 대체편의는 소비자가 개별 상품간의 상대가격이 변화할 때 소비하는 재화와 서비스를 더 값싼 품목으로 대체해 나가기 때문에 발생하는 편의이다. 소비자물가지수의 편제는 대개 특정시점에 고정된 재화와 서비스 바스켓의 품목별 가중치를 전제로 한다. 즉 휴대폰이 아이폰과 갤럭시 두 가지 뿐이라고 할 때 아이폰과 갤럭시가 특정시점에서 비슷한 품질에 동일한 가격으로 판매되어 소비자들이 어느 것을 소비하든지 동일한 효용을 누릴 수 있으므로 그 판매비중도 각각 절반을 차지한다고 가정하자. 이때의 소비자물가지수는 아이폰과 갤럭시의 가격을 단순 평균한 가격을 나타낸다. 그런데 시간이 지나 품질은 변하지 않는 가운데 어느 것 하나의 가격이 내려간다면 소비자들은 두 가지 스마트폰 중 가격이 내려간 휴대폰에 대한 소비를 늘리고 가격이 그대로인 휴대폰의 소비를 줄일 것이다. 즉 실제 소비자들이 소비하는 재화의 가격이 내려가게 되고 가격이 싼 재화의 소비량이 늘어나면 늘어날수록 경제 전체적으로 소비자들의 실제 소비가격은 더 크게 하락하게 된다. 즉 소비 바스켓의 가중치가 변화하는 것이다. 그러나 기준시점의 가중치를 수년간 그대로 이용할 수 밖에 없는 라스

식적으로 이루어졌다.

4) 이 위원회의 위원장인 보스킨(M. Boskin)의 이름을 따서 최종보고서는 통상 "The Boskin Commission Report"라고 불린다.

파이레스 산식이 적용되는 소비자물가지수의 바스켓에서는 두 가지 스마트폰이 여전히 동일한 가중치를 유지하게 되어 통계로 측정되는 소비자물가지수의 하락이 실제 가계의 소비가격 하락폭보다 적게 나타난다. 이처럼 소비하는 재화 및 서비스의 상대가격 변화로 가격이 하락하는 재화의 소비량이 늘어나면서 국민 경제 전체의 실질적인 소비가격이 하락하는 것을 소비자물가지수가 제대로 포착해내지 못하는 데 따른 측정오차를 대체편의라고 한다.

신제품편의는 시장에 새로운 제품이 등장했을 때 그 제품을 물가지수의 측정기준이 되는 소비 바스켓에 즉시 포함하지 못함으로써 발생한다. 즉 기존에 존재하지 않던 새로운 상품이 등장하여 가격이 빠르게 하락하는데도 특정 기준시점의 고정된 가중치를 사용하는 소비자물가지수에서는 이를 제대로 포착해내지 못하기 때문에 편의가 나타나는 것이다. 대표적인 예로 PC가 처음 시장에 등장하고 그 가격이 빠른 속도로 하락하여 소비자들의 PC 구입가격은 수 년 동안 하락했지만 소비자물가지수에는 한 동안 PC가 포함되어 있지 않아 PC의 가격 하락이 소비자물가지수 하락에 반영되지 못하였다. 휴대폰도 마찬가지로 처음 등장해서 몇 년 동안은 가격이 하락했지만 휴대폰이라는 제품의 가격 하락이 소비자물가지수에 반영되기까지는 시간이 걸릴 수밖에 없었다. 기술이 발달할수록 신제품의 출현도 빈번해지고 이와 같은 신제품편의가 나타날 확률도 높아진다.

품질편의는 제품의 품질향상에 따라 가격이 상승하는 경우 더 좋은 품질의 제품이 더 높은 가격으로 판매되는 것이 당연함에도 불구하고 이것이 기존 제품의 가격상승으로 측정되는 경우에 발생한다. 이러한 품질편의는 주로 신제품편의와 함께 나타나는 사례가 많다. 예를 들면 갤럭시 휴대폰 다음으로 출시되는 후속 모델은 보다 나은 품질에 더 높은 가격으로 출시되는데 이것이 동일한 제품의 가격상승으로만 측정되는 오류가 바로 품질편의이다.

할인점편의는 소비자들이 대형할인점 이용을 늘림에 따라 실질적인 소비가격의 하락이 나타나는 경우에 기준시점의 바스켓을 이용하여 편제되는 소비자물가지수가 이를 제대로 반영하지 못함으로써 발생한다. 예를 들면, 대형할인점이 규모의 경제를 이용하여 동일한 품목을 일반 소매점보다 낮은 가격에 판매하는 경우 많은 소비자들은 일반 소매점이 아닌 대형할인점에서 그 품목을 주로 구매하게 될 것이다. 그러나 소비자물가지수에서는 일반 소매점 가격을 기준으로 계속 조사되어 가격에 변화가 없는 것으로 측정되는 경우가 바로 할인점편의에 해당한다.

미 의회에 제출된 보고서(The Boskin Commission Report)에서는 소비자물가 지수 상승률이 해마다 약 1.1%p 정도 과대측정되고 있으며, 그 요인을 분해해 보면 신제품편의 및 품질편의가 0.6%p, 대체편의가 0.4%p, 할인점편의가 0.1%p 정도인 것으로 측정되었다. 우리나라의 경우에도 소비자물가지수의 상향편의는 대체로 0.7 ~ 1.2%p 정도[5]로 분석되어 주요 선진국과 비슷한 수준인 것으로 보인다.

[표 1-2] 주요국의 소비자물가지수 상향편의 추정 사례

(%p)

상향편의 추정치	미국				일본	캐나다		영국	한국
	Boskin 外 (1996)	US G.A.O (2000)	Hamilton (2001)	Costa (2001)	Shiratsuka (1999)	Rossiter (2005)	Beatty 外 (2005)	Cunningham (1996)	정철 外 (2007)
	1.10	0.73~0.90	1.51~1.72	1.60	0.90	0.58	1.33~1.86	0.35~0.80	0.70

출처 : Boskin *et al*(1996), US General Accounting Office(2000), Hamilton(2001), Costa(2001), Shiratsuka(1999), Rossiter(2005), Beatty and Larsen(2005), Cunningham(1996), 정철 · 김봉근 · 박명호(2007), 이은석 · 이문희(2009)

이와 같은 소비자물가지수의 측정오차에 대응하여 각국의 통계생산기관은 헤도닉기법[6]이나 연쇄가중법 등 다양한 통계적 기법들을 동원하여 오차를

---

5) 이와 관련한 연구로는 정철 · 김봉근 · 박명호(2007), 이은석 · 이문희(2009) 등이 있다.

6) 헤도닉(hedonic) 기법은 다중회귀모형을 이용하여 품목을 구성하는 부품의 기능별로 가격을

줄이기 위한 노력을 지속적으로 전개하고 있다. 이러한 노력의 결과로 이와 같은 측정오차가 실제로 상당히 축소되고 있다고 평가되고 있다. 그러나 통계당국의 많은 노력에도 불구하고 물가의 측정에 관한 하나의 약속이라 할 수 있는 지수의 형태로 측정되는 일반물가수준에서 측정오차가 완전히 제거되기는 어려운 것이 사실이다. 특히 최근 들어 수도 없이 다양해진 각종 할인 서비스와 무수히 많은 거래옵션들, 포인트제, 마일리지 등과 같은 마케팅의 확산이나 의료 및 교육 등에 관한 서비스의 품질을 객관적으로 계량화하기 어려운 여러 가지 측면들을 고려하면 사실상 진정한 물가상승률을 통계적으로 측정하는 일이란 불가능한 과제인지도 모른다. 그렇다고 해서 하나의 약속으로서의 물가지수 통계 그 자체를 부인할 수도 없다.

따라서 물가안정을 목표로 통화정책을 수행하는 중앙은행에 있어서 물가지수 상승률이 현재 몇 %로 나타났는데 그것이 과연 맞는 통계인지 아닌지를 판단하는 일은 현재의 경제상황을 적절히 판단하기 위해 필요한 것이라고 볼 수 있다. 그러나 그보다 중요한 것은 물가지수가 갖는 이러한 한계를 명확하게 인식하면서 현실경제의 역동적인 움직임 속에서 통계로 표현되는 물가의 움직임이 어떤 의미를 갖는지 면밀히 검토하고 대응해 나가는 것이다.

3. 물가수준과 상승률

중앙은행이 물가안정을 목표로 통화정책을 수립, 집행한다고 할 때 문제가

각각 추정하여 품질차이에 의한 가격변동분과 순수한 가격변동분을 구별하는 방법이다. 부품별 기능에 관한 정보수집이 가능한 일부 품목에만 적용이 가능하며, 통계작성자의 전문가적 지식을 요하는 한편 자료 수집에도 많은 비용이 소요된다. 헤도닉 기법은 주로 PC나 노트북 등에 적용된다.

되는 또 하나의 과제는 '어느 정도의 물가수준과 상승률을 물가가 안정된 상태라고 볼 것인가?' 하는 점이다. 먼저 물가안정이란 특정한 물가수준이 전혀 변동하지 않는 상태를 의미하는 것인지 아니면 물가수준이 다소 변동하되 그 변동폭이 제한된 범위내에 움직이는 것을 의미하는 것인지를 명확히 할 필요가 있다.

앞서 논의된 물가지수의 측정오차에 관한 문제를 고려하면 소비자물가지수의 상승률이 0%로 측정되었다는 것은 사실상 국민들의 실제 생계비가 하락했다는 것을 나타낸다. 생계비가 하락한다는 것은 개별 가계의 입장에서 보면 일견 바람직한 현상으로 이해될 수도 있겠지만 소비자물가 상승률이 0 ~ 1%라는 것은 국민경제가 실제로는 디플레이션 상황에 처해진 것으로 이해될 수 있으며, 이는 물가하락과 경기침체의 악순환에 빠져들게 될 가능성이 높다는 것을 의미한다. 제품가격이 하락하게 되면 기업들의 채산성이 악화되고, 수익이 악화된 기업들은 고용을 줄이거나 임금을 삭감하게 될 것이고, 실업에 처해지거나 임금이 삭감된 가계는 소비를 줄일 수밖에 없으므로 다시 기업의 매출이 줄어들고 수익성이 악화되는 사태가 계속해서 되풀이되는 위험에 빠져들게 되는 것이다.

일본경제의 잃어버린 10년은 사실상 그와 같은 현상이 지배한 시기라고 볼 수 있다. 따라서 대부분의 중앙은행에서는 물가안정 목표로서의 물가상승률을 일반적으로 0 ~ 1%가 넘는 수준에서 상정하고 있다.[7] 수요자의 기호변화와 기술개발에 따른 공급자의 비용구조 변동 및 생산성 향상 등을 고려하면 개별 품목의 가격이 아예 변동하지 않고 물가수준을 일정수준에 묶어두는 것은 가능하지도 않을 뿐더러 바람직한 일도 아니다. 그것은 가격의 신호 기

---

7) 특히 뉴케인지언 경제학자들은 명목임금의 하향경직성, 명목금리의 제로금리 제약, 채무디플레이션 등을 이유로 중앙은행은 제로 인플레이션이 아니라 이보다 약간 높은 물가상승률을 목표로 해야 한다고 주장한다.

능을 부인하고 인위적으로 가격을 통제함으로써 경제 전체 자원배분을 왜곡하는 더 큰 부작용을 낳을 수밖에 없기 때문이다.

그렇다면 이제 어느 정도의 물가상승률을 허용할 수 있는 것인가에 관한 문제가 남게 된다. 이 문제와 관련하여 지금까지의 경제이론은 명쾌한 답을 내려주지 못하고 있다는 것이 정설이다. 이것은 고전학파의 경제이론이 상정하고 있는 화폐와 실물의 이분법(Classical dichotomy)에 관한 전통으로부터 유래되는 결과로도 해석될 수 있다. 즉 화폐는 실물부문을 둘러싸는 하나의 베일(veil)일 뿐이며 장기적으로 실물경제에 영향을 미치지 못하고 중립적일 뿐이라는 사고체계가 실제로 어느 정도의 물가상승률을 기록하는 것이 경제에 바람직한가라는 질문에 대한 이론적 해답을 제시하지 못하는 근본적인 이유인 것으로 보인다.[8]

경제이론이 어느 정도의 물가상승률을 허용할 것인가에 대한 질문에 엄밀한 이론적 해답을 제시한 적은 없지만, 일정 수준 이상의 인플레이션이 지속되면 경제에 심각한 부작용을 낳는다는 것은 실증적인 분석을 통해 경제학자들 사이에 어느 정도의 공감대가 이루어진 듯하다. 그 공감대란 물가상승률이 높아질수록 경제성장이 저해된다고 보는 임계치가 대체로 3% 내외로 추정된다는 것인데[9] 실제로 주요국의 물가안정목표 범위도 통상 상한은 3%, 하한은 1~2% 수준에서 결정되고 있다. 따라서 대부분의 국가에서 물가상승률의 정책적 관리범위는 1~3% 범위라고 말할 수 있겠다. 다만 선진국의 경

---

8) 이에 대해 미국 FRB의 옐렌(J. Yellen, 2007)은 행동경제학과 경제정책을 주제로 한 컨퍼런스에서 다음과 같이 비판한 바 있다. "In the long run, everyone agrees that inflation primarily reflects the actions of the central bank. But what inflation rate should we strive for as a long-run objective? Existing theoretical work, grounded in neoclassical models, provides surprisingly little guidance."

9) 브룩(Brook) 등(2002)은 문헌연구를 통해 적어도 선진국에 있어서는 인플레이션율이 3%를 초과하는 경우 경제성장이 저해된다고 하는 증거들이 많이 있음을 제시하였다.

우보다 개발도상국의 경우가 높은 것이 일반적인 사례인 것으로 관찰된다. 우리나라와 같이 인플레이션 타겟팅을 채택하고 있는 뉴질랜드 및 캐나다는 1～3%, 영국은 2%, 호주는 2～3%를 각각 목표로 하고 있으며, 우리나라의 경우 2011년 현재 3.0±1.0%의 소비자물가 상승률을 물가안정목표로 하고 있다.

제3절
통화정책의 범위

앞에서 우리는 물가지수의 종류와 물가지수의 측정에 관한 문제, 그리고 물가수준 및 상승률에 대한 논의를 통해 물가안정의 개념을 개략적으로 살펴보았다. 이제 중앙은행이 물가안정이라는 정책목표의 실현에 매진한다고 할 때 중앙은행의 물가안정목표 대상에 해당하는 물가란 과연 무엇을 의미하는 것인지 좀 더 구체적으로 살펴보자.

1. 기준물가지표의 선택

일반적으로 정책대상지표로서의 물가상승률을 보고자 할 때는 국민 전체의 생계비와 직접적인 관련이 있는 소비자물가지수를 기준지표로 보는 경우가 많다. 그러나 소비자물가지수는 농산물 및 석유류 등 단기적인 수급변동이나 기상변화 등에 영향을 받는 요인들에 의해 물가의 기조적인 움직임이 왜곡될 수도 있으므로 이를 제외하고 보는 경우도 있는데 이를 '근원 소비자물가지수(core CPI 또는 underlying CPI)'라 한다. 일반 소비자물가지수의 상승을 흔히 '인플레이션(inflation 또는 headline inflation)'이라 부르는데 비해 근원 소비자물가지수의 상승은 '근원 인플레이션(core inflation 또는 underlying inflation)'이라 한다.

우리나라는 1998년 통화정책운영의 기본체계로 물가안정목표제(inflation targeting)을 채택한 이래 정책대상지표로서 농산물 및 석유류의 가격지수를 제외한[10] 근원 소비자물가지수와 일반 소비자물가지수를 혼용하여 왔다. 물가안정목표제 도입 초기에는 소비자물가지수를 기준지표로 활용하였다.[11] 그러나 소비자물가지수의 단기 급등락으로 인한 변동을 제거하고 기조적인 물가변동의 움직임을 파악하기 위해 2000년 이후부터는 단기적인 변동성이 작고 정책금리 조정시 일반 소비자물가지수에 비해 반응 정도를 더 명확하게 파악할 수 있는 근원 소비자물가지수를 기준지표로 활용하여 왔다.

그러나 근원 소비자물가지수를 기준지표로 활용하는 가운데 또다시 다음과 같은 문제점이 지적되었다. 먼저 노사간 임금협상 등의 경우에 있어서 생계비와 관련이 깊은 소비자물가가 기준이 되고 있는데 근원 소비자물가지수는 생계비 중 중요 항목인 농산물 및 석유류 가격을 포괄대상에서 제외하고 있어 국민들의 실생활과 괴리가 있을 뿐만 아니라 인지도도 낮다는 점이 지적되었다.[12] 정부가 경제운용계획 등의 수립시 고려하는 물가지표로 소비자물가지수를 활용하고 있는 가운데 중앙은행이 물가안정목표제를 운영하는 데 있어서 근원 소비자물가지수를 계속 사용할 경우 국민들의 물가수준 판단에 혼란을 초래할 가능성을 무시할 수 없다는 문제도 제기되었다.

10) 일시적인 수급상황에 따라 가격이 크게 변동하는 농산물의 가격지수를 제외하는 경우에도 국민들의 일상생활에 크게 영향을 미치는 곡류의 가격지수는 포함한다.
11) 인플레이션타겟팅 도입 초기 소비자물가지수를 기준지표로 채택한 것은 소비자물가지수가 일반국민에게 친숙한 지표라는 점이 가장 크게 작용하였지만 외환위기 이후 구제금융에 따른 IMF와의 정책협의시 소비자물가 상승률을 공식지표로 활용하고 있었던 요인도 작용하였다.
12) 이와 관련하여 IMF의 호프마이스터(A. Hoffmaister, 2001)는 농산물과 석유류의 교란요인이 크지 않다는 전제 하에 물가안정목표제의 정책적 고려대상이 되는 기준지표로 일반 소비자물가지수를 활용할 것을 권고한 바 있다.

[그림 1-3] 소비자물가 상승률 및 근원 인플레이션율 추이

출처 : 통계청

이에 2007년 이후에는 기준지표를 소비자물가지수로 교체하여 운용해 오고 있다. 그 배경에는 상기 요인들 이외에도 근원 소비자물가지수를 활용하여 실시해 온 물가안정목표제 운영의 성과로 인플레이션 기대심리가 안정된 데다 소비자물가 상승률의 표준편차가 1991 ~ 97년중 1.74에서 2001 ~ 05년 중에는 0.73으로 크게 낮아진 데서 확인할 수 있는 것처럼 물가의 변동성이 과거에 비해 축소된 당시 경제상황도 고려되었다. 아울러 국민들이 보다 더 이해하기 쉽고 따라서 현실반영도가 더 높은 것으로 판단되는 일반 소비자물가지수로 기준지표를 변경함으로써 국민들의 통화정책에 대한 신뢰도를 한층 더 제고하고자 하는 목적도 그 배경으로 작용하였다.

한편 그간의 운용경험을 토대로 단기적인 변동성이 작고 따라서 물가의 기조적인 움직임을 보다 잘 나타낼 수 있는 근원 소비자물가지수도 통화정책 운영의 중요한 참고지표로 계속 활용되고 있다. 중앙은행이 근원 소비자물가

[표 1-3] 물가지수 변동성 비교

(전년동월대비, %)

	소비자물가 상승률		근원 소비자물가 상승률	
	1991~97	2001~05	1991~97	2001~05
평균 상승률	5.77	3.34	5.41	2.99
표준편차	1.74	0.73	1.51	0.50

출처 : 통계청

지수를 물가지표로서 중시하는 것은 농산물이나 석유류의 가격변동에 대해 중앙은행이 관심을 갖지 않는다는 뜻이 아니라 경제상황에 대한 면밀한 판단 및 효과적인 정책대응을 위해 일시적이고 가변적인 변동의 요소들을 제거하고 기조적인 변동의 요소들을 살펴볼 필요가 있기 때문이다.

2. 자산가격과 통화정책

중앙은행이 물가안정을 위해 통화정책을 수행할 때 물가에 자산가격을 포함해야 하는지에 대해 많은 논란이 있다. 소비자물가를 물가안정목표의 기준지표로 하는 경우 부동산가격과 같은 자산가격의 상승은 자본이득과 관련된 것으로서 소비자들이 일상적으로 구입하는 재화 및 서비스와는 그 성격이 다소 다르다고 볼 수 있다. 그래서 전통적인 입장에서는 자산가격의 상승을 물가안정 목표로서의 인플레이션 범주에 포함하지 않고 있다. 그러나 최근 들어 물가가 안정된 가운데 주식, 부동산 등 자산가격의 변동성이 확대되어 거품의 확산과 붕괴과정(boom-bust cycle)에서 금융불안정이 심화됨에 따라 자산가격 변동에 대한 통화정책적 대응의 필요성과 방식에 대한 논의가 활발히 진행되고 있다.

특히 2008년 글로벌 금융위기를 겪으면서 자산가격 거품의 형성과 붕괴로 인한 범세계적 폐해가 여실히 입증된 이후 자산가격에 관한 문제가 크게 부각되고 있다. 이와 관련하여 자산가격의 안정이 통화정책의 목표인 물가안정의 범위에 포함될 수 있는지에 대한 문제가 제기된다. 금융감독기능이 제한되어 있는 가운데 물가안정목표제를 채택하고 있는 우리나라의 경우 오직 물가안정만을 목표로 단기 정책금리를 변경하는 것 이외에는 다른 제도적인 수단이 미흡한 상황에서 이는 중요한 문제라 할 수 있다.

자산가격의 안정을 통화정책의 목표인 물가안정에 직접적으로 포함하여야 한다는 주장이 그리 많지는 않다. 예외적으로 알치안과 클라인(Alchian A. and B. Klein, 1973) 및 굿하트(C. Goodhart, 1995, 1999) 등이 자산가격 변동이 부의 효과(wealth effects), 기대경로 등을 통해 인플레이션에 영향을 미치므로 일반적인 소비자물가지수보다는 자산가격을 포괄하는 광의의 물가지수를 정책목표 대상지수로 삼아야 한다고 주장하였다.

그러나 과거 논의의 주류를 이루었던 견해는 자산가격에 대한 통화정책적 대응이 소극적인 차원에 그쳐야 한다는 것이었다.[13] 실제 대부분의 경우 자산가격에 대한 통화정책적 대응은 물가안정과 관련하여 제한적으로만 이루어졌으며, 자산가격 안정이 통화정책의 직접적인 목표라기보다는 중앙은행이 수행하는 광의의 금융정책의 하나로서 금융안정과 주로 관계된다고 보아야 할 것이다.

최근 들어서는 자산가격 거품이 인플레이션 압력을 증대시키고 거품붕괴로 인한 금융불안정이 심화되는 사례가 늘어나면서 물가가 안정된 시기라 하더라도 금융안정을 위해 자산가격의 급변동에 대해 선제적이면서도 적극적

---

13) 슈왈츠(A. Schwartz, 1995), 버냉키와 커틀러(Bernanke B. and M. Gertler, 1999), 블라인더와 라이스(Blinder A. and R. Reis, 2005) 등이 대표적인 사례이다. 특히 자산가격 상승이 거품인지 아닌지의 여부를 사전에 식별할 수는 없다는 논리와 함께 통화정책을 통한 자산가격 상승에의 대응은 적절치 못하다는 그린스펀 전 연준 의장의 입장은 '그린스펀 독트린(Greenspan doctrine)'으로 명명되었다.

으로 대응하여야 한다는 주장이 힘을 얻고 있다.

신용팽창과 함께 발생된 자산가격 거품은 반드시 붕괴될 수밖에 없고 특히 자산가격 상승이 상당기간 진행된 후 거품이 붕괴되면 그로 인한 금융 및 실물 경제에 대한 부작용이 더욱 커지게 되므로 중앙은행이 경제안정을 위해 자산가격 상승에 직접적으로 대처하여야 한다는 주장이 바로 그것이다. 이는 중앙은행이 자산가격 변동에 적극 대응할 때 거품의 발생 가능성을 조기에 차단함으로써 거시경제의 안정을 도모할 수 있다는 것이 주요 논거가 된다.

또한 자산가격 거품의 확산과 붕괴는 통화정책의 파급경로에서 중요한 역할을 수행하는 금융시장을 교란하여 통화정책의 효과를 제약하게 된다는 것도 중앙은행이 자산가격의 상승에 대해 직접적으로 대응하여야 한다는 주장의 논리적 기반이 된다. 체세티(S. Cecchetti, 2002)는 자산가격이 비정상적으로 움직일 경우 물가가 낮은 상황에서도 금리를 인상할 필요가 있음을 주장하였고, 화이트(W. White, 2006)는 물가안정만으로는 거시경제의 안정을 도모할 수 없기 때문에 자산가격 안정에도 관심을 기울여야 한다고 주장한 바 있다. 켄트와 로우(Kent C. and P. Lowe, 1997)는 자산가격의 거품은 주로 신용증가에 기인하는 바 중앙은행은 자산시장에서의 가격상승과 이로 인한 거품의 형성 및 붕괴를 시장의 자연스러운 가격변동 메커니즘으로 간주하여 묵과하기보다는 거품이 커지기 전에 조기에 긴축정책과 함께 금융감독정책을 충분히 활용하여 신용증가에 따른 자산가격의 상승을 사전에 차단할 것을 강조하였다.

한편 보르도와 잔느(Bordo M. and O. Jeanne, 2002)는 부동산가격이 기초 경제 여건으로부터 장기간 괴리되어 버블이 발생하고 붕괴될 때 거시경제의 안정과 가계 및 기업의 재무건전성에 심각한 위험요인이 될 수 있다고 경고하였고, 보리오와 로위(Borio C. and P. Lowe, 2002)는 금융시장의 불균형을 통화정책이 고려하지 않는다면 금융시장의 불균형이 더욱 확대되도록 방조하는 것이나 다름없다고 경고한 바 있다. 나아가 IMF의 파타스 등(Fatás et al, 2009)

은 느슨한 통화정책이 글로벌 금융위기를 초래한 자산가격 붐의 주된 원인은 아니나 통화정책당국이 위기에 앞서 나타난 가파른 신용증가, 큰 폭의 경상수지적자, 자산가격급등 등에 사전에 적절히 대처하지 않았기 때문에 2008년 글로벌 금융위기가 발생했다고 보고 중앙은행이 통화정책 결정시 자산가격 동향 등 거시 금융리스크 징후에 보다 강력하게 대응할 것을 주장하였다.

이와 같이 자산가격 상승에 대한 통화정책의 적극적 대응을 요구하는 주장에 대하여 다음과 같은 반론이 제기될 수 있다. 먼저 앞서 논의된 물가안정을 위해 중앙은행이 통화정책을 수행한다고 할 때 통화정책은 소비자물가 상승률 1 ~ 3% 범위와 같은 일정한 물가안정목표를 가지고 수행된다는 점을 상기할 필요가 있다. 기본적으로 불확실성에 대한 리스크를 안고 수익을 기대하는 투자의 속성을 갖는 자산시장에서의 가격변동이 물가상승률 목표와 같이 일정한 범위내로 제한될 경우 시장경제의 역동성이 근본적으로 저해될 수 있다. 이런 경우 물가안정을 목표로 수행되는 통화정책이 자산가격의 상승을 정책적 제어의 대상으로 고려하여야 하는지에 대해 의문이 제기될 수밖에 없다.

또한 자산가격의 상승에 관한 문제는 주로 거품의 형성 및 붕괴와 관련하여 논의되는데 자산가격의 과도한 상승에 따른 거품의 형성과 형성된 거품의 붕괴가 거시경제에 파괴적인 영향력을 미치게 되므로 그 거품이 형성되기 전에 사전적으로 차단하여야 한다는 논리는 정책대응의 선험적 인식 불가능성 및 비대칭성에 관한 비판에 직면하게 된다. 만약 주가나 부동산가격이 과도하게 오르는 것이 이슈라면 그것이 경제 펀더멘털과 미래에 대한 합리적인 기대에 근거한 것인지 아니면 단순한 집합적 투기인지를 선험적으로 구분하는 것이 불가능하다는 것이 그에 대한 첫 번째 반론이다.

다음으로, 자산가격의 상승에 대해 정책적 대응을 통해 자산가격의 상승세를 완화한다면 자산가격이 하락하는 경우에도 적극적으로 대처해야 하는데 이것이 과연 바람직한가 하는 점이다. 대체로 자산가격의 과도한 상승에 대해서만 활발한 논의가 이루어져 왔을 뿐 자산가격의 하락에 대한 정책적 대응에 관해서는 논의자체가 이루어지지 않는 비대칭성이 두 번째 비판의 논점이라 할 수 있겠다.[14]

물가안정에 관한 통화정책 대응의 논의에 있어서는 인플레이션의 폐해와 마찬가지로 디플레이션의 폐해가 대칭적으로 인식되고 있는 반면, 자산가격에 관한 통화정책 대응에 있어서는 비대칭적인 인식이 일반적임을 부인할 수 없는 사실이다. 따라서 현재까지의 논의를 종합해 보면 중앙은행의 목적을 물가안정으로 국한해 보는 경우 자산가격은 정책적 목표대상에 포함되지 않는다고 보는 것이 타당할 것이다.

그럼에도 불구하고 통화정책과 관련된 자산가격은 여전히 학계와 언론의 광범위한 주목을 받고 있다. 이 경우 자산가격에 관한 문제는 물가안정에 관한 논의가 아닌 금융안정을 통한 거시경제의 안정에 관한 것이 주된 문제가 되는데 여기서 우리나라와 같이 중앙은행이 완전한 금융감독기능을 보유하지 못한 경우 금융안정 차원에서 자산가격 불안정에 대한 대응은 어떻게 해야하는가에 대한 질문이 제기된다.

우리나라의 경우 [참고 1-1]에서 과거 약 10여 년간의 금융통화위원회 의사록에 나타난 논의들을 살펴보면 인플레이션 타겟팅을 도입한 초기에는 물가안정을 위한 차원에서 자산가격 상승이 기대 인플레이션의 상승으로 이어질 수 있으므로 이에 유의하여야 한다는 견해가 있는 가운데 자산가격 상승에 대한 직접적인 통화정책적 대응이 바람직하지 않다는 인식이 주류를 이룬 것으로 보인다. 이후 2005년에 이르러 자산가격 상승에 대한 여러 가지 부작용

---

14) 마찬가지 논리로 중앙은행의 역할은 자산가격의 거품이 붕괴되었을 때 그 악영향을 수습하는 데 그쳐야 한다는 미연준 입장(Greenspan doctrine)은 정책적 대응의 측면에서 비대칭적이라는 비판을 받을 수 있다.

을 고려할 때 자산가격 상승에 대해 적극적인 금리인상으로 대응하여야 한다는 의견이 처음으로 개진되었다. 그러나 그 이후에도 금융감독권한이 없는

자산가격 상승에 관한 금융통화위원회의 논의

연월	금융통화위원회 회의 발언 내용
2002년 3월	• 최근의 자산가격 급등이 일반의 인플레이션 기대심리에 영향을 미칠 수 있다는 점 등을 고려해 볼 때 통화정책면에서의 대응을 검토해 볼 수도 있을 것으로 생각된다.
2003년 6월	• 자산가격 변동에 대해 통화정책으로 대응하는 것이 바람직한지에 대해서는 찬반양론이 있지만 현재의 제반 경기상황을 감안할 때 자산가격 상승을 억제하기 위해 금리인상 등으로 대응하는 것은 바람직하지 않은 것으로 생각된다.
2005년 5월	• 자산가격의 버블 여부와 정도를 파악하는 것 자체가 매우 어렵기 때문에 자산가격 상승에 대해 금리정책으로 대응하는 것은 물론 신중을 기해야 하나 중장기적으로 안정기조가 흔들릴 가능성이 있다고 판단된다면 분명한 정책적 대응이 있어야 된다.
2006년 6월	• 풍부한 유동성으로 인해 부동산 등 자산가격이 크게 상승한 점을 고려할 때 과잉유동성을 흡수하여 자금의 부동화와 급격한 자금이동을 방지하고 실물경제의 불확실성을 축소시켜 경제의 경착륙 가능성을 줄여 나가야 하며 무엇보다도 물가안정을 위해 선제적인 대응이 필요한 시점이라 판단된다.
2007년 7월	• 그동안 자산가격의 급등에 금리정책으로 대응하는 것에 대해 보수적인 입장을 견지해왔으나 이제는 보다 적극적으로 대응할 단계에 이르렀다고 판단된다.
2009년 8월	• 금번 금융위기과정에서 통화정책은 자산가격 버블에 적극 대응해야 한다는 주장이 많은 지지를 받고 있지만 더 많은 논의와 연구가 필요하다.
2009년 9월	• 부동산 등 자산가격이 금융시장에 미치는 영향이 커지고 있기 때문에 주택가격을 소비자물가에 반영하거나 이를 보조지표로 사용하는 등 자산가격 버블을 감지할 수 있는 지표를 개발하려는 노력과 더불어 부동산시장에 보다 체계적이고 조직적으로 대응할 수 있는 장치를 중앙은행내에 마련할 필요가 있다
2010년 3월	• 이번 금융위기 이전까지만 하더라도 주요국의 통화정책은 주택시장거품을 사전에 탐지하고 차단하기가 실제로 어렵기 때문에 붕괴 후에 이를 식별하는 것이 더 낫다는 선의의 무시라는 기조를 취해왔다. 하지만 금융위기를 거치면서 이러한 전략의 유용성에 대해 의문이 제기되었고, 통화정책이 금융안정에 보다 적극적인 관심을 가져야 한다는 주장이 설득력을 얻고 있다.
2010년 12월	• 금융위기 발생을 억제하기 위해서는 과열된 경제상황으로 인해 나타난 자산가격 버블을 정상적인 수준까지 축소시키는 것이 필요하나, 버블이 붕괴되기 전까지는 버블의 정도를 사전에 판단하는 것이 매우 어렵다.

출처 : 한국은행 금융통화위원회 의사록(http://www.bok.or.kr). 일부 요약형으로 기술된 발언내용에 한해 서술식으로 재편집

한국은행이 취할 수 있는 미시적 정책수단이 결여되어 있고 금리정책만으로는 이를 달성하기 어려우며 유관기관과의 정책협조가 필요하다는 인식이 지배적인 것으로 보인다. 이에 비추어 볼 때 우리나라에서는 아직 자산가격 안정을 위한 통화정책적 대응에 대해 명확한 결론을 내리지는 못하고 있는 것으로 보인다. 2011년 한은법 개정시 '통화신용정책 수행시 금융안정 유의' 내용이 추가됨에 따라 향후 자산가격 안정을 위한 통화정책적 대응에 대한 논의가 보다 활발해지리라 생각된다.

그렇다면 중앙은행은 물가안정을 위해 통화정책을 수행하는 과정에서 금리조정 메커니즘을 활용하여 자산가격 상승에 대응하여야 하는가? 또는 금융안정을 위한 역할을 수행하여야 하는가? 이러한 질문에 대한 긍정적인 답을 내리는 데는 다음과 같은 견해가 배경이 되고 있다.

첫째, 앞서 논의된 바와 같이 물가안정의 목표와 관련하여 자산가격의 상승은 부의 효과 등을 통해 총수요 증대를 통한 인플레이션 압력으로 가시화될 가능성이 매우 높기 때문에 물가안정과 무관한 현상이라고만 볼 수는 없다.

둘째, 중앙은행은 자산시장에서의 가격형성이 경제 펀더멘털과 괴리되어 있는지 그리하여 여타 부문에 물가상승압력으로 전가되고 있지는 않은지 면밀히 모니터링하는 가운데 설사 자산가격의 상승에 대해 선험적으로 거품여부를 인식할 수는 없다 해도 역사적으로 볼 때 다수의 거품 형성과 붕괴가 있었으므로 현 시점에서 그것이 거품인지 아닌지에 대한 판단의 노력을 지속적으로 경주하여야 한다.

셋째, 자산가격의 상승기에만 주목할 것이 아니라 하락기에도 자산가격이 너무 과도하게 경제 펀더멘털과 괴리되어 움직이지는 않는지에 대해 적극적으로 검토함으로써 첫 번째 논의와 마찬가지로 자산가격의 과도한 하락이 여타 부문에서의 디플레이션 압력으로 나타나지 않도록 노력하여야 하며 이를 통해 자산가격에 대한 통화정책적 대응의 비대칭성에 관한 비판을 완화할 수 있어야 한다.

넷째, 이를 통해 달성되는 경제적 성과는 결국 알치안과 클라인 등의 주장과 같이 자산가격을 포함하는 물가안정의 형태로 나타나게 되는데 이는 시장경제의 역동성을 근본적으로 제약하는 것이 아니라 지속가능성을 유지하는 토대를 마련하는 것으로 인식될 수 있다. 다섯째, 우리나라의 경우 부동산가격이 크게 상승하면 경제주체들이 소비자물가지수보다는 부동산가격을 기준으로 물가를 파악하는 경향을 보여 지표상으로 물가가 비교적 안정되어 있다고 하더라도 물가불안심리가 나타날 수 있는 만큼 중앙은행은 이에도 유의할 필요가 있다.

한편 중앙은행이 물가안정을 목표로 하는 가운데 자산가격의 안정 및 거품 방지를 위해 노력한다고 할 때 이는 단순한 금리조정만으로는 달성하기 어렵다. 때로는 물가안정과 자산가격의 거품을 방지한다는 목적이 서로 상충되는 경우도 있으며,[15] 때로는 금리조정이 시장의 기대에 큰 영향을 주지 못하는 경우도 있다. 물가안정을 통화정책의 주 목표로 내세우고 있는 우리나라의 경우에는 중앙은행의 자산시장에 대한 영향력이 크게 제약되어 있다.

그러나 우리나라와 같이 금융안정에 관한 중앙은행의 법적 장치가 충분하지 않다고 하더라도 명시적이든 암묵적이든 중앙은행의 대응은 필요한 과제이므로,[16] 효과적인 법적 장치를 확충할 필요가 있으며 2011년 한은법 개정 시 '금융안정 유의' 목적조항 추가, '긴급유동성 지원제도' 개편 등은 이를 반영하고 있다고 할 수 있다.[17]

---

15) 자산가격의 거품은 물가가 안정된 시기에 많이 발생하였다.

16) 미쉬킨(F. Mishkin, 2007)은 자산가격 상승에 대한 통화정책적 대응과 관련하여 문제되는 이슈는 통화정책이 자산가격의 상승에 어느 정도까지 대응해야 하는가라는 문제일 뿐 자산가격의 상승에 대해 중앙은행이 대응을 하느냐 마느냐는 것은 전혀 문제가 될 수 없다고 말하고 있다.

3. 지표물가와 체감물가

국민들이 피부로 체감하는 물가와 통계청이 공표하는 소비자물가지수 사이에 일정 부분 괴리가 존재한다는 비판은 끊임없이 제기되고 있는 문제점이다. 중앙은행은 국민경제의 안정적 성장을 위한 기반으로서 물가안정을 달성하기 위해 통화정책을 수행한다. 그것은 결국 국민들의 경제적 후생을 증진시키기 위한 것인데 그렇다면 통화정책은 그 물가안정목표를 설정하는 데 있어서 일반가계가 소비하는 생필품에 더 많은 가중치를 두어야 하지 않을까 하는 의문이 제기될 수 있다. 그리하면 지표물가와 체감물가의 괴리에 관한 논쟁도 더 이상 필요없지 않을까? 결론부터 말하자면 소비자물가지수의 어떠한 가중치를 어떻게 조정하더라도 지표물가와 체감물가의 괴리에 대한 논쟁은 사라지지 않을 것이다. 왜냐하면 지표물가와 체감물가의 괴리가 발생하는 근본요인은 개인마다 또 가계마다 소비패턴이 다르기 때문이다. 예를 들어 설명하기 위해 어떤 가계는 우유만 마시는 가계가 있고 어떤 가계는 탄산음료만, 또 어떤 가계는 생수만 마시는 가계가 있다고 가정해 보자. 전체 가계의 입장에서 보면 이 품목들의 소비량은 비슷하겠지만 각 품목의 가격이 반대되는 움직임을 보이는 경우 가계마다 느끼게 되는 체감물가는 필연적으로 각기 다를 것이고 체감물가와 지표물가의 괴리에 관한 논쟁은 제기될 수밖에 없다. 소비자물가지수는 하나의 약속된 편제기준에 따라 만들어지는 통계이고, 지수형태의 통계가 갖는 기본적 한계를 뛰어넘을 수는 없으며, 또 그처럼 제약된 편제기준의 범위 내에서만 의미를 갖는다는 것을 다시 한 번 상기해

---

17) 이 외에도 지급준비금 적립대상 채무 확대, 자료제출 요구대상 금융기관의 범위 확대, 거시금융안정상황에 대한 평가보고서 국회 제출 등의 개정 사항이 직접적 또는 간접적으로 통화신용정책 수행시 금융안정에 유의해야 하는 법적 장치라고 할 수 있겠다.

[그림 1-4] 생활물가지수와 소비자물가지수 수준 및 상승률 추이

(수준)

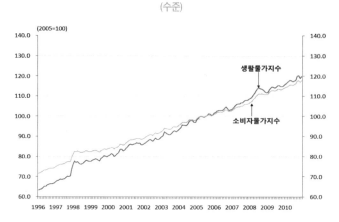

(상승률)

출처 : 통계청

볼 필요가 있다.

그럼에도 불구하고 중앙은행이 목표로 하는 물가안정의 기준지표가 소비자물가지수인데 그에 대한 체감물가와의 괴리에 관한 논란이 빈번하게 제기된다면 이는 중앙은행과 통화정책에 대한 신뢰성에 흠집을 내기에는 충분한 소재가 된다. 물론 우리나라의 경우 통계청이 다양한 품목들로 구성된 가계

소비 바스켓에서 그 비중은 높지 않지만 모든 가계가 공통적으로 또 주기적으로 소비한다고 생각되는 품목들을 추출하여 별도의 생활물가지수를 작성, 공표하여 이러한 논란을 완화하려고 하고 있다.[18]

그렇다면 중앙은행은 통화정책의 신뢰성을 유지하기 위해 물가안정목표의 기준지표로 생활물가지수를 고려하여야 하는 것인가? 만약 중앙은행이 국민들의 통화정책에 대한 신뢰성을 제고하기 위해 생활물가지수를 물가안정목표의 기준지표로 삼는다면 체감물가와 지표물가의 괴리에 대한 불만이 더 클 것이다. 생활물가지수는 전체 소비자물가지수에 비해 바스켓에 포함되는 품목의 수가 제한되어 있으므로 바스켓 이외 품목을 구매하는 소비자들로부터 강한 불만이 제기될 수밖에 없기 때문이다.

따라서 통계청이 작성하는 소비자물가지수에 대해 지표물가와 체감물가에 관한 논란이 제기되는 것을 피할 수는 없지만 중앙은행은 그것이 통화정책의 신뢰도 저하로 연결되지 않도록 물가동향에 대한 충분한 설명을 제공하여야 한다. 이는 통화정책의 투명성과 신뢰성, 그리고 책임성을 다하여야 하는 중앙은행의 기본적인 자세와 관계된 것이라 할 수 있다. 그리고 국민들의 이해를 구하는 수밖에 없다. 통계당국도 기준년 개편주기의 단축 또는 연쇄가중법 적용 등 새로운 통계기법들을 꾸준히 개발함으로써 체감물가와 지표물가가 괴리되는 현상을 완화할 필요가 있다.

언론의 경우에도 체감지표와 물가지표에 관한 불필요한 논쟁으로 여러 경제주체들이 소모전을 치르지 않을 수 있도록 통계의 의미와 국민들의 실제 생활에서 느끼는 바를 조화롭게 설명할 수 있는 방안을 모색할 필요가 있다.

....

18) 소비자물가지수는 도시가계 월평균소비지출액의 1/10,000 이상의 비중을 차지하는 489개 품목으로 구성되어 있는 반면, 생활물가지수는 두부·라면 등 월 1회 이상 구입하는 품목, 쌀·닭고기 등 소득의 증감과 관계없이 분기 1회 이상 구입하는 품목, 한우·납입금 등 소비지출 비중이 높아 가격변동을 민감하게 느끼는 품목들과 자주 구입하지는 않지만 일상생활을 영위하는 데 필수적인 152개 품목으로 구성되어 있다.

4. 기대 인플레이션

　중앙은행이 통화정책을 통해 물가안정을 성공적으로 달성하기 위해서는 현재의 물가상승률을 안정시키는 만큼이나 기대 인플레이션을 안정시키는 일이 중요하다. 기대 인플레이션은 미래의 물가상승률에 대한 여러 경제주체들의 예상으로서 가계의 소비와 기업의 투자에 관한 결정, 인플레이션에 대비한 실물자산의 수요나 근로자들의 임금인상 기대에 영향을 준다. 따라서 중앙은행은 선제적인 통화정책의 수립 및 집행을 통한 인플레이션 억제를 위해 기대 인플레이션의 측정과 그 추이에도 주의깊은 관심을 기울이고 있다.

　기대 인플레이션의 측정에는 서베이, 물가연동국채, 모델을 활용하는 방법 등이 이용된다. 먼저 경제주체들을 대상으로 서베이를 실시하는 방법은 가계나 기업이 향후의 인플레이션 전망을 어떻게 예측하는지를 설문조사의 형태로 직접 조사하는 방식이다. 모집단으로부터 조사대상 샘플을 추출하고 조사를 실시하여 그 결과로서 기대 인플레이션을 측정하는 방법으로서 우리나라도 한국은행이 통화정책의 참고자료로서 일반인(월별) 및 전문가(분기별)를 대상으로 한 설문조사의 방법으로 기대 인플레이션을 추정하고 있다. 그러나 소비자물가지수 측정시 체감물가와 지표물가의 괴리가 나타나는 문제점과 마찬가지로 동 조사결과는 샘플의 소비자물가지수에 대한 체감 정도에 따라 정합성에 관한 문제가 제기될 수 있다.

　다음으로 물가연동국채(Inflation Indexed Government Bonds)[19]의 수익률 정보를 활용하는 방법이다. 물가연동국채는 안정성이 높으면서 일반적인 채권과 달리 원금 및 이자지급액을 물가에 연동시켜 물가상승으로 인한 화폐가치

---

19) 미국 금융시장에서는 물가연동국채를 TIPS(Treasury Inflation Protected Securities)라 부르고 있으며, 월가에서는 물가와 연동된 채권을 흔히 'linkers'로 통칭한다.

의 하락을 보전할 수 있는 채권이다. 따라서 이론적으로 명목금리가 실질금리와 기대 인플레이션의 합으로 결정된다고 하는 피셔가설에 입각하여 물가연동국채의 가격으로부터 기대 인플레이션을 추정할 수 있다. 대개 10년 이상 장기국채의 수익률과 물가연동국채 수익률의 스프레드를 기대 인플레이션으로 간주한다. 즉 물가연동국채의 수익률을 명목국채의 실질수익률과 같다고 간주하고 명목수익률과의 차이를 나타내는 요소가 곧 기대 인플레이션이라고 보는 것이다.

$$\pi^e = i - r$$

(π^e: 기대 인플레이션, i: 명목국채 수익률, r: 물가연동국채 수익률)

물가연동국채는 1981년 최초로 발행을 시작한 영국을 비롯하여 세계 20여 국에서 발행되고 있다. 우리나라에서는 2007년 3월부터 물가연동국채가 발행되고 있으나 아직은 물량이 많지 않고 거래도 부진한 편인데 이는 유동성이 낮은 데다 서로 다른 기대 인플레이션에 근거하여 투자하겠다는 인식도 부족하기 때문으로 해석된다. 따라서 물가연동국채로부터 기대 인플레이션에 관한 정보를 용이하게 입수할 수는 있으나 물가연동국채의 유통시장이 협소하여 여기서 형성된 기대 인플레이션이 전체 금융시장의 견해를 대표한다고 간주하기도 아직은 곤란한 것으로 보인다.[20]

마지막으로 모델을 활용하는 방법은 다양한 경제전망모형에 기초하여 예측되는 인플레이션을 기대 인플레이션으로 측정하는 방법이다. 인플레이션을 예측하는 모형으로는 비교적 간단한 자귀회귀모형(VAR model)을 비롯하여 필립스곡선모형, 대규모 거시경제모형, 동태확률일반균형모형(DSGE model) 등이

---

20) 물가연동국채는 유동성 프리미엄도 포함하고 있으므로 명목국채 수익률과의 차이로부터 산출되는 기대 인플레이션은 정확한 인플레이션의 기대수준이라고 간주하기도 어려우며 실제로는 기대 인플레이션율보다 낮게 측정되는 것으로 알려져 있다.

일반적으로 이용된다. 활용하는 모델에 따라 서로 다른 결과를 산출할 수 있으므로 가능한 많은 경제변수를 인플레이션 예측에 이용하면서도 모형의 간결성을 유지하는 가운데 인플레이션 예측의 정도와 현실 적합성 및 기동성을 높이려는 시도도 많이 이루어지고 있다.

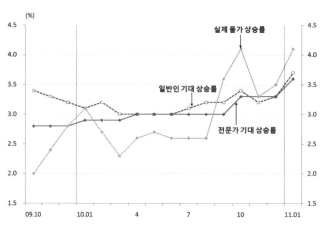

[그림 1-5] 우리나라의 기대 인플레이션* 추이

* 향후 1년간 기대되는 소비자물가 상승률에 대한 서베이 결과.
　일반인은 매월, 전문가는 매분기 첫 월 조사

출처 : 한국은행, 『통화신용정책 보고서』

지속적인 물가불안은 필연적으로 기대 인플레이션의 상승으로 연결될 수밖에 없으며 실제 인플레이션과 시장의 기대 인플레이션이 상호 상승작용을 일으키게 되는 경우 경제 전체적으로 막대한 손실을 초래하게 된다. 따라서 현재 물가불안이 경미하더라도 이를 조기에 불식시킴으로써 기대 인플레이션이 상승하지 않도록 제어하는 것이 중요하다. 무엇보다도 물가상승이 현실화되기 전에 물가불안을 억제하는 것이 기대 인플레이션을 억제하는 첩경이된다.

그러나 기대 인플레이션을 제어하기 위해 급격한 금리인상과 같은 갑작스럽게 정책기조를 변경할 경우에는 민간소비 또는 투자수요의 감소에 따른 국내총생산의 감소 및 실업의 증가와 같은 실물부문에서의 희생이 수반되므로 물가불안요소를 선제적으로 파악하고 적절히 대처하는 것이 중앙은행의 중요한 과제가 된다. 앞서 논의된 자산가격의 상승에 관한 문제 역시 기대 인플레이션의 측면에서 보면 선제적인 정책대응이 당연한 과제로 간주된다.

제4절
정책의 주체

1. 중앙은행의 역사

현재 전 세계 어느 나라에서나 너무도 당연하게 찾아볼 수 있는 중앙은행이 생겨나고 오늘날과 같은 중앙은행의 모습으로 경제주체들에게 인식된 것은 그리 오래된 일이 아니다. 세계 중앙은행의 역사에서 가장 먼저 설립된 중앙은행은 1668년에 설립된 스웨덴의 릭스뱅크(Sveriges Riksbank)로 알려져 있다. 그 다음으로는 1882년 영국의 영란은행(Bank of England)이다. 주요 국제경제 이슈가 있을 때마다 세계의 이목이 집중되는 미국의 연방준비제도 (Federal Reserve System)도 1913년에 설립된 것이다. 우리나라 중앙은행인 한국은행은 1950년에 설립되었다.

이처럼 불, 바퀴와 함께 인류의 3대 발명 중 하나에 해당한다는 중앙은행은 역사적 시간의 흐름 속에서 보면 오래되지 않은 제도이다. 과거의 역사 속에서 무엇을 중앙은행이라고 정의할 것인가는 그다지 명확하지 않으나 초기의 중앙은행은 오늘날과 같은 의미의 중앙은행은 아니었다는 것만은 명확해 보인다. 일반적으로 은행권의 독점적 발행과 최종대부자 기능이 중앙은행을 특징짓는 본질적인 기능이라고 이해되지만 19세기 초반 시점에서는 두 가지 기능 모두를 갖춘 중앙은행은 존재하지 않았다. 위 두 가지 기능에 더하여 정부의 은행으로서의 기능을 겸비하게 된 조직을 중앙은행이라고 정의하면, 이와 같은 의미의 중앙은행이 탄생한 것은 19세기 후반 이후의 일이라 할 수 있다.

스웨덴 릭스뱅크나 영란은행은 국가에 의해, 그리고 국가를 위해 설립되었기 때문에 정부의 은행이라고도 할 수 있다. 그러나 역사적으로 볼 때 19세기 내내 은행의 파산, 화폐를 비롯한 신용공급의 위축 등을 수반하는 금융공황이 거의 정기적으로 반복되었기 때문에 금융시장의 불완전성에 대응할 수 있는 시스템에 대한 국민경제적 필요성을 인식한 결과로 본격적인 중앙은행 체제가 생겨난 것이라 할 수 있다.[21]

중앙은행 최초의 임무는 국가적 필요에 따른 통화의 공급과 같은 수동적인 측면에 머물렀으며 루자(R. Roosa)의 표현을 빌리면 방위적인 책임을 수행하는 것이었지만 그 과정에서 중앙은행은 통화공급의 중장기적 결과가 반영되는 경제활동 전반에 대한 관심을 갖게 되었다. 한편 시장은 경제 대공황과 두 차례에 걸친 세계대전을 거치면서 인플레이션을 비롯하여 거시경제 전반에 대한 중앙은행의 역할에 많은 기대를 갖게 되었다. 이에 따라 중앙은행은 통화량을 조절하여 통화가치의 안정을 도모하고 경제의 지속적인 성장에 공헌한다는 역할을 인식하게 되었는데 루자는 이를 중앙은행의 동태적 책임이라 표현하였다. 이것이 오늘날 통화정책으로 불리는 현대적 의미에서의 중앙은행 기능으로 연결된다. 이러한 중앙은행의 역사적 흐름을 마르쿠센(M. Marcussen, 2006)은 과거부터 현재에 이르기까지 5단계로 나누어 분류하고 있다.

---

21) 미국 연방준비제도의 경우에도 최초의 설립 근거법률인 연방준비법은 그 목적에 대해 "to provide for the establishment of Federal Reserve banks, to furnish an elastic currency, to afford means of rediscounting commercial paper, to establish a more effective supervision of banking in the United States, and for other purposes." 라고만 규정하고 있을 뿐 오늘날 연준의 중심적 기능인 통화정책은 'other purposes'의 하나 정도로만 취급되었다.

[표 1-4] 중앙은행 역할의 역사적 변천

	1세대 (17 ~ 19세기)	2세대 (1873 ~ 1914)	3세대 (1930 ~ 70년대)	4세대 (1980 ~ 90년대)
경제체제	중상주의	금본위제	브레튼우즈	워싱턴 컨센서스
경제사조	민족주의	자유방임주의	케인지언 국가주의	통화론적 국제주의
정책목표	대정부 서비스 및 전비 확충	통화 안정	국내외의 중층적 정책 목표	통화타겟팅

출처 : Marcussen(2006), The Fifth Age of Central Banking in the Global Economy.

우리나라의 경우 3세대 중앙은행의 활동기인 1950년에 한국은행이 설립되었으며 당시의 한국은행법에 의해 확인되는 바와 같이 전후 복구 및 경제개발 과정에서 다수의 중층적 목표를 가지고 있었다. 이 시기의 통화정책은 선별적 정책자금 대출을 통해 특정 산업의 육성을 위한 자금동원에 집중되었으며 그 결과 금융부문의 상대적 낙후를 초래하였다. 이 시기는 팽창일변도의 통화정책으로 인해 만성적 인플레이션이 고착화되어 전형적인 후진국형 통화정책이 수행된 시기로 평가될 수 있다.

1970년대에 들어서는 일시적으로 금융자율화의 필요성이 대두되었으나 중화학공업 육성정책으로 결국에는 과거의 행태를 크게 벗어나지는 못하였다. 그러나 이 시기의 통화정책이 경제개발과 외자의 동원을 통한 산업화와 산업자본의 구축에 큰 기여를 하였다는 점은 부인할 수 없는 사실이다.

1980년대에는 통화량 조절을 수단으로 하여 통화가치의 안정과 국민경제의 건전한 발전에 이바지하는 데 그 역량이 집중되어 전형적인 4세대 중앙은행의 활동기에 부합하는 양상을 보였다. 제5차 경제개발5개년계획에서 경제의 자율화와 안정화를 정책의 기본목표로 삼고 물가안정을 경제정책의 우선과제로 하여 금융긴축을 통해 어느 정도 물가안정의 전기를 마련하였다. 그러나 1980년대 이후에도 건설 및 중화학공업 등 실물부문의 비효율성으로 통화정책이나 금융부문의 왜곡은 여전히 개선되지 않은 채로 남아 있었으며 관치금융에 대한 논란도 끊이지 않았다. 1997년 외환위기를 겪고 난 이후에는 5세대의 전형적인 특징인 인플레이션 타겟팅 체제로 전환하여 물가안정을 최우선시하는 현재의 시스템이 구축되어 오늘에 이르고 있다. 이 시기 한국은행은 명실상부한 중앙은행의 독립성과 자율성을 인정받는 가운데 명시적인 물가안정목표제를 통해 중장기적 인플레이션의 하향 안정화에 크게 기여한 것으로 평가된다. 이처럼 우리나라의 중앙은행인 한국은행의 활동상의 변천은 마르쿠센의 구분대로 국제적인 변화의 흐름을 따랐다고 볼 수 있다.

2011년 현재의 상황을 별도의 세대로 구분한다면 그것은 아마도 중앙은행의 금융안정에 대한 기능 강화의 시기로 구분될 수 있을 것이다. 2000년대 이후 세계경제 환경은 IT기술의 발달에 따른 생산성의 비약적인 향상 및 중국·인도 등 신흥시장국의 급부상 등과 함께 장기간의 저금리·저물가·고성장으로 볼 수 있다. 2008년 글로벌 금융위기를 계기로 다시 한 번 급격한 전환점을 맞이한 것으로 보인다. 1990년대 멕시코 및 아시아 외환위기를 비롯한 크고 작은 자산가격 거품의 형성과 붕괴, 2009년 리먼 브라더스의 파산에 이르기까지 금융부문의 불안정과 이에 대한 효과적인 통화정책 대응의 필요성이 중앙은행의 금융안정에 대한 적극적인 역할을 요구하고 있는 상황이다.

또 한편으로는 국제원자재 가격의 상승, 위기 이후 선진국 경제의 대규모 재정지출 및 신흥시장국 유발 임금인상 인플레이션의 위협도 도사리고 있다. 따라서 6세대의 중앙은행을 정의한다면 인플레이션 타겟팅을 유지하는 가운데 거시건전성 감독을 비롯하여 금융안정에 대한 역할이 특히 강조되는 시기로 기록될 수 있을 것이며 우리나라도 2011년 한은법 개정시 목적조항에 '금융안정 유의'을 명시함으로써 역사적 변천 흐름에 발맞추고 있다.

2. 독립성과 책임

　중앙은행 탄생 이후 중앙은행의 국민경제적 지위는 시간과 공간에 따라서
많은 차이를 나타내고 있다. 비교적 오랜 역사를 지닌 구미 선진국의 예를
보면 중앙은행의 위상은 다음 세 단계로 나누어 볼 수 있다. 먼저 1차 세계대
전 이전에는 중앙은행의 지위와 역할이 매우 수동적이었다. 이 시기에는 자
유방임주의가 지배하고 있었기 때문에 정부 뿐만 아니라 중앙은행에 의한 개
입도 민간의 자유로운 경제활동에 대한 침해로 간주되었던 것이다. 그래서
1920년 이전에는 미국의 연방준비제도도 주로 발권기능과 국고기능을 중심
으로 자금수급을 조절하는 데 중점을 두었으며 현대적 의미에서의 통화정책
이나 시중은행에 대한 통제는 매우 소극적인 범위에 그쳤다. 그러나 1차 세
계대전 이후에는 중앙은행의 기능이 현저히 확대되는 경향을 나타내기 시작
했다. 즉 세계대전 이후 각국은 전쟁부채와 인플레이션 문제로 큰 시련을 겪
게 되었다. 이에 따라 세계 각국은 인플레이션 문제의 해결과 전후 통화체제
의 안정을 도모하게 되었으며 이를 구체화한 것이 1920년 브뤼셀회의(The
Brussels Conference)였다. 전후 경제의 수습을 위한 이 회의는 중앙은행이 정
부의 통제로부터 벗어나 독립성을 유지하여야 한다는 것을 결의하였다. 이러
한 추세를 반영하여 세계 각국의 중앙은행은 '정부로부터의 독립성'을 갖는
중앙은행체제로 전환하게 되었다.

　제2차 세계대전을 계기로 중앙은행의 지위는 다시 한번 많이 달라지게 되
었다. 제2차 세계대전을 전후하여 자본주의 경제는 점차 정부의 경제에 대한
영향력이 확대되는 혼합경제체제를 지향하게 되었고 경제정책은 완전고용과
불황의 극복에 중점을 두게 되었다. 이와 함께 중앙은행의 통화정책은 어떤
형태로든 정부 경제정책과 협조관계를 유지하여야 한다는 주장이 주류였다.

이에 영국과 프랑스가 중앙은행을 국유화하기에 이르렀으며 중앙은행의 독립성은 '정부로부터의 독립'이 아니라 '정부 내에서의 독립'으로 수정되는 경향이었다. 그 배경에는 통화정책도 결국은 정부 경제정책의 하나라는 사고가 자리하고 있었다.

중앙은행의 독립이 '정부로부터의 독립'이 아니라 '정부 내에서의 독립'이라 할 때 이때의 정부는 '정치집단으로부터는 독립되어 오직 국민경제 전체의 이익을 위해 전문가적 관료집단에 의해 공공행정을 수행하는 정부'를 의미하는 것이지 정치적 의사결정에 좌우되는 정치권력집단으로서의 정부에 중앙은행이 예속되어야 한다는 뜻은 아니다.[22] 정치집단의 기본적인 속성이 세속의 권력을 쟁취하기 위한 결사단체라는 점은 부인할 수 없는 사실이며, 중앙은행이 이에 예속될 때에는 특정 정치집단의 정치논리에 좌우되어 국민경제 전체의 이익이 훼손될 수 있다. 통화긴축을 통해 선거에서의 득표율이 하락하는 것을 용인하는 정치집단은 그 어디에도 존재하지 않는다. 민주주의 정치체제는 선거권자인 국민의 의사를 반영해야 하므로 중앙은행의 정치적 예속은 당연하다는 결론에 이르게 될 수도 있다. 그러나 민주주의의 정치적 의사결정 과정은 선거권자들의 단기적인 이익에 예속되기 쉬우며 전문가 집단으로서의 중앙은행은 장기적인 관점에서 국민경제의 안정을 유지하여야 하

---

22) 중앙은행의 독립성은 흔히 네 가지 차원에서 논의되는데 법적 독립성(Legal independence), 지향의 독립성(Target independence), 수단의 독립성(Operational independence), 경영의 독립성(Management independence)이 바로 그것이다. 법적 독립성은 국가의 법률체계 내에서 중앙은행의 법적 지위가 독립성을 보장받을 수 있어야 하며, 지향의 독립성은 인플레이션타겟팅이든 통화타겟팅이든 환율타겟팅이든 정책대상지표를 독립적으로 결정할 수 있어야 한다는 것이며, 수단의 독립성은 정책 지향점을 달성하기 위해 활용하는 정책수단의 운영을 독립적으로 결정할 수 있어야 한다는 것이며, 경영의 독립성은 임직원의 선임 및 예산의 설정 등 중앙은행의 내부 경영에 있어서 외부의 간섭 없이 독립적인 결정을 할 수 있어야 한다는 것을 의미한다. 한편, 지향의 독립성을 흔히 목표의 독립성(Goal independence)이라고 하기도 한다.

는 책임을 갖는다. 즉 중앙은행 독립은 발권력을 가진 조직으로서의 책임을 갖는 가운데 국민경제 전체의 후생 증진을 위해 전문적인 지식과 식견에 근거하여 장기적인 시각에서 통화정책을 수행하여야 한다는 지극히 현실적인 필요로부터 파생되는 것이라 할 수 있다. 이는 양차 세계대전 그리고 1970년대 이후 인플레이션으로 인한 어려움을 겪었던 세계경제의 역사적 경험으로부터 얻은 교훈이라 할 수 있다.

중앙은행이 독립적인 판단에 근거한 통화정책을 실시하는 이상 중앙은행에 대해서는 그에 상응하는 책임이 요구된다. 책임없는 독립성은 곧 무책임한 독선에 다름 아니므로 중앙은행의 독립성과 책임은 당연히 상호대응된다. 따라서 통화정책의 결정에 있어서 책임을 갖는 당사자들에게는 항상 미래의 역사적 평가에 대한 책임을 의식하는 가운데 결정에 임하는 엄격한 자기규율이 요구된다.

중앙은행이 갖는 통화정책과 국민경제에 대한 엄격한 책임의 원칙으로 인해 대부분의 중앙은행은 집단적 사고에 의한 오류를 방지하기 위해 다음 절에서 설명하는 위원회에 의한 의사결정구조와 같은 견제와 균형의 시스템을 채택함으로써 그 독립성에 상응하는 신중한 의사결정시스템을 마련하고 있다.

3. 위원회에 의한 결정

중앙은행이 독립적으로 통화정책을 결정하고 그에 대한 책임을 진다고 할 때 구체적으로 중앙은행의 누가 통화정책을 결정하고 그 책임을 져야하는가에 대해 현대 중앙은행의 의사결정 시스템은 원칙적으로 두 가지의 해답을 제시하고 있다. 첫 번째 해답은 캐나다, 뉴질랜드와 같이 중앙은행 조직의 수장인 총재가 중앙은행의 조직 운영과 통화정책에 대한 의사결정의 권한을 보유하고 모든 것을 결정하며 그 책임을 지는 것이다.[23] 또 하나의 해답은 미국 연준의 연방준비위원회(Federal Reserve Board), ECB의 정책위원회(Governing Council), 영국 영란은행의 통화정책위원회(Monetary Policy Committee), 일본은행의 정책위원회, 우리나라 한국은행의 금융통화위원회와 같이 특정 개인이 아닌 위원회가 중앙은행의 조직운영과 통화정책을 결정하고 그 책임을 지는 것이다.

위에서 본 바와 같이 총재에 의한 결정과 위원회에 의한 결정의 사례가 모두 존재하고 있지만 위원회에 의한 결정방식을 채택하는 중앙은행이 압도적으로 많다.[24] 미국의[25] 경우 통화정책의 결정주체는 연방준비제도이사회의 이사 7명(의장 및 부의장 각 1명, 이사 5명)과 지역 연방준비은행 총재 5명, 합계 12명으로 구성되는 공개시장위원회(FOMC)에서 통화정책을 결정한다. 유럽중앙은행의 경우는, 집행이사회 이사 6명과 17개 유로 가맹국(2011년 현재)의 중앙은행 총재 등 합계 23명으로 구성되는 정책위원회에서 통화정책을 결정하고 있다. 영란은행의 경우는 총재, 부총재(2명), 금융시장담당 및 조사담당 집행간부(2명), 비상근 외부위원 4명 등 합계 9명으로 구성되는 통화정책위원회가 통화정책을 결정한다. 일본은행은 총재, 부총재(2명), 심의위원(6명) 등 합계 9명의 멤버로 구성되는 정책위원회에서 통화정책을 결정한다.

대다수의 나라에서 위원회에 의한 의사결정이 이루어지는 것은 앞서 중앙은행의 독립성과 책임에 대해 논의한 바와 같이 무엇보다도 집단적 사고의 오류를 방지하고 다양한 배경을 가진 여러 사람의 지혜를 모아 국민경제의

---

23) 이 경우에도 일반적으로는 총재에게 자문을 제공하는 중앙은행 내부의 위원회가 설치되어 있다.
24) 폴라드(P. Pollard, 2004)의 세계 88개 중앙은행에 대한 조사결과에 따르면 89.8%(79개)의 중앙은행이 위원회 제도를 통해 통화정책을 결정하고 있다.
25) 미 연준, 유럽중앙은행, 영란은행 및 일본은행의 의사결정기구에 관해서는 '제3장 제1절 주요국의 통화정책 운용'에 자세히 설명하고 있다.

[표 1-5] 주요국의 통화정책 위원회 구성

국가	중앙은행	위원회명칭	위원회멤버	위원수
한국	한국은행	금융통화위원회	총재(1명) 부총재(1명) 외부 추천위원(5명)	7
미국	Federal Reserve Board	FOMC	연방준비제도 이사회 의장(1명) 연방준비제도 이사회 부의장(1명) 연방준비제도 이사회 이사(5명) 지역 연방준비은행 총재(5명)	12
Euro Area	European Central Bank	Governing Council	집행이사회 이사(6명) EU 가맹국 중앙은행 총재(17명)	23
영국	Bank of England	Monetary Policy Committee	총재(1명) 부총재(2명) 금융시장담당 집행간부(1명) 조사담당 집행간부(1명) 비상근 외부위원(4명)	9
일본	日本銀行	政策委員会	총재(1명) 부총재(2명) 심의위원(6명)	9

출처 : 한국은행, 미 연방준비제도이사회, 유럽중앙은행, 영란은행, 일본은행

후생을 증진시킬 수 있는 정책방향이 무엇인가에 대해 올바른 결정을 내리기 위함이다. 위원회에 의한 의사결정은 총재 1인에 의한 단독 결정이 독단으로 흐르기 쉽다는 점과 중앙은행이 수행하는 통화정책이 갖는 국민경제적 중요성에 비추어 볼 때 총재 개인의 정치적 이해관계에 따라 나타날 수 있는 정책 결정의 오류를 견제하기 위한 목적도 내재되어 있다.

블라인더는 중앙은행의 통화정책 결정에 있어서 총재 개인보다 위원회 제도가 선호되는 이유를 다음과 같이 설명하고 있다. 그에 따르면 개인마다 정보의 차이, 선호의 차이, 모델의 차이, 전망의 차이, 의사결정에 대한 경험적 지식의 차이가 존재한다. 정보의 차이는 개인마다 이론적 성향이 다르거나 주변으로부터 획득하게 되는 각종 정보에 차이가 있다는 것을 의미한다. 선

호의 차이는 통화정책을 결정하는 각 단계마다 어떤 이는 인플레이션에 관한 문제를 더 중요하게 생각하지만 어떤 이는 실업에 관한 문제 등을 더 중요하게 생각할 수 있다는 것이다. 이는 인플레이션과 실업의 사회적 비용에 대한 상대적 가중치가 개인마다 일치할 수는 없기 때문에 발생한다. 모델의 차이는 경제가 작동하는 방식에 대한 이해의 차이 또는 모수의 추정치에 대한 차이를 나타내는데 그 예로 잠재GDP 추정에 대한 견해 차이를 들 수 있다. 전망의 차이는 향후의 경제가 어떻게 변화해 갈 것인가에 대한 견해의 차이를 의미한다. 의사결정에 대한 경험적 지식의 차이는 서로 다른 삶의 배경을 지닌 개인이 통화정책에 관한 의사결정을 하는 데 있어서 서로 다른 최적화전략을 택할 수 있다는 것을 의미한다. 따라서 이러한 차이점들은 논쟁의 과정을 통해 합리적으로 수렴될 필요가 있다는 것이다. 그리고 홍과 페이지(L. Hong and S. Page, 2004)는 복잡한 문제를 해결하는 데 있어서 다양한 멤버로 구성된 그룹 활동이 고도의 능력을 지닌 개인보다 더 뛰어나다는 연구결과를 제시하고 있다.

위원회 제도의 경우 각기 다른 의견이 공통된 결론을 도출해 가는 장점이 있지만 대외적으로 각 위원마다 서로 다른 목소리를 내게 되면 통화정책의 혼선을 야기할 수도 있다는 것이 단점으로 지적된다. 의사결정의 효율성에 있어서도 독재정치가 민주주의 정치보다 더 효율적일 수 있는 것처럼 위원회 제도보다는 총재 개인에 의한 단독결정이 더 효율적일 수 있다. 그래서 블라인더는 위원회 제도의 장점을 인정하면서 그 운용에 있어서는 위원회 내부의 차별성과 외부에의 공통성을 제안하고 있다. 즉, 내부적으로는 위원회 제도의 장점을 충분히 잘 살릴 수 있도록 서로 다른 견해가 충분히 개진되는 과정을 통해 결론을 도출하되 외부적으로는 공통된 목소리를 냄으로써 통화정책에 대한 시장의 혼란을 야기하지 않는 것이 바람직하다는 것이다. 그러나 이는 통화정책의 투명성과 책임성에 관한 문제에 직면하여 각 위원의 목소리가 전체 위원회에 의해 묻혀버리게 되는 단점이 있으므로 완벽한 정답이라고 볼 수는 없으며, 그 사회의 도덕성과 책임성에 관한 사회적인 요구 수준이나 서로 다른 견해의 표명을 이해할 수 있는 지적 수준 등과도 관련되어 모든 국가에 통일된 어떤 하나의 안을 제시할 수는 없는 것이라고 생각된다. 위원회를 통한 통화정책의 결정제도와 총재 개인에 의한 결정제도 모두 각각의 장단점이 있듯이 통화정책의 의사결정 시스템에는 다양한 스펙트럼이 존재하고 있으므로 어느 방식을 선택한다고 해도 중앙은행에 독립성과 책임을 부여한 취지를 근거로 하여 각국 고유의 사회적 배경 속에서 그 장점이 최대한 발휘되는 제도를 구체적으로 설계하는 것이 중요하다고 하겠다.

중앙은행과 통화정책

제 **2** 장

통화정책의
이론적 고찰

The Centarl Bank
and
Monetary Policy

onetary Policy

제 1 절

통화이론

1. 전통적 통화이론

(1) 화폐수량설

화폐수량설(Quantity Theory of Money)은 통화 공급이 물가수준과 직접적, 비례적 관계를 갖고 있다는 이론으로 정리될 수 있다. 당초 화폐수량설은 명목 GDP의 크기가 어떻게 결정되는지에 관한 설명에서 비롯되었다. 이를 통하여 일정한 소득수준의 유지에 필요한 통화량을 알 수 있다는 점에서 화폐수요 이론으로 알려져 왔다. 화폐수량설은 흔히 피셔(I. Fisher)의 교환방정식 개념 과 같은 것으로 인식되고 있다. 교환방정식은 경제내에서 유통되는 통화량 (M)과 생산되는 모든 최종 재화와 서비스의 총 거래량(PT)간의 관계를 설명 하기 위해 고안된 개념이다. 교환방정식의 핵심이라고 볼 수 있는 통화량과 명목거래량을 연결해 주는 개념이 바로 통화유통속도(V)이다. 이는 일정 기 간 동안 해당 경제에서 생산되는 모든 재화와 서비스를 구입하는 데 통화가 평균적으로 몇 번이나 사용되었는지 나타내는 평균거래횟수, 즉 통화의 회전

률로 표현될 수 있다.

$$MV = PT \quad \text{(2-1)}$$

피셔의 교환방정식은 통화량과 통화의 평균거래횟수(유통속도)의 곱이 경제의 명목생산(지출)과 일치해야 한다는 항등식으로 이해할 수 있다. 따라서 통화유통속도(V)가 일정하다고 가정하면 통화공급 M이 증가할 경우 명목소득이 1:1의 관계로 증가하게 된다. 이에 대하여 피셔는 통화유통속도가 거래관습과 관련된 제도에 의해 외생적으로 결정된다고 생각하였다. 그는 경제의 거래관행이나 제도, 기술변화가 유통속도에 미치는 영향은 장기간에 걸쳐 서서히 나타나기 때문에 단기적으로는 유통속도가 일정하다고 주장하였다.

그러나 만일 경제주체들이 거래과정에서 신용카드나 체크카드와 같은 통화 이외의 거래수단을 개발함으로써 통화를 보유할 유인이 줄어들 경우 통화수요의 감소($M\downarrow$)로 인해 명목거래량이 일정한 경우 통화유통속도는 증가($V\uparrow$)할 것이다. 이에 반해 어떠한 이유에서건(예를 들어 통화를 대체하는 다른 자산의 신뢰도가 떨어지는 등) 통화를 평소보다 더 오래 보유하고자 하는 유인이 발생할 경우는 통화수요가 증가($M\uparrow$)하면서 통화유통속도는 감소할 것이다. 이처럼 통화유통속도에 영향을 미칠 수 있는 외생적 충격이 발생할 경우 통화량과 명목거래량간의 1:1 대응관계가 성립되지 않을 가능성을 배제할 수 없다.

한편 피셔를 포함한 고전학파 경제학자들은 이처럼 통화유통속도가 거래관행 등에 따라 단기간에 변하지 않고 일정한 데다 임금과 물가가 완전히 신축적이어서 실질 거래량(GDP)이 완전고용 수준에 머물러 있다고 보았으므로 통화량의 증가가 물가수준에 그대로 반영될 것으로 예상하였다.

피셔의 교환방정식이 통화공급과 경제의 총 거래량간의 관계에 관한 공식이라면 화폐수량설은 주어진 명목GDP에 대하여 보유해야 할 통화의 양에 관한 식이라는 점에서 통화공급에 초점을 둔 교환방정식과 달리 통화 수요에 관한 공식으로 이해될 수 있다. 전통적인 화폐수량설은 다음과 같이 표현된다.

$$M^d = kPY \quad \text{..} \quad (2\text{-}2)$$

식 (2-2)에서 M^d는 통화수요를 나타내며 P와 Y는 각각 물가수준과 실질 GDP를 나타낸다. 아울러 경제주체들이 자신들의 거래관행에 비추어 총 소득 중 일정 비율을 거래 목적을 위한 통화로 보유하는 성향이 있는데 k는 경제 주체들이 총소득중 통화 형태로 보유하는 비율인 통화보유비율로서 흔히 '마샬의 k(Marshallian k)'로 지칭된다.

화폐수량설을 피셔의 교환방정식과 비교해 보면 통화공급과 수요가 일치한다고 가정할 때 통화보유비율인 k는 통화유통속도의 역수($1/V$)와 일치한다. 이는 곧 사람들이 자신의 총소득 가운데 높은 비율을 화폐의 형태로 보유할 경우 통화가 경제내에서 원활하게 유통되지 않게 되므로 통화보유비율과 통화유통속도가 역의 관계에 있다. 아울러 앞서 언급한 바와 같이 고전파 경제학자들은 거래관행 및 경제제도 등에 의해 통화유통속도 및 통화보유비율이 일정하다고 보기 때문에 명목GDP에 의해 결정되는 거래규모 PY가 통화수요 M^d를 결정한다. 이는 통화수요가 오로지 경제의 총생산에 의해 결정되며 금리, 자산가격 등 금융시장 상황은 통화수요에 아무런 영향을 미치지 못함을 시사한다.

교환방정식과 화폐수량설은 모두 경제주체들이 화폐를 보유하는 목적이 거래활동을 매개하기 위한 수단으로서만 인식하고 있다. 따라서 경제 전체의 거래활동이 경제의 생산(소득) 수준인 명목GDP 규모에 의해 결정되므로 이를 종합하면 통화수요가 경제의 거래규모인 명목GDP(PY)와 거래관행에 의해 결정되는 통화보유비율(k)에 의해 결정되는 것으로 인식하였다.

(2) 케인즈의 유동성 선호이론

케인즈(J. Keynes)의 저서 『고용, 이자 및 화폐에 관한 일반이론(*The General Theory of Employment, Interest and Money*)』에서 제기한 유동성 선호이론은 이제까지 거래의 매개역할에 그치던 통화와 통화의 가격에 불과하던 금리가 경기변동에 중요한 영향을 미칠 수 있음을 제기하였다는 점에서 경제학사에서 높은 평가를 받고 있다. 그의 통화이론은 경제주체들이 통화를 보유하는 목적, 즉 통화수요의 동기에 단순히 거래적 동기만 존재하는 것이 아닐 수 있다는 문제의식에서 출발한다.

고전학파는 통화가 이상적인 거래를 성립시키는 교환의 매개체이므로 경제주체들이 통화를 보유하고자 한다고 주장하였다. 케인즈도 거래적 동기의 통화수요는 거래규모에 의해 결정된다는 고전학파의 주장을 받아들였다. 거래규모는 국민소득과 비례하므로 케인즈는 고전학파와 마찬가지로 거래적 동기(transactions motive)의 통화수요는 국민소득에 비례한다고 보았다.

그러나 케인즈는 경제주체들의 통화보유의 목적이 비단 거래적 동기에만 국한된 것은 아니라고 생각하였다. 그는 경제주체들이 통화를 보유하는 또 다른 목적 가운데 하나로 예상치 못한 만일의 지출에 대비하기 위한 예비적 동기(precautionary motive)에서 비롯될 수 있음을 지적하였다. 만일 경제주체들이 항상 자신의 소득중 일정한 비율만을 화폐의 형태로 가지고 있고 나머지는 유동성이 낮은 부동산이나 장기금융자산의 형태로 보유하고 있다고 하자. 이러한 상황에서 갑작스럽게 입원비가 필요하다거나 자동차가 고장이 나서 수리비가 필요한 경우에는 어떻게 될까? 실물자산을 처분해 화폐 형태로 바꾸려면 상당한 시간이 소요될 뿐 아니라 제대로 된 가격을 받고 처분하기도 어려울 가능성도 높다. 그러므로 불확실성이 일반적인 상황에서 경제주체들은 항상 불시의 지출에 대비한 예비적 동기의 화폐를 보유하고 있을 유인이 있다. 그러나 케인즈는 예비적 동기의 통화수요 역시 미래에 예상되는 거래규모에 의해 결정되며 이 역시 국민소득에 비례하는 것으로 보았다.

케인즈의 통화수요이론 가운데 거래적 동기와 예비적 동기의 통화수요는 결국 국민소득에 비례한다는 점에서 고전학파의 통화수요이론과 두드러진 차이를 발견할 수 없다 하겠다. 그는 경제주체들이 화폐를 보유하는 또 다른 이유중 하나로 화폐가 부를 축적하는 데 이용되는 수단이라는 견해를 가지고 있었으며 이러한 목적에 의한 화폐 보유를 투기적 동기(speculative motive)의 통화수요라고 지칭하였다. 부는 유량변수인 소득이 축적된 결과이므로 결국 투기적 동기의 통화수요도 국민소득의 함수로 볼 수 있다. 그러나 그는 여기서 한 단계 나아가 여러 가지 대체적인 용도를 갖는 자산을 선택하는 데 있어 가격인 금리의 중요성에 주목하였다. 그는 우선 부의 축적에 사용되는 수단으로 통화와 채권을 상정하였다. 경제주체들은 채권 대신 통화 보유를 선호하게 되는 경우는 통화 보유의 기대수익률이 채권 보유의 기대수익률보다 높은 상황일 것이다. 통화보유의 기대수익률이 0이라면 경제주체들이 일정한 금리가 보장되는 채권 대신 통화를 투자자산으로 보유할 이유가 없을 것이다.

채권의 수익률은 금리와 기대자본수익률(expected rate of capital gains)로 구분할 수 있다. 통상 금리는 채권가격과 역의 관계를 갖는다. 만일 미래에 금리가 상승할 것으로 예상한다면 채권가격은 하락할 것으로 예상하는 것과 같은 의미이므로 자본손실이 발생할 것으로 예상할 수 있다. 그리고 현재 금리가 충분히 낮은 상황이라서 향후 금리가 상승할 가능성이 높다고 판단한다면 자본손실이 이자지급액보다 커서 채권의 기대수익률은 음(-)의 값을 갖게 된다.[1] 이러한 경우 경제주체들은 채권 대신 화폐 보유를 선호하게 될 것이다. 따라서 투기적 동기의 화폐수요에 따르면 국민소득이 높을수록, 현재 금리가 낮을수록 경제주체들의 화폐보유 수요가 높다고 보았다.

이제까지 살펴 본 통화수요의 세 가지 동기를 종합해 보면 케인즈의 통화수요함수는 식 (2-3)과 같이 정리될 수 있다.

$$\frac{M^d}{P} = f(i, Y) \quad \cdots\cdots\cdots\cdots\cdots\cdots\cdots\cdots\cdots\cdots\cdots\cdots\cdots\cdots\cdots \quad (2\text{-}3)$$

케인즈는 우선 경제주체의 통화수요가 화폐를 이용해 재화를 얼마나 구매할 수 있는지 여부, 즉 재화에 대한 구매력과 밀접한 관련이 있다고 보았다. 즉, 물가수준이 두 배로 상승한다면 동일한 화폐를 이용해 구매할 수 있는 재화의 양이 절반으로 감소하기 때문에 경제주체가 중요시하는 통화의 개념은 명목이 아닌 실질잔고(real balance)라고 주장하였다.

그리고 실질잔고에 대한 수요는 실질소득(Y)에 대하여 양(+)의 함수인 반면 금리(i)에 대하여 음(-)의 함수이다. 여기서 실질잔고에 대한 수요가 실질소득뿐 아니라 금리의 함수라는 점은 고전파 통화이론과 케인즈 이론을 구분 짓는 가장 중요한 특징 가운데 하나이다. 두 이론을 비교하기 위하여 위 식 (2-3)을 앞서 살펴 보았던 피셔의 교환방정식에 대입하면 다음과 같은 식 (2-4)가 도출된다.

$$\frac{M}{P} = f(i, Y) = \frac{Y}{V} \quad \cdots\cdots\cdots\cdots\cdots\cdots\cdots\cdots\cdots\cdots\cdots\cdots\cdots \quad (2\text{-}4)$$

---

1) 케인즈는 대다수 경제주체들이 정상적인 수준으로 인식하는 정상금리(normal interest rate)가 존재하며 현재 금리가 이에 비해 낮을 경우는 상승할 것으로 예상하고 높을 경우는 하락할 것으로 예상하는 경향이 있다고 주장하였다.

식 (2-4)를 정리하면 교환방정식에서 나타나는 통화유통속도(V)는 식 (2-5)와 같이 표현될 수 있다.

$$V = \frac{Y}{f(i, Y)} \quad \cdots\cdots\cdots\cdots\cdots\cdots\cdots\cdots\cdots\cdots\cdots\cdots\cdots\cdots\cdots\cdots\cdots (2\text{-}5)$$

고전학파 경제학자들이 일정하다고 가정했던 통화유통속도가 금리의 영향을 받는 것으로 나타난다. 통화수요가 금리에 대하여 역(-)의 관계를 가지므로 금리가 상승하면 $f(i, Y)$가 하락하며 이에 따라 통화유통속도는 증가하게 된다. 다시 말해 주어진 소득수준에서 금리가 상승하여 실질통화수요가 감소하면 통화유통속도는 증가하는 것이다. 이는 단기금융시장의 경우 금리의 변동성이 매우 높다는 점을 감안하면 통화유통속도가 고전학파 경제학자들이 주장하는 바와는 달리 매우 크게 변동할 수 있음을 시사한다 하겠다.

[그림 2-1]은 최근 우리나라의 통화유통속도를 보여준다. 이를 통해 우리 경제의 통화유통속도가 1980년대 중반 이후 전반적으로 하락세를 지속하고 있으며 동시에 높은 변동성을 나타내고 있음을 알 수 있다. 통화유통속도가 하락세를 지속하는 원인으로는 우선 1980년대 중반 이후 저금리 기조가 지속되면서 통화에 대한 수요가 늘어난 점이다. 한편 통화유통속도에서 장기추세를 제거한 통화유통속도갭률은 대체로 높은 변동폭을 나타내면서 경기변동과 같은 방향으로 움직이고 있다. 즉, 고전학파 경제학자들이 주장하는 바와는 달리 통화유통속도는 일정하지 않고 경기변동이나 금융시장 상황 등에 민감하게 변동하는 것을 알 수 있다.

한편 케인즈의 유동성 선호설에 대하여 이론적, 실증적 검증이 이루어지는 과정에서 다양한 문제점이 지적되면서 고전학파와 케인즈학파 모두 보다 정교한 통화수요이론을 정립함으로써 현대적 통화수요이론으로 발전되었다.

[그림 2-1] 통화유통속도* 및 통화유동속도갭률** 추이

(통화유통속도 추이)

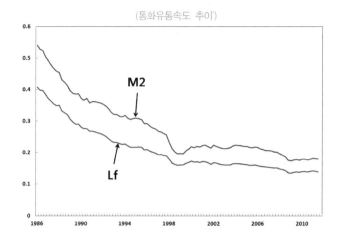

(통화유통속도갭률 추이)

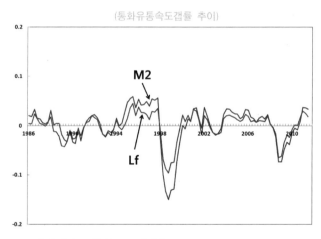

*   통화유통속도=명목GDP(s.a.)/통화량(s.a.)

**   통화유통속도갭률은 통화유통속도를 Hodrick-Prescott 필터를 통하여 추세치를 제거하여 산출한
     순환변동치임

출처 : 한국은행 ECOS

(3) 보몰과 토빈의 현금재고이론

보몰(W. Baumol)과 토빈(J. Tobin)은 각자 독자적으로 케인즈의 통화수요이론 가운데 거래적 동기의 통화보유에 금리의 영향력을 추가함으로써 케인즈의 유동성선호이론을 한단계 발전시킨 것으로 평가받고 있다.

이들의 이론은 다음과 같이 간단하게 설명될 수 있다. 한 경제주체가 월초에 100만원의 급여를 받고 월중에 걸쳐 일정한 금액을 별도의 저축 없이 월말까지 전액 거래 목적으로 지출한다고 하자. 만약 그가 거래목적의 지출을 위해 월초에 그의 급여 전액을 모두 현금으로 보유한다면 그의 현금잔액은 [그림 2-2]와 같이 우하향하는 직선으로 나타날 것이다. 월중 평균 현금 보유액은 50만원이 될 것이다. 매월 이같은 패턴으로 현금을 보유한다면 그의 연간소득은 1,200만원이며 이를 이용해 통화유통속도(V)를 계산하면 24 (PY/M=1,200(만원)/50(만원))가 도출된다. 하지만 그가 그의 급여중 일부를 금융자산을 구입하여 투자수익을 누리고 일부만을 거래 목적의 현금으로 보유한다고 가정하자. 그가 그의 급여 100만원중 50만원만을 현금으로 보유하고 나머지 50만원은 월금리 1%의 금융자산을 구입하여 1/2개월간 운용하

[그림 2-2] 보몰-토빈의 현금재고이론

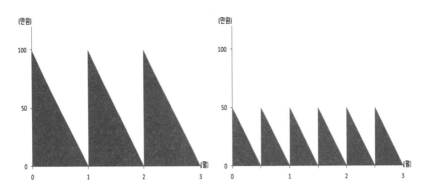

다가 현금이 고갈되는 보름 후에 현금으로 교환한다면 그는 동일한 급여를 가지고 처음 경우보다 2,500원$\left(50(만원) \times \frac{1}{2} \times 0.01\right)$의 수익을 더 누릴 수 있을 것이다. 이 경우 통화유통속도는 48(PY/M=1,200(만원)/25(만원))으로 두 배가 된다. 여기서 살펴본 사례에 따르면 경제주체들은 되도록 현금보유를 줄이는 대신 채권 등 금융자산의 보유를 늘리는 것이 보다 유리할 것이다.

그러나 위 사례에서는 화폐보유에 따른 기회비용만을 고려하였으나 만일 금융자산을 화폐로 교환하는 거래비용이 존재한다면 금융자산을 늘려 거래가 필요할 때마다 현금으로 교환할 경우 막대한 거래비용이 발생하게 될 것이다. 결국 경제주체가 거래를 위한 목적으로 자신의 소득중 얼마만큼을 화폐의 형태로 보유할지는 화폐보유의 편익과 그로 인한 기회비용을 비교해 적정 화폐보유 수준을 결정함을 알 수 있다.

$$ C = \min_{M} \left[b\frac{Y}{M} + i\frac{M}{2} \right] \quad \text{...} \quad (2\text{-}6) $$

식 (2-6)의 첫 번째 항은 화폐교환에 따른 거래비용을 나타낸다. b는 금융자산을 현금으로 일회 교환할 때마다 지불하는 단위 거래비용을, Y/M은 총 교환횟수를 의미한다. 또한 두 번째 항은 소득을 화폐 형태로 보유하는 데 따른 수익률의 포기, 즉 화폐보유의 기회비용을 의미한다. 화폐보유의 비용을 극소화하는 최적 화폐보유량은 식 (2-7)과 같이 도출된다.

$$ M^* = \sqrt{\frac{2bY}{i}} \quad \text{...} \quad (2\text{-}7) $$

따라서 경제주체의 기간중 평균 최적 화폐보유량은 식 (2-8)과 같다.

$$\frac{M^*}{2} = \sqrt{\frac{bY}{2i}} \quad \cdots\cdots\cdots\cdots\cdots\cdots\cdots\cdots\cdots\cdots\cdots\cdots\cdots\cdots\cdots\cdots\cdots\cdots\cdots \quad (2\text{-}8)$$

이는 경제주체의 최적 화폐보유량이 기존의 화폐수량설에서 제시한 바와 같이 소득이 증가함에 따라 비례하여 증가하는 것이 아니라 불비례적으로 증가함을 알 수 있다. 아울러 단위 거래비용이 높을수록, 금리가 낮을수록 화폐를 많이 보유할 것이다. 이는 곧 금리가 상승하면 거래 목적의 현금 보유는 줄어들기 때문에 통화유통속도는 증가할 것임을 시사하고 있다. 보몰과 토빈은 비교적 간단한 모형을 통하여 거래적 동기의 통화 수요도 단순히 소득뿐 아니라 금리의 함수임을 밝혔다는 데 의의가 있다.

(4) 토빈의 자산선택이론

케인즈가 투기적 동기의 통화수요에 관하여 언급한 이후 이에 대한 이론적, 실증적 검증을 통해 다양한 비판이 제기되었다. 그의 이론에 따르면 경제주체들은 채권의 기대수익률이 통화의 기대수익률보다 낮을 경우 통화만을 보유하게 되며 채권의 기대수익률이 화폐의 기대수익률보다 높을 경우 채권만을 보유하게 된다. 이처럼 경제주체들이 자신의 부를 통화나 채권중 한가지 형태로만 보유하는 것은 극히 예외적인 경우에 국한된다는 점에서 현실 설명력이 결여되었다는 비판에 직면하게 되었다. 이에 따라 토빈은 경제주체들이 자산을 운영할 때 수익률 뿐 아니라 자산운용에 따른 위험까지도 동시에 고려한다는 점을 고려함으로써 케인즈 이론의 결함을 해소하고자 시도하였다. 그는 우선 경제주체들이 위험회피적이며 소득이 증가할수록 그 정도는 증가한다고 가정하였다. 또한 불확실성 하에서 경제주체들은 자신의 자산을 위험자산인 채권과 무위험자산인 화폐 형태로 보유한다고 설명하고 채권은 수익성과 위험을 동시에 가지고 있는 반면 화폐는 위험이 없는 대신 예상수익도 0이라고 전제하였다. 따라서 비록 채권의 기대수익률이 화폐의 기대수익률보다 높을지라도 화폐가 채권에 비해 위험이 작기 때문에 재산의 축적수단으로서 화폐의 보유동기가 발생하게 되는 것이다. 토빈은 경제주체들이 채권과 화폐에 분산투자를 함으로써 전체 위험을 줄일 수 있다는 사실도 밝혔다. 그의 모형은 케인즈의 모형에 비해 투자행위를 보다 현실적으로 설명해주기 때문에 보다 확고한 이론적 근거에 기초한 것으로 평가할 수 있다.

그러나 투기적 화폐수요에 관한 토빈의 설명에도 부분적인 결함이 지적되고 있다. 투기적 화폐수요가 실제로 존재하는지는 여전히 불확실하다. 만일 화폐와 같이 위험이 없음에도 일정 수준의 수익률을 보장해 주는 자산이 존재하는 경우에는 투기적 화폐수요가 존재하지 않을 것이다. 통상 채무불이행 위험이 전무한 것으로 평가받는 미 재무성 증권의 경우를 고려한다면 최근 글로벌 경제위기로 위험자산 회피 현상이 발생한 경우에도 화폐보다 국채 등의 안전자산의 수요가 상대적으로 높았다는 점이 이러한 사실을 뒷받침한다 하겠다.

다만 토빈의 분석이 자산축적 수단으로서 화폐 보유에 관한 명확한 이론을 제시하지는 못하였으나 경제주체들이 자산을 선택하는 방식과 이유에 관한 합리적 기준을 제공함으로써 재무이론의 학문적 토대를 마련했다는 점에서 중요한 의의를 찾을 수 있을 것이다.

2. 프리드먼의 현대적 화폐수량설

프리드먼(M. Friedman)은 기존의 고전적 화폐수량설에 케인즈의 이론을 수용함으로써 현대적 의미의 화폐수량설을 정립하였다. 그는 스스로 고전적 화폐수량설을 재해석함으로써 전통적 화폐수량설의 논의를 현대적으로 계승하였다고 주장하였다. 그는 우선 경제주체들의 화폐수요가 그가 소유한 부를 비롯하여 화폐와 금융 및 실물자산간의 기대수익률의 차이에 의해 영향을 받는다고 생각하였다.

그러나 그의 이론은 경제주체들이 일정한 금액만큼의 실질화폐잔고를 보유하고자 한다는 점에서 전통적 화폐수량설 보다는 오히려 케인즈의 이론과 유사한 맥락에서 출발했다고 볼 수 있다. 그는 개인의 화폐수요가 각 개인이 보유하고 있는 자원에 의해 제약되며 그 수요량은 화폐보유로부터의 한계수익이 다른 대체자산으로부터의 한계수익과 같아지는 점에서 결정된다고 보았다. 화폐보유로부터의 기대수익은 화폐를 보유함으로써 교환을 원활히 하고 대체자산을 보유하는 데 따르는 자본손실의 가능성을 피할 수 있다는 두 가지 측면에서 바라볼 수 있다. 한편 화폐의 대체자산을 보유하는 데 따른 기대수익은 금리나 자본수익 등과 같이 쉽게 계량화가 가능하다. 따라서 계량화가 어려운 화폐보유의 편익과 계량화가 가능한 대체자산 보유에 따른 편익이 같아지는 수준에서 개인의 자산선택이 이루어진다고 보는 것이다. 이러한 개념을 토대로 그는 식 (2-9)와 같은 화폐수요함수를 설정하였다.

$$\frac{M^d}{P} = f\left(r^b - r^m, \, r^e - r^m, \, \pi^e - r^m, \, W^h, \, Y^p\right) \quad \cdots\cdots\cdots\cdots\cdots\cdots (2\text{-}9)$$

r^b : 채권의 기대수익률

r^e : 주식의 기대수익률

r^m : 화폐보유의 기대편익(수익률)

π^e : 기대인플레이션(실물자산 보유에 따른 기대수익률)

W^h: 인적 부

Y^p : 항상소득

자산에 대한 수요는 개인이 보유한 총부(total wealth)와 같은 방향으로 움직이기 때문에 프리드먼의 부 개념인 항상소득이 증가하면 화폐수요도 그에 따라 증가하게 된다. 여기서 유의할 점은 일반적인 소득개념과 달리 장기소득의 기댓값인 항상소득은 단기에는 변동폭이 크지 않다. 화폐수요의 결정요인으로 실제소득이 아닌 항상소득을 이용한 것은 화폐수요의 주된 목적 가운데 하나인 거래적, 예비적 동기의 수요가 개인의 소비수준과 밀접한 관련을 갖고 있기 때문이다. 개인의 소비는 일시적인 소득 변동에 의해 영향을 받기보다 개인의 부 또는 항상소득에 의해 결정된다는 점은 익히 알려진 사실이다. 따라서 개인의 화폐보유는 자신이 보유한 총부에 의해서 절대적인 크기를 결정한 후 대체자산의 수익률을 상호 비교함으로써 일시적 화폐보유 수준을 상대적, 일시적으로 조정한다고 볼 수 있다.

한편 식 (2-9) 우변 첫 세 항은 개인이 자신이 보유한 부를 화폐와 채권, 주식, 실물자산의 형태로 보유할 수 있음을 의미한다. 모든 경제주체들이 효용극대화를 추구한다고 하면 채권이나 주식, 실물자산의 기대수익률과 화폐보유의 기대편익간의 비교를 통해 각 자산과 화폐보유의 적정량을 결정하게 될 것이다. 화폐보유의 기대편익은 계량화가 어려우나 다음과 같은 몇가지로 요약될 수 있을 것이다. 먼저 통화량의 범주에 포함되는 예금에 대해 금융기관들이 제공하는 각종 서비스 혜택 – 예를 들어 자동납부, 급여이체, 대출시 우대금리 적용 등 – 을 비롯하여 일부 예금에 적용되는 이자지급과 더불어 금융 및 실물자산 보유에 따른 자본손실의 위험 등을 화폐보유의 기대편익으로 볼 수 있다. 이에 따라 채권과 주식의 기대수익률이 상승할수록, 실물자산의 기대수익률인 기대 인플레이션이 상승할수록 화폐의 상대적 기대수익률이 낮아지기 때문에 화폐수요는 감소할 것이다.

아울러 개인의 소득은 금융 및 실물자산에 의해서만 파생되는 것이 아니라 근로소득에 의해서도 발생할 수 있다. 그렇다면 개인이 보유한 부에는 금융 및 실물자산 이외에도 근로소득으로 표현될 수 있는 인적 부(human wealth)도 포함되어야 할 것이다. 그러나 프리드먼은 인적 부의 수익률은 명시적으로 고려하지 않았다. 이는 인적 부가 다른 자산으로 대체될 가능성이 극히 희박하다고 보기 때문이다. 따라서 인적 부는 상수로 취급되는 것이 일반적이다.

이상에서 살펴 본 바와 같이 프리드먼에 의해 정립된 현대적 화폐수량설은 고전학파적인 효용극대화 원칙에 충실하면서도 화폐수요가 금리와 소득의 함수라는 사실을 인정한다는 점에서 케인즈의 자산선택 개념을 적극 수용하고 있다. 그러나 그의 이론은 경험적으로 소득을 제외한 금리 등 대체자산의 기대수익률이 화폐수요에 미치는 영향이 매우 일시적이며 미미하다고 보고 있다. 아울러 규모변수인 소득 역시 지속적으로 변동하는 실제소득이 아니라 장기적으로 안정적인 항상소득의 개념으로 해석되어야 한다고 주장하였다. 더욱이 실질잔고에 이용되는 물가수준 역시 항상소득에 상응하는 항상물가 수준으로 보았다. 다시 말해 개인의 화폐수요는 일시적인 소득변동이나 가격 변동 등에 영향을 받지 않으며 항구적인 변화가 예상되는 경우에 한해 변한다는 것이다. 이를 반영하면 식 (2-10)과 같다.

$$\frac{M^d}{P^p} = f(Y^p) \quad \text{..} \quad (2\text{-}10)$$

식 (2-10)을 교환방정식에 대입하면 식 (2-11)의 관계가 도출된다.

$$V = \frac{Y}{f(Y^p)} \quad \text{..} \quad (2\text{-}11)$$

식 (2-11)은 화폐수요가 일시적인 변동에 의해 영향을 받기 보다는 항상변수에 의해 결정되기 때문에 단기적으로 매우 안정적이며 정책당국이 비교적 정확히 예측할 수 있다는 현대적 화폐수량설의 핵심 논지를 시사하고 있다.

즉, Y와 Y^p의 관계가 예측가능하기 때문에 화폐수요함수가 안정적이라면 유통속도도 충분히 예측가능할 것이다. 다음 기의 통화유통속도가 예측된다면 통화량을 통해서 명목소득의 크기도 예측할 수 있게 된다. 프리드먼은 유통속도가 일정하다고 가정하지는 않았으나 화폐수량설과 같이 화폐공급을 명목GDP의 가장 중요한 결정요인으로 보았으며, 이러한 점에서 화폐수량설의 현대적 해석으로 인식되고 있다.

프리드먼의 현대적 화폐수량설은 금리 변동이 대체자산과 화폐의 상대 수익률에 영향을 주지 못하기 때문에 화폐수요에 대한 금리의 영향력이 높지 않을 뿐 아니라 통화수요가 상당히 안정적이라고 보았다는 점이 케인즈의 통화이론과 가장 두드러진 차이점이라 볼 수 있다.

3. 물가와 통화와의 관계

(1) 통화적 물가이론

물가결정이론은 장기적으로 모든 실질변수가 균형상태에 있을 때 물가수준을 비롯한 경제내의 모든 명목변수가 어떠한 요인에 의해 결정되는지에 관한 이론이다. 물가수준의 결정에 관한 대표적인 이론으로는 고전학파의 화폐수량설에 기초한 통화적 물가이론(monetary theory of the price level)을 들 수 있으며 1990년대 들어서는 재정과 물가간의 관계를 강조하는 재정적 물가이론(fiscal theory of the price level)이 주목받고 있다.

물가수준의 결정요인으로서 통화의 역할을 살펴보기 위하여 제1장에서 통화수요와 관련하여 가장 일반적인 접근을 가능케 해주는 피셔의 교환방정식을 검토해 보기로 하자. 먼저 $MV = PY$ 형태의 교환방정식을 로그선형화하여 다음과 같이 변형키로 한다.

$$m_t + v_t = p_t + y_t \qquad\cdots\cdots (2\text{-}12)$$

여기서 m_t, v_t, p_t, y_t는 각각 통화와 통화유통속도, 물가, 실질 GDP의 자연로그값을 나타낸다. 앞서 설명한 바와 같이 교환방정식은 유통속도의 구조에 관하여 어떠한 사전적인 가정이 전제되지 않은 항등식 개념이다.

현대적 의미의 통화수요이론에서는 통화유통속도 v_t을 다음과 같은 형태로 정의한다.

$$v_t = \theta_0 + (1 - \theta_y)y_t + \theta_i i_t \qquad\cdots\cdots (2\text{-}13)$$

θ_y와 θ_i(θ_0는 상수항)는 각각 통화수요의 소득 탄력성과 단기명목수익률에 대한 통화수요의 준탄력성(semi elasticity)을 의미한다. 식 (2-13)을 교환방정식 식 (2-12)에 대입하면 식 (2-14)와 같다.

$$m_t - p_t = -\theta_0 + \theta_y y_t - \theta_i i_t \qquad\cdots\cdots (2\text{-}14)$$

편의상 실질 GDP는 잠재산출량 y^f로 고정된 것으로 가정하자. 식 (2-14)를 살펴보면 물가수준(p_t)의 항구적인 변화는 통화량 m_t가 변하거나 금리(i_t)나 통화수요의 금리 탄력성인 θ_i가 변동함으로써 통화유통속도가 항구적으로 변하는 경로를 통해서만 가능함을 알 수 있다. 고전적인 통화론자들은 통화수요가 단기에서 상당히 안정적이므로 물가수준의 항구적인 변화는 결국 통화량 변동에 의해서 대부분 설명된다고 보았다. 이러한 주장이 바로 전통적인 '통화적 물가이론(monetary theory of the price level)'이다.

　　오랜 기간 동안 경제학자들은 정부의 재정적자와 인플레이션의 연관성에 관하여 관심을 가져왔다. 이러한 관심은 정부가 재정적자를 국채를 발행하거나 화폐를 발행함으로써 충당할 수 있다는 점에서 비롯되었다. 정부의 재정정책과 물가수준간의 관계에 관한 일련의 연구를 '재정적 물가이론(Fiscal Theory of the Price Level)'으로 부르고 있다. 전통적인 물가이론이 경제 내에 통용되는 통화의 양을 물가수준을 결정짓는 가장 중요한 요인으로 보는 반면 재정적 물가이론은 국가가 재정정책을 수행하는 데 있어 기존에 보유하고 있던 부채 규모에 영향받지 않고 재량에 따라 기초재정수지[2]를 결정할 수 있다면 재정충격이 물가수준에 영향을 미칠 수 있다고 주장한다. 즉 전통 이론에서는 재정당국이 재정을 운용하는 데 있어 채무비율을 적정수준에서 유지하기 위하여 채무규모가 줄어들면 재정수지를 완화하고 채무규모가 늘어나면 재정수지를 개선하는 방향으로 운영한다고 가정하는 반면 재정적 물가이론에서는 정부의 재정정책이 채무수준과 무관할 가능성이 적지 않다고 본다.

(2) 우리나라의 경험

　　통화와 물가간의 상관관계를 우리나라의 자료를 통해 살펴 보기로 하자. [그림 2-3]의 통화(M2 기준)와 물가의 변동추이를 보면 외환위기 전에는 통화

---

2)　기초재정수지(primary fiscal balances)는 정부의 재정수입에서 정부부채에 대한 이자지급을 제외한 재정지출을 차감한 수지를 의미한다.

증가율이 상당 기간 5%를 상회하는 가운데 물가상승률도 높은 수준을 유지하였다. 반면 외환위기 후에는 물가안정목표제 도입 등에 힘입어 물가상승률이 크게 하락하면서 통화 증가세도 둔화되었다. 통화와 물가의 움직임 간에 상관관계를 보기 위하여 두 변수간의 시차상관계수를 구해 보면 외환위기 이전에는 통화증가율과 물가상승률간의 시차상관계수가 [그림 2-4]에서 보듯이 시간이 지나면서 뚜렷하게 증가하는 것으로 나타났다. 이러한 특징은 대부분의 물가지표에서 볼 수 있으며 현재의 통화증가율과 12분기 전후의 물가상승률간의 상관계수가 큰 것으로 보인다.

반면 외환위기 후에는 두 변수간의 상관계수가 6~9분기 후에 가장 크나 외환위기 전에 비해서는 상대적으로 크게 낮아졌다. 그러나 통화증가율과 물

[그림 2-3] 통화 및 물가 변동추이

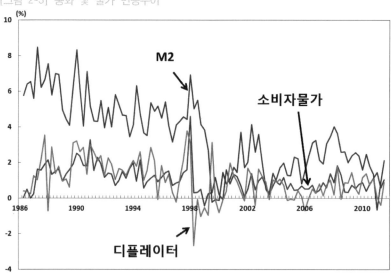

* 계절조정 전기대비 증가율임

출처 : 한국은행 ECOS

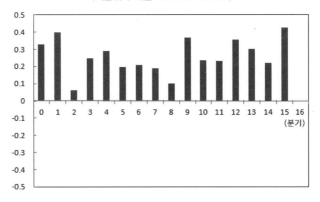

[그림 2-4] 통화증가율과 물가상승률간의 시차상관계수

(외환위기 이전: 1987:Q1-1997:Q3)

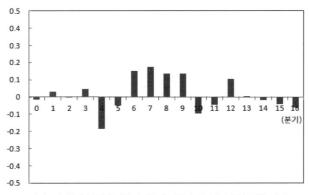

(외환위기 이후: 1999:Q1-2011:Q3)

* 　계절조정 통화(M2)와 물가(소비자물가) 자료의 전기대비 증가율(%) 기준
** 　t기의 통화증가율과 t+i기의 물가상승률간의 상관계수

가상승률간의 단순 비교는 두 변수간의 인과관계를 제대로 파악할 수 없다는 단점이 있다. 왜냐하면 물가상승률과 실질 GDP 성장률이 높아질수록 화폐수요가 늘어나 통화증가율이 확대될 수 있기 때문이다. 전통적으로 통화론자도 통화가 화폐수요를 초과하여 공급될 경우 물가상승을 초래한다고 보았다.

이러한 점에서 홀먼(hallman et al., 1991) 등이 개발한 P^*지표는 통화의 초과공급 정도를 파악하는 데 있어 통화량 수준 자체보다 더 유용하다고 할 수 있다. 현재의 통화량 수준하에서 나타나는 장기균형물가를 의미하는 P^*를 추정하기 위해서는 식 (2-15)의 P^*정의식에서 장기균형 통화유통속도와 장기균형 실질GDP[3]를 파악할 필요가 있다.

$$P_t^* = M_t \cdot V_t^* / Y_t^* \quad \cdots\cdots\cdots\cdots\cdots\cdots\cdots\cdots\cdots\cdots\cdots\cdots\cdots\cdots\cdots\cdots\cdots\cdots \quad (2\text{-}15)$$

$\quad\quad V_t^*$: 장기균형 유통속도

$\quad\quad Y_t^*$: 장기균형 실질GDP

한편 [그림 2-1]에서 보듯이 우리나라의 통화유통속도는 대체로 하향세를 유지하다가 외환위기후 다소 안정되는 모습을 보였다. 이와 같이 통화유통속도가 하향세를 보인 것은 금리 하락에 따른 통화수요 증가에 크게 기인한다. [그림 2-5]는 통화-소득 비율(유통속도의 역수)이 금리와 뚜렷하게 역의 관계를 가지고 있는 것을 보여주고 있다.

M2를 기준으로 추정된 P^*와 실제 물가수준을 비교해 보면 외환위기 전에는 P^*의 유용성이 상당히 컸던 것으로 보인다. P^*가 실제 물가수준보다 높은(즉, 물가갭⟩0) 시기에는 물가상승이 전반적으로 가속화된 반면 P^*가 실제 물가수준보다 낮은(즉, 물가갭⟨0) 시기에는 물가상승률이 둔화되었다. 그러나 외환위기 후에는 2003년 중반 이후 기간을 제외하고는 이러한 관계가 불안정해졌다. 물가갭과 물가상승률간의 상관관계를 보더라도 외환위기 전후로 두 변수간의 관계가 크게 달라졌음을 알 수 있다. 외환위기 전에는 물가갭이 향후의 물가상승을 예고하는 정도가 상당히 높았다. 물가갭은 4~7분기후의 물가상승률과 상관관계가 높을 뿐 아니라 양 변수간의 시차도 통화증가율과 물가상승률간에 비해 짧은 것으로 나타났다. 반면 외환위기 후에는 두 변수간

---

3)　장기균형 실질GDP는 잠재산출량으로 표현할 수도 있으며 여러 가지 기법으로 계산이 가능하나 여기에서는 Hodrick-Prescott Filtering을 이용하여 계산된 자료를 이용하였다.

[그림 2-5] 통화-소득 비율* 및 금리** 추이와 두 변수간 관계(M2 기준)

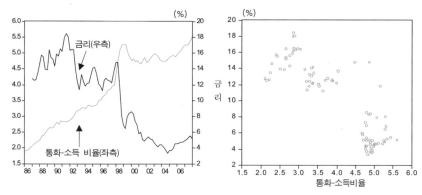

* 통화-소득 비율은 M2/명목GDP로 측정
** 금리(연 %)은 통화안정증권(364일물) 수익률 기준

[그림 2-6] 물가갭과 물가상승률간의 시차상관계수
(GDP 디플레이터 상승률 기준)

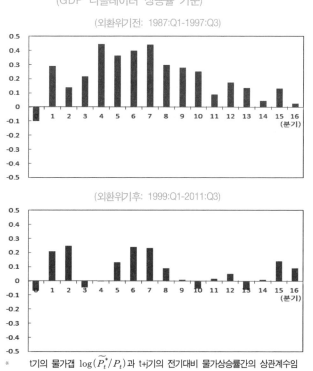

* t기의 물가갭 $\log(\widetilde{P_t^*}/P_t)$과 t+j기의 전기대비 물가상승률간의 상관계수임

의 관계가 크게 약화되었다. 이러한 점을 종합할 때 통화량 변동이 미래의 물가 움직임을 예고하는 정도가 외환위기 이후 크게 낮아졌다는 것을 알 수 있다.

제 절
인플레이션

프리드먼이 "인플레이션은 언제 어디서나 화폐적 현상이다"라고 단언하면서 종식되는 듯 했던 인플레이션의 원인과 관련한 논쟁이 최근 들어 다시 재연될 조짐을 보이고 있다. 이러한 배경에는 통화증발 외에도 재정팽창이 인플레이션 요인으로 작용할 가능성과 함께 곡물, 원유, 기타 원자재 등의 가격 변동폭이 확대되면서 비용요인에 의해 초래되는 인플레이션에 대한 관심도 고조되고 있기 때문이다.

1. 수요요인

경제학자들이 통상 관심을 갖고 우려하는 인플레이션의 개념은 물가가 일회적으로 상승하는 것을 나타내는 것이 아니라 빠른 속도로 지속적으로 증가하는 경우를 의미한다. 프리드먼이 규정했던 인플레이션도 사실상 물가수준의 상향 움직임이 지속적인 과정일 경우에만 화폐적 현상이라고 이해될 수 있다. 인플레이션을 물가수준의 지속적이고 급격한 상승으로 정의할 때 대부분의 경제학자들은 통화주의자든 케인지언이든 모두 화폐가 인플레이션의 원인이라는 프리드먼의 주장에 동의해 왔다. 이는 주로 인플레이션의 주된 발생경로가 공급측 요인보다는 수요측 요인, 그 중에서도 인위적인 경기부양을 위한 팽창적 통화정책에서 비롯된 것이라는 데 공감대가 형성되었다는 점을 시사하는 것이다.

전통적으로 인플레이션의 원인과 진행과정을 연구하는 데는 1950년대 영국의 통계학자 필립스(A. Phillips)에 의해 처음 도입된 필립스 곡선이 이용되고 있다. 임금상승률과 실업률간의 상관관계에 관한 실증분석을 시도하는 과정에서 발견된 이후 경기(실업)와 물가간의 실증적 관계를 규명하는 데 널리 적용되어져 왔다. 그러나 1970~80년대 들어 루카스(R. Lucas)와 사전트(T. Sargent) 등에 의해 경제주체의 합리적 기대형성과 그에 따른 정책무력성 명제 등이 제기되면서 기존의 필립스 곡선의 유효성에 대한 비판이 제기되었다.

이러한 '루카스 비판(Lucas critique)'에 대한 반론으로 기존의 필립스 곡선 모형은 경제주체의 합리적 기대를 가미한 '뉴케인지언 필립스 곡선'으로 대체되었다. 동 모형에서는 임금과 가격이 장기에서는 완전 신축적이나 시장구조 등에 따른 경제주체들의 합리적 대응의 결과로 단기에서는 임금과 가격에 경직성이 존재하는 것으로 상정한다. 이들이 단기에서 임금과 가격의 경직성이 존재하는 근거로 제시하는 것이 바로 장기 및 중첩 임금계약[4]과 효율성 임금 가설[5], 메뉴비용[6] 등이다.

---

4) 임금계약이 갱신되는 데는 대체로 1년 이상의 기간이 필요하고 다양한 직종의 근로자들의 임금계약이 일시에 이루어지지 않고 중첩되어(staggered) 체결되기 때문에 새로운 정보에 의해 향후 물가상승률과 소득에 대한 예상을 조정할 필요가 발생하더라도 새로운 계약체결 전까지는 이를 반영하기 어렵다는 주장이다.

5) 임금의 조정은 근로자들의 노동의욕과 생산성에 영향을 미치게 될 뿐 아니라 경기침체로 인해 임금을 낮출 경우 다른 직장으로의 이직이 가능한 우수한 노동자가 먼저 직장을 떠나게 되는 역선택(adverse selection)의 문제가 발생함으로 기업은 노동자에게 시장 균형임금에 비해 높은 임금을 제시하며 임금 하향 조정이 필요하더라도 낮추기를 꺼려한다는 주장이다.

6) 수요 변동으로 가격조정이 필요한 상황에서도 가격을 조정하는 데 소요되는 비용이 발생하므로 기업들이 가격조정보다는 수량조정을 선호한다는 이론이다.

이들은 경제주체의 기대가 합리적으로 형성되며 장기에서는 가격이 신축적으로 조정되어 경제가 균형을 회복한다는 고전학파 및 합리적기대가설의 주장을 수용하였으나 단기에서는 제도적 요인 등에 의해 가격에 경직성이 존재할 수 있다고 주장하고 있다.

여기에서는 이들의 주장에 기반을 둔 뉴케인지언 필립스 곡선을 이용하여 인플레이션의 발생 원인에 관하여 살펴보기로 한다.

$$\pi_t = \lambda(\hat{y}_t - \hat{y}_t^f) + \beta E_t \pi_{t+1} + \tilde{\kappa}\mu_t^\omega \quad\cdots\cdots\cdots\cdots\cdots\cdots \text{(2-16)}$$

단, μ_t^ω는 t기의 비용충격이며 $\tilde{\kappa}$는 계수이다.

식 (2-16)은 가격이 경직적인 단기에서 수요가 잠재성장률($\hat{y}_t^f$)을 상회하는 경우 인플레이션을 유발할 수 있음을 보여주고 있다. 그럼에도 불구하고 [그림 2-7]에서 볼 수 있듯이 수요충격이 경제주체들에 의해 전혀 예상되지 못한

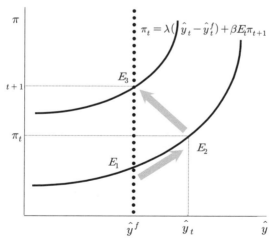

[그림 2-7] 중앙은행의 팽창적 통화정책의 효과
(예기치 않은 수요충격의 경우)

경우라도 기업이 생산량을 늘리기 위하여 요소(노동 등)의 고용을 확대하는 과정에서 비용 상승을 통해 여전히 인플레이션($E_1 \Rightarrow E_2$)을 유발하게 됨을 시사하고 있다. 더욱이 다음 기에도 이와 같은 정책기조를 지속할 경우 이미 경제주체들이 이러한 정보를 완벽하게 인지함에 따라 성장률은 잠재수준으로 회귀하며 인플레이션만을 초래하는 결과를 얻게 된다($E_2 \Rightarrow E_3$).

이번에는 중앙은행의 팽창적 통화정책에 대한 정보가 경제주체들에 의해 이미 인식되는 경우에는 당초의 정책목표인 경기부양 효과는 전혀 얻지 못한 채 인플레이션 편향($E_1 \Rightarrow E_2 \Rightarrow E_3$)만을 초래하게 될 것이다.

[그림 2-8] 중앙은행의 팽창적 통화정책의 효과
(예상된 수요충격의 경우)

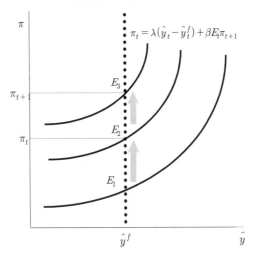

이상에서 살펴 본 수요견인 인플레이션(demand-pull inflation)은 대부분 정책당국이 경제주체들에게 일시적으로 정보를 숨기거나 경제주체의 임금인상이나 가격조정 등의 반응을 인위적으로 억제함으로써 경기를 부양하려는 데서 비롯된다. 즉 정책당국이 성장률이나 고용 목표를 잠재수준 이상으로 설

정함으로써 초래되는 것이 일반적이라 할 수 있다. 예를 들어 정책당국이 선거를 의식하여 3%의 실업률 목표를 정했다고 가정하자. 만일 자연실업률이 4%인 경제가 3%대의 실업률 목표를 달성하기 위해 확장적 통화정책을 시행한다고 가정해 보자. 경제주체들이 최초에 정책당국의 확장적 기조를 예상하지 못했다면 일시적인 경기부양에 따라 실업률이 자연실업률 수준 이하로 하락할 수 있다.

그러나 이러한 확장적 정책은 노동시장에서 초과 수요를 유발함으로써 임금인상을 초래하고 이로 인해 실업률은 원래 수준으로 회귀하게 될 것이다. 이러한 과정에서 임금상승에 따른 물가상승이 초래될 뿐 아니라 경제주체의 기대 인플레이션을 자극함으로써 물가상승이 심화되는 부작용만을 초래할 수 있다. 따라서 정책당국의 확장적 정책기조에서 시작된 수요견인 인플레이션은 경제주체들의 인플레이션 기대심리를 자극함으로써 근로자의 임금인상 요구를 통해 비용상승 인플레이션으로 전이되는 과정을 겪게 된다.

2. 비용요인

식 (2-16)의 마지막 항($\tilde{\kappa}\mu_t^\omega$)은 물가상승률 결정요인으로 다음 기의 물가상승률에 대한 기대와 잠재산출수준으로부터의 이탈 외에도 독립적인 비용요인도 인플레이션을 유발할 수 있음을 나타내고 있다. 이른바 '비용견인 인플레이션(cost-push inflation)'으로 표현되는 공급충격에 의한 인플레이션을 의미한다. 공급충격은 각 생산요소의 조달비용의 변동에서 비롯되는데 노동비용인 임금을 비롯하여 중간재의 조달비용인 유가, 곡물가 등의 변동이 일시적인 물가의 급변동을 초래하는 사례가 흔히 관찰되고 있다. 맨큐(G.Mankiw)와 고든(R. Gordon)은 식료품이나 원유가격의 급변동이 전후 미국 물가변동에서 상당히 큰 비중을 설명한다는 점을 실증적으로 입증하였다. 그러나 공급충격에 따른 인플레이션은 장기에서는 영향을 미치지 못한다는 것이 일반적인 견해이다.

식 (2-16)을 보면 경직적인 가격하에서도 다른 마찰이 존재하지 않는다면 공급충격은 발생한 해당 기간에만 인플레이션을 유발할 뿐 다음 기에는 영향을 미치지 못한다는 것을 알 수 있다. [그림 2-9]의 총수요－총공급함수를 통하여 살펴 보면 단기 공급곡선 SAS_0이 SAS_1으로 좌상향으로 평행 이동하는 원인은 원자재 가격이나 곡물가 등 비용충격에 의하거나 경제주체의 기대인플레이션의 상승에 따른 것이다. 이러한 공급충격은 대개 기후변동, 지정학적 사건 등에 따른 것으로 장기간에 걸쳐 지속되는 경우는 흔치 않다. 따라서 일회적인 물가수준의 상승을 초래할 뿐 지속적인 인플레이션으로 이어지지 않는 것이 일반적이며 공급충격이 급격한 인플레이션의 주요인이 되기는 어렵다. 일시적인 공급충격이 인플레이션이나 스태그플레이션으로 이어지는 것은 충격에 따른 경기둔화 등에 대응하기 위하여 정책당국이 확장적인 정책기조로 전환한 데 크게 기인하는 것으로 분석되고 있다. 이는 [그림 2-9]에서와 같이 총공급곡선의 좌상향 이동($SAS_0 {\Rightarrow} SAS_1$)에 대응한 정책당국의 총수요 확대정책으로 총수요곡선 SAD_0이 SAD_1으로 우상향하면서 물가수준은 더욱 상승한다. 물가상승이 본격화하면서 경제주체들의 기대 인플레이션도 상승하면서 총공급곡선은 다시 SAS_2로 좌상향하면서 임금-물가상승의 악순환(wage-price spiral)이 심화될 수 있다. 이에 따라 최초의 공급충격의 인플레이션 유발효과가 지속성을 갖는 것처럼 보이게 된다.

수요요인과 비용요인은 결국 경제주체들의 인플레이션 기대심리를 자극함으로써 지속성을 갖게 된다는 점에서 인플레이션을 예방하기 위해서는 무엇

[그림 2-9] 공급충격의 효과

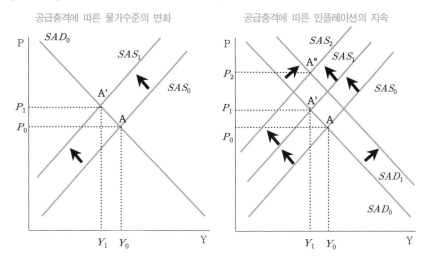

공급충격에 따른 물가수준의 변화 　　　　　 공급충격에 따른 인플레이션의 지속

보다 인플레이션 기대심리가 확산되는 것을 미연에 방지하는 것이 무엇보다
중요하다 하겠다. 따라서 대부분의 중앙은행이 과거에는 효율적인 물가관리
를 위하여 수요요인에 의한 인플레이션만을 선별적으로 관리하던 방식에서
탈피해 최근에는 인플레이션의 발생원인에 관계 없이 인플레이션 기대심리
의 확산을 사전에 차단하는 데 중점을 두는 추세이다.

onetary Policy

제 절
통화정책이론

1. 통화정책의 운영체계

최근 들어 통화정책의 목표가 물가안정이라는 데 대체적인 합의가 이루어
지고 있다. 그러나 물가안정을 달성하기 위한 통화정책의 수행방식에 대해서
는 여전히 상당한 의견의 차가 존재한다.

(1) 환율목표제

환율목표제(exchange-rate targeting)은 자국 통화의 가치를 금과 같은 재
화에 고정하는 금본위제 등의 형태를 통하여 비교적 오랜 역사를 가진 통화
정책 운용방식이다. 최근 들어 고정환율제는 자국 통화의 가치를 안정된 물
가를 유지하는 대국의 화폐에 고정하는 방식으로 운영되고 있다. 이 밖에도
자국의 물가상승률이 주요 교역대상국보다 높게 유지되도록 자국의 통화가
치가 일정한 비율로 절하되도록 하는 변동목표방식으로 운용되기도 한다.

환율타겟팅 제도가 개도국을 중심으로 널리 선호된 데는 다음과 같은 몇

가지 장점을 가지고 있기 때문이다. 먼저 환율목표라는 명목지표가 국가간 교역재의 물가상승률을 고정시킴으로 인해 인플레이션을 직접적이고 강력하게 통제하는 데 기여한다는 점이다. 아울러 환율목표가 신뢰할 수준이라면 자국의 인플레이션 기대를 목표국가의 물가상승률에 근접하는 수준까지 낮출 수 있을 것이다. 동 제도 하에서는 자국 통화의 가치가 하락하는 경우 목표 환율대로의 복귀를 위하여 통화당국이 자국통화를 매입하면서 통화정책 기조가 긴축적으로 전환되며 반대로 자국의 통화가치가 상승하면 통화당국이 외환시장에 개입하여 자국 통화를 매각하면서 완화적인 통화정책 기조로 바뀌게 되므로 개도국에서 흔히 문제가 되는 재량적이며 동태적으로 비일관성을 띄는 통화정책의 가능성을 미연에 방지할 수 있게 된다. 마지막으로 환율타겟팅은 대중이 쉽게 이해할 수 있도록 간단명료하다는 장점을 지니고 있다.

이러한 특징에 힘입어 환율타겟팅은 주요 선진국 경제에서 인플레이션을 통제하는 데 상당한 성과를 거둔 것으로 평가받고 있다. 예를 들어 프랑스와 영국은 독일의 마르크화에 자국의 통화가치를 연동시킴으로써 인플레이션을 안정시키는 데 성공하였다. 프랑스가 처음 자국의 프랑화를 독일의 마르크화에 연동시켰던 1987년 당시 프랑스의 소비자물가 상승률은 독일보다 2%p나 높은 3%수준이었으나 환율타겟팅을 도입한 2년후인 1992년에는 독일보다 낮은 2%대까지 하락하였으며 1996년에는 양국 경제의 인플레이션율이 2%를 다소 밑도는 수준으로 수렴하였다. 영국의 파운드화도 1990년에 독일 마르크화에 연동된 후 물가상승률이 10%에서 불과 2년 후인 1992년에는 3%대까지 급락하였다.

환율타겟팅은 개도국 경제에서도 인플레이션을 빠른 속도로 안정하는 데 크게 기여한 것으로 평가되고 있다. 이러한 경우로는 다소 극단적인 형태의 환율타겟팅인 통화위원회제도[7]를 도입했던 아르헨티나의 사례를 들 수 있다. [8] 통화위원회제도는 통화당국이 요구가 있을 때는 언제든지 고정된 환율로 태환에 응해야 한다는 점에서 고정환율제도에 비해 훨씬 강력한 기속력이 발생한다. 이처럼 통화위원회제도는 예외 없는 구속력을 제공한다는 점에서 개도국 경제에서도 시장에 물가 및 환율안정에 대한 당국의 보다 강력한 메시지를 제공할 수 있다.

환율타겟팅의 내재적인 장점에도 불구하고 이제까지의 경험에 비추어 볼 때 흠결 없는 완벽한 제도라고 볼 수도 없다. 먼저 자본시장이 개방된 상황에서 환율 목표제는 해당국이 자국에서 독립적으로 발생하는 국내충격에 대하여 독자적인 통화정책을 수행할 능력을 상실할 수 있다. 또한 환율목표제는 환율연동국에서 발생하는 충격이 자국 경제로 직접적으로 전이될 수 있다는 문제를 내포하고 있다.

이러한 문제의 극명한 예를 1990년 독일의 통일 사례에서 찾을 수 있다. 통독으로 인한 인플레이션과 대규모 재정확대에 관한 우려가 독일의 금리상승을 초래하였으며 이러한 충격은 이전까지 안정적인 마르크화에 연동되어 있던 주변 유럽 국가들에 직접적인 영향을 미치게 되었다. 소위 유럽환율체계(ERM)에 마지막까지 연동을 고수하였던 프랑스를 비롯한 일부 국가들은 경제성장의 급격한 둔화와 실업률의 급등을 피할 수 없었다.

---

7) 통화위원회제도(currency board system)하에서는 통화당국은 언제든지 자국 통화를 정해진 비율로 외국 통화와의 교환에 응해야 한다. 따라서 동 제도를 시행하는 국가는 통화정책에서의 재량권을 완전히 포기해야 하며 완전한 통화 교환을 위하여 100%의 외국 통화 준비금을 보유하고 있어야 한다.

8) 아르헨티나의 경우 통화위원회제도를 도입하기 직전인 1989년에 무려 연 1,000%에 이르던 소비자물가상승률이 1994년말에는 5% 이하로 안정되는 가시적인 성과를 거두었다.

(2) 통화량목표제

통화량목표제(monetary targeting)는 통화지표(M1, M2, M3 등)의 증가율을 중간목표로 정하여 최종목표인 물가안정을 달성하는 방식으로서 1970년대 후반 들어 대부분의 선진국 중앙은행에 의해 채택되었다. 당시 통화량목표제가 급속히 보급된 데는 이 시기에 1, 2차에 걸친 석유파동으로 전 세계적으로 초인플레이션(hyper-inflation)에 대한 우려가 고조되고 있던 상황이었으며 학계에서는 "모든 인플레이션은 화폐적 현상"이라고 주장하는 통화론자들의 의견이 점차 설득력을 얻고 있었다는 점이 크게 작용하였다.

2차대전 이후 처음으로 높은 인플레이션을 겪게 된 각국은 이를 제어하는 데 총력을 기울였으며 그 일환으로 인플레이션과 가장 밀접한 관계가 있는 것으로 인식되는 통화량을 중간목표로 하는 통화정책 운영체계를 선택하였다. 통화량목표제는 통화량과 물가간의 안정적인 상관관계가 중기적으로 지속된다는 이론적, 실증적 근거에 전제로 하고 있다. 또한 중앙은행은 통화정책 수단을 활용하여 통화량을 관리할 수 있으며 이를 통해 간접적으로 물가안정을 유지할 수 있다는 것이다.

통화량목표제의 선구자라 할 수 있는 프리드먼이 생각했던 것은 경제의 상황변화와 관계없이 매년 통화량을 일정한 비율만큼 늘려가는 'k% 준칙(k% rule)'이었다. 그러나 현실적으로 이렇게 극단적인 형태를 채택한 나라는 찾아보기 어렵다. 또한 1980년대 들어 금융혁신의 급속한 진전 등으로 통화량이 불규칙적인 움직임을 보이고 통화량과 최종목표인 물가와의 관계도 크게 약화됨에 따라 통화량목표제를 채택했던 대부분의 선진국 중앙은행들은 이를 포기하였다

▲ 통화량목표제의 운영 사례

■ 미국

미국은 1차 석유파동 직후인 1975년부터 M1, M2, M3 모두를 대상으로 공급 목표치를 설정하였다. 그렇지만 운용목표로 활용하는 연방기금금리를 중시하여 사실상 중간목표로서 통화량의 중요성은 그리 크지 않았다. 6주마다 개최되는 연방공개시장위원회(FOMC)는 차기 회의시까지 적용될 각 통화지표의 목표치와 이에 상응하는 연방기금금리를 결정했는데 통화지표증가율은 비교적 넓은 범위(예를 들면 M1은 3%~6%, M2는 4%~7%)로 정한 반면 연방기금금리는 좁은 범위(예를 들면 7.5%~8.25%)로 정하였다. 또한 실제 공개시장조작을 담당하는 뉴욕 연준은 통화량과 연방기금금리가 상충될 때 금리를 중시하라는 지시를 받기도 하였다.

그 결과 통화량은 항상 목표수준에서 벗어나 있어 이때까지는 미국이 사실상 통화량목표제를 운영했다고 보기 어렵다. 이러한 사정이 변한 것은 볼커(P.Volcker)가 연준 의장에 취임한 1979년 10월 직후부터로 볼 수 있다. 당시는 2차 석유파동으로 물가상승률이 두 자리를 기록한 때였는데 볼커는 통화론자의 견해를 수용하여 통화량목표제를 엄격히 시행함으로써 인플레이션을 억제하고자 하였다. 연준은 연방기금금리 대신 비차입지준[9]을 운용목표로 선택하였다. 이는 비교적 간단한 변화였음에도 불구하고 금융시장에 커다

---

9) 은행들이 영업활동을 하는 과정에서 유동성이 부족하면 중앙은행으로부터 자금을 공급받기도 하는데 이는 두가지 방식으로 구분된다. 첫째는 중앙은행의 대출창구로부터 직접 차입하는 것이다. 둘째는 공개시장조작을 통해 유동성을 공급받는 것인데 은행시스템 전체적으로 유동성이 부족할 때 중앙은행은 은행들이 가지고 있는 채권을 매입함으로써 유동성을 공급한다. 전자를 차입지준(borrowed reserves)이라 하고 후자를 비차입지준(non-borrowed reserves)이라 한다. 그런데 미국의 경우 차입지준은 그 비중이 매우 낮고 공개시장조작을 통해 공급받는 비차입지준이 대부분이다. 따라서 비차입지준을 목표로 한다는 것은 중앙은행이 은행에 공급하는 전체 자금, 즉 지준을 통제한다는 것과 같은 의미이다.

란 영향을 미쳤다. 이론적으로 볼 때 이 방식은 통화량이 목표치를 벗어났을 때 이를 목표치 이내로 회귀시키는 자동조절기능을 갖고 있었다. 예를 들어 통화량이 목표치를 넘어 섰다고 하자. 이 때 은행들은 늘어난 통화에 해당되는 만큼 중앙은행에 더 많은 지급준비금을 예치해야 한다. 그러나 비차입지준의 공급액은 고정되어있기 때문에 은행들은 지급준비금 예치를 위한 자금 확보를 위해 노력할 것이며[10] 이는 은행간 단기자금이 거래되는 연방기금금리를 큰 폭으로 상승시킬 것이다. 금리가 상승하면 통화보유에 따르는 기회비용이 높아져 통화수요는 감소하고 따라서 통화량은 목표치로 다시 돌아오게 된다. 이러한 방식은 통화량을 목표수준에서 유지하기 위해 큰 폭의 금리 변동을 용인하겠다는 의지의 표현이었는데 실제로 이 조치 이후 연방기금금리는 10% 이하에서 20% 가까이 오르내리는 극심한 변동양상을 나타내었다. 그러나 금리가 큰 폭으로 변동한 것은 당연하였으나 통화량은 목표에서 유지되었어야 했는데 사실은 그렇지 못하였다.

1979~82년중 연준이 중심통화지표로 활용했던 M1이 한 차례도 목표수준 내에서 유지되지 못하였다. 이러한 모순된 상황에 관한 여러 설명 가운데 두 가지를 살펴 보면 다음과 같다. 첫째는 이 기간중 금리자유화의 실시, NOW계정[11]의 도입 등 금융혁신의 진전으로 통화수요가 매우 불안정해졌기 때문이라는 것이다. 따라서 연준이 통화 공급을 일정하게 유지하고자 했더라도 수요의 변동이 컸기 때문에 실제 나타난 통화량은 불규칙해질 수 밖에 없었다는 것이다. 둘째는 애초부터 연준은 통화량의 목표 범위에 집착하지 않았다는 설명이다. 볼커는 인플레이션을 억제하기 위해서는 금리를 높여야 하지

---

10) 각 은행들은 차입지준에 의존할 수도 있으나 그러한 경우 시장이 해당 은행의 재무상태가 좋지 않다는 시그널로 인식할 수 있기 때문에 가능한 한 이를 피하려고 한다.

11) NOW(Negotiable Order of Withdrawal)계정은 당좌예금식 저축예금 계좌로 고객은 수표를 발행하거나 미리 통지하면 수시로 예금을 인출할 수 있으며 당좌예금의 특성상 이자도 받을 수 있다.

만 고금리정책에는 많은 반대가 뒤따를 것이므로 이를 피하기 위하여 통화량 목표를 전면에 내세우는 전략을 구사했다는 것이다. 인플레이션이 어느 정도 진정된 1982년 10월에 연준은 운용목표를 비차입지준에서 차입지준으로 변경하였다. 이는 사실상 통화량보다는 금리를 안정시키는 방향으로 정책을 선회하였음을 의미한다. 왜냐하면 차입지준은 그 규모가 매우 작기 때문에 이를 목표로 설정한다는 것이 큰 의미를 갖기 어렵고 연준은 공개시장조작을 통해 비차입지준을 탄력적으로 공급함으로써 연방기금금리를 안정시킬 수 있기 때문이다.[12] 그러나 금리를 안정시키는 대가로 통화량의 변동폭 확대가 불가피했다. 실제 1982년 10월 이후 연방기금금리는 크게 안정되었으나 통화량은 이전보다 변동폭이 더욱 확대되었다. 이와 같이 통화정책 운영방식이 통화량의 급격한 변동을 허용하는 방향으로 바뀐 데다 빠른 속도로 진행된 금융혁신으로 통화가 매우 불규칙한 움직임을 보이고 통화와 최종목표인 물가간의 관계도 불안정해짐에 따라 연준은 1987년 2월 중심통화지표를 M1에서 M2로 변경하였다. 그러나 실제로는 통화량의 움직임을 크게 고려하지 않았으며 금리 위주로 통화정책을 운영하였다. 그러다가 연준은 1993년 7월 더 이상 통화량목표제를 운영하지 않겠다고 공식선언하였다. 미국이 형식상 통화량목표제를 실시한 기간은 1975~93년까지 20여년에 이르지만 실제로는 1979년 10월~1982년 10월까지의 3년에 불과했으며 나머지는 금리를 중시한 기간이었다고 볼 수 있다.[13]

---

12) 이를 다른 방식으로 설명할 수도 있다. 우선 경기가 상승하면 금리가 높아진다. 그러면 은행들은 상대적으로 차입비용이 낮은 연준의 대출창구를 이용하려고 할 것이며 연준은 이러한 유인을 없애기 위하여 공개시장조작을 통해 금리를 낮춘다. 결국 차입지준을 목표로 한다는 것은 금리 변동폭을 줄인다는 의미가 된다.

13) 이러한 의미에서 이 기간을 '통화주의자의 실험(monetarist's experiment)기간'이라고 부르기도 한다.

■ 독일

독일은 스위스와 더불어 통화량목표제를 가장 성공적으로 수행해 온 나라로 평가받고 있다. 독일은 1975년 협의의 통화 즉 현금통화와 필요지준인 중앙은행 통화(Central Bank Money)를 대상으로 통화량 목표를 설정하기 시작하였다. 이후 1988년 중심 통화지표를 CBM에서 M3로 변경하였으며 통화정책이 유럽중앙은행으로 이관되기 이전인 1998년까지 동 체제를 유지하였다. 한편 실제 운영에서는 경제상황에 따라 통화량 목표로부터의 이탈을 허용하는 등 탄력적이고 실용적인 자세를 견지하였는데 이는 독일연방은행이 대표적인 보수적 통화주의론자라는 일반적 인식과 다소 거리가 있다. 실제로 1975~78년까지 4년 동안 통화증가율이 목표치를 상회하였으며 1980~81년중에는 목표를 하회하다가 1986~88년중에는 다시 넘어섰다. 이처럼 독일연방은행이 목표에 크게 연연하지 않았던 것은 마르크화의 대외가치를 안정적으로 유지하기 위한 목적이 강했기 때문이다. 즉, 1977~78년과 1986~87년에는 마르크화의 지나친 강세를 막기 위하여 통화공급을 확대하였으며 1980~81년에는 반대로 마르크화의 약세에 대처하기 위하여 통화공급을 줄였던 결과 통화량 목표를 달성하지 못하였다.

독일은 1990년 6월 통일 이후에도 동 체제를 유지하였다. 그러나 통독 비용 지출이 늘어남에 따라 1991년 하반기부터 통화량이 급격히 증가하기 시작하였으며 그 결과 1992~93년중에는 통화증가율이 목표를 상회하였다. 한편 독일연방은행은 1999년부터 출범하는 유럽통화동맹(EMU: European Monetary Union)에 대비하기 위하여 1997년 및 1998년의 연간 목표중심치를 이전에 비해 다소 낮은 5% 내외로 설정하였다.

이를 종합하면 독일연방은행은 동 체제를 운영한 전체기간 가운데 목표를 준수한 기간은 고작 절반에 지나지 않는다. 그런데도 독일의 통화량목표제가 성공적이었다고 평가받는 이유는 무엇일까? 이에는 세가지 요인을 들 수 있을 것이다. 첫째, 독일연방은행의 신뢰성이 높다는 것이다. 독일은 바이마르 공화국 시절 超인플레이션을 겪었던 경험 때문에 신설된 독일연방은행에 강력한 독립성[14]을 부여하였으며 독일연방은행은 이러한 법적 위상을 바탕으로 물가안정에 주력함으로써 국민들로부터 높은 신뢰를 얻게 되었다. 따라서 통화량이 일시적으로 목표수준에서 벗어나더라도 인플레이션 퇴치자인 독일연방은행에 대한 국민들의 믿음에는 변함이 없었으며 이에 힘입어 인플레이션 기대심리는 안정될 수 있었다. 둘째, 통화량 목표와 더불어 물가목표를 함께 제시하였다는 점을 들 수 있다. 독일은 1974년 통화량목표제를 도입하면서 중기물가목표를 4%로 한다고 발표하였다. 그렇지만 4%는 '불가피한 물가상승률'로서 독일연방은행이 염두에 두고 있는 장기적 물가수준과는 차이가 있다는 사실을 명백히 하였다.

결국 1984년 들어 목표했던 물가수준이 달성되자 '불가피한 물가상승률'을 '규범적인 물가상승률'로 개칭하면서 그 수준을 2%로 낮추었으며 1998년에는 다시 1.5% ~ 2%로 하향조정하였다. 이처럼 독일연방은행은 매년 통화량 목표를 설정·발표하였지만 수년간에 걸쳐 달성해야 할 바람직한 물가수준을 함께 제시하였기 때문에 일반국민들은 통화목표에 중요성을 두기보다는 이를 독일연방은행이 제시하는 물가수준에 이르기 위한 하나의 수단으로 인식하였다. 독일연방은행도 통화량 목표를 반드시 달성해야 하는 과제로 설정했다기 보다는 일반의 성급한 긴축완화 요구를 제어할 수 있는 방패로서 강력한 물가안정정책의 추진을 가능케 하는 정치·경제적 장치로서, 일반의 관심을 물가안정이라는 장기적 목적에 두게 하는 일종의 절차로서 인식하고 유연하게 대응해 왔다고 할 수 있다. 셋째, 미국이나 영국 등에 비해 독일에서는

14)   전후 제정된 1949년의 신헌법은 악성 인플레이션이 되풀이되지 않도록 독립적인 중앙은행 제도를 명문화하였고 이를 바탕으로 1957년 7월 독일연방은행법이 제정되었다.

금융혁신이 비교적 더디게 진행되었다는 점도 지적할 수 있다. 그 결과 통화량의 불규칙한 변동이나 최종목표와의 관계 불안정화 같은 문제가 상대적으로 심각하지 않았다.

■ 영국

영국은 1976년부터 민간화폐 보유액과 거주자의 파운드화 예금으로 구성된 스털링3를 대상으로 통화공급 목표를 설정하기 시작하였다. 그러나 본격적인 통화량목표제가 실시된 것은 대처의 보수당이 집권한 1979년부터라고 보아야 할 것이다. 보수당은 경제안정을 위하여 1980년부터 중기재정계획을 수립하였는데 여기에서 스털링3의 향후 4년간 목표치를 명시하고 이를 달성하는 데 통화정책의 목표를 두었다. 그러나 이러한 의지와는 달리 스털링3는 계획이 시작된 직후부터 목표치를 큰 폭으로 상회하기 시작하였다. 이는 외환규제가 대폭 완화되었던 데다 보완적 특별예치금제도(Supplementary Special Deposit Scheme: 일명corset)[15]가 폐지됨에 따라 금융기관 예금이 크게 늘어났기 때문이었다.

이와 같이 영란은행이 스털링3 수요의 증가를 수용하여 목표치로부터의 이탈을 허용한 배경을 보면 1980년대초 영국 파운드화는 북해 유전의 발견과 고금리 등으로 강세를 나타내고 있었는데 이는 물가안정에 기여하였지만 수출경쟁력을 약화시켜 경기후퇴 요인으로 작용하고 있었다. 이러한 상황에서 통화공급을 줄일 경우 금리상승이 유발되어 실물경기의 침체가 가속될 위험이 있었다. 결국 영란은행은 통화량목표에 집착하기 보다 국내 경기상황을 감안하여 스털링3의 목표범위 이탈을 허용한 셈이다. 이후에도 가속되는 금

---

15) 일정기간 동안 금융기관의 要附利適格負債(interest-bearing eligible liabilities) 증가율이 영란은행의 가이드라인을 초과할 경우 동 초과분의 일정 비율 해당액을 무이자로 영란은행에 예치토록 한 일종의 한계지급준비제도이다.

융혁신 등으로 스털링3의 불안정이 계속되자 영란은행은 1984년부터 화폐발행액과 은행의 자금결제용 영란은행 예치금의 합인 협의의 M0도 중심지표에 포함시켜 관리하였다.

그러나, M0와 이보다 넓은 범위의 통화지표 증가율이 큰 차이를 나타내는 등 통화지표간 괴리현상이 심하게 나타나 통화량으로는 경제의 흐름을 정확히 해석하기 어려워지자 영란은행은 1980년대말부터 통화지표의 움직임에 큰 의미를 부여하지 않았다.[16] 1990년 10월 환율조정메커니즘(ERM)에 가입하면서 사실상 환율목표제를 운영하다가 ERM을 탈퇴한 직후인 1992년 10월 물가안정목표제로 이행하였다.

■ 캐나다

캐나다는 1975년 가을에 현금통화와 요구불예금으로 구성되는 M1을 중심지표로 통화공급목표를 설정·운용하기로 결정하였다. 통화량목표제 도입 첫해인 1976년 증가율 목표치를 10～15%로 설정한 이후 이를 지속적으로 낮추어 왔으나 1978년부터는 통화량목표에 큰 의의를 두지 않았는데 그 이유는 두가지로 요약된다. 첫째는 현금관리계정(cash management account; CMA)의 확산, 매일이자지급부 저축계정(daily interest savings accounts)의 도입, 저축계정과 개인당좌계정을 통합한 종합계좌(all-in-one account) 등 결제성과 저축성을 겸비한 상품이 대거 등장하면서 이자를 지급하지 않는 요구불예금의 수요가 줄어 M1 증가율이 크게 낮아졌다. 둘째는 미국과 밀접한 관계를 갖는 캐나다 경제의 특성상 통화량보다는 미달러화에 대한 환율의 움직임을 중시하지 않을 수 없었다는 점인데 캐나다에서는 1977년 이후 미 달러화에 대한 캐나다

---

16) 1980년대 들어 다양한 지급결제수단의 발달로 거래목적의 자금은 과거보다 적게 보유해도 되었던 반면 광의의 통화에 대한 수요는 크게 증가하였다.

달러화 가치의 지속적 하락이 상당한 인플레이션 압력으로 작용하였다. 이에 캐나다 중앙은행이 환율방어를 위해 금리를 인상하자 M1 증가율이 목표범위를 하회하는 문제가 발생했다. 통화량목표제를 채택했던 다른 나라들이 이러한 문제를 중심통화지표 변경으로 대처했던 것과는 대조적으로 캐나다는 1982년 동 제도 자체를 포기하였다. 당시 중앙은행 총재였던 보위는 "우리가 통화지표를 버린 것이 아니다. 그들이 우리를 버렸다.(We didn't abandon monetary aggregates, they abandoned us.)"라는 유명한 말을 남기기도 하였다.[17]

■ 개발도상국

앞에서 살펴 본 바와 같이 세계 각국은 1970년대 후반기에 통화량목표제를 도입하였으나 금융혁신의 진전 등으로 통화지표의 유효성이 떨어짐에 따라 비교적 빠르게 이를 포기하고 다른 체제를 모색하였다. 선진국 가운데 아직도 이 제도를 활용하고 있는 나라는 없다. 이에 비해 동유럽의 체제전환국이나 개도국중 일부는 아직도 통화량목표제를 활용하고 있다. 영란은행이 1998년말을 기준으로 93개국의 통화정책 운영체계를 조사한 바에 따르면 14개의 체제전환국, 그리고 18개의 개도국이 아직도 통화량을 중간목표로 설정하고 있는 것으로 나타났다.

이처럼 선진국에서는 더 이상 운용하지 않는 제도를 신흥시장국에서 아직까지 활용하고 있는 이유는 신흥시장의 경우 통화수요함수를 교란시킬 만큼 금융혁신이 광범위하게 진전되지 않았다는 점, 은행대출을 직접 통제하면 통화목표 달성이 비교적 쉽다는 점, 통화량 조절이 만연해 있는 일반국민들의 인플레이션 기대심리를 낮추는 데 효과적이라는 점, 그리고 다른 정책대안을

---

17) 이후 1991년 2월 물가안정목표제를 도입할 때까지 10년 동안 캐나다는 별다른 명목기준지표 없이 상황에 따라 명목소득, 생산량, 물가, 환율 등을 감안하여 통화정책을 수행하는 방식을 활용하였다.

활용할 만큼 국내 금융시장이 발달되지 못했다는 점 등을 이유로 들 수 있을 것이다.

통화량목표제를 운용한 주요국의 경험에 비추어 볼 때 동 제도의 성공 여부는 주로 통화수요의 안정성에 좌우되는 것으로 분석된다. 통화론자들에 의해 제기된 소득과 통화수요의 안정적 관계는 통화수요가 거래적, 예비적 동기에 국한되는 경우에 한해 유지될 수 있다. 그러나 최근 들어 금융기법의 급속한 발달로 인해 더 이상 이와 같은 안정성이 유지되기는 어려운 상황으로 평가된다. 이에 따라 통화량목표제를 운용한 대다수의 국가들은 물가와의 상관관계가 높고 안정된 새로운 목표지표로 대체를 시도하다가 결국은 동 제도 자체를 폐기하는 수순을 밟아왔음을 알 수 있다. 목표지표로 정해진 통화의 안정성이 낮은 경우, 통화와 소득간의 완전하고 신뢰할만한 관련성이 확보될 수 없음은 자명하다. 아울러 중앙은행이 안정성이 높은 비교적 적절한 목표지표를 채택한다 할지라도 일단 해당 통화의 총량에 일정한 규제를 가하는 순간 다양한 대체 금융상품 및 통화대용물의 도입 등으로 목표지표의 안정성이 크게 저하되는 경험을 적지 않은 국가의 사례에서 볼 수 있었다.

(3) 물가안정목표제

물가안정목표제(inflation targeting)는 중앙은행이 '통화량' 또는 '환율' 등 중간목표(intermediate target)를 정하고 이에 영향을 미쳐 최종목표인 물가안정을 달성하는 것이 아니라, 최종목표인 '물가' 자체에 목표치를 정하고 일정 기간 혹은 중장기적 시계에서 물가상승률에 대한 목표치를 사전에 공개적으로 설정하고 운용목표를 조정하여 이를 달성하는 방식의 통화정책 체계를 말한다. 즉, 물가안정목표제에서는 통화량이나 환율, 장기금리, 자산가격 등은 모두 향후 인플레이션 발생가능성을 예측하는 데 참고자료로서 활용될 뿐 그 자체에 특별한 의미를 부여하지 않는 '정보변수(information variables)'에 지나지 않는다.

[그림 2-10] 물가안정목표제의 운영체계

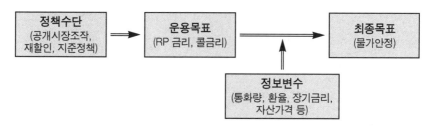

물가안정목표제는 다음과 같은 다섯 가지의 요인을 포함하는 통화정책의 수행방식으로 요약될 수 있다. 즉, ① 인플레이션에 대한 중기목표를 대외적으로 공언하고, ② 통화정책의 주 목표로서 물가 안정성을 제도적으로 보장하는 한편, ③ 통화총량이나 환율 등 개별 변수가 아닌 다양한 정보들을 정책수단을 정하는 데 사용하며, ④ 통화당국이 자신의 목표와 계획, 결정에 관하여 시장과의 활발한 의사소통을 통해 정책을 수행함으로써 정책운용의 투명성을 높이고, ⑤ 인플레이션 목표를 달성하는 데 있어 중앙은행의 책임도 강화되는 체계로 이해될 수 있다. 흔히 미래의 수년에 걸친 인플레이션에 대한 특정 수치를 목표범위로 공언하는 것을 물가안정목표제로 인식하고 있다는 점에서 이상의 특징들은 물가안정목표제에 관하여 중요한 시사점을 제공한다.

상당수 개도국에서 물가목표치를 경제 목표에 포함시키고 있음에도 불구하고 진정한 의미의 물가안정목표제를 시행한다고 인정하기 어려운 것이 바로 이러한 이유 때문이라 하겠다. 어느 나라가 진정한 의미의 물가안정목표제를 채택하고 있는지 여부는 위에서 언급한 기본조건을 충실히 따르고 있느냐를 점검해 봄으로써 판단할 수 있다. 예를 들어 독일과 스위스의 경우 1970

년대 중반 이후 물가안정을 가장 중요한 통화정책의 목표로 중시하면서 통화정책을 수행해 왔으나 이들 국가는 통화증가율을 중간목표로 설정한 가운데 물가목표를 명시적으로 공시하지 않는다는 점에서 순수한 의미의 물가안정목표제와는 다소 상이하다 할 수 있다. 미 연준의 경우 장기적인 관점에서 인플레이션 억제에 지속적으로 노력하고 있다는 점에서 인플레이션을 묵시적 정책목표로 볼 수 있다는 견해도 있으나 미국의 통화정책 운용체계는 통화정책의 목표변수를 명시적으로 설정하고 있지 않으므로 정책의 투명성 부족, 중앙은행의 책임 불명확, 통화정책 장기목표 부재, 개인적 특성에 의존하는 비민주적 정책결정방식 등의 문제점을 내포하고 있어 정책의 동태적 비일관성 문제를 야기할 가능성이 있다는 지적이 있다. 특히 물가목표를 명시적으로 설정하여 공표하지 않는다는 점에서 미국 역시 물가안정목표제를 채택하고 있는 국가로 분류되지 않는다.

▲ 물가안정목표제는 준칙인가 재량인가

통화정책을 준칙에 입각하여 운용하는 것이 바람직한 것인지 재량에 따라 운용하는 것이 바람직한 것인지에 관한 논의는 오랜 관심사 가운데 하나이다. 준칙에 따른 통화정책은 통화당국이 사전에 정해진 준칙을 엄격하게 준수함으로써 인플레이션 편향을 초래하는 기회의존적인 정책이나 권력남용을 방지하여 규율과 신뢰성을 확보할 수 있다는 장점이 있는 반면 근본적인 경제구조 변화나 예상치 못한 상황 변화에 신축적으로 대응할 수 없다는 결함을 지니고 있다. 한편 재량에 의한 통화정책은 중앙은행이 사전 공약 없이 경제상황에 대한 판단에 따라 통화정책을 운용하는 것이다. 재량정책은 새로운 정보나 예상치 못한 경제상황의 변화에 신축적으로 대응할 수 있다는 이점이 있는 반면 중앙은행의 규율과 신뢰성을 훼손함으로써 불확실성과 인플레이션 편향을 가져올 가능성이 크다는 단점이 있다.

준칙 대 재량에 대한 논의를 보다 구체적으로 살펴보면 다음과 같다. 프리드먼의 k% 준칙의 기본 전제를 보면 정책당국은 통화정책 효과의 크기와 시차에 관한 정보가 불완전할 뿐 아니라 통화정책이 실물경제에 미치는 효과가 불규칙한 시차를 두고 장기에 걸쳐 나타나기 때문에 현재의 경제여건 변화에 대응하여 통화당국이 통화량을 재량적으로 관리할 경우 그 효과는 당초 의도한 시기에 발생하지 않기 때문에 재량적인 미세조정정책은 오히려 경기변동을 증폭시킬 수 있다는 것이다. 또한 프리드먼이 준칙의 중요성을 강조한 것은 통화정책이 준칙에 의해 운용될 경우 중앙은행이 정치적 압력에 영향을 받지 않고 정책을 수행할 수 있으며 아울러 준칙이 통화정책의 성과를 평가할 수 있는 기준이 될 뿐 아니라 민간의 통화정책에 대한 신뢰성을 높일 수 있다고 보았기 때문이다.[18]

정책의 동태적 비일관성에 관한 키드랜드와 프레스컷(Kydland F. and E. Prescott, 1977)의 연구 이전까지는 대체로 재량적 통화정책이 준칙에 의한 정책보다 우월하다는 것이 지배적인 견해였다. 이는 당시 각국이 대체로 재량적 정책을 중시하는 케인지언 경제원리를 신봉하고 있었을 뿐 아니라 통화정책에 관한 어떠한 준칙도 통화당국의 재량에 의해 채택될 수 있다고 보았기 때문이다. 이와 같이 이전에는 준칙이 재량에 비해 우월하다는 주장의 이론적 기반이 약한 측면이 있었는데 정책의 비일관성 개념이 등장하면서부터 재량보다는 준칙에 입각한 정책이 더욱 바람직한 결과를 가져올 수 있다는 점이 이론적으로 설득력을 얻게 되었다.

준칙주의자들은 통화당국이 국민에게 사전적으로 공약한 통화준칙을 신뢰성 있게 준수함으로써 재량적 정책에 비해 사회적 비용을 최소화할 수 있다

---

18) 정책의 동태적 비일관성에 대해서는 '제2장 제4절 1. 재량과 준칙'에서 자세히 논의한다.

고 주장하고 있다. 재량에 의하는 경우 기회의존적으로 정책을 결정하는 것이 가능하기 때문에 매번 단기적으로 최적이라고 판단되면 처음에 정해진 준칙을 지키지 않고 재량적으로 정책을 결정하게 되며 이에 따른 결과는 준칙에 의한 정책으로 기대할 수 있는 효과보다도 바람직하지 못하다는 것이다. 따라서 이들은 정책당국이 준칙에 따라 정책을 수행할 때 일관성이 유지되고 이렇게 함으로써 사전공약된 결과를 달성할 수 있으며 이러한 결과는 비록 최선은 아니지만 재량적 정책의 결과보다는 우월하다는 것이다.

그러나 현실에는 재량적 요소가 전혀 포함되지 않은 순수 준칙이나 준칙적 요소가 전혀 없는 완전 재량이란 존재할 수 없다. 실제 통화정책을 수립하고 운용함에서는 준칙과 재량 가운데 하나를 대립적으로 선택하는 것이 아니라 그 중간의 어떤 것을 선택할 수 밖에 없다. 그러므로 통화정책의 운용전략을 준칙과 재량으로 이원적으로 나눈다는 것은 현실적인 측면에서는 아무런 의미가 없다. 사실 모든 통화정책 운용전략에는 재량적이지 않은 것이 없으며 문제는 재량의 정도 문제로 귀결된다. 따라서 통화당국은 실제 통화정책을 운용함에 있어서 인내를 갖고 정책의 신뢰성을 유지하려고 노력한다는 평판을 얻는 것이 중요하다. 왜냐하면 이처럼 통화당국이 정책의 신뢰성을 확보하는 경우 민간경제주체는 통화당국이 예상치 못한 인플레이션을 유발하지 않을 것이라고 믿게 되므로 정책의 비일관성 문제를 해결할 수 있기 때문이다.

통화당국으로 하여금 사전공약을 신뢰성 있게 준수함으로써 평판을 유지하도록 유도하기 위해서는 단기적인 관점에서 기회의존적인 행동을 사전적으로 제어할 수 있는 제도적 장치가 필요하다. 다시 말해 통화당국이 인플레이션 편향과 같은 장기적으로 바람직하지 않은 결과를 초래하는 기회의존적인 정책을 펴지 않도록 제약하는 동시에 예상치 못한 상황에 신축적인 대응을 가능케 하는 준칙과 유사한 정책운영체계를 설계할 필요가 있다. 이러한 중도적인 접근방법은 중앙은행으로 하여금 절제된 재량이라는 정책운용틀을 제공한다.

이러한 점에서 물가안정목표제는 하나의 경직적인 정책 준칙이라기보다는 통화당국에 개념적 구조와 내재적 규율을 부여하되 신축성을 허용하는 '절제된 재량'의 형태로 준칙과 재량의 이점을 결합한 통화정책의 운용체계로 보는 견해가 있다. 물가안정목표제를 준칙으로 볼 수 없는 이유를 보면 첫째는 물가안정목표제는 다른 준칙들과는 달리 기계적인 운용지침을 제시하지 않는다는 점이다. 따라서 중앙은행은 물가목표를 달성하기 위해 다양한 정보변수를 관찰하여 경제상황을 판단해야 하며 그에 상응하는 정책조치를 취해야 한다. 둘째는 중앙은행은 중·장기에 걸친 물가안정목표하에서 실업률, 환율변동이나 기타 예상치 못한 단기적 경제상황에 대응할 수 있는 상당한 정도의 재량을 발휘할 수 있는 여지를 가지고 있다는 점이다.

이와 같이 물가안정목표제를 준칙이 아닌 절제된 재량을 발휘할 수 있는 정책운영체계로서 파악할 경우 이는 몇 가지 잠재적 이점을 보유하고 있는 것으로 알려지고 있다. 물가안정목표제는 첫째 통화정책과 경제에 대한 명목기준지표를 제공하며 둘째로 통화당국의 목적과 의도를 일반 경제주체에 명확하게 알림으로써 통화정책의 투명성을 높이고 셋째로 통화정책에 규율과 책임성을 부여하여 동태적 비일관성 문제를 해결하는 데 도움이 되며 마지막으로 무엇보다도 중요한 것은 예상치 못한 경제상황의 변화에 신축적으로 대응할 수 있는 재량도 충분히 있다는 점이다.

▲ 물가안정목표제의 운용목표

1980년대 이전까지 대다수 중앙은행들은 통화정책의 운용목표 및 중간목표로 은행지준이나 통화량과 같은 양적 지표를 상대적으로 더욱 중시하였다.

통화량과 물가의 안정적이고 높은 상관관계로 인하여 통화정책의 파급경로가 불확실한 상황에서 통화량을 통제하는 것이 인플레이션 억제를 위한 가장 안전하고 효과적인 방법으로 인식되었기 때문이다. 이 밖에도 통화량중시정책은 중앙은행의 금리인상에 민감하게 반응하는 재계 등 민간경제주체나 정치권의 압력으로부터 통화정책의 자율성을 보호하기 위한 효과적인 방어장치이기도 하였다.

물가안정목표제하에서는 일반적으로 통화나 환율 등 중간목표를 직접 관리하지 않고 물가상승률이 목표범위를 벗어날 가능성이 높다고 판단되는 경우 중앙은행이 금리수준을 조정함으로써 물가상승률이 목표범위내에 유지되도록 운영되는 시스템으로 이해된다. 그러나 통화량이나 환율목표제를 통해서도 물가목표를 달성하는 것이 가능하기 때문에 물가안정목표제를 도입한 중앙은행이 반드시 금리중심의 통화정책 운용체계를 고수해야 하는 것은 아니다. 실제로 싱가포르의 경우는 물가안정을 통화정책 목표로 설정하고 있음[19]에도 불구하고 금리가 아닌 환율조정을 통하여 정책목표를 추구하고 있다.

그러나 통상 통화수요의 불안정성이 확대되면서 통화와 인플레이션의 상관관계가 현저히 저하되고 있으며 환율이 인플레이션에 미치는 영향도 대외부문을 통한 간접적인 효과라는 점에서 대다수 중앙은행들은 금리조정을 통해 통화정책을 운용하고 있다. 물가안정목표제하에서 경제주체들은 중앙은행이 목표로 설정하고 있는 인플레이션 수준에 대한 정보를 이미 가지고 있기 때문에 중앙은행의 금리조정 이전에도 사전적으로 이를 예측하여 그들의 경제행위에 대한 결정을 변경할 유인을 갖게 된다. 이는 중앙은행으로 하여금 보다 작은 비용으로 경제의 안정성을 제고할 수 있도록 해 준다.

물가안정목표제는 기존에 통화량을 조절함으로써 물가와 소득, 고용 등 주

---

19) 싱가포르는 물가안정목표제를 명시적으로는 채택하지 않고 있다,

요 거시변수들을 안정적으로 관리하는 전통적인 통화량목표제가 다양한 한계를 노정함에 따라 도입되기 시작한 제도로 볼 수 있다. 물가안정목표제가 새로운 물가관리방식으로 도입된 배경에는 먼저 장기적인 관점에서는 인플레이션과 경제성장간의 상충관계가 존재하지 않는다는 자연실업률 가설이 점차 정설로 받아들여지게 된 사실을 들 수 있다. 특히 다양한 통계자료를 통해 인플레이션이 경제성장을 저해할 수 있다는 연구결과가 제시되면서 인플레이션에 대한 적극적 대응이 장기적인 성장을 촉진할 수 있다는 기대가 형성되었다. 아울러 통화정책의 동태적 비일관성이 통화정책과 관련한 연구에서 중요한 자리를 차지함에 따라 중앙은행의 독립성은 물론 일관성 있는 정책추진에 대한 기속장치의 도입 필요성이 강하게 제기되기 시작하였다. 한편 통화량이나 환율을 직접 통제하던 기존의 통화정책 방식이 점차 한계를 드러낸 점[20]도 물가안정목표제의 도입의 중요한 원인으로 지적할 수 있다.

▲ 물가안정목표제는 물가안정에 기여하였는가?

물가안정목표제의 성과에 관한 분석결과들을 종합하면 물가안정목표제의 도입은 인플레이션 기대심리의 안정, 물가 및 경기의 변동성 완화 등을 통하여 물가안정에 상당한 기여를 한 것으로 나타나고 있다. [그림 2-11]은 각각 물가안정목표제의 채택여부에 따라 OECD 회원국과 신흥시장국 경제의 평균 물가상승률을 보여주고 있다. 두 집단 모두에서 인플레이션이 하향 안정화하고 있으나 이들 간에도 물가안정목표제의 채택 여부에 따라 다소의 차이가 발견되고 있다. OECD 회원국의 경우 인플레이션의 진행 추세가 물가안정목표제의 채택 여부와 뚜렷한 상관관계를 찾기 어려운 것으로 판단된다. 반면

---

20) 1980년대 이후 빠른 속도로 진행된 금융혁신과 금융자유화 등의 영향으로 통화수요의 불안정성이 확대되면서 협의통화와 광의통화 지표간 괴리가 확대되고 통화와 인플레이션간의 뚜렷한 상관관계도 점차 약화되었다는 점 등을 앞서 언급한 바 있다.

개도국 경제의 경우는 물가안정목표제를 채택한 국가에서 보다 크고 뚜렷한 물가안정 효과가 있음을 알 수 있다.

국가별로 분류한 데이터를 이용한 연구에서도 OECD 회원국에서는 물가안정목표제가 평균 인플레이션과 인플레이션 변동성에 통계적으로 유의한 효

[그림 2-11] 물가안정목표제 채택여부에 따른 평균 인플레이션

(OECD 회원국)

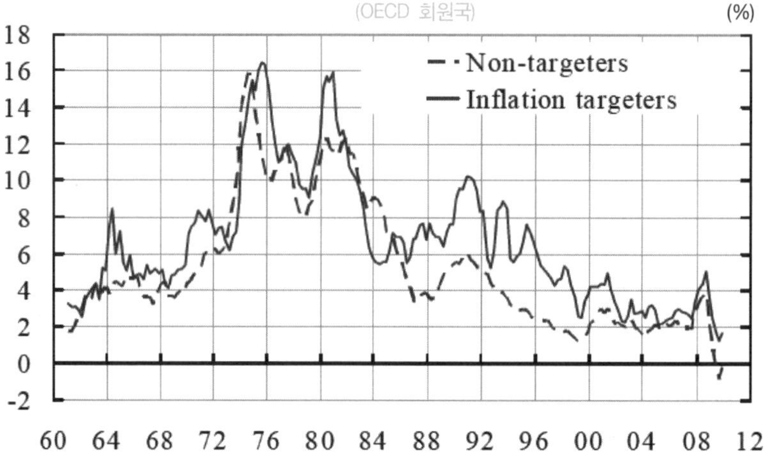

(신흥시장국)

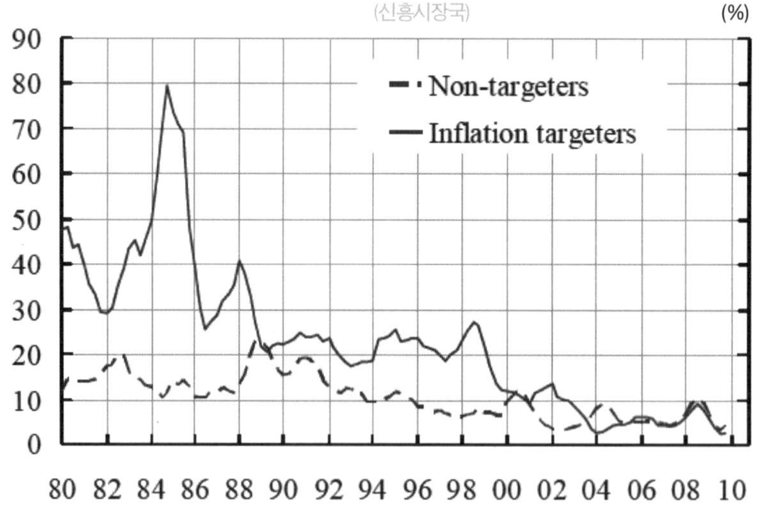

출처 : Svensson(2010)

과를 미치지 못하는 것으로 분석되고 있다. 한편 개도국의 경우에는 물가안정목표제가 인플레이션의 평균치와 변동성에 모두 유의한 효과를 미쳤던 것으로 나타나고 있다. 다만, 거틀러는 물가안정목표제를 채택하지 않은 OECD 회원국의 경우도 실질적으로는 일반적인 물가안정목표제와 매우 유사한 형태의 통화정책을 수행해 왔으며 선진국에서 물가안정목표제의 긍정적 효과가 실증적으로 포착되지 않는 것은 이에 기인한다고 지적하였다. OECD 회원국과 신흥시장국을 모두 포함한 실증분석에서도 물가안정목표제가 평균 물가상승률을 낮추는 뚜렷한 효과가 있는 것으로 보인다.

물가안정목표제 시행의 직접적 효과는 경제주체의 인플레이션 기대심리에 의해 나타난다. 중앙은행의 정책수행에 대한 신뢰도가 높은 경우에는 기대인플레이션이 물가안정목표 범위내에 안착될 수 있다. 이는 경제주체의 기대인플레이션이 일시적 요인보다는 통화당국이 제시한 물가안정목표치에 의존하게 되고 경제주체들은 이를 기준으로 의사결정을 하기 때문이다.

우리나라의 경우도 물가안정목표제의 도입은 경제주체의 기대인플레이션 안착, 물가 및 경기의 변동성 완화 등에 기여한 것으로 분석되고 있다. 이는 물가안정목표제의 도입으로 경제주체의 통화정책에 대한 신뢰도가 높아지고 인플레이션 기대가 안정화됨으로써 통화정책의 유효성이 증대하였음을 시사한다.

(4) 최적 통화정책의 이론적 논의

앞서 살펴 본 통화정책은 중간목표 및 정보변수를 이용하여 물가의 변동성을 최소화하는 데 초점을 맞춘 운용방식으로 볼 수 있다. 그러나 인플레이션 변동성만을 고려한 엄격한 형태의 통화정책은 생산과 고용수준의 변동성을 증폭시킴으로써 경제의 궁극적 목표인 안정적인 성장기반을 오히려 저해하는 요인으로 작용할 가능성을 배제할 수 없다.

이에 대하여 물가안정목표제 자체에 낮은 수준의 인플레이션과 낮은 변동성과 함께 생산의 변동성을 완화하기 위한 여러 가지 제도적 장치가 내재하고 있다는 주장도 있다. 물가안정목표제를 채택하고 있는 국가들에서 운용하고 있는 인플레이션 목표범위, 목표달성기간, 근원 인플레이션 등의 개념이 바로 생산의 변동성을 완화하기 위한 제도적 장치라는 것이다. 즉, 이러한 제도적 장치들이 용인할 수 있는 수준의 인플레이션 변동성은 허용함으로써 생산 변동성을 낮출 수 있는 여지를 제공한다는 것이다. 인플레이션과 생산 변동성간의 상충관계와 관련성을 이론적 측면에서 검토하고 물가안정목표제의 대안으로 일부에서 제기되고 있는 명목GDP 증가율 목표제와 물가수준목표제에 관하여 살펴보기로 한다.

중앙은행의 최적 통화정책의 운용방식은 다음과 같은 거시모형을 이용해 살펴볼 수 있다.

$$\pi_t = \beta E_t \pi_{t+1} + k(\hat{y}_t - \hat{y}_t^f) + u_t \quad \cdots\cdots\cdots\cdots\cdots \text{(2-17)}$$

$$\hat{y}_t - \hat{y}_t^f = E_t[\hat{y}_{t+1} - \hat{y}_{t+1}^f] - \theta(i_t - E_t \pi_{t+1}) + v_t \quad \cdots\cdots\cdots \text{(2-18)}$$

$$L_t = E_t \sum_{j=0}^{\infty} \beta^j \left[(\pi_{t+j} - \pi^*)^2 + \lambda(\hat{y}_{t+j} - \hat{y}_{t+j}^f)^2 \right] \quad \cdots\cdots\cdots \text{(2-19)}$$

$\hat{y}_t$와 $\hat{y}_t^f$는 각각 실제 생산과 잠재생산수준을 나타낸다. π^*는 목표인플레이션을 의미하며 L_t는 중앙은행의 손실함수이다. 인플레이션 타겟팅은 예측목표 물가상승률과 생산갭을 통화정책의 중간목표로 이용함으로써 장기적으로 목표수준을 유지할 뿐 아니라 물가상승률과 생산 변동의 최적 조합을 달성할 수 있다. 중앙은행의 손실함수 식 (2-19)를 최소화하는 인플레이션과 생산갭의 변동성은 통화정책의 최종목표인 경제안정과 밀접한 관련을 맺고 있다. 특정 타겟팅 준칙의 경우 통화당국이 손실함수를 최소화하기 위하여 목

표변수의 예측목표 경로가 충족해야 할 조건을 결정하면 주어진 정보와 주관적 판단하에서 식 (2-20)과 같은 타겟팅 준칙을 충족시키는 인플레이션 및 생산갭과 금리의 예측목표 경로를 결정한다.

$$E_t \pi_{t+j} - \pi^* = -\frac{\lambda}{k} E_t [\hat{x}_{t+j} - \hat{x}_{t+j-1}]$$ ································ (2-20)

$\hat{x}_t = \hat{y}_t - \hat{y}_t^f$. 식 (2-20)에 따르면 목표 인플레이션갭과 생산갭은 부(-)의 관계를 갖는다. $\lambda = 0$, $E_t \pi_{t+j} = \pi^*$인 경우는 생산갭의 변동성에 전혀 가중치를 두지 않는다는 점에서 인플레이션 변동성에만 초점을 맞춘 완벽한 형태의 인플레이션 타겟팅 레짐으로 이해할 수 있다. 그러나 현실에서는 거의 모든 인플레이션 타겟팅을 운영하고 있는 중앙은행들은 $0 < \lambda < \infty$인 신축적 형태의 인플레이션 타겟팅 레짐일 것으로 예상할 수 있다. 한편 $\lambda = k$인 경우는 인플레이션 변동성과 생산갭 변동성에 동등한 가중치를 부여하기 때문에 물가상승률과 실질GDP 증가율을 합한 명목GDP 증가율 타겟팅 레짐이 된다.

이에 대해 보다 상세한 논의를 전개하기 위해 인플레이션 변동성과 생산갭 변동성을 [그림 2-12]와 같이 표현해 보기로 한다. 곡선상의 세 점은 각각 엄격한 인플레이션 타겟팅과 신축적 인플레이션 타겟팅, 엄격한 생산갭 타겟팅을 표현하고 있다. 원점에 가까울수록 인플레이션과 생산갭의 변동성이 낮음을 의미하며 이는 중앙은행의 신뢰성을 높임으로서 달성될 수 있다. 두 가지 변동성이 모두 사회적으로 바람직하지 않은 비효용재라는 점에서 가상의 사회무차별곡선을 그려보면 대체로 신축적 인플레이션 타겟팅에서 인플레이션과 생산갭의 변동성을 적절히 통제하면서 사회적 효용을 극대화할 수 있다 하겠다.

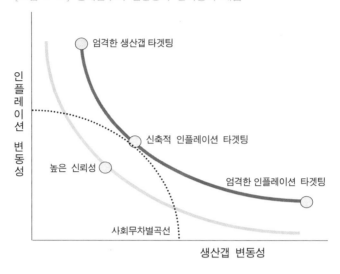

[그림 2-12] 경제변수의 변동성과 통화정책 레짐

인플레이션 변동성 (세로축)
생산갭 변동성 (가로축)

엄격한 생산갭 타겟팅
신축적 인플레이션 타겟팅
높은 신뢰성
엄격한 인플레이션 타겟팅
사회무차별곡선

한편 인플레이션을 $E_t p_{t+j} + \dfrac{\lambda}{k} E_t y_{t+j} = p^*$ 과 같이 물가수준으로 치환하면 물가수준목표제(price-level targeting)이 된다. 물가수준목표제에 대해서는 뒤에서 별도로 설명하고자 한다.

▲ 명목GDP성장률 목표제

통화정책이 장기적으로 중립적이라는 공감대가 통화정책의 장기목표의 설정을 제약하는 주된 원인으로 작용해 왔다. 그러나 물가안정만이 유일한 목표로 보기는 어렵다는 주장이 최근 들어 활발하게 제기되고 있다. 일부 학자들은 중앙은행이 물가상승률 보다는 명목GDP성장률을 목표로 설정하는 것이 바람직하다고 주장하고 있다.

통화유통속도가 일정하다고 가정하면 명목GDP성장률과 통화증가율은 이론상 동일해야 한다. 따라서 그들의 주장은 명목GDP성장률을 목표로 설정하는 경우 인플레이션은 물론 성장까지 중점을 둘 수 있다는 잇점을 고려한 것이다. 명목GDP성장률 목표제하에서는 실질성장률의 둔화가 예상될 경우 자연스럽게 중앙은행의 인플레이션 목표치는 인상할 여지가 발생하며 이는 중앙은행의 통화정책이 자동적으로 경기안정화 효과를 발휘하는 것이다.[21] 아울러 체세티는 인플레이션을 예측하고 통제하기가 실질적으로 매우 어려움을 감안할 때 명목GDP성장률을 안정화하려는 정책이 보다 나은 경제성과를 얻을 가능성이 높다는 분석 결과를 제시하였다. 따라서 명목GDP성장률 목표제는 물가안정목표제에 대한 바람직한 대안으로 고려할 수도 있을 것이다.

그러나 다음과 같은 이유로 명목GDP성장률 목표제에 비해 현행 물가안정목표제가 보다 적절한 통화정책 방향인 것으로 보인다. 첫째, 물가 관련 자료가 명목GDP에 대한 데이터에 비해 더욱 자주 적절한 시점에 얻어질 수 있다. 명목GDP의 측정을 위해서는 기본적으로 물가는 물론 실질생산 관련 데이터를 모두 보유하고 있어야 하므로 시의적절하게 생산하는 것은 실질적으로 불가능할 것이다. 둘째, 물가안정목표제에 유연성을 높이기 위해 포함된 다양한 면책조항이 존재하는 상황에서 물가안정목표제를 명목GDP성장률 목표제로 전환함으로써 달성하게 될 경기안정화 효과가 실질적으로 어느 정도나 될지 회의적이다. 마지막으로 실질GDP 개념과 혼동을 일으킬 수 있는 명목GDP 개념이 인플레이션 개념에 비해 대중적인 인지도가 훨씬 낮을 것으로 우려된다. 이러한 경우, 투명성과 민간 경제주체와의 원활한 의사소통이라는 목표는 명목GDP성장률 목표제에 비해 현행 물가안정목표제에 의해 훨씬 잘 달성될 수 있을 것이다. 이러한 이유로 인해 현재까지 각국 중앙은행들은 이론적으로 부각된 명목GDP의 우수성에도 불구하고 물가안정목표제를 고수하고 있는 것이다.

---

21) 그러나 홀과 맨큐는 명목GDP성장률 목표제에 내포된 바와 같이 실질GDP 증가율과 물가상승률에 동등한 가중치를 부여하는 것이 반드시 최적은 아니라고 지적한다. 일반적으로 성장과 물가간의 상대 가중치가 사회적인 선호체계를 반영해야 하기 때문이다.

▲ 물가수준목표제

물가수준목표제(Price-Level Targeting)는 중앙은행이 물가수준을 일정하거나 서서히 변하도록 통화정책을 운용하는 시스템이다. 물가수준목표제의 가장 두드러진 특징은 중앙은행이 매기마다 물가수준에 대한 목표를 달성하기 위하여 과거의 충격을 상쇄해야 한다는 점이다. 물가수준목표제를 채택하는 경우 단기적으로 물가상승률의 변동성은 대폭 확대되나 장기에서는 물가수준의 변동성에 관한 불확실성은 크게 완화될 수 있다.

이제까지 물가수준목표제를 채택한 국가는 스웨덴이 유일하다. 이러한 실험은 1931년 9월에 시작되어 2차 세계대전이 발발할 때까지 지속되었다. 물가수준목표제의 채택은 다음과 같은 배경에서 비롯되었다. 1920년대말에 시작된 급격한 디플레이션과 1930년의 대공황의 발생 그리고 이로 인한 금본위제의 폐기로 새로운 통화정책 운용전략의 설계가 필요했다. 1928 ~ 31년에 걸쳐 소비자물가가 9% 정도 떨어진 데 비해 생산자물가는 25% 이상 하락하였다. 1929 ~ 31년까지 산업생산은 21%, 실질소득은 9% 하락하였으며 실업률은 1930년 10%에서 1933년에는 25%까지 급등하였다. 스웨덴의 크로나화(Krona)는 파운드화의 금 태환을 유보하는 영란은행의 결정에 따라 1931년 9월 19일에 투기적 공격까지 받게 되었다. 경제의 지속적인 악화와 회복불능 상태로 빠져드는 국제통화질서에 대응하기 위하여 스웨덴은 물가수준목표제를 채택하기에 이르렀다.

물가수준목표제의 채택에 영향을 준 또 다른 요인은 1930년대 스웨덴에서 경제학자들이 통화당국에 강력한 영향력을 미치고 있었다는 점이다. 19세기 말에 빅셀(J. Wicksell)은 물가수준의 안정화가 통화정책의 유일한 목표라고 주장하였다. 그의 이론은 스웨덴의 저명한 경제학자인 카셀(K.Cassell)과 헥셔(E. Heckscher)에 의해 계승되었다. 스웨덴이 1931년 9월 27일 금본위제에서 이탈

했을 때 그들은 재무장관을 설득하여 통화정책의 명목지표로서 물가수준목표를 채택하도록 하였다.

물가수준목표의 시행에 힘입어 스웨덴 경제는 1934~34년중 꾸준한 회복세를 보였다. 소비자물가의 변동폭은 1936년까지 목표수준에서 3%p 이내에서 유지되었다. 1937년중 5%p 상승에도 불구하고 소비자물가는 2차대전이 발발할 때까지 비교적 안정세를 유지하였으며 산업생산도 1933년 이후 지속적인 회복세를 나타내었다. 1930년대의 외형상 성공에도 불구하고 물가수준목표제는 결국 폐지되었다. 이는 무엇보다 스웨덴 경제가 경기침체로부터 벗어난 것이 물가수준목표제에만 기인한 것이 아니었다는 주장의 영향 때문이었다. 아울러 총수요 관리와 정부의 개입을 기반으로 한 케인즈적 패러다임의 확산도 한 이유로 볼 수 있다.

물가수준목표제는 대체로 생산갭 변동성을 크게 야기할 가능성이 있다는 이유로 실제 정책에서는 배제되고 있다. 그러나 최근 들어 생산변동의 지속성을 가정한 루카스형의 필립스 곡선을 토대로 한 분석에서는 물가수준목표제가 인플레이션 타겟팅에 비해 보다 인플레갭과 생산갭간의 상충관계가 덜하다는 주장이 제기되고 있다.

[그림 2-13]은 물가안정목표제와 물가수준목표제는 모두 물가상승률과 생산갭간의 상충관계가 있음을 보여주고 있다. 통화당국이 인플레이션 대신 물가수준을 안정화하면 인플레이션과 생산갭의 분산을 모두 낮출 수 있는 것으로 기대할 수 있다. 물가수준목표제의 운용은 다음 기의 인플레이션에 대한 현재의 기대심리에 영향을 미치는 방식과 직접 관련이 있다. 이를 자세히 살펴보기 위해 비용인상 충격이 발생했다고 가정하자. 인플레이션 타겟팅 하에서는 다음기 인플레이션에 대한 현재 기대심리는 영향을 받지 않는다. 물가수준목표제 하에서는 일회적인 충격의 영향으로 현재 물가수준은 목표수준을 상회하게 된다. 중앙은행이 현재의 물가수준을 목표수준 이내로 유지하기

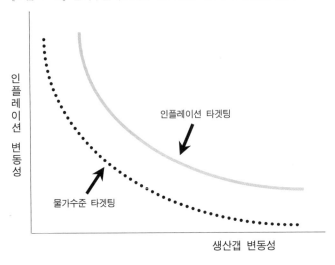

[그림 2-13] 물가수준목표제와 물가안정목표제의 변동성 효과

인플레이션 변동성

인플레이션 타겟팅

물가수준 타겟팅

생산갭 변동성

위하여 긴축적 통화정책을 시행할 것으로 기대하기 때문에 경제주체의 인플레이션 기대심리는 완화될 것이다. 인플레이션 타겟팅 하에서 비용충격에 대응하는 어떠한 메커니즘도 존재하지 않는 데 반해 물가수준목표제는 물가상승률의 변동폭이 지나치게 확대될 수 있음에도 불구하고 비용상승 충격 등에 대하여 인플레이션 기대를 효과적으로 차단할 수 있다는 잇점을 갖는 것으로 평가되고 있다. 그러나 이론적 분석과 별개로 물가수준목표제를 실제 정책에 적용하기 위해서는 물가상승률의 급변동에 대한 민간 경제주체의 반응, 생산갭의 변동폭 확대 가능성, 물가결정구조 등에 대한 보다 심도 있는 연구가 선행되어야 할 것이다.

2. 통화정책의 파급경로 및 효과

통화정책이 실물경제에 영향을 미치는 경로에 관해서는 오랫동안 많은 경제학자들의 관심을 끌어왔다. 초기 케인지안들에 의해 주도되었던 통화정책의 파급경로에 대한 연구는 장단기 금리를 통한 전통적 방식의 파급경로 외에도 다양한 경로를 통해서 통화정책이 실물부문에 영향을 미칠 수 있다는 실증적 증거를 발견하는 계기를 마련하게 되었다. 한편, 통화정책의 파급경로에 따른 시차와 효과의 크기도 시대와 장소에 따라 큰 차이를 보이는 것으로 분석되고 있다.

(1) 통화정책의 파급경로

통화정책의 파급경로는 여러 변수들과 시장에 다른 속도와 강도로 영향을 미친다. 이러한 전달경로를 식별하는 것은 각 파급경로들이 가장 효과적인 정책도구와 정책변경의 시점, 정책결정 과정 등을 결정한다는 점에서 매우 중요하다 하겠다.

중앙은행의 기준금리 조정은 먼저 시장 금리에 영향을 미친다. 동시에 통화당국이 앞으로의 통화정책 방향에 관하여 발표하고 이를 직접 실행하게 되면 주가, 부동산 등 자산가격과 환율 등이 즉각적으로 영향을 받을 뿐 아니라 미래 경제상황에 대한 경제주체들의 기대가 변하면서 소비 및 투자심리도 영향을 받게 된다. 아울러 민간경제주체들의 행태와 관련하여 정보의 비대칭성이 존재하는 가운데 금리의 변동은 민간 경제주체들의 대차대조표나 현금흐름에 영향을 미침으로써 금융기관들이 가계와 기업에 대한 대출을 조정할 유인이 발생하게 된다. 이러한 변화는 소비자들의 소비지출을 비롯하여 기업의 투자수요 등 경제주체들의 지출행태에 영향을 미치게 된다. 금리가 인하되면 소비와 투자 등 경제의 수요가 확대하면서 이에 대한 경제의 공급능력이 주요 관건으로 부각된다. 예를 들어, 매출증가에 따라 각 기업들이 신규인력에 대한 수요를 늘리는 상황에서 이에 부합하는 노동공급이 뒷받침되지 않는다면 고용이 확대되기 보다는 임금상승압력으로 작용하게 될 것이다.

[그림 2-14]는 통화정책이 생산 및 물가 등 실물경제에 파급되는 경로를 요약해서 보여주고 있다. 파급경로는 크게 금리경로(interest rate channel), 자산가격경로(asset price channel), 환율경로(exchange rate channel), 신용경로(credit channel), 기대경로(expectation channel) 등이 있다.

[그림 2-14] 통화정책의 파급경로

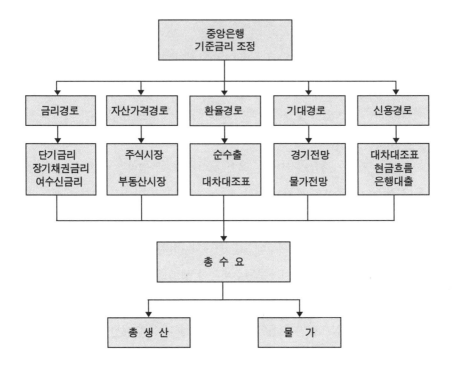

▲ 금리경로

통화정책의 파급경로에 대한 가장 전통적인 견해로서 통화정책의 변경이 시장의 장단기 금리를 연쇄적으로 변화시키고 시장금리의 변동이 다시 기업의 투자수요에 영향을 미침으로써 총수요와 물가가 변동하는 경로로 이해될 수 있다. 초기 케인지언들은 주로 장단기 금리의 변동이 기업의 자금조달비용에 미치는 영향을 통해 기업의 투자수요가 변동하는 데 주목했으나 경기변동 과정에서 가계의 주택투자 및 내구재 수요가 기업의 투자수요에 선행한다는 사실이 알려지면서 가계의 내구재 지출에 대한 결정도 시장의 장기금리 변동에 민감하게 반응할 수 있다는 점이 부각되고 있다.

통화정책의 금리경로의 작용 과정은 다음과 같이 요약될 수 있다. 중앙은행이 기준금리를 하향 조정하면 민간 경제주체의 단기채권간의 자산대체를 통해 단기 시장금리가 하락($i^s \downarrow$)하고 이는 시차를 두고 단기채권과 장기채권과의 자산 대체를 통해 장기 시장금리도 하락($i^l \downarrow$)하게 된다. 장기 명목금리의 하락은 경직적인 가격구조로 인해 민간의 소비 및 투자수요에 영향을 미치는 장기 실질금리의 하락($r^l \downarrow$)으로 이어진다. 이러한 과정을 거쳐 낮아진 장기실질금리는 기업의 투자수요는 물론 가계부문의 주택투자 및 내구재 소비를 촉진(I↑, C↑)시킴으로써 총생산과 물가에도 점진적인 영향을 미치게 된다(Y↑, P↑). 총수요와 총산출과 물가의 연결고리는 필립스 곡선과 일시적인 명목 가격경직성을 결합함으로써 설명될 수 있다. 금리경로는 신케인지언 관점에서 통화정책의 효과를 이해하는 데 있어 핵심에 자리잡고 있다. 이러한 접근방식은 합리적 기대하에서 일시적 가격경직성을 가정한 경제주체들의 동태적 최적화에 기반을 둔 통화정책의 동태적 효과를 모형화하고 있다.

$$i^s \downarrow \Rightarrow i^l \downarrow \Rightarrow r^l \downarrow \Rightarrow \text{I}\uparrow, \text{C}\uparrow \Rightarrow \text{Y}\uparrow, \text{P}\uparrow$$

1단계 : 금융시장　　　　2단계 : 실물부문

금리경로는 크게 두 단계로 구분할 수 있다. 첫째는 통화정책이 금융시장

내에서 단기 시장금리, 장기 시장금리 및 은행 여수신금리로 순차적으로 파급되는 과정이다. 둘째는 전반적인 시장금리 변화가 소비, 투자 등 실물부문으로 파급되는 과정이다. 금리경로가 제대로 작동하려면 이론적으로 이 두 단계가 모두 원활해야 함은 물론이지만 반드시 그렇지만은 않는 것이 현실이다. 먼저 중앙은행이 정책금리를 조정하면 단기시장금리는 중앙은행의 의도에 따라 즉시 반응한다. 이러한 금리의 예로는 금융기관간 자금 과부족을 조정하는 초단기 금리인 콜시장 금리를 들 수 있다. 통상 콜금리는 중앙은행이 거의 완벽히 통제할 수 있으며, 양도성예금증서 금리, 기업어음 금리와 같이 대체로 90일 이내의 만기인 단기시장금리도 콜금리와 거의 비슷한 궤적을 그리며 움직인다. 그러나 장기시장금리와 은행 여수신금리는 반드시 단기시장금리와 같은 방향으로 움직이는 것은 아니다.

국고채, 회사채 등 만기 1년 이상 장기채권의 금리는 미래의 단기금리에 대한 평균 예측치와 장기간의 채권보유에 따르는 리스크를 보전하기 위한 유동성 프리미엄의 합으로 표시될 수 있다. 시장에서 거래되는 채권의 만기별 수익률을 표시하는 금리의 기간 구조는 시장에 형성된 인플레이션 기대에 대한 지표로서 중요한 역할을 한다. 시장금리가 기대 실질수익률과 기대 인플레이션 프리미엄의 합과 같으므로 n기 채권의 명목금리는 다음과 같이 표현될 수 있다.

$$i_t^n = \frac{1}{n}\sum_{i=0}^{n} E_t r_{t+i} + \frac{1}{n} E_t \bar{\pi}_{t+n} + \theta_t^n \quad \cdots\cdots\cdots\cdots\cdots\cdots (2\text{-}21)$$

$E_t r_{t+i}$: $t+i$시점에서 나타날 것으로 t기에 예상되는 i기 만기 채권의 실질금리
$E_t \pi_{t+n} = E_t p_{t+n} - p_t$: t기에서 $t+n$기까지 로그 물가수준의 기대 변화값
θ_t^n : n기후 만기 도래하는 채권에 대한 t기의 위험 프리미엄

식 (2-21)은 n기후 만기가 도래하는 채권의 명목금리가 미래의 실질금리에

대한 시장의 기대와 미래의 물가상승률에 대한 예상, 장기채권 보유에 대한 위험 프리미엄에 의해 결정된다는 것을 보여준다. 따라서 중앙은행의 기준금리 인하로 시장의 단기금리가 하락하는 상황에서도 경제주체들이 금리하락에 따른 경기회복과 물가상승을 예상하거나 시장의 불확실성이 큰 상황에서 장기채권 보유를 기피할 경우에는 장기금리가 충분히 하락하지 않거나 오히려 상승할 가능성을 배제할 수 없다.

따라서 중앙은행의 정책금리 조정은 장기 시장금리 결정의 한 부분이며, 금융시장이 앞으로의 경기상황이나 인플레이션을 어떻게 예측하느냐, 그리고 유동성프리미엄을 어느 정도 요구하느냐에 따라 장단기금리는 서로 다르게 움직일 수 있다. 예컨대 2001년 7∼9월중 금통위는 국내경기 부진 등에 대응하여 세 차례에 걸쳐 정책금리를 100bp 인하하였으며 이에 따라 단기시장금리는 하락세를 나타냈으나 장기시장금리는 시장 참가자들 간에 향후 경기회복에 대한 기대 등이 형성되면서 10월 이후 오히려 큰 폭으로 상승하였다.

한편 은행의 여수신금리는 대체로 통화정책의 방향에 맞추어 변동하지만 개도국의 경우에는 통화정책에 그리 민감하게 반응하지 않는 것이 일반적이다. 이들 국가의 경우 은행금리가 규제되어 있거나, 금리자유화가 이루어졌더라도 창구지도 등에 의해 사실상 금융당국의 통제하에 있는 경우, 그리고 몇몇 대형은행이 여수신의 대부분을 점하는 과점구조를 가지고 있어 은행들이 수익 극대화를 위해 금리를 담합하는 경우가 있기 때문이다.

금리경로의 두 번째 단계는 기업의 투자나 개인들의 주택구입, 내구소비재 구입이 모두 금리에 민감하다는 전제에서 출발한다. 기업은 대부분 외부에서 자금을 차입하여 투자를 하는데 이때 투자비용이 낮아지면 그만큼 수익이 높아질 가능성이 크기 때문에 투자를 늘린다. 한편 선진국에서는 주택이나 자동차와 같은 내구소비재의 구입이 할부금융을 통해 이루어지기 때문에 금융비용부담의 변화는 개인의 소비활동에도 많은 영향을 미친다. 그러나 금융비용은 투자나 소비를 결정하는 요인 가운데 하나이며, 투자의 경우에는 오히려 미래의 사업전망이나 경기상황에 더 큰 영향을 받는다. 아무리 금리가 낮더라도 투자자금의 회수전망이 불투명하다면 투자를 꺼릴 것이기 때문이다. 또한 개인들의 경우에는 소득이나 고용전망이 매우 중요하다. 고용이 불안한 상태에서는 금리가 낮다고 돈을 빌려 집을 사거나 자동차를 살 사람이 많지 않을 것이기 때문이다.

이같은 금리파급경로에서 기준금리의 조정에 따라 장기시장금리, 은행여수신금리 등이 변동하는데 어느 금리가 민간의 경제활동에 더 영향을 미치는지는 금융구조가 은행중심인지, 혹은 자본시장 중심인지에 따라 영향을 받는다. 자본시장중심 금융구조에서는 장기시장금리가, 은행중심인 경우는 은행여수신금리가 더 크게 영향을 받는 것으로 알려져 있다.

자본시장이 발달한 미국의 연방준비제도이사회(FRB)는 장기시장금리를 금리파급의 주된 경로로 인식하는 반면 유럽중앙은행(ECB)은 은행중심의 유럽 금융구조를 반영하여 은행여수신금리를 금리경로의 핵심요소로 보고 있다. 우리나라의 금융구조는 은행중심으로 볼 수 있다. 명목GDP대비 예금취급기관의 민간 대출잔액 비율이 125%(2010년 6월말 현재)인 반면 채권시장 및 주식시장 규모는 각각 108% 및 96% 정도인 것이나 2003~09년중 가계 및 기업의 예금취급기관 대출을 통한 자금조달 비중은 각각 80% 및 40% 수준으로 높은 반면 기업의 채권 및 주식을 통한 자금조달 비중은 30% 정도로 낮은 것 등이 이를 뒷받침하고 있다.

▲ 자산가격 경로

원칙적으로 통화정책의 파급경로로서 채권 한 종류만에 국한시킬 이유는 없다. 통화정책은 금리경로 뿐 아니라 주식이나 부동산과 같은 자산가격의 변화를 통해서도 실물경제에 영향을 미칠 수 있다. 자산가격 경로가 중시되기 시작한 것은 가계의 주식이나 부동산 보유가 늘어나고 기업도 유상증자 등 주식발행을 통한 자금조달에 더 많은 관심을 기울임에 따라 소비 및 투자가 주가와 부동산 가격의 영향을 받게 되었기 때문이다. 자산가격 경로는 토빈의 q 이론과 부의 효과(wealth effect)를 통하여 설명할 수 있다.

■ 주식가격 효과

주가가 기업투자에 미치는 영향에 대한 고전적인 이론으로는 토빈의 'q'이론(Tobin's q theory)을 들 수 있는데, 토빈의 'q'란 주식시장에서 평가된 기업의 시장가치를 기업의 실물자본 대체비용으로 나눈 비율을 말한다.

기업의 이윤극대화 문제를 정리하면 q가 기업의 투자결정에 유용한 미래에 관한 모든 정보를 함축하고 있다는 것을 시사한다. q는 추가적인 자본투입이 미래 기업이윤의 현재가치에 어떻게 영향을 미치는가를 보여준다. 현재 사업규모를 확장하려는 기업가가 있고 규모를 확장하기 위해서는 새로운 자본재를 구입하고 공장을 신축하거나 기존 기업의 지분을 매입해 해당 기업을 인수하는 두가지 방식이 존재한다고 가정하자. 주식시장의 호황으로 q가 높다면 기업의 시장가격이 자본의 대체비용에 비해 상대적으로 높고 새로운 공장이나 자본재가 기업의 시장가격에 비해 상대적으로 저렴하기 때문에 해당 기업은 신주를 발행하여 자본스톡을 확대할 유인이 발생한다. 반대로 q가 낮으면 새로운 자본재를 구입할 필요 없이 상대적으로 저평가된 기존 기업의 주식을 매입해 경영권을 인수하는 것이 더욱 유리하기 때문에 기업의 신규투자는 더욱 위축될 것이다.

이러한 관계를 중앙은행의 통화정책과 연관시켜 볼 수 있다. 중앙은행의 확장적 통화정책으로 주가가 상승하면 기업의 시장가치가 상승해 기계나 공장과 같은 실물자본을 대체하는 데 소요되는 비용을 상회함으로써 'q'가 상승한다. 이는 기업들이 높은 가격으로 주식을 발행하여 상대적으로 저렴한 비용으로 투자를 시행함으로써 이윤을 확대할 유인이 발생함을 의미한다. 다시 말해, 금리(i^s)인하 → 주가(P^e)상승 → 'q' 상승 → 투자(I) 확대의 관계가 성립하는 것이다.

$$i^s \downarrow \Rightarrow P^e \uparrow \Rightarrow q \uparrow \Rightarrow I \uparrow \Rightarrow Y \uparrow, P \uparrow$$

그러나 토빈의 q 이론은 통화정책 완화가 주가상승으로 이어져야만 성립할 수 있으나 여기에도 제약요인이 있다. 먼저 주가는 전반적인 경기상황이나 기업의 수익성, 건전성을 종합적으로 반영하는 지표인데 다른 조건이 열악한 상태에서 금리가 낮아졌다고 주식에 대한 수요가 반드시 회복될 것으로 보기는 어려울 것이다. 2000년 하반기부터 시작된 경기둔화에 대응하여 미 연준이 수 차례에 걸쳐 정책금리를 큰 폭으로 인하했음에도 불구하고 주가는 기조적인 하락세를 보였던 것이 그 예이다. 또한 우리나라와 같이 해외여건의 영향을 많이 받는 소규모 개방경제에서는 주가가 국내 통화정책의 변화보다 미국 등 선진국의 주가변화, 외국인의 주식투자동향 등에 더 민감히 반응하기도 한다.

더욱이 이제까지 살펴 본 바와 같이 기업의 투자결정에 영향을 미치는 것은 기업의 총가치와 그 기업이 보유하고 있는 총자본의 대체비용간의 관계인 '평균 q'가 아니라 한 단위 추가적인 자본의 증가에 따른 기업가치의 증가분과 대체비용의 증가분의 관계인 '한계 q'이다. 통상적인 경우 한계 q는 평균 q에 비해 작은 값을 갖는다.[22] 이러한 상황에서 기업가치의 증가가 기업의 설비투

---

22) 한계 q가 평균 q에 비해 작은 값을 갖는 이유는 자본의 조정비용이 투자규모에만 좌우된다고 가정하는 경우 조정비용의 존재로 인하여 규모에 대한 수익체감이 발생하기 때문이다. 다만, 조정비용을 규모에 대한 수익불변이 보장된다고 가정하면 한계 q와 평균 q가 균일하다.

자를 촉진하는 규모는 크지 않을 수 있다 하겠다. 아울러 주가 변동이 투자로 연결되는 고리에 있어서도, 주가는 단기적 등락이 매우 심한 반면 투자는 투자 결정에서 실행에 이르기까지 상당한 시간이 소요되므로 실제 기업이 얼마만큼 이나 주가변동을 고려하면서 투자행위를 하는지도 의문으로 남는다.

■ 대차대조표 효과

신용시장에서 정보 비대칭성의 존재는 주식가격 변동을 통한 통화정책의 전달을 위한 또 하나의 경로를 제공한다. 이를 신용경로라고 지칭하며 주가가 기업의 대차대조표에 영향을 미침으로 인해 작용한다는 점에서 대차대조표 경로라고도 불리고 있다.

기업의 순자산가치가 낮을수록 기업에 제공되는 대출에 대한 담보가치도 낮으며 이에 따라 역선택으로부터의 잠재적 손실 가능성도 높아진다. 따라서 역선택 문제를 심화시키는 자산가치의 하락은 투자 목적의 자금을 조달하기 위한 대출을 위축시키는 결과를 초래한다. 또한 기업의 순자산가치가 낮을수록 기업주의 보유지분도 작아 더욱 위험한 투자계획을 수립할 유인도 확대된다. 더욱 위험한 투자계획은 그 만큼 투자금의 회수 가능성도 낮아지기 때문에 순자산가치의 하락은 대출감소와 이로 인한 투자지출의 위축을 초래하게 된다.

통화정책은 다음과 같은 경로를 통하여 기업의 대차대조표와 총수요에 영향을 미칠 수 있다. 팽창적인 통화정책은 주가상승($P^e\uparrow$)을 초래한다. 주가 상승은 앞서 언급한 바와 같이 기업의 순자산가치를 높여줌(NW↑)으로써 대출과 관련한 역선택과 도덕해이 문제를 완화해 주게 된다. 이는 해당 기업에 대한 대출공급 확대(L↑)를 통해 기업의 투자지출 확대(I↑)와 총수요 증가(Y↑)로 이어진다.

$$i^s \downarrow \; \Rightarrow \; P^e \uparrow \; \Rightarrow \; \text{NW} \uparrow \; \Rightarrow \; \text{L} \uparrow \; \Rightarrow \; \text{I} \uparrow \; \Rightarrow \; \text{Y} \uparrow, \text{P} \uparrow$$

통화정책의 대차대조표 효과중 가계와 관련된 것은 가계의 내구재와 주택 관련 지출에 관한 유동성 효과이다. 유동성측면에서 대차대조표 효과는 소비자들의 소비욕구에 미치는 효과를 통해서 발휘된다. 정보의 비대칭성으로 인하여 소비내구재와 주택은 유동성이 매우 낮은 자산이다. 부정적 소득 충격으로 인하여 소비자들이 그들이 보유한 내구재나 주택을 팔기 위해 내 놓는다면 제 값을 받기 어렵기 때문에 상당한 손실의 발생이 불가피하다. 반대로 소비자들이 주식, 채권 등 금융자산을 보유하고 있다면 제대로 된 가치를 받고 비교적 용이하게 현금을 얻을 수 있을 것이다. 따라서 소비자들이 재정적 어려움에 처할 가능성이 높다고 판단한다면 유동성이 상대적으로 낮은 내구재나 주택을 보유하는 대신 유동성이 높은 금융자산의 보유를 선호할 것이다.

소비자의 대차대조표는 재정적 어려움을 겪을 가능성을 평가하는 데 중요한 요인이라 할 수 있다. 다시 말해, 소비자들이 부채에 비해 많은 금융자산을 보유하고 있는 경우, 재정적 어려움을 겪을 가능성은 상대적으로 희박하므로 내구재나 주택을 구입할 유인이 발생한다. 주가가 상승하면 금융자산의 가치도 동반 상승한다. 즉, 소비자들의 안전자산 보유비율이 높고 재정적 곤란을 겪을 가능성이 높지 않기 때문에 내구재 소비를 늘리게 된다. 이는 주가와 통화간의 관련성을 통해 통화정책이 실물로 파급되는 또 하나의 경로라 할 수 있다.

$$i^s \downarrow \; \Rightarrow \; P^e \uparrow \; \Rightarrow \; \text{가계의 금융자산 보유} \uparrow$$
$$\Rightarrow \; \text{재정적 곤란의 가능성} \downarrow \; \Rightarrow \; C^d \uparrow, \text{H} \uparrow \; \Rightarrow \; \text{Y} \uparrow, \text{P} \uparrow$$

■ 가계의 부 효과

토빈의 q 이론이 주가 변화가 투자에 미치는 영향을 분석한 것이라면 부의 효과는 주식가격의 변화가 가계의 소비지출에 미치는 영향에 관한 것이다. 모딕리아니(F. Modigliani)의 생애주기가설(life cycle hypothesis)에 따르면 소비는 소비자들의 자산중 금융자산이 큰 비중을 차지하며 그 중 가장 중요한 인자가 주식이라 할 수 있다. 따라서 확장적인 통화정책 기조는 개인이 보유하고 있는 주식의 가격상승(P^e)을 초래함으로써 가계가 보유한 자산의 가치(W) 역시 상승한다. 이로 힘입어 소비자들의 생애 자원이 증가하면서 가계가 소비지출(C)을 늘릴 여력이 확대된다는 점을 쉽게 이해할 수 있다.

$$i^s \downarrow \; \Rightarrow \; P^e \uparrow \; \Rightarrow \; W \uparrow \; \Rightarrow \; C \uparrow \; \Rightarrow \; Y \uparrow, P \uparrow$$

최근의 연구결과에 따르면 미국은 물론 우리나라에서도 이러한 전달경로가 매우 강한 것으로 나타나고 있다. 우리나라를 대상으로 한 실증분석 결과를 살펴 보면 주가상승률이 10%p 상승하면 민간의 소비증가율은 1~2분기 시차를 두고 0.6%p 정도 상승하는 것으로 나타났다. 다만 최근 들어 부의 효과가 실제 존재하는지, 존재한다면 어느 정도의 크기인지에 대한 논쟁이 다시 확산되고 있는 실정이다.

■ 부동산 가격

통화정책의 전달경로에서 중요한 역할을 차지하는 자산가격 중 하나가 바로 주택가격을 비롯한 부동산 가격이다. 부동산 가격은 ① 주택구입에 대한 직접효과 ② 가계의 부 ③ 금융기관의 대차대조표 등 세 가지 경로를 통하여 총수요에 영향을 미칠 수 있다.

먼저 주택구입에 대한 직접효과는 완화적 통화정책이 주택구입을 위한 자금조달 비용을 낮추어 주택가격의 상승을 초래하는 경로이다. 주택의 건축비용에 비하여 상대적으로 주택가격이 더 높다면 건설회사들은 주택건설을 확대하는 것이 수익성이 높다고 판단할 것이며 이에 따라 주택거래량도 늘어나게 될 것이다. 주택구입을 통한 직접효과는 다음과 같이 요약될 수 있다.

$$i^s \downarrow \; \Rightarrow \; P^h \uparrow \; \Rightarrow \; \text{H} \uparrow \; \Rightarrow \; \text{Y} \uparrow, \text{P} \uparrow$$

또한 주택가격은 가계부문의 부를 구성하는 중요한 요소 가운데 하나이다. 따라서 팽창적 통화정책은 주택가격의 상승을 초래함으로써 가계의 부를 증대시킨다. 가계의 부가 증가하면 소비여력이 확대되면서 총수요가 늘어나게 된다.

$$i^s \downarrow \; \Rightarrow \; P^h \uparrow \; \Rightarrow \; \text{W} \uparrow \; \Rightarrow \; \text{C} \uparrow \; \Rightarrow \; \text{Y} \uparrow, \text{P} \uparrow$$

부동산 가격($P^r \uparrow$)이 완화적 통화정책에 힘입어 상승하게 되면 대출에 따른 은행권의 손실이 감소하면서 은행의 자본금은 증가(NWb↑)하게 된다. 이에 따라 자본금이 증가하면 은행들은 대출 운영 규모를 더욱 늘릴 것(L↑)이다. 그리고 은행권이 경제내에 차지하는 비중을 감안할 때 은행의 대출 확대는 투자수요를 촉진(I↑)시키는 효과를 갖게 된다.

$$i^s \downarrow \; \Rightarrow \; P^r \uparrow \; \Rightarrow \; \text{NWb} \uparrow \; \Rightarrow \; \text{L} \uparrow \Rightarrow \; \text{I} \uparrow \; \Rightarrow \; \text{Y} \uparrow, \text{P} \uparrow$$

▲ 환율경로

우리나라의 경우 경제의 대외의존도가 높아 통화정책의 전달경로 가운데 환율경로가 차지하는 비중이 작지 않다.[23] 환율을 통한 메커니즘은 크게 ① 환율이 순수출에 미치는 효과와 ② 대차대조표에 미치는 효과로 구분될 수 있다.

환율을 통한 경로는 먼저 국내금리의 변화가 환율을 변화시키는 것으로부터 출발한다. 이는 투자가들이 국내통화표시 금융자산과 해외통화표시 금융자산을 선택하는 과정에서 발생한다. 예를 들어 설명해 보자. 국내금리가 하락하면 원화로 표시된 금융자산의 수익률이 떨어지게 된다. 그러면 투자자들은 상대적으로 수익률이 높아진 달러화 표시 금융자산을 매입하기 위하여 자국통화를 팔고 외국통화를 매입해야 한다. 이는 자국통화의 초과공급과 외국통화의 초과수요를 가져와 자국통화의 가치를 떨어뜨리게 된다. 통화공급의 확대가 자국 통화가치의 하락을 가져온다면 그 이후의 메커니즘은 다소 상이한 방식으로 나타난다.

■ 순수출을 통한 효과

전 세계적인 국제화의 진전과 자유변동환율제도의 확산의 영향으로 통화정책이 환율에 영향을 미치고 이것이 다시 순수출과 총산출에 미치는 효과에 관하여 더욱 많은 관심이 집중되고 있다. 이러한 효과는 고정환율제도하에서는 적용되지 않으며 경제의 대외 개방도가 높으면 높을수록 이러한 메커니즘의 강도는 더욱 높아진다.

완화적인 통화정책에 따른 국내금리의 하락은 환율상승(자국 통화가치의 하

---

23) 우리나라의 경우 통화정책의 환율 및 자본유출입에 미치는 영향에 관한 상세한 논의는 후술하는 '제4장 제3절 외환'을 참조

락)을 유발한다. 자국의 통화가치 하락은 자국 수출제품의 가격경쟁력을 높여 해외수출이 증가하는 한편 외국으로부터의 수입하는 제품의 자국통화 표시 가격의 상승을 초래함으로써 자국의 수입수요는 감소한다. 이러한 가격 변화에 따라 수출은 늘어나고 수입은 줄어들어 경상수지가 개선된다. 한편 환율 상승은 수입품 가격을 높여 곧바로 국내물가에 영향을 미친다. 예를 들어 국제 원유가가 배럴당 25달러에서 변함이 없더라도 환율이 달러당 1,000원에서 1,300원으로 상승하면 국내 소비를 전량 수입에 의존하는 국내 석유류의 가격은 30% 오르게 된다.

$$i^s \downarrow \ \Rightarrow E \uparrow \ \Rightarrow NX \uparrow \ \Rightarrow Y \uparrow, P \uparrow$$

■ 대차대조표 효과

환율변동은 기업이나 금융기관들의 외화자산과 부채의 가치를 변화시켜 재무구조에 중대한 영향을 미친다. 경제활동의 세계화 진전으로 국내 기업이나 금융기관들은 해외자본을 도입하고 이를 해외에서 운용하기도 한다.

따라서 국내 기업 및 금융기관 채무의 상당 부분이 해외 통화로 표시되어 있으므로 환율변동이 직접 이들 기업의 재무구조에 영향을 미침으로써 총수요에 중대한 영향을 미칠 수 있다. 특히 개도국 경제의 경우, 통화량 증가는 종종 자국 통화가치의 가치하락을 통해서 경제에 오히려 악영향을 미치는 것으로 나타나고 있다. 이는 개도국의 경우 외국통화로 표시된 채무계약으로 통화량의 증가($M\uparrow$)는 자국 통화가치의 하락을 유발한다. 이는 국내 기업들의 채무상환 부담을 가중시킨다. 자산은 일반적으로 자국 통화로 표시되어 있으므로 환율변동의 영향이 없으므로 결과적으로 해당 기업의 순자산가치는 하락하게 된다($NW\downarrow$). 따라서 대차대조표의 악화는 역선택과 도덕해이 문제를 심화시킴으로써 대출의 위축을 가져온다($L\downarrow$). 이는 다시 기업의 투자수요를 위축($I\downarrow$)시켜 경기 둔화를 초래한다($Y\downarrow$).

$$i^s\downarrow\ \Rightarrow E\uparrow\ \Rightarrow NW\downarrow\ \Rightarrow L\downarrow\Rightarrow\ I\downarrow\ \Rightarrow Y\downarrow, P\downarrow$$

환율상승이 총수요 둔화를 가져오는 또 다른 경로는 은행 재무구조의 악화를 통한 효과이다. 예를 들어 멕시코나 동아시아 국가들의 사례와 같이 은행을 포함한 금융기관들이 외국 통화표시로 보유한 채무 부담이 환율상승과 더불어 가중될 수 있다. 다른 한편으로 기업과 가계의 채무상환 능력이 저하되면서 금융기관들은 자산 측면에서도 손실이 확대될 것이다. 이처럼 자산과 부채 양측에서 모두 재무구조의 악화를 겪게 된다. 더욱이 개도국의 경우, 해외통화 표시 채무의 만기가 단기 위주로 구성되어 있어서 채무가치의 급격한 상승은 자칫 유동성 문제로 증폭될 가능성이 높다. 금융기관들의 대차대조표 악화와 자본구조의 취약성 심화($NW_b\downarrow$)는 결과적으로 해당 금융기관들의 대출 축소($L\downarrow$)를 초래하고 이는 투자감소($I\downarrow$)와 경기둔화($Y\downarrow$)로 연결된다.

$$i^s\downarrow\ \Rightarrow E\uparrow\ \Rightarrow NW_b\downarrow\ \Rightarrow L\downarrow\Rightarrow\ I\downarrow\ \Rightarrow Y\downarrow, P\downarrow$$

환율변동이 대차대조표에 미치는 영향을 통한 완화적 통화정책의 경기위축적 효과는 상당한 규모의 해외 통화표시 채무를 보유하고 있는 경우에 한해 문제를 유발하게 된다. 따라서 이러한 메커니즘은 부채 규모가 미미하거나 대부분의 채무가 자국통화 표시로 구성되어 있는 경우에는 심대한 영향을 미치지 못하나 해외 통화표시 채무의 규모가 큰 개도국의 경우 중요한 영향을 미칠 수 있다.

▲ 신용경로

앞서 살펴본 금리경로나 자산가격 경로는 통화정책의 효과가 금융시장의 가격변수에 영향을 줌으로써 실물경제에 파급되는 과정이다.[24] 이에 비해 신용경로는 통화정책이 양적인 측면, 다시 말해 은행대출에 영향을 미쳐 실물경제에 파급되는 과정을 말한다. 따라서 통화정책의 신용경로는 금융시장에 불가피하게 존재하는 정보의 비대칭성이나 시장의 불완전성 문제의 결과로서 은행권의 자금공급자로서의 선택의 문제와 기업과 가계의 대차대조표에 미치는 효과를 통해서 실물부문의 변동을 초래하는 경로라 할 수 있다. 즉, 정보의 비대칭성이나 계약의 이행에 추가적인 비용이 수반되는 경우, 자금의 공급자는 대출로부터 예상되는 손실, 모니터링 비용, 자금의 차입자가 파산할 경우 발생하는 법률비용 등을 위험 프리미엄 형태로 대출금리에 가산하는 것이 일반적이다. 또한 대출자금으로 수행할 프로젝트에 대하여 자금의 수요자가 정보의 우위에 있으므로 금융거래의 계약에 있어 역선택과 도덕해이 문제가 발생할 수 있다. 따라서 자금의 공급자는 수요자의 이러한 경제적 유인을 모두 감안하여 자금의 제공 여부와 요구할 금리 및 담보가액 등을 결정하게 된다.

미쉬킨은 다음의 네 가지 측면에서 신용경로가 통화정책의 중요한 파급경로라고 주장하였다. 첫째 실증분석에서 신용시장의 불완전성이 기업의 투자결정에 실제로 영향을 미치는 것으로 나타났고, 둘째 경험적으로 볼 때 통화긴축시 대기업보다 중소기업이 신용면에서 많은 어려움을 겪고 있으며, 셋째 신용경로 분석의 핵심인 정보의 비대칭성 이론은 많은 경제현상을 규명하는 데 유효한 도구로 인식되고 있고 마지막으로 신용경로는 금융위기시

---

24) 자산가격 경로 가운데서도 자산가격의 변동이 소비자나 기업의 재무상태에 영향을 미침으로써 소비나 투자수요의 변동을 초래하는 경로는 신용경로로서 이해할 수 있다.

에 발생하는 전형적인 경제현상들을 일관성있게 설명할 수 있다는 것이다.

　신용경로는 자금 차입자와 공여자간의 정보의 비대칭성으로 인한 금융시장의 불완전성과 금융자산의 불완전 대체성으로 인하여 통화정책이 단순히 장단기 시장금리 수준에만 영향을 미치는 것이 아니라 외부자금에 대한 위험 프리미엄에도 영향을 미침으로써 실물경제에 대한 영향이 더욱 증폭될 수 있음을 반영하고 있다. 신용경로는 단순한 가격기구로서 금리의 역할을 넘어서 신용과 관련한 다양한 개념을 포함하고 있다는 점에서 매우 포괄적인 개념으로 크게 대차대조표 효과와 은행대출 효과로 구분할 수 있다.

■ 대차대조표 효과

　대차대조표 효과는 외부자금에 대한 위험 프리미엄이 차입자의 재무상태에 따라 달라지는 것이라 할 수 있다. 즉 차입자가 보유하고 있는 순자산의 규모가 클수록 외부자금 프리미엄이 감소하는 것이다. 순자산의 규모가 크다는 것은 자금의 차입자가 금융기관에 제공할 수 있는 담보의 규모가 크거나 변제가 불가능한 경우 금융기관이 제공받은 담보를 통해 손실을 최소화할 가능성이 크다는 것을 의미한다. 만일 차입자의 순자산이 중앙은행의 통화정책에 영향을 받는다면 자금의 차입자가 자신의 실물경제활동을 위해 동원할 수 있는 자금규모 역시 통화정책의 영향을 받게 될 것이다.

　대차대조표 효과는 통화정책이 시장금리 뿐 아니라 직·간접적으로 차입자의 순자산 또는 재무상황에 영향을 줌으로써 실물변수에 영향을 미칠 수 있음을 보여주고 있다. 보다 구체적으로 긴축적 통화정책은 다음과 같은 세 가지 경로를 통하여 차입자의 재무상태에 직접 영향을 미치게 된다. 우선 자금 수요자가 변동금리로 차입을 한 상황에서 금리가 상승하는 경우, 차입자의 이자지급 부담 가중에 따른 순 현금흐름의 감소는 재무상태의 악화를 초래할 것이다. 다음으로 금리의 상승에 따른 자산가격 하락은 차입자가 보유하고 있는 담보물의 시장가치를 떨어뜨릴 것이다. 담보가치 하락은 차입자가 신규로 차입할 수 있는 자금의 규모를 감소시킴으로써 차입자의 신규투자나 소비를 위축시키게 될 것이다. 마지막으로 긴축적 통화정책으로 매출이 감소하게 되면 기업의 순 현금흐름이 악화되면서 기업의 차입에 대한 위험 프리미엄도 상승하게 된다.

긴축적 통화정책에 따라 대차대조표 효과가 일어나게 되면 단순히 기업의 현금흐름이나 이윤이 감소하는 데 그치지 않고 순자산의 감소와 외부자금에 대한 프리미엄의 증가를 통하여 최초의 충격이 점차 확대되는 일종의 금융가속 과정을 겪게 된다. 이러한 의미에서 금융시장이 불완전해지면 작은 충격이 발생하더라도 금융가속과정을 통해 경제내에 심각한 충격이 지속적으로 발생할 우려를 배제할 수 없다.

■ 은행대출 효과

긴축적 통화정책으로 인하여 은행의 수신이 감소하면 은행이 보유하고 있는 대출가능한 자금의 규모가 감소하게 된다. 만일 은행이 대출을 축소하게 되면 은행에 자금을 의존하고 있는 기업들은 상대적으로 큰 타격을 입게 될 것이다. 은행대출의 축소로 투자나 생산활동이 위축될 수 있으며 은행대출이 아닌 다른 형태의 자금을 찾아야 할 경우에도 다양한 형태의 외부자금 프리미엄을 부담해야 할 것이다.

은행대출의 현실적 중요성을 가늠하는 기준은 다음과 같은 두 가지가 될 것이다. 첫째, 긴축적 통화정책에 따라 은행수신이 감소하더라도 은행이 다른 수단을 통하여 은행수신의 감소를 상쇄시킬 수 있다면 은행대출 효과는 감소할 것이다. 실제로 은행수신의 감소에도 불구하고 은행들은 CD나 주식

발행 등을 통하여 자금을 조달할 수 있으며 이와 같은 은행의 자금조달방식이 점차 다양화되고 있음에 비추어 은행대출의 중요성은 다소 약화되고 있을 가능성이 높다. 둘째, 차입자의 입장에서 볼 때 은행대출에 대한 대체 자금조달수단이 존재하지 않아야 한다. 만일 기업어음발행 등을 통하여 은행대출의 감소를 상쇄할 수 있다면 기업의 실물경제활동은 큰 영향을 받지 않을 수 있다.

우리나라의 경우 금융시장에서 은행이 차지하고 있는 비중을 고려하면 은행대출이 미국 등 선진국에 비해 상대적으로 중요한 것으로 생각되며 김현의(1995), 윤택·정용승(1999) 등은 실증분석을 통하여 이를 입증하였다.

▲ 기대경로

중앙은행의 통화정책 기조 변경은 경기 및 인플레이션에 대한 경제주체들의 전망을 변화시킴으로써 소비 및 투자 결정과 물가에 영향을 주는데 이를 기대경로라고 한다. 예를 들어 중앙은행의 기준금리 인하($i^s \downarrow$)는 민간의 인플레이션 기대심리를 높이고($P^e \uparrow$) 이는 임금 등 요소가격 및 재화가격의 상승을 촉발하여 전반적인 물가수준을 상승($P \uparrow$)시키는 요인으로 작용하게 된다.

$$i^s \downarrow \ \Rightarrow \ P^e \uparrow \ \Rightarrow \ P \uparrow$$

종래에는 개별 경제주체들의 기대가 각각 다르기 때문에 중앙은행이 기대경로의 효과를 예상하거나 통제하기 어렵다는 점에서 정책수행과정에서 기대심리의 변화를 유도하는 것을 회피해야 한다는 견해가 지배적이었다. 예컨대 중앙은행이 기준금리를 인상하는 경우에도 개별 경제주체들의 향후 금리

정책에 대한 기대에 따라 장기시장금리가 중앙은행이 의도치 않았던 방향으로 반응할 수 있으며 그 결과 중앙은행의 정책변경이 물가나 실물부문에 미치는 영향에 관한 불확실성이 증폭될 수 있다.

그러나 기대경로가 원활히 작용하는 경우 통화정책의 파급시차가 단축될 수 있고 정책효과도 극대화될 수 있다는 점에서 최근에는 기대경로의 중요성이 강조되고 있다. 장기시장금리는 향후 단기시장금리의 향방에 대한 시장의 기대에 의해 영향을 받으므로 중앙은행의 정책 의도를 시장에 정확하게 전달함으로써 통화정책의 유효성을 제고할 수 있다. 이러한 점을 감안하여 미 연준 등 선진국에서는 과거와 달리 금융경제 상황에 대한 중앙은행의 인식 및 통화정책의 최우선 과제 등에 대한 정보를 신속하게 시장에 제공하려는 노력을 강화하고 있다. 특히 물가안정목표제를 채택하고 있는 국가들은 인플레이션에 대한 기대를 중시하여 통화정책을 수행하고 있으므로 정책의 신뢰성 및 투명성 제고를 통해 기대경로를 활성화하는 것이 매우 중요하다 하겠다. 우리나라의 경우에도 외환위기 이후 통화정책에 대한 금융시장의 관심이 크게 높아지면서 기대경로를 통한 정책파급효과의 중요성이 점차 확대되고 있으며 통화당국도 통화정책 의도를 신속·정확하게 전달하려는 노력을 한층 강화하고 있다.

3. 통화정책의 파급시차

앞서 살펴 본 바와 같이 통화정책은 다양한 경로를 통하여 파급되는데 그 효과가 산출이나 물가와 같은 실물변수에 영향을 미치기까지는 상당한 시일이 소요된다. 통화정책은 일차적으로 금융 및 외환시장을 통하여 총수요를 움직이고 궁극적으로 총생산과 물가에도 영향을 미치는데 이 가운데 첫 단계인 금융 및 외환시장에 파급되는 효과는 비교적 신속하게 이루어진다. 그러나 금융가격변수의 변동이 실물부문으로 전달되기까지는 상당한 시간이 요구된다. 이는 금융변수들은 외부충격에 상당히 빠르게 반응하지만 소비나 투자와 같은 실물변수들은 일반적으로 조정하는 데 오랜 시간이 소요되기 때문이다.

통화정책지표의 변동에 따른 장단기 시장금리, 자산가격 및 환율 등의 변동은 그 다음 단계로 일정 시차를 두고 민간부문의 소비, 투자 및 순수출 등 총수요에 영향을 미치게 되는데 그 과정에서 발생하는 시차구조를 보면 다음과 같다. 통화정책지표의 변동으로 장단기 금리가 상승하는 경우 민간부문의 소비지출은 일반적으로 다음과 같은 이유로 인해 일정 시차를 두고 감소하게 된다. 첫째, 순차입자의 경우 소비재원의 조달로 인한 차입수요가 감소하고 순저축자의 경우도 소비보다는 저축을 확대하려는 유인이 발생하기 때문이다. 둘째, 개인의 금융자산과 실물자산은 자산의 가치가 하락함에 따라 음(-)의 부의 효과가 발생하기 때문이다. 자산가치의 하락에 따른 소비지출의 감소는 금융 및 실물자산에 대한 수요 부진을 초래하여 이들 금융 및 실물자산의 가격을 더욱 낮추는 효과가 있기 때문에 음(-)의 부의 효과는 상당 기간에 걸쳐 소비를 위축시키게 된다.

통화정책지표의 변동에 따른 장단기 금리 상승은 일정 시차를 두고 기업의 투자지출 및 고용을 위축시킨다. 기업의 투자지출이 줄어드는 것은 장단기 차입에 의존적인 기업의 차입비용이 증가하는 데다 환율절상으로 외국기업과 경쟁관계에 있는 국내기업의 판매부진 등으로 이들 기업의 순현금흐름 및 순자산가치가 낮아짐에 따라 추가적인 차입이 어려워지기 때문이다. 재고투자도 주로 간접금융으로 조달되는 재고투자 비용이 상승하기 때문에 감소한다. 또한 기업은 높아진 금리수준을 상회하는 한계수익률을 유지하기 위해 신규 고용을 감축하는 경향이 있으므로 고용수준도 감소한다. 이 밖에 앞서 언급한 바와 같이 통화정책 지표의 변동이 기업의 미래 실물경제에 대한 기대에 미치는 효과는 다소 불확실하지만 그와 같은 기대는 기업의 주요 투자 결정요인이 될 수 있다.

민간부문의 소비 및 투자지출의 변동이 실질GDP의 변동을 초래하기 까지는 일정 시차가 소요된다. 실질GDP는 단기적으로 GDP갭이 변동함에 따라 영향을 받게 된다. 다시 말해 총수요가 감소함에 따라 기업은 고용감축과 함께 정상가동률 이하로 생산을 유지한다. 한편 인플레이션은 수요 및 비용 측면에서의 물가하락요인이 현재화되면서 완만하게 반응하는 경향을 보인다. 그 과정을 보다 구체적으로 살펴보면 총수요가 줄어드는 데 따른 초과공급의 발생은 가격 및 수량조정 과정을 통해 일정 시차를 두고 수요측 물가하락 요인으로 작용하게 된다. 또한 비용측면에서의 물가하락 압력은 초과공급 상태에서 실물생산이 감소함에 따라 단위당 노동 및 요소비용이 낮아지는 과정에서 발생하는 공급측 물가하락 요인에 의해 결정된다.

(1) 통화정책 파급시차의 실증분석

▲ 벡터자기회귀모형

통화정책의 파급효과에 관한 최근의 실증분석은 주로 벡터자기회귀모형(Vector Autoregression Model)을 채택하고 있다. 통화가 실물경제에 미치는 효과를 추청하기 위해 이용하는 VAR모형은 심스(Sims)에 의해 최초로 시도된 이후, 분석의 정합성과 정치성에 관하여 치열한 논쟁의 대상이 되고 있다. 아울러 기존의 VAR모형이 이론적 근거나 선험적 상식을 배제하고 있다는 비판에 따라 경제학적 이론이나 선험적 지식을 모형내에 포함할 수 있도록 모형을 개선하려는 다양한 시도가 이루어졌다. 촐레스키 분해(Choleski

Decomposition)을 이용하던 표준 VAR모형(Standard VAR Model)에서 경제이론을 추가한 구조 VAR모형(Structural VAR Model)으로 발전하였다.

VAR모형을 통한 통화정책의 파급효과 분석은 분석의 편의와 분석결과의 명료함 등의 이유로 널리 사용되고 있다. 그러나 다음과 같은 이유들로 인해 비판의 대상이 되어 왔다. 첫째, 충격반응함수의 일부 결과가 잘 알려진 경제이론과 부합하지 않는다는 점이다. 가장 잘 알려진 모순이 바로 '물가 퍼즐(price puzzle)'이다. 이는 중앙은행이 금리를 인하할 경우, 물가가 점차 상승해야 하지만 충격반응분석에서는 일시적으로 물가가 하락했다가 다시 상승하는 형태로 나타나는 현상을 의미한다.

최근에는 이러한 퍼즐이 발생하는 원인에 관한 연구와 함께 퍼즐을 제거할 수 있는 새로운 방식의 분석방법이 소개되고 있다. 일례로 버냉키, 보와뱅(J. Boivin) 등이 처음 제안한 "공통요인이 부가된 벡터자기회귀모형(Factor Augmented Vector Auto-regression, FAVAR)을 들 수 있는데 이 모형은 소수의 경제변수만을 포함하는 일반적인 VAR모형과 비교해 여러가지 장점이 있는 것으로 평가받고 있다.

한편 VAR 분석이 기본적으로 과거 데이터에 의존한 실증분석이라는 한계로 인해 소위 '루카스 비판'에서 자유로울 수 없다는 문제가 있다. 이는 분석의 대상기간중에 발생하지 않은 현상에 대해서는 모형의 분석이 아무런 정보도 제공해 줄 수 없고 경제주체들이 합리적 기대를 형성하는 한 과거와 동일한 방식으로 반응하지 않기 때문에 과거 데이터를 토대로 한 실증분석 결과는 미래의 경제행위를 예측하는 데는 큰 도움이 되지 못한다는 사실을 시사한다.

▲ 구조적 계량모형 분석

통화정책의 피드백 효과에 관한 실증적 분석은 전통적으로 구조적 거시경제모형(Structural Econometric Models)에 의해 수행되었다. 1970년대 이전까지 대규모 거시계량모형의 설정과 추정, 예측, 평가는 거시경제학 분야에서 주요 연구과제로서 자리잡고 있었다. 통화총량, 기준금리 등과 같은 정책도구의 행태를 설명하는 방정식을 구조모형으로 통합함으로써 정책변화가 경제에 미치는 효과에 대한 시뮬레이션 분석이 가능케 되었다. 다만, 분석 결과의 신뢰성을 확보하기 위해서는 모형의 추정계수들이 정책준칙(policy rule)의 설정방식에 무관하게 안정적인 값을 가져야 할 것이다. 만약 그렇지 않다면, 통화정책 준칙을 변경하는 데 있어 더 이상 모형의 모수들이 불변이라고 받아들이지 않을 것이다. 그러나 앞서 언급한 '루카스 비판'이 본 모형에도 그대로 적용될 수 있다. 루카스는 경제이론에 따르면 투자, 소비, 기대형성에 관한 결정준칙은 정책의 체계적 행태의 변화에 불변하는 것이 아니라고 주장하였다. 루카스 비판은 경제주체의 기대가 과거의 결과에 적응적으로 반응한다는 구조계량모형에 내재된 가정의 문제점을 지적하고 있다.

대규모 거시계량모형이 통화정책의 효과분석 및 경기예측에서 여전히 중요한 역할을 담당하고 있지만 루카스 비판의 영향으로 이론모형에서 합리적 기대의 역할이 강조되고 기존 대규모 거시모형에서 기대심리에 대한 실증적 취급에 대한 불만이 높아지면서 1980년대 들어 새로운 대체모형을 개발해야 할 필요성이 부각되었다.

이에 따라 기존의 대규모 거시계량모형은 두 가지 형태의 대안을 모색하게 되었다. 먼저 기존의 축약형 연립방정식에 기초한 계량모형을 대신하여 경제주체의 합리적 기대형성에 기초한 동태확률일반균형모형(Dynamic Stochastic General Equilibrium Model)을 이용한 정책효과 분석이 시도되기에 이르렀다. 동 분석법은 경제주체들의 합리적 기대형성에 기초하여 구조방정식을 구축하고 이를 토대로 구성된 연립방정식을 캘리브레이션(Calibration)이나 베이지언 방식 등을 적용한 추정(Bayesian Estimation)을 통해 정책효과를 분석하거나 경제변수를 예측하는 방식이다. 대규모 거시계량모형은 통화정책의 설계와 수행과 관련해 필요한 정보를 제공하는 데 있어 중앙은행에 여전히 유용한 것으로 인식되고 있다. 이에 따라 최근 들어 경제주체의 합리적 기대를 상당 부분 수용한 새로운 형태의 거시계량모형이 실제 정책분석 과정에 실용화되기에 이르렀다.

마지막으로 구조계량모형을 이용하여 분석한 결과와 VAR 모형을 통한 분석결과를 각자의 충격반응함수를 통해 비교해 보면 중앙은행의 기준금리 조정이 실질 GDP나 물가에 미치는 영향이 완만한 U자형을 띤다거나 국가간에 다소 차이가 있으나 대체로 실질 GDP가 먼저 최고치에 도달하고 물가는 약간의 시차를 두고 최고치에 이르는 등 매우 유사한 것으로 나타나고 있다.

이 밖에도 통화정책에 관련된 역사적 기록 등 광범위한 자료를 바탕으로 중앙은행이 인플레이션 억제를 위하여 의도적으로 긴축기조로 전환한 구체적인 사례를 선정하는 기술적 분석법(Narrative Approach)이 있다. 그러나 이 방법을 이용할 경우에는 각 긴축시점 사이에 교란의 상대적인 크기를 측정하기 어려울 뿐 아니라 여타 통화완화기에 관한 정보가 사전에 차단된다는 문제점이 지적되고 있다.

(2) 통화정책의 파급시차

통화정책의 파급시차에 관해 먼저 주요 선진국의 분석결과를 살펴 보면 통화정책이 실질 GDP에 미치는 효과는 대체로 2분기 이내에 빠른 속도로 나타나며 그 효과는 빠르면 3~6분기에 최고 수준에 도달하는 것으로 나타났다. 이에 비해 통화정책이 물가상승률에 미치는 효과는 대체로 3분기 이후부터

서서히 나타나기 시작하여 8~9분기후에 극대화되는 등 실물변수에 비해 더욱 긴 기간에 걸쳐 지속되는 것으로 나타났다.

한편 통화정책이 실물 및 명목변수에 미치는 효과는 각 분석결과마다 다소 차이가 있으나 기준금리(정책금리)가 1%p 인상되는 경우 실질 GDP는 최고수준에서 낮게는 0.2~0.3%, 높게는 1.5~1.7% 감소하는 것으로 나타났다. 물가상승률은 거시계량모형을 이용할 경우 정책금리가 1%p 인상되면 12분기 중에 0.2~0.4%p 가량 하락하며 구조 VAR 모형을 이용하면 12분기 이후에 1.0~1.5%p 낮아지는 것으로 분석되었다.

[표 2-1] 통화정책 파급시차에 관한 기존 연구결과

국가	연구자 및 모형	통화정책의 파급 시차			
		분석기간	반응변수	반응시점	최대시점
미국	Christiano *et al*(2005)	65.Q3 ~ 95.Q3	GDP	1분기후	5분기후
	9변수 VAR모형		GDP deflator	2분기후	8분기후
	Bernanke *et al*(2005)	59.1 ~ 01.8월	산업생산	1개월후	13개월후
	3변수 1요인 FAVAR		CPI	9개월후	‥
	Iacoviello (2005)	74.Q1 ~ 03.Q2	GDP	1분기후	4분기후
	4변수 VAR모형		GDP deflator	4분기후	10분기후
	Koop *et al*(2009)	53.Q1 ~ 06.Q3	실업률	1분기후	9분기후
	3변수 TVP-VAR모형		CPI	1분기후	9분기후
유로지역	Peersman & Smets(2001)	80.Q1 ~ 98.Q4	GDP	1분기후	4분기후
	5변수 VAR모형		CPI	3분기후	‥
영국	영란은행(1999)	72.Q3 ~ 98.Q3	GDP	즉시	5분기후
	거시계량모형		CPI	4분기후	9분기후
뉴질랜드	Drew *et al*(2008)	89.Q3 ~ 06.Q1	GDP	1분기후	5분기후
	7변수 VAR모형		CPI	3분기후	8분기후

출처 : 한국은행

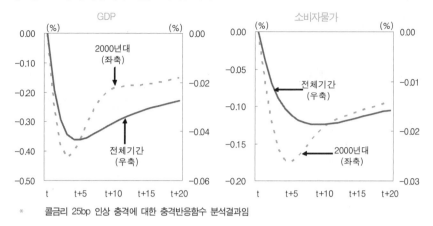

[그림 2-15] 통화정책의 파급효과 및 시차

* 콜금리 25bp 인상 충격에 대한 충격반응함수 분석결과임

    우리나라의 통화정책 파급시차를 벡터자기회귀모형을 이용하여 추정한 결과를 보면, 정책금리의 조정효과가 2000년 이전에는 1분기후부터 발생하여 실질GDP에는 5분기후, 물가에는 9~10분기후에 가장 커지는 것으로 나타났으나 2000년 이후에는 통화정책의 효과가 실질GDP에 3분기, 소비자물가에 5분기후에 극대화되는 것으로 분석되었다. 이처럼 2000년대 들어 통화정책의 파급시차가 크게 단축된 것은 금리중시 통화정책 운용, 통화정책의 투명성 제고, 변동금리대출비중 증대, 물가안정목표제에 대한 인식 확대 등으로 통화정책에 대한 경제주체들의 민감도가 높아진 데에 따른 것으로 판단된다.

    한편 이와 같이 통화정책의 파급효과에 상당한 시차가 요구된다는 사실은 정책목표를 성공적으로 달성하기 위해서는 통화정책이 선제적으로 이루어져야 함을 시사한다. '선제적'이라는 말에는 두 가지 의미가 있다. 첫째는 어떤 사건이 발생하기 전에 미리 대비한다는 의미이다. 이미 경기가 과열국면에 진입하여 물가가 큰 폭으로 오르거나 경기가 지나치게 침체되어 대량실업 사태가 발생한 후 정책적 대응을 취하는 것은 별다른 효과가 없을 뿐 아니라 경제의 변동성을 더욱 증폭시키는 부작용만을 초래할 수 있다. 따라서 전향적인 관점에서 경제상황이 악화되기 전에 미리 경기변동을 조절하는 정책적 대응이 긴요하다 하겠다. 둘째는 현재 취하는 정책의 효과가 한참 지난 후에야 나타난다면 미래의 경제상황을 정확하게 예측해 이에 적합한 정책을 미리 취해야 함을 의미한다. 예를 들어 지금 당장은 물가가 안정되어 있다 할 지라도 앞으로 경기과열과 인플레이션 발생이 우려된다면 미리 정책기조를 바꿀 필요가 있을 것이다.

이와 같이 선제적 통화정책의 당위성은 충분히 인정되나 이를 실제 정책에 옮기기는 쉽지 않다. 먼저 선제적 통화정책을 수행하기 위해서는 현재의 경제상황에 대한 정확한 진단은 물론 미래에 대한 정확한 예측능력을 갖고 있어야 한다. 그러나 여러 가지 요인으로 인하여 경제적 불확실성이 확대되고 있는 상황에서 미래의 경제상황을 정확하게 예측하여 적정한 정책대응의 시기와 정도를 결정하는 것은 매우 어려운 일이다. 미래의 물가나 성장에 대한 전망의 정확성이 낮은 경우 이에 근거해 이루어지는 정책은 오히려 경제의 변동성을 높여 경제의 불안정성이 증폭될 가능성이 크다.

또한 선제적 통화정책에 대한 저항과 비난도 선제적인 정책수립에 거대한 장애로 작용할 수 있다. 중앙은행이 미래를 예측하여 통화정책을 수행함으로써 경제의 변동성을 상당 부분 완화하는 데 성공하더라도 이러한 정책수행 방식이 대중의 오해를 불러 일으켜 중앙은행에 대한 비난을 야기할 가능성을 배제할 수 없다. 가령 중앙은행이 긴축정책을 통해 인플레이션을 미연에 방지하였더라도 일반 대중은 인플레이션의 발생 가능성을 사전에 감지하지 못했기 때문에 현재의 상태가 중앙은행의 적절한 대응 덕분이라고 생각하지 않을 수 있다. 경제에 물가상승 등 심각한 불균형이 나타났다면 대다수 사람들이 긴축기조로의 정책 선회를 별다른 거부감 없이 받아들이겠지만 그렇지 않은 상황에서 일반인이 선호하지 않는 긴축정책으로 선회하려면 많은 비난과 저항에 직면하게 될 것이다. 따라서 각국 중앙은행은 인플레이션 징후 등 경제의 불균형이 발생할 가능성을 객관적으로 입증할 수 있는 근거를 확보하려고 노력하며 이 과정에서 정책결정이 보다 신중해지는 경향이 있는 것이 사실이다. 이는 뒷 장에서 설명할 통화정책의 속도에 관한 급진주의와 점진주의 논쟁과도 밀접한 관련을 맺고 있다.

M onetary Policy

최근의 이론적 쟁점들

1. 재량과 준칙

최근 20년 동안 세계적으로 인플레이션 압력은 상대적으로 안정세를 유지해 왔다. 이로 인해 인플레이션이 충분히 통제되고 있다거나 완전히 사라졌다는 주장이 제기되기도 하였다. 그러나 이 기간 중에도 유가나 농산물 가격 급등의 영향으로 산발적으로 물가상승률이 급변동하기도 했으며 자산가격의 버블이 실물부문으로 전이될 가능성에 대한 우려도 끊임없이 제기되어 왔다. 정책당국이 유가충격의 발생을 완전히 예방할 수는 없다 할지라도 이에 따른 인플레이션이 지속되는 것을 효과적으로 억제할 수 있어야 할 것이다. 특히 1970년대 이후 비용충격에 의한 물가급등은 경기둔화를 동반하고 있었다는 점에서 인플레이션 확산을 막기 위한 정책당국의 대응이 적절했는지에 대한 분석은 매우 중요한 의의를 갖는다 하겠다.

만일 통화당국이 총수요를 촉진함으로써 경기를 부양할 수 있으며 물가안정과 함께 경기부양을 통화정책의 주요 기능이라는 신념을 갖고 있다면 총생산을 잠재수준 이상으로 부양하기 위하여 통화량의 공급을 늘리고자 시도할 수 있을 것이다. 또는 높은 수준의 인플레이션이 지속되는 상황에서도 경기

둔화를 우려해 긴축적 통화정책을 취하는 것을 주저할 수도 있을 것이다.

거시경제의 균형은 현재의 통화정책 기조와 미래에 예상되는 통화정책에 의해 영향을 받는다. 통화정책이 체계적인 준칙에 따라 수행되고 중앙은행이 계속해서 준칙에 따라 정책을 결정한다고 가정하는 경우, 준칙은 미래의 정책 행태에 관한 시장의 합리적인 기대형성에 큰 도움이 될 것이다.

그러나 중앙은행이 그러한 준칙에 따라 행동하는 것이 보다 바람직하다고 판단할 근거는 무엇인가? 아이러니하게도 준칙을 강제할 수단이 부재한 상황에서 민간 경제주체들이 준칙이 반드시 준수될 것이라는 기대 하에서 반응한다면 해당 준칙에서 벗어나는 것이 오히려 "최적"일 수 있다. 기업과 노동자들은 통화정책이 특정한 방식대로 수행될 것이라는 기대를 갖고 명목 임금이나 제품가격을 설정하는 데 합의할 수 있다. 하지만 일단 임금과 가격이 이러한 방식으로 결정되고 나면 중앙은행은 준칙에 따른 정책으로부터 일탈할 유인이 발생하게 되는 것이다. 그러나 통화당국이 엄격한 준칙으로부터 벗어나서 재량적인 정책수행이 가능하다면 경제주체들은 정책당국이 준칙을 어길 유인에 대하여 고민하게 되면서 더 이상 정책당국이 준수하겠다고 공언한 준칙을 토대로 기대를 형성하지 않게 된다.

통화정책에 관한 근대적인 분석은 대개 중앙은행이 정책수단을 실제 운용하는 과정에서 직면하게 되는 유인의 문제에 집중되어 있다. 키드랜드와 프레스컷의 연구 이후 중앙은행의 신뢰도와 정책의 유효성의 문제에 관한 연구가 활발히 진행되었다. 사전적으로 중앙은행이 특정한 정책기조를 유지하도록 기속할 장치가 존재하지 않는 상황에서 중앙은행은 그들의 기존 계획과 공언한 내용과 어긋나는 행동을 취할 유인을 갖게 된다.

정책은 $t+1$기를 위해 t기에 계획한 행동이 실제로 $t+1$기가 되었을 때에도 최적인 경우에는 '시간 일치적(time consistent)'이라 할 수 있다. 그러나 정책은 당초 정책을 기획했던 t기에는 예상치 못했던 사건이 발생함으로써 영향을 받을 수 있다. 시간 일치적 정책이란 일정시점에서 입수 가능한 정보에 의해 계획된 반응이 새로운 정보가 도달한 이후에도 여전히 최적인 정책을 의미한다. 이와 달리 $t+1$기에 원래 계획대로 반응하는 것이 더 이상 최적이 아닌 경우를 시간 불일치적인 정책(time inconsistent)이라 한다.

이제 중앙은행의 동태적 비일관성(dynamic inconsistency)이 발생하는 원인을 살펴보도록 하자. 총공급은 식 (2-22)의 루카스 타입의 총공급 함수에 의해 표현될 수 있다.

$$y_t = \bar{y} + \gamma(\pi_t - \pi_t^e) + u_t \quad \cdots\cdots\cdots\cdots\cdots\cdots\cdots\cdots\cdots\cdots\cdots\cdots\cdots (2\text{-}22)$$

y_t와 $\bar{y}$는 각각 총산출과 잠재수준의 총산출을 나타내며 π_t과 π_t^e은 물가상승률과 기대인플레이션이다. u_t는 공급충격을 나타낸다. 위 식은 경제주체들이 매기 초에 인플레이션의 기대값을 토대로 명목임금 계약을 체결한다는 가정에 기반을 두고 있다. 이러한 경우, 예기치 않은 인플레이션 충격이 실질임금을 낮추어 경기를 진작하는 효과가 있게 된다. 이를 설명하기 위해 먼저 민간부문은 합리적 기대를 갖고 있다고 가정하자 이 경우, 식 (2-23)으로

$$\pi_t^e = E_{t-1}\pi_t \quad \cdots\cdots\cdots\cdots\cdots\cdots\cdots\cdots\cdots\cdots\cdots\cdots\cdots\cdots\cdots\cdots (2\text{-}23)$$

표현할 수 있다. E_{t-1}는 $t-1$기에 얻을 수 있는 정보에 기반을 둔 수학적 기대연산자이다. 이는 민간부문이 인플레이션이 실현되기 이전 시점에 기대를 형성하고 그들의 임금이나 가격을 결정한다고 가정하고 있음을 함축하고 있다.

또한 적정 수준을 상회하는 인플레이션은 사회적 비용을 수반하며 인플레이션의 한계비용은 인플레이션이 높을수록 더욱 증가한다고 가정한다. 이에

따라 중앙은행은 다음과 같은 손실함수로 표현되는 선호체계를 갖고 있다고 하자.

$$L_t = \frac{1}{2}[\lambda(\pi_t - \pi^*)^2 + (y_t - y^*)^2] \quad \cdots\cdots\cdots\cdots\cdots\cdots\cdots\cdots\cdots\cdots (2\text{-}24)$$

π^*와 y^*는 각각 최적수준의 인플레이션율과 산출수준을 나타낸다. λ는 사회후생에서 총산출에 대한 인플레이션의 상대적 중요성을 나타내며 $\lambda > 0$으로 가정한다. 한편, 불완전한 시장구조, 비대칭적 정보, 조세, 노동정책 등 시장왜곡적인 경제제도 등의 존재로 인해 잠재 GDP는 최적 GDP를 하회하는 것이 일반적이다($y^* \geq \bar{y}$). 아울러 식 (2-24)에는 경제의 산출량과 인플레이션의 분산이 포함되어 있고 해당 변수들을 최소화하는 것이 중앙은행의 손실을 줄인다는 점에서 중앙은행이 산출과 인플레이션 모두를 안정화하기를 바란다는 것을 의미한다.

중앙은행은 현재의 손실과 미래의 기대 할인 손실을 최소화하고자 한다. 그러나, 모형이 정태적이라면 중앙은행은 식 (2-24)로 주어진 손실함수를 해당되는 시기에만 최소화하고자 할 수도 있다. 대다수의 국가에서 통화당국은 물가상승률, π_t를 정책목표로 하고 있다. 통화당국이 만일 재량적인 정책을 선호하는 경우 통화당국의 최적 정책해(Optimal Policy Rule: OP)는 다음과 같이 도출된다.[25]

$$\pi_t = \pi^* + \frac{\gamma}{\lambda + \gamma^2}(y^* - \bar{y}) + \frac{\gamma^2}{\lambda + \gamma^2}(\pi^e - \pi^*) \quad \cdots\cdots\cdots\cdots\cdots (2\text{-}25)$$

식 (2-25)의 결과는 실제 인플레이션이 기대 인플레이션과의 상호작용을

---

25) 식 (2-25)의 구체적인 도출과정은 [참고 2-2]를 참조할 것

통해 균형 인플레이션으로 회귀해 가는 과정을 나타낸 [그림 2-16]으로 도식화될 수 있다. 균형에서는 실제와 기대 인플레이션이 동일해 진다는 전제 하에서 균형 인플레이션은 $\bar{\pi}$와 같이 형성된다. 즉, π_t를 π^e로 치환하면 균형 인플레이션은 다음과 같이 도출된다.

$$\bar{\pi} = \pi^* + \frac{\gamma}{\lambda}(y^* - \bar{y}) \quad \cdots\cdots\cdots\cdots\cdots\cdots\cdots\cdots\cdots\cdots\cdots\cdots\cdots (2\text{-}26)$$

앞서 시장왜곡 등의 영향으로 $y^* \geq \bar{y}$라고 가정하였으므로 균형 인플레이션은 최적 수준의 인플레이션을 상회하는 것으로 나타난다. 결론적으로 재량에 의해 통화정책을 수행하고 민간 경제주체들의 기대가 사전적으로 형성되는 상황에서는 중앙은행은 늘 통화공급을 확대하여 산출량을 늘릴 유인을 갖게 되며 이는 결국 생산량에 긍정적인 영향을 미치지 못하면서 인플레이션만을 높이는 결과를 초래하게 된다.

한편 통화당국이 π_t뿐 아니라 π_t^e에 대해서도 L_t를 최소화하는 구속력을

[그림 2-16] 재량적 통화정책 하에서 균형 인플레이션

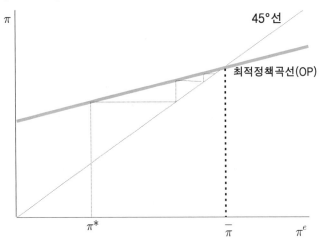

갖는 경우는 균형 물가상승률이 사회적으로 최적수준의 인플레이션과 일치한다.[26]

$$\pi_t = \pi^* \quad\cdots\cdots\cdots\cdots\cdots\cdots\cdots\cdots\cdots\cdots\cdots\cdots\cdots\cdots\cdots\cdots\cdots (2\text{-}27)$$

식 (2-26)과 식 (2-27)을 비교해 보면 재량적 균형과 준칙하에서의 최적해와의 차이점을 발견할 수 있다. 재량적 통화정책 하에서의 물가상승률은 준칙정책 경우에 비해 $\frac{\gamma}{\lambda}(y^* - \overline{y})$만큼 높다. GDP는 확장적인 정책기조에도 불구하고 준칙에 의한 경우와 동일하여 중앙은행의 재량적 정책은 생산량에는 영향을 미치지 못하면서 인플레이션만을 높이게 됨을 알 수 있다. 이러한 시간불일치 문제는 정책당국이 통화정책을 실행하기 이전에 민간부문의 기대가 형성되기 때문에 발생하는 것이다. 민간부문이 정부의 인플레이션 목표가 π^*라는 가정하에 임금이나 가격을 결정하면 정부는 경기를 부양할 목적으로 통화공급을 확대할 유인이 발생한다. 그러나 합리적인 경제주체들은 정부의 이러한 유인을 충분히 파악할 수 있으므로 인플레이션이 π^*를 넘어설 것으로 예상할 것이다. 인플레이션 기대심리는 인플레이션의 한계비용이 경기부양으로 인한 한계수익과 같아지는 수준에서 형성될 것이므로 갑작스러운 통화공급 확대로 인한 경기부양효과는 사라지게 되는 것이다.

---

26) 식 (2-27)의 구체적인 도출과정은 [참고 2-2]를 참조할 것

먼저 중앙은행이 본문의 식 (2-24)의 제약하에서 L_t를 최소화하는 π_t를 선택하는 경우의 최적화 문제는 다음과 같이 표현될 수 있다.

$$\min_\pi \left[\frac{1}{2} \left\{ \lambda(\pi_t - \pi^*)^2 + (y_t - y^*)^2 \right\} \right] \quad \cdots\cdots\cdots\cdots\cdots\cdots\cdots\cdots (1)$$
$$\text{s.t.}$$
$$y_t = \bar{y} + \gamma(\pi_t - \pi_t^e) + u_t$$

이를 제약하에서 최적화 문제에 관한 해를 도출하는 데 일반적으로 이용되고 있는 라그랑지 함수 형태로 표현하면 다음과 같이 나타낼 수 있다.

$$\mathcal{L} = \min_\pi \left[\frac{1}{2} \left\{ \lambda(\pi_t - \pi^*)^2 + (y_t - y^*)^2 \right\} \right] \quad \cdots\cdots\cdots\cdots\cdots\cdots (2)$$
$$- \mu_t \left[y_t - \bar{y} - \gamma(\pi_t - \pi_t^e) - u_t \right]$$

μ_t는 라그랑지 승수(Lagrangian multiplier)를 나타낸다. 위 라그랑지 함수를 π_t, y_t, μ_t에 관하여 미분하면 다음과 같은 세 개의 1계 조건이 도출된다.

$$\pi_t : \lambda(\pi_t - \pi^*) + \mu_t \gamma = 0$$
$$y_t : (y_t - y^*) - \mu_t = 0 \quad \cdots\cdots\cdots\cdots\cdots\cdots\cdots\cdots\cdots\cdots (3)$$
$$\mu_t : y_t - \bar{y} - \gamma(\pi_t - \pi_t^e) - u_t = 0$$

이를 합성하면 다음과 같은 관계를 얻을 수 있다.

$$\lambda(\pi_t - \pi^*) + \gamma\{\overline{y} + \gamma(\pi_t - \pi^e) - y^* + u_t\} = 0 \quad \cdots\cdots\cdots\cdots\cdots (4)$$

이를 공급측 충격(u_t)이 0이라고 가정한 후 π_t에 대하여 정리하면 다음과 같다.

$$\pi_t = \pi^* + \frac{\gamma}{\lambda + \gamma^2}(y^* - \overline{y}) + \frac{\gamma^2}{\lambda + \gamma^2}(\pi^e - \pi^*) \quad \cdots\cdots\cdots\cdots (5)$$

다음으로 통화당국이 π_t뿐 아니라 π_t^e에 대해서도 L_t를 최소화하는 경우의 최적화 문제를 살펴 보도록 하자. 통화당국이 π_t뿐 아니라 π_t^e에 대하여도 통제하고자 하므로 앞의 경우와 달리 L_t를 최소화하는 π_t와 π_t^e를 동시에 선택하고자 할 것이므로 기대인플레이션에 관한 제약조건, $\pi_t^e = E_{t-1}\pi_t$이 하나 더 추가된다. 따라서 사회적 손실(후생) 극소화(극대화)를 추구하는 중앙은행의 최적화 문제는 다음과 같이 표현될 수 있다.

$$\min_\pi\left[\frac{1}{2}\{\lambda(\pi_t - \pi^*)^2 + (y_t - y^*)^2\}\right] \quad \cdots\cdots\cdots\cdots\cdots\cdots (6)$$

$$\text{s.t.}$$
$$y_t = \overline{y} + \gamma(\pi_t - \pi_t^e) + u_t$$
$$\pi_t^e = E_{t-1}\pi_t$$

이를 라그랑지 함수 형태로 표현하면 다음과 같이 나타낼 수 있다.

$$\mathcal{L} = \min_{\pi} \left[\frac{1}{2} \left\{ \lambda (\pi_t - \pi^*)^2 + (y_t - y^*)^2 \right\} \right]$$
$$- \mu_t \left[y_t - \bar{y} - \gamma (\pi_t - \pi_t^e) - u_t \right] - \theta_{t-1} \left[\pi_t^e - E_{t-1} \pi_t \right] \quad \cdots (7)$$

μ_t와 θ_{t-1}은 각각 식 (5)의 두 제약조건에 관한 라그랑지 승수 (Lagrange multiplier)를 나타낸다. 위 라그랑지 함수를 각각 π_t, π_t^e, y_t, μ_t, θ_{t-1}에 관하여 미분하면 다음과 같은 다섯 개의 1계 조건이 도출된다.

$$\pi_t : \quad \lambda (\pi_t - \pi^*) + \mu_t \gamma + \theta_{t-1} = 0$$
$$\pi_t^e : \quad -\mu_t \gamma - \theta_{t-1} = 0$$
$$y_t : \quad (y_t - y^*) - \mu_t = 0 \quad \cdots\cdots\cdots\cdots\cdots\cdots\cdots (8)$$
$$\mu_t : \quad y_t - \bar{y} - \gamma (\pi_t - \pi_t^e) - u_t = 0$$
$$\theta_{t-1} : \quad \pi_t^e - E_{t-1} \pi_t = 0$$

이를 합성하면 다음과 같은 관계를 얻을 수 있다.

$$\lambda (\pi_t - \pi^*) - \gamma \left\{ \bar{y} + \gamma (\pi_t - \pi^e) - y^* + u_t \right\} + \theta_{t-1} = 0 \quad \cdots\cdots (9)$$
$$\gamma E_{t-1} \left[\bar{y} + \gamma (\pi_t - \pi^e) - y^* + u_t \right] - \theta_{t-1} = 0 \quad \cdots\cdots\cdots (10)$$

다시 이 결과를 정리하면 본문의 식 (2-27)과 같이 다음의 결과를 얻을 수 있다.

$$\pi_t = \pi^* \quad \cdots\cdots\cdots\cdots\cdots\cdots\cdots\cdots\cdots\cdots (11)$$

만일 디스인플레이션에 대한 확고한 의지를 갖고 있는 전문가에게 통화정책이 위임된다면 균형 인플레이션이 어떻게 형성될 것인가? 1980년대 미 연준의 볼커의장과 같은 사례를 경제학적으로 분석해 보자. 이러한 경우에서도 중앙은행이 선택하는 인플레이션은 식 (2-25)와 같은 형태를 띄게 될 것이다. 다만 중앙은행의 후생함수에서 인플레이션에 대한 가중치가 더욱 높은 값을 갖는다는 차이가 있을 것이다.

$$\pi_t = \pi^* + \frac{\gamma}{\lambda_1 + \gamma^2}(y^* - \overline{y}) + \frac{\gamma^2}{\lambda_1 + \gamma^2}(\pi^e - \pi^*) \quad \cdots\cdots\cdots\cdots\cdots \text{(2-28)}$$

다만 중앙은행의 디스인플레이션에 대한 의지가 보다 확고하다는 점에서 $\lambda_1 > \lambda$이므로 디스인플레이션 의지를 가진 중앙은행 하에서 균형인플레이션을 도해한 [그림 2-17]에서 새로운 최적 정책곡선(OP₂)은 y절편 값이 더욱 낮은 점에서 출발하고 기울기도 이전에 비해 보다 완만하게 나타난다. 이를 통하여 이전과 같이 균형수준에서의 인플레이션을 구하면 식 (2-29)와 같다.

[그림 2-17] 디스인플레이션 의지를 가진 중앙은행하에서
균형 인플레이션

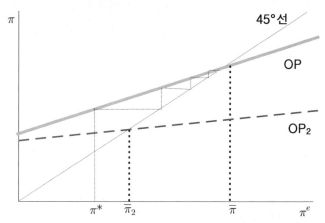

$$\overline{\pi}_2 = \pi^* + \frac{\gamma}{\lambda_2}(y^* - \overline{y}) \quad\cdots\cdots\cdots\cdots\cdots\cdots\cdots\cdots\cdots\cdots\cdots\cdots\cdots \text{(2-29)}$$

한편 재량적 통화정책하에서 발생하는 인플레이션 편향의 문제에 대한 다양한 해결방안들이 제시되고 있다. 그중 하나는 인플레이션이 목표치에서 벗어나는 경우 중앙은행의 정책결정자에게 직무나 금전상의 책임을 묻는 것도 기속장치(commitment)를 구축하는 것이다. 다음은 중앙은행이 통화정책에 관한 시장의 평판(reputation)에 유의하도록 하는 것이다. 이는 물가안정을 추구하는 중앙은행의 평판이 크게 손상 받으면 각 경제주체들은 미래에 더욱 높은 인플레이션을 예상하게 될 것이며 이는 다시 중앙은행의 목적함수의 기대치를 낮추는 결과를 초래하기 때문이다.

2. 점진주의와 급진주의

통화정책의 목표인 물가안정에 대하여 통화당국이 확고한 의지를 가지고 있고 물가안정을 달성하기 위해 무엇을 할 것인지에 대해서도 이미 알고 있다 할지라도 세부적이고 미세한 정책의 실행 방식에 따라 정책의 유효성은 크게 달라질 수 있다.

우리가 우리의 목표를 알고 그 목표에 도달하는 일반적인 방법을 알고 있을지라도 통화정책의 수행은 마치 고장난 와이퍼를 가지고 비바람 속에서 완전한 시야를 확보하지 않은 채 운전하는 것과 같다. 따라서 그것은 오로지 매우 주의 깊게 실행되어야 한다(크로우(J. Crow, 1988)).

중앙은행이 경제상황을 판단하고 정책목표를 달성하기 위하여 기준금리

조정이 필요하다고 판단하는 경우에도 필요한 금리수준으로 즉각적으로 변경할 것인지 점진적으로 조정할 것인지에 관한 선택의 문제에 직면하게 된다. 중앙은행이 기준금리를 조정하는 데 있어서 정책목표 달성을 위한 강력한 정책의지를 피력함으로써 정책의 효율성을 극대화할 목적으로 급격한 방식의 금리조정을 선호할 수 있다. 이에 반해 경제주체들이 금리조정에 따른 상황 변화에 적응할 여유를 줌으로써 정책기조 변경에 따른 시장의 혼란을 최소화하기 위해 점진적인 방식을 선호하기도 한다.

이론적인 측면에서 합리적인 기대하에서는 중앙은행이 물가안정을 달성하기 위한 자신의 정책 반응을 점진적으로 수행할 이유는 존재하지 않는다. 그러나 현실에서는 대다수의 중앙은행들이 외부의 경제충격에 대하여 금리를 매우 점진적인 방식으로 장기간에 걸쳐 조정하는 것이 흔히 관찰되고 있다. 이를 중앙은행의 점진주의(Gradualism)나 금리평활화(interest rate smoothing) 등으로 지칭하고 있다. 실제 미국을 비롯한 대다수 국가에 대한 실증분석 결과에 따르면 정책금리가 상당 수준의 지속성을 갖는 것으로 나타나고 있다. 이는 많은 중앙은행들이 실제 경제지표들이 물가 및 경기 목표치에서 벗어나는 경우에도 즉각적으로 기준금리를 조정하지 않고 점진적으로 변경하고 있음을 시사한다 하겠다. 실제로 미 연준의 그린스펀 전 의장은 'baby step'으로 불릴 만큼 금리를 점진적으로 조정하였으며 버냉키 현 의장의 경우도 취임 초기에는 이러한 기조를 그대로 유지한 것으로 평가받았다.[27] 그러나 이후 서브프라임 모기지 대출 부실과 그에 따른 글로벌 경기침체에 직면한 2008년 들어 미 연준이 사상 유례 없는 큰 폭의 금리인하를 단기간에 단행함으로써 이러한 정책기조에도 변화의 조짐이 감지되었다. 이는 금리평활화(interest rate smoothing)가 항상 선호되는 것은 아니며 필요한 경우 신속하고 적극적인 대

---

[27] 다만 풀(Poole, 2003), 루드부시(G. Rudebusch) 등은 이러한 현상이 미 연준의 의도적인 금리평활화라기 보다는 지속적인 충격에 대한 연속적인 대응의 결과라고 주장하였다.

응을 통해 경제에 가해진 충격이 장기간 지속되는 것을 방지할 필요가 있음을 시사한다 하겠다.

[그림 2-18] 미국 연방기금금리 조정 추이

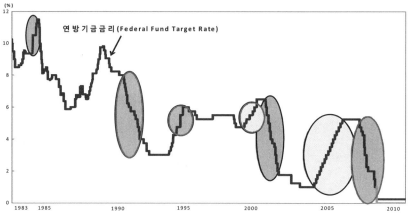

* 　푸른 원은 미 연준이 점진적인 금리조정을, 회색 원은 급격한 금리조정을 시행한 시기를 표시

이처럼 다양한 정책 운용을 설명하기 위하여 일부 경제학자들은 금리 평활화에 대한 욕구를 정책담당자들의 선호체계에 직접 포함시키기도 한다. 하지만 이러한 방식의 선호체계 개념의 도입으로 중앙은행의 금리평활화를 이론적으로 재현하는 것은 가능하나 보다 구체적으로 중앙은행이 물가안정목표를 달성하기 위해 금리조정을 하는 과정에서 매우 소극적이고 완만한 조정방식을 선호하는지에 대한 이유를 제시해 주지는 못한다는 한계가 있다. 따라서 각국의 중앙은행들이 금리평활화를 선호하고 때로는 위기 상황에 직면하여 적극적이고 공격적인 시장개입(cold turkey)을 채택하는 이유에 관한 연구가 최근 들어 활발하게 진행되고 있다. 이에 따라 ① 경제의 불확실성에 대한 정책당국의 대응이라는 주장을 비롯하여 ② 정책금리의 점진적 조정이 실물부문에 영향력을 발휘하는 장기시장금리에 대한 영향력을 제고한다는 견해,

③ 점진주의가 금융시장 및 경제의 장기적 안정 도모에 기여한다는 견해 등이 이제까지 제시된 이론적 근거 가운데 가장 설득력을 얻고 있다. 한편, 통화정책이 재량적인 경우에도 금리를 평활화하면 경제주체가 통화정책에 대한 합리적인 기대를 형성할 수 있게 되어 인플레이션 편향을 줄일 수 있다는 주장도 있다.

많은 통화정책 전문가들은 정책 조정 과정에서 중앙은행이 신중하게 접근하는 이유로서 경제를 분석하고 예측하는 과정에서 직면하는 심대한 불확실성을 지적한다. 중앙은행이 경제의 기반구조나 정책수행이 경제에 미치게 될 거시적 충격에 관하여 정확하게 예측하는 것이 쉽지 않은 데다 경제상황에 관한 새로운 정보가 계속적으로 변하기 때문에 금리를 조정하는 과정에서 조심스럽고 신중하게 행동하는 것은 어쩌면 매우 본능적인 행동방식이라 할 수 있을 것이다.

브레이너드(W. Brainard)는 정책당국자들이 그들의 정책행동이 경제에 미치게 될 파급효과에 대하여 확신이 서지 않을 경우에 정책을 보다 신중하고 점진적으로 수행하는 것이 적절하다는 점을 이론적으로 입증하였다. 정책당국자들이 경제를 특정한 방향으로 유도하기를 희망하지만 경제가 과도하게 반응해 하이퍼인플레이션이나 침체의 늪으로 진입하는 것을 두려워 한다고 가정하자. 안정적인 저물가 고성장의 목표를 과도하게 넘어서는 것은 경제에 불필요한 변동성을 증폭시키고 거시 안정성을 저해한다는 측면에서 정책당국자들에게는 기피의 대상이 되고 있다. 이러한 상황에서 최선의 대책은 정책 결정과정에서 보수적으로 행동하거나 신중하게 반응하는 것이다.

아울러 점진적인 정책 조정은 정책당국이 정책의 효과를 평가하고 궁극적으로 어느 정도의 정책 변경이 필요한 지에 대한 견해를 정교화할 기회를 얻을 수 있다는 장점을 가지고 있다. 이는 정책당국이 잠재성장률이나 적정 금리수준 등과 같이 관측 불가능한 정보에 대한 지나친 의존을 피할 수 있도록 한다. 반대로 정책당국이 급격한 정책변경을 선호하는 경우 구체적인 정책수행에 돌입하기 전에 최적 정책을 미리 설정해야 하므로 관측 불가능한 정보에 대한 정확한 추정자료를 보유하고 있어야 할 것이다. 따라서 사실상 불확실한 상황하에서 정책당국자들이 보수적으로 행동하려는 욕구는 통화정책에서 점진주의가 성행하는 주된 이유일 것이다.

통화당국이 점진적인 금리 조정을 선호하는 또 하나의 중요한 이유는 민간부문의 기대가 장기 금리와 다른 금융자산의 가격을 결정하는 데 중요한 역할을 한다는 점이다. 구체적으로 점진주의는 시장참가자들로 하여금 처음 정책금리를 조정한 이후 동일한 방향의 정책기조를 유지할 것이라고 기대하도록 함으로써 장기금리에 더 큰 영향을 주고 이는 실물경제에 영향을 미치고자 하는 중앙은행의 의도를 보다 잘 충족시킬 수 있다.

3. 시장과의 소통

통화정책의 투명성은 학계에서 다양한 논의를 불러 일으켜 온 주제 가운데 하나이다. 투명성을 구성하는 요소가 무엇인지에 대한 이견이 분분한[28] 데다 투명성이라는 개념을 모형화하기 어렵다는 점 등으로 인해 중앙은행의 투명성 제고가 유익한 것인지에 대한 의견의 일치가 이루어지지 않은 것이 사실이다. 그럼에도 불구하고 투명성은 최근 들어 통화정책 담당자들 사이에서 가장 주된 화두가 되어가고 있는 실정이다.

과거에는 중앙은행의 통화정책이 매우 비밀스러워야 하며 극도의 보안을 요구한다는 인식이 정설로 받아들여졌다. 불과 1980년대까지도 중앙은행이

---

28) 일반적으로 중앙은행에 적용되는 투명성의 범주는 정치적, 경제적, 절차상, 정책상, 운영상의 다섯 가지로 분류되고 있다.

나 통화정책의 담당자들은 최대한 말을 아끼거나 중의적이고 모호한 어투로 이야기해야 한다는 것이 중앙은행에 팽배한 믿음이었다. 칼 부르너(K. Brunner)는 중앙은행의 비밀주의 행태를 다음과 같이 풍자하고 있다.

> 중앙은행의 업무는 비밀스러운 기술이라는 인식이 만연해 있다. 오직 소수의 전문가만이 이러한 기술에 접근하여 이를 적절히 구사할 수 있다. 더욱이 그들이 통찰하고 있는 내용을 명확하고 이해하기 쉬운 문장으로 제대로 표현하지 못하는 것을 보면 이러한 기술이 얼마나 비밀스러운 것인지를 알 수 있다.

그로부터 불과 20년후 우드포드(Woodford, 2001)는 중앙은행의 통화정책 수행에 있어서 투명성의 문제에 관하여 다음과 같이 선언하고 있다.

> 성공적인 통화정책이란 초단기 금리를 효율적으로 통제하는 것보다는 시장의 기대심리에 영향을 미치는 것이다. 따라서 통화정책의 투명성은 정책의 유효성을 높이는 데 절대적으로 중요하다. 이러한 견해가 과거 수십 년에 걸쳐 중앙은행과 통화정책 전문가들 사이에서 점차 널리 확산되고 있다.

최근 들어 중앙은행의 투명성과 시장과의 원활한 소통에 대한 새로운 주장들이 제기되면서 이러한 인식은 크게 변하고 있다. 시장의 기대심리가 통화정책을 수행하는 데 중요한 요인이라는 점이 확실해지면서 시장과의 원활한 소통이 통화정책을 성공적으로 수행하는 데 있어 애물단지가 아니라 필수불가결한 도구 가운데 하나로 재평가되고 있는 것이다. 이에 따라 세계 각국의 주요 중앙은행들은 지난 20여년에 걸쳐 투명성을 제고하기 위한 적극적인 노력을 기울여 왔으며 시장과의 소통에 전례 없이 높은 비중을 두기 시작했다. 통화정책의 투명성은 통화당국과 민간부문간의 정보 비대칭성이 존재하지 않는 상태를 의미한다. 그러나 투명성은 통화당국과 민간부문이 서로 동일한 정보를 공유하고 있다는 것이며 양측이 모두 완전한 정보를 가지고 있다는 것을 의미하지는 않는다. 시장이 완전한 경우에 완전히 투명한 통화정책은 제1 후생정리에 비추어 볼 때 최적이다 하겠다.[29) 그러나 투명성의 제고가 실제 경제상황에서는 부정적인 결과를 초래하는 경우도 흔히 관찰되고 있다.

통화정책의 투명성이 경제에 미치는 영향을 보다 명확하게 이해하기 위해서는 '정보효과'와 '유인효과'를 구별하는 것이 필요하다. 정보효과는 중앙은행이 민간부문에 정보를 제공할 때 정보를 독점적으로 보유함으로써 누릴 수 있는 이익을 더 이상 향유할 수 없으며 민간부문은 새로운 정보에 접근할 수 있게 된다는 정보 공여에 따른 직접적 효과를 의미한다. 예를 들어 중앙은행이 높은 물가상승률이 예상된다는 정보를 공표할 경우 민간의 인플레이션 기대심리를 자극할 수 있다. 유인효과는 중앙은행과 민간부문이 모든 정보가 공개될 것을 예상하고 그들의 행위를 체계적으로 변화시키는 효과이다. 가령 중앙은행이 물가상승률의 예측치를 공표하는 경우 인플레이션을 유발할 수 있는 정책기조를 추구할 가능성이 낮아질 것이다. 유인효과는 정보공개의 레짐에 의해 결정되고 해당 레짐이 지속되는 한 유지되는 반면 정보효과는 동일한 레짐 내에서도 매 번 변할 수 있고 공표되는 뉴스에 좌우되는 특징이 있다.

정보효과의 경우, 정보를 제공받는 측은 불확실성이 완화될 뿐 아니라 더 풍부한 정보하에서 의사결정을 할 수 있다는 점에서 직접적인 혜택을 누리게 된다. 새로운 정보는 정보를 받는 측의 기대 조정을 유발하며 이는 다른 경제 변수들에 바람직하지 않은 영향을 미칠 수 있다. 더욱이 정보를 제공하는 측의 의사가 잘못 전달될 수 있으며 이것이 의도치 않은 교란을 유발할 수도 있다. 즉 중앙은행의 목표에 관한 정보를 공개하는 것이 민간 부문의 통화정

---

29) 후생경제학의 제1정리는 경쟁시장에 의해 달성된 자원배분은 효율적이라는 것이다. 파레토 효율성은 먼저 소비자들의 소비와 거래에 대한 교환의 효율성, 생산자들간의 생산요소 분배에 관한 생산의 효율성, 사회 전체의 후생과 관련된 총체적 효율성이 완전정보의 경쟁시장에서 달성됨을 의미한다.

책에 대한 예측 가능성을 높여주지만 민간의 인플레이션 기대에 영향을 미침으로써 인플레이션의 변동성을 더욱 증폭시킬 수 있으며 이는 시장참가자들의 잘못된 해석에 의해 더욱 악화될 수 있다.

투명성의 유인효과는 정보의 제공자와 수혜자 모두의 경제행위에 영향을 미칠 수 있다. 특히 새로운 정보체계에 통하여 정보를 얻은 측은 기대 형성을 수정할 수 있다. 정보를 얻은 측의 기대에 대한 민감도의 변화는 정보를 제공하는 측의 행위도 변화시킬 수 있다. 민간부문이 중앙은행의 선호를 관찰할 수 없지만 통화정책의 시행과 결과로부터 이를 추론하려고 노력한다고 가정하자. 정책행위와 결과에 영향을 미치는 경제적 충격에 관하여 투명성이 제고된다면 정책행위와 그 결과가 중앙은행의 선호체계에 관하여 더욱 정확한 신호를 주기 때문에 민간 경제주체들은 이들의 예기치 않은 변화에 대하여 더욱 민감하게 반응하게 된다. 이처럼 민간부문이 인플레이션 기대에 대하여 더욱 민감하게 반응함에 따라 중앙은행이 인플레이션을 묵인하는 행태가 더욱 큰 비용을 유발하게 될 것이다. 따라서 중앙은행은 인플레이션을 통제하려는 유인이 더욱 크게 작용하게 된다. 다시 말해, 통화정책의 투명성 제고는 중앙은행으로 하여금 물가안정에 대한 평판을 구축하고 유지할 유인을 제공한다 할 수 있다.

그러나, 정보 수용자의 반응이 부정적인 유인효과를 초래할 가능성도 배제할 수 없다. 사적인 시그널을 가진 경제주체들이 그들의 행동을 조정할 동기를 얻게 됨으로써 중앙은행이 제공한 공적인 시그널에 지나치게 높은 비중을 두게 되었다고 가정하자. 그렇다면 통화정책에서의 투명성 제고가 공적인 시그널에 대한 의존도를 더욱 심화시킴으로 인하여 공적인 시그널이 매우 혼란스러운 상황에서는 변동성을 더욱 증폭시킬 수 있다. 아울러 민간부문이 점차 공적인 의사소통에 초점을 두게 되면서 시장 자체적으로 생산되는 시그널의 정보가치에 대하여 외면하게 되는 경향이 있다. 공적인 정보제공이 민간부문 스스로 정보를 획득하려는 노력을 외면함에 따라 예측능력의 정확성이 저하될 수 있다. 비슷한 맥락에서 통화정책의 비밀주의가 약화되면서 금융시장 참가자들이 중앙은행의 행위를 정교하게 모니터링할 필요성이 사라짐에 따라 시장의 과잉반응으로 인하여 시장의 변동성이 오히려 증폭될 수 있다는 주장도 제기되었다.

이 밖에도 정보 제공과 관련하여 중앙은행이 대중의 철저한 검증에 대비해 정보의 품질을 개선하기 위해 노력함으로써 또 다른 유인효과가 발생될 수 있다. 예를 들어 중앙은행의 경제전망 결과 발표가 중앙은행의 거시경제 전망의 질을 한 단계 높이는 계기가 될 수 있을 뿐 아니라 통화정책 결정과정의 회의록을 공개함으로 인해 보다 수준 높은 토론을 유도할 수 있을 것이다. 따라서 투명성은 중앙은행의 정책결정의 과정과 결과를 보다 개선할 것으로 기대할 수 있다.

이상에서 살펴본 바를 종합하면 통화정책의 투명성 제고는 ① 통화정책의 집행과정과 결과에 관한 예측 가능성을 제고할 뿐 아니라, ② 예기치 않은 정책집행과 결과에 대하여 민간부문이 보다 예민하게 반응하기 때문에 중앙은행에 대한 평판이 조성되며, ③ 중앙은행의 신뢰도 제고를 통해 장기적으로 인플레이션 기대심리의 안정을 도모하는 것으로 평가된다. 다시 말해 통화정책의 투명성 제고가 다소의 부정적인 효과에도 불구하고 장기적으로는 긍정적인 기능을 발휘한다는 결론이 지배적이다.

그렇다면 실제 대다수의 중앙은행은 통화정책 수행 과정에서 투명성과 비밀주의 사이에서 어느 쪽을 선택하고 있을까? 점차 많은 중앙은행들 사이에서 통화정책의 투명성을 높이는 것이 정책수행 과정에서 중요하다는 인식이 확산되고 있으며 실제로도 지난 15년간 많은 중앙은행들이 투명성에서 놀라울 정도의 진전을 이룬 것으로 평가된다. 다만 이러한 추세는 통화정책의 형태와 각국의 경제사정에 따라 상당한 차이를 보이고 있다.

제 **3** 장

통화정책의
운용제도와 수단

The Centarl Bank
and
Monetary Policy

onetary Policy

제1절
주요국의 통화정책 운용

1. 미국

미국 연방준비제도는 대부분의 중앙은행들이 통화량, 환율, 인플레이션 등의 명목 기준지표를 설정하고 있는 것과는 달리 명시적인 기준지표(explicit nominal anchor) 없이 이용가능한 모든 정보를 활용하여 물가안정과 완전고용을 지향하는 방식으로 통화정책을 운영하고 있다. 통화정책은 지급준비제도, 공개시장조작, 중앙은행대출(연준대출) 등과 같은 전통적 방식으로 주로 운용되는데 글로벌 금융위기가 발생한 2007년 이후에는 이전과는 달리 정책금리를 제로수준(0.0～0.25%)까지 낮추고 금융기관이나 신용시장에 직접 유동성을 공급하는 등 비전통적 통화정책 소위 '양적완화정책'을 시행하였다.

(1) 조직

미 연준은 연준이사회(FRB : Board of Governors of the Federal Reserve System or Federal Reserve Board), 연방공개시장위원회(FOMC : Federal Open Market

Committee), 연방준비은행 등으로 구성되어 있다. 연준이사회 산하에는 연방자문위원회(FAC : Federal Advisory Council), 소비자자문위원회(Consumer Advisory Council), 지역예금기관자문위원회(CDIAC : Community Depository Institutions Advisory Council) 등이 설치되어 있다.

연준이사회는 금융, 산업 등 각계의 이익과 지역별 안배를 고려하여 공정하게 선정되는 7명의 이사로 구성토록 되어 있다. 이사는 대통령이 12개의 각 연방준비은행의 관할구역 내에서 1명 이내로 선정하여 상원의 인준을 받아 매 홀수년 2월 1일에 1명씩 2년 간격으로 임명한다. 이사의 임기는 14년으로 임기를 모두 채운 이사는 연임이 불가[1]하며 특별한 사유가 없는 한 중도 해임시킬 수 없도록 하고 있다. 의장 및 부의장은 이사들 중에서 상원의 조언 및 동의를 구하여 대통령이 임명한다. 의장 및 부의장의 임기는 4년으로 이사 임기 중 연임이 가능하다.

이사회는 정기적으로 통화정책 및 중앙은행의 책무를 수행하기 위해 매월 2회의 회의를 개최하는데 '정부회의공개법(Government in the Sunshine Act)'[2]에 의거 회의내용을 일반에 공개하는 것을 원칙으로 하고 있다. 이사들은 주어진 책무를 수행함에 있어 정부 관료, 경제자문위원회 위원들과 항시 협의하고 있다. 특히 의장은 대통령과 수시로 만날 뿐 아니라 재무부 관료와 정기적인 회의를 통해 경제여건 변화를 파악하고 국가경제의 목표를 논의한다. 연준이사회는 세 가지 전통적 통화정책수단중 공개시장조작을 제외한 지급준비제도 운영과 연준대출을 담당하고 있다.

FOMC는 연준이사회 이사와 5명의 연방준비은행 총재로 구성되어 있다. 법령에 따르면 동 위원회는 독자적으로 조직을 구성할 수 있도록 되어 있으

---

1)　전임자의 잔여임기만 봉직한 경우는 연임 가능하다.
2)　정부 정책결정의 투명성을 제고하기 위하여 정부기관들이 각종 회의 개최시 공개하는 것을 원칙으로 해야 한다는 내용의 법규정이다.

나 전통적으로 미 연준 의장을 의장으로 하고 뉴욕연방준비은행 총재를 부의장으로 선출한다. 5명의 연방준비은행 총재는 뉴욕연방준비은행 총재를 당연직으로 하고 나머지 4명은 11개 연방준비은행을 4개 그룹[3]으로 구분하여 각 그룹별로 연방준비은행 총재가 교대로 1년씩 위원으로 참가한다. FOMC는 세 가지 전통적 통화정책수단중 공개시장조작을 담당하고 있다. 정기회의는 규정상 5주 내지 8주 간격으로 연 8회 이상 개최한다. 회의소집은 연준 의장 또는 3인 이상의 위원에 의해 이루어지나 최근 40년간 위원들이 회의를 소집한 사례는 없다. FOMC 회의에는 의결권 있는 12인의 위원 외에 여타 7개 연방준비은행 총재도 참석하여 경제현안에 대해 의견을 제시할 수 있다. 동 회의에서는 실물 경제, 금융 여건을 검토하고 장기적인 물가안정과 경제성장 목표 달성상의 리스크를 분석·평가하여 차기 회의시까지 수행하여야 할 공개시장조작 지침을 작성하고 있으며 실제 공개시장조작은 동 지침에 따라 뉴욕 연방준비은행이 실행한다.

연방자문위원회는 연준이사회의 정책결정을 보좌하기 위한 자문기관으로서 각 연방준비은행에서 1명씩 선정한 12명의 위원으로 구성되어 있다. 소비자자문위원회는 소비자 신용과 관련된 연준이사회의 책무에 대해 자문해 주는 기관으로서 이사회에서 선정된 30명의 위원으로 구성되어 있다. 지역예금기관자문위원회[4]는 연방자문위원회와 소비자자문위원회와는 달리 법적 기관은 아니나 저축기관에 관한 정보와 의견을 연준이사회에 제공하는 역할을 담

---

3)   A그룹 : Boston, Philadelphia, Richmond
      B그룹 : Cleveland, Chicago
      C그룹 : Atlanta, St. Louis, Dallas
      D그룹 : Minneapolis, Kansas City, San Francisco
4)   동 위원회는 저축기관뿐만 아니라 회원은행이 아닌 지역은행과 관련된 정보와 의견도 이사회에 제공하는 역할을 담당하는데 위원들은 12개 연방준비은행에 설치될 지역자문위원회 위원들 가운데 연준이사회가 각 지역에서 1명씩 선임한다.

당하고 있는데 각 저축기관의 대표 12명으로 구성되어 있다.

[그림 3-1] 미 연준 체계

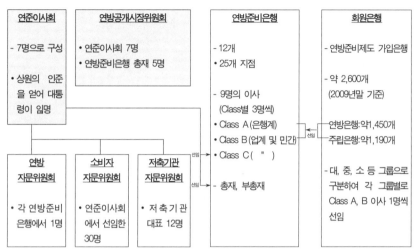

연준이사회	연방공개시장위원회	연방준비은행	회원은행
- 7명으로 구성 • 상원의 인준을 얻어 대통령이 임명	• 연준이사회 7명 • 연방준비은행 총재 5명	- 12개 • 25개 지점 - 9명의 이사 (Class별 3명씩) • Class A (은행계) • Class B (업계 및 민간) • Class C (〃) - 총재, 부총재	- 연방준비제도 가입은행 - 약 2,600개 (2009년말 기준) 연방은행:약1,450개 주립은행:약1,190개 - 대, 중, 소 등 그룹으로 구분하여 각 그룹별로 Class A, B 이사 1명씩 선임

연방 지문위원회	소비자 지문위원회	저축기관 지문위원회
• 각 연방준비은행에서 1명	• 연준이사회에서 선임한 30명	• 저축기관 대표 12명

출처 : 미 연준이사회

연방준비은행은 12개가 있는데 이사회(Board of Directors)를 정점으로 하여 총재, 부총재 그리고 이들 산하의 본점 부서와 지점으로 구성되어 있다. 연방준비은행 이사회는 총 9명의 이사로 구성되며 이들 이사는 보임방법에 따라 Class A, B 및 C 등 세종류로 구분된다. Class A(3명)는 회원은행을, Class B(3명) 및 Class C(3명)는 업계와 민간을 대표하는데 Class A와 Class B는 회원은행이 선출하고 Class C는 연준이사회가 임명한다. 의회 의원은 연방준비은행 또는 연방준비제도이사회의 이사가 될 수 없으며 Class B는 은행 임직원이 아니어야 하고 Class C의 경우 은행 임직원뿐만 아니라 상업은행 주주가 아니어야 한다. 회원은행은 자본금 규모에 따라 대, 중, 소 등 세그룹으로 구분하고 각 그룹별로 Class A와 B의 이사 1명씩을 선임한다. 의장과 부의장은 연준이사회에서 임명한 Class C의 이사중에서 각각 1명씩 선정하며 임기는

1년이다. 연방준비은행의 총재와 부총재는 연준이사회의 승인을 받아 임명되며 임기는 각 5년으로 연임이 가능하다. 각 연방준비은행은 수집한 경제정보를 바탕으로 FOMC 회의개최 2주 전에 "Beige Book"이라는 리포트를 작성하여 FOMC 회의 참고자료로 제공하고 일반에도 공개한다.

(2) 전통적 통화정책 운용수단

▲ 지급준비제도

미국의 지급준비대상기관은 상업은행, 저축은행, 저축대부조합, 신용조합, 에지법인[5] (Edge Act corporations) 등 모든 예금취급 금융기관이다. 종전에는 연준 가입은행으로 국한되어 있었으나 1980년 '예금취급기관 규제철폐 및 통화관리법'(Depository Institutions Deregulation and Monetary Control Act)에 의해 모든 예금취급 금융기관으로 확대되었다.

준비대상채무는 요구불예금과 저축성예금중 월 일정횟수 이상 자금이체가 가능한 거래계정(transaction account)과 비개인정기예금 및 유로채무로 한정되어 있다. 이는 금융혁신의 진전으로 거래계정에 포함되지 않으면서 다양한 결제기능을 보유한 상품(sweep account)이 대거 개발된 데에 대응하기 위해 거래계정의 포괄범위가 요구불예금 이상으로 확대된 것이다.

지급준비자산으로는 연준 예치금 외에 금융기관 보유현금을 전액 인정하고 있다. 출범 초기 연준은 금융기관이 보유한 현금을 지준에 포함시켰다가 1917년 이후에는 예금자보호를 위하여 이를 인정하지 않았으나 연준 가입은행들의 탈퇴를 막기 위하여 1959년 다시 보유현금을 지준으로 산입할 수 있

---

5) 국제금융업무를 수행하기 위하여 모은행이 소재하는 주와는 다른 주에 설립이 허용된 자회사 형태의 금융기관을 말한다.

도록 허용하였다. 계약에 의해 일정규모 이상을 예치토록 한 결제준비계정
(clearing balance)[6]에 대해서만 이자(페더럴펀드 금리 적용)를 지급하다가 2008년
10월부터 연준 예치금 전액에 대해 이자를 지급하고 있다.

지준적립방식은 2주일 평잔 30일 이연적립방식을 채택하고 있다. 아울러
지준과부족 금액을 일정한도 내에서 다음 적립기간으로 이월할 수 있도록 하
는 지준이월(carry over)제도를 운용하고 있다. 비개인정기예금 및 유로부채의
지급준비율은 0%이며 거래계정에는 예금규모에 따라 누진형태로 0 ~ 10%를
부과하고 있다.

[표 3-1] 미국의 지급준비율 (2011년 12월 현재)

예금종류	지급준비율(%)
거래계정	
0 ~ 11.5백만 달러	0
11.5백만 달러 초과 ~ 71.0백만 달러	3
71.0백만 달러 초과	10
비개인정기예금	0
유로채무	0

출처 : 미 연준이사회

▲ 공개시장조작

미 연준은 주된 유동성 조절수단으로 공개시장조작을 활용하고 있다.
FOMC가 페더럴펀드 목표금리를 결정하면 뉴욕 연방준비은행이 페더덜펀드

---

6)   결제준비계정은 필요지준이 매우 낮거나 면제되는 금융기관으로 하여금 결제시스템에 참가하
     여 지급결제업무를 원활히 수행할 수 있도록 하기 위해 운영하고 있는 제도로서 금융기관은
     계약에 의해 일정규모 이상을 필요지준과는 별도로 예치하여야 한다. 결제준비계정이 따로
     개설되어 있는 것은 아니고 지준계정과 통합되어 관리되는데 계좌의 잔액은 필요지준을 충족
     하는 데 우선 사용되며 이를 초과하는 부분이 결제준비계정 잔액으로 계상된다.

금리를 목표치 수준에서 유지하기 위한 유동성 조절을 실시한다.

공개시장조작규모는 페더럴펀드 목표금리에 상응하는 비차입지준 (nonborrowed reserves) 규모와 비차입지준의 공급 예측치간 차액을 기준으로 결정된다. 페더럴펀드 목표금리에 상응하는 비차입지준 규모는 뉴욕 연준이 예금추이, 계절요인, 지준율 등을 감안하여 필요지준 규모를 산정한 다음 초과지준 예측치를 가산하고 연준 대출창구를 통한 차입금을 차감하여 설정한다. 이를 위해 대형은행으로부터는 매일, 그 밖의 금융기관 중 표본으로 선정한 일부 금융기관으로부터는 주간 단위로 예금 등과 관련한 보고서를 징구한다. 비차입지준 공급 예측치는 통화동향, 재정수지, 외환거래 등 지준에 영향을 미치는 요인들을 감안하여 추산한다.

공개시장조작수단은 단순매매(outright purchase and sales)방식과 환매조건부매매(RP : Repurchase Agreement)방식으로 구분된다. 단순매매방식은 지준과부족 규모가 크고 장기간 지속될 가능성이 있어 기조적인 유동성 조절이 필요할 때 사용되는데 이용빈도는 적은 편이다. 공개시장조작은 대부분 RP거래를 통해 이루어지는데 최장만기는 3개월이나 실제는 익일, 20일 및 1개월 만기거래가 대부분이다. 공개시장조작 대상증권에는 미 국채, 연방기관 발행증권 (federal agency obligations), 공공기관의 주택저당채권(mortgage-backed securities) 이 포함되며 유동성 흡수를 위한 공개시장조작시에는 주로 국채가 활용된다.

공개시장조작 대상기관은 일정한 자격요건을 갖춘 프라이머리 딜러 (primary dealer)이다. 프라이머리 딜러는 일정규모 이상의 자본금을 갖추고 있는 은행 또는 증권 딜러 가운데서 선정된다. 프라이머리 딜러는 뉴욕 연준의 공개시장데스크와 거래하여야 하며 시장정보 및 분석내용을 보고하여야 할 의무가 부과된다.

▲ 중앙은행대출

미 연준의 대출제도는 지준부족 금융기관이 어떤 다른 수단을 통해서도 부족자금을 조달할 수 없을 때 최종적으로 의존하는 창구이다. 다만 연준대출을 이용하는 금융기관은 차입빈도에 대한 평가와 감독강화 등의 규제를 받게 되는 데다 자금운용능력에 대한 금융시장내에서의 평판도 악화될 우려가 있어 가급적 동 대출의 이용을 자제하고 있다. 현행 연준의 대출제도에는 제1신용(Primary Credit), 제2신용(Secondary Credit), 계절신용(Seasonal Credit), 긴급신용(Emergency Credit) 및 일중당좌대출(Daylight Overdraft) 등이 있다.

[표 3-2] 미 연준의 대출제도(2011년 12월 현재)

종류	제1신용	제2신용	계절신용	긴급신용
목적·기능	•금융기관의 일시 부족자금 지원 - 금융시장의 안정 유지 - 단기시장금리의 과도한 상승 방지 (금리상한기능)		•금융기관의 계절적인 부족자금 지원	•비통상적이고 긴급한 경우의 자금지원
대 상	경영상태가 양호한 예금금융기관	기타 예금금융기관	농촌 및 관광지 소재 예금금융기관	개인, 단체, 기업
금 리	페더럴펀드 목표금리 이상	제1신용금리 +50bp	시장금리연동 페더럴펀드금리와 CD금리의 평균	연준이 결정 (여타 대출금리의 상한보다 높게 설정하도록 규정)
만 기	1영업일	수주 이내 (통상 1영업일)	수개월 (계절수요기간)	연준이 결정

출처 : 미 연준이사회

제1신용 및 제2신용은 금융기관의 일시 부족자금을 지원함으로써 금융시장의 안정을 유지하기 위한 대출제도이다. 일반적으로 우량 금융기관들은 단기(통상 1영업일) 부족자금을 조달하기 위해 제1신용을 통해 페더럴펀드 목표금리보다 높은 금리를 주고 연준으로부터 차입할 수 있다. 제1신용을 이용할 수 없는 금융기관들은 제1신용 차입금리보다 높은 금리를 주고 제2신용을 통해 연준으로부터 일시 부족자금을 차입할 수 있다. 제2신용은 제1신용과 달리 차입목적, 차입 금융기관의 경영상태 등에 대해 제한이 가해진다.

계절신용은 계절적 자금수요에 직면해 있고 단기금융시장 접근이 용이하지 않은 소규모 금융기관의 부족자금을 지원하기 위한 대출제도로서 대출금리는 시장금리에 연동된다.

긴급신용은 기업도산의 확산 등 경제에 심각한 혼란이 초래될 우려가 있는 경우 다른 자금조달수단이 여의치 않은 개인, 단체, 기업 등에 연준이 직접 자금을 공급하는 제도이다. 대출금리 및 만기는 긴급신용이 이루어지는 경우 연준이 별도로 정하는데 여타 연준 대출금리의 최고수준을 상회하는 벌칙성 금리가 적용된다.

일중당좌대출은 연준과 당좌거래 계약을 맺고 있는 금융기관에 대해 일중 결제부족자금을 무담보로 지원하는 대출제도이다. 통상 해당금융기관 자기자본의 20% 범위내에서 영업마감시각까지 지원된다.

금리는 부과되지 않으나 자기자본의 10% 이상을 차입하는 금융기관에 대해서는 연 0.27%의 수수료가 부과된다.

(3) 비전통적 통화정책 운용수단

미 연준은 2007년 서브프라임 모기지 사태로 촉발된 금융위기를 극복하기 위해 다양한 비전통적 통화정책 운용수단을 도입하여 운영하였다. 비전통적 통화정책은 양적완화(QE : Quantitative Easing)나 신용완화(CE : Credit Easing) 정책으로도 불리우는데 크게 ① 금융기관에 대한 유동성 공급 ② 신용시장 지원 ③ 국채 직매입 등 3가지로 구분해 볼 수 있다.

▲ 금융기관 유동성 공급제도

미 연준은 서브프라임 사태로 신용경색 현상이 나타나자 예금은행, 프라이머리 딜러 등에게 유동성을 공급하기 위해 2007년 12월부터 TAF, TSLF, PDCF 등을 연이어 도입하였다. 이들 금융기관 유동성 공급제도는 금융시장이 어느 정도 안정을 되찾으면서 2010년 2~3월에 모두 종료되었다. 한편 미 연준은 2009년말 금융기관에 공급한 유동성을 회수하기 위해 기한부예금제도(TDF, Term Deposit Facility)를 도입하여 2010년 5월부터 운용하고 있다.

[표 3-3] 미 연준의 금융기관 유동성 공급제도

	도입시기	종료시기	내 용
TAF(Term Auction Facility)	2007년 12월	2010년 3월	입찰을 통해 예금은행에 28일 및 84일 만기 자금 대출
TSLF (Term Securities Lending Facility)	2008년 3월	2010년 2월	회사채 등을 담보로 프라이머리 딜러에 연준 보유 국채 대여
PDCF (Primary Dealer Credit Facility)	2008년 3월	2010년 2월	프라이머리 딜러 대상 익일물 대기성여신

출처 : 미 연준이사회

▲ 신용시장 지원제도

미 연준은 리먼사태로 경색되었던 신용시장에 직접 유동성을 공급하기 위해 2008년 9~11월중 AMLF, CPFF, MMIFF, TALF, 정부보증회사관련 채권 매입제도 등을 집중 도입하였다. 2009년 10월말 MMIFF를 시작으로 2010년 6월말에는 TALF가 마지막으로 종료되었다.

[표 3-4] 미 연준의 신용시장 지원제도

신용시장 지원제도	도입시기	종료시기	내 용
AMLF(ABCP MMMF Liquidity Facility)	2008년 9월	2010년 2월	ABCP시장 지원(예금은행에 MMMF 보유 ABCP 매입자금 대출)
CPFF(CP Funding Facility)	2008년 10월	2010년 2월	CP · ABCP시장 지원 (SPV에 CP · ABCP 매입자금 대출)
MMIFF(Money Market Investor Funding Facility)	2008년 11월	2009년 10월	만기 90일 이내 CD · 은행채 · CP시장 지원(SPV에 MMMF 보유 CD · 은행채 · CP 매입자금 대출)
TALF(Term ABS Loan Facility)	2008년 11월	2010년 6월	학자금 · 자동차 · 신용카드 · 소기업대출 ABS 및 CMBS시장 지원 (ABS · CMBS 보유자에게 동 증권을 담보로 대출)
GSEs 관련 채권 매입제도	2008년 11월	2010년 3월	MBS시장 등 지원(GSEs 발행 채권 · 보증 MBS 직매입)

출처 : 미 연준이사회

▲ 국채 직매입제도

미 연준은 장기금융시장의 기준금리인 국채금리 하락을 유도하기 위해 2009년 3월 국채 직매입제도를 도입(한도 3,000억달러)하여 1차적으로 2009년 10월까지 운용하였다. 2010년 8월부터는 기존에 매입하였던 MBS 및 GSEs 발행채권의 만기도래분을 국채매입에 투입하고 2010년 11월에는 국채 직매입을 2011년 6월까지 재개(한도 6,000억달러)하기로 결정하였다.

2. 일본

일본은행도 미 연준과 같이 명시적인 기준지표 없이 이용가능한 모든 정보를 활용하여 물가안정을 달성하는 방식으로 통화정책을 운영하고 있다. 통화정책은 기본적으로 지급준비제도, 공개시장조작, 중앙은행대출 등과 같은 전통적 방식으로 운용되는데 글로벌 금융위기시에는 다양한 비전통적 운용수단을 확대하였다.

(1) 조직

일본은행은 정책결정기구인 정책위원회를 정점으로 하는 임원(役員)과 하부조직으로 구성되어 있다. 정책위원회는 통화정책방향을 결정하고 일본은행의 중요사항과 업무집행 상황을 감독하는 최고 의사결정기구이다. 총재 1명, 심의위원 6명, 부총재 2명 등 9명으로 구성되어 있는데 의장은 위원의 호선에 의하여 선출된다. 총재, 부총재 및 심의위원은 국회 양원의 동의를 얻어 내각이 임명한다. 임기는 모두 5년이며 중임할 수 있다. 정책위원회의 금융정책결정회의는 매월 2회 정기적으로, 통상회의는 매주 2회(화요일, 금요일) 각각 개최한다. 정부측에서는 재무성과 내각부의 장 또는 지명된 공무원이 필요시 금융정책결정회의에 참석하여 열석발언할 수 있다. 또한 이들은 통화정책 관련 의안을 제안하거나 의결 여부를 다음 회의로 연기하도록 요청할 수 있다. 의결 연기요청 승인여부는 정책위원회의 일반 의결절차에 따라 결정된다. 금융정책결정회의 결과는 1개월 후 요지가 발표되고 10년 후에는 의사록이 공개된다. 통상회의 결과는 기자회견이나 일본은행 홈페이지, 업무개황서 등에 공표된다.

일본은행의 임원은 정책위원회 위원 9명, 감사 3명, 이사 6명 및 참여 (counsellor) 11인 등으로 구성되어 있다(2011년 12월말 현재). 하부조직으로서 본점에는 12국 2실 1연구소, 지방에는 32개 지점 및 14개 국내사무소, 국외에 는 7개의 해외주재원사무소가 설치되어 있다.

[그림 3-2] 일본은행 본점 조직도(2011년 12월 현재)

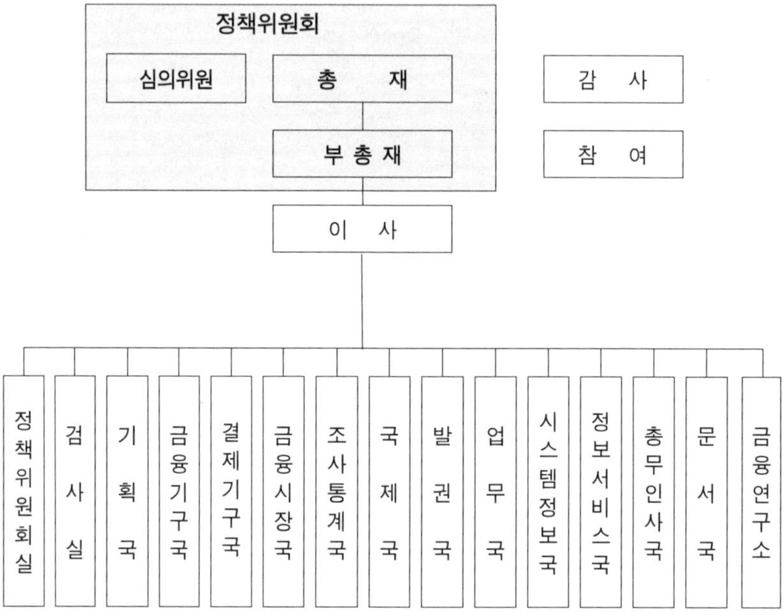

출처 : 일본은행

(2) 전통적 통화정책 운용수단

▲ 지급준비제도

일본은행의 지급준비대상기관[7]은 은행, 장기신용은행, 신용금고(예금잔액 1,600억엔 초과), 농림중앙금고 등이다.

지급준비대상채무는 예금, 금융채, 금전신탁(원금)이며 미국과는 달리 금융기관 현금은 지급준비자산으로 인정되지 않으며 일본은행 예치금만 지준으로 계상된다. 초과 지준에 대해서만 이자를 지급(2010년 10월 현재 0.1%)하고 지준적립은 1개월 평잔 반월이연적립방식[8]을 채택하고 있다. 지준적립액이 필요지급준비금에 미달한 경우 동 부족액에 대해 기준할인율에 연

[표 3-5] 일본은행의 지급준비율(2011년 12월 현재)

대상기관	대상채무	금액구분	지준율(%)
은행·장기신용은행·신용금고 등	정기성예금·CD	2조 5천억엔 초과	1.2
		1조 2천억엔 초과 ~ 2조 5천억엔	0.9
		5천억엔 초과 ~ 1조 2천억엔	0.05
		500억엔 초과 ~ 5천억엔*	0.05
	기타예금	2조 5천억엔 초과	1.3
		1조 2천억엔 초과 ~ 2조5천억엔	1.3
		5천억엔 초과 ~ 1조 2천억엔	0.8
		500억엔 초과 ~ 5천억엔*	0.1
농림중앙금고	정기성예금·CD		0.05
	기타예금		0.1
은행·장기신용은행 등	금융채		0.1
금전신탁	금전신탁 원금		0.1
은행·장기신용은행·신용금고 등	비거주자외화채무		0.15
	거주자외화예금		
	• 정기성예금		0.2
	• 기타예금		0.25
	비거주자엔화예금		0.15
	특별국제금융거래계정		0.15

* 500억엔까지는 0%

출처 : 일본은행

7) 생명보험사도 1972년 법개정시 시행령으로 정할 경우 지급준비대상 금융기관에 포함할 수 있도록 하였으나 아직까지 시행령이 마련되어 있지 않은 상태이다.

8) 매월 1일부터 말일까지의 지급준비대상예금 평균잔액에 지급준비율을 곱한 필요지급준비금을 해당월 16일부터 익월 15일까지 적립하는 방식이다.

3.75%p를 가산한 이율을 적용한 과태료를 부과한다. 지급준비율은 채무종류별, 금융기관별, 채무규모별로 17개 그룹으로 분류하여 9종류의 지준율을 적용하고 있다.

▲ 공개시장조작

일본은행은 1980년대 이후 공개시장조작을 주된 유동성 조절수단으로 활용하고 있다. 2001년 3월부터 통화정책의 운용목표를 콜금리(익일물 무담보)에서 시중은행의 일본은행 당좌예금 잔액으로 변경하여 공개시장조작을 수행해오다가 2006년 3월 콜금리로 환원하였다.

[표 3-6] 일본은행 공개시장조작의 주요 내용

조작수단		개요	장단기[*]	기한
자금공급	공통담보자금공급	공통담보[**]로 대출	단기	1년 이내
	국채RP	RP 조건으로 국채매입	"	"
	CP 등 RP	RP 조건으로 CP 등 매입	"	3개월 이내
	단기국채 매입	단기국채 단순 매입	"	무
	장기국채 매입	장기국채 단순 매입	장기	무
자금흡수	어음매도	일본은행 어음 매각	단기	3개월 이내
	국채RP	RP 조건으로 국채 매각	"	6개월 이내
	단기국채 매각	단기국채 단순 매각	"	무

* 자금공급 또는 흡수가 일시적인 자금과부족에 대응하기 위한 것인지 여부에 의해 장단기로 구분
** 일본은행과의 약정에 의해 금융기관이 제공한 적격담보로서 상당히 광범위한 유가증권과 대출채권이 담보 대상에 포함

출처 : 일본은행

공개시장조작 대상증권은 단기국채(TB : Treasury Bill), 정부단기증권(FB : Financing Bill), 장기국채(JGB : Japanese Government Bond), 일본은행 발행 어음,

우량 CP 등이다. 2006년 6월에는 일본은행이 적격담보로 인정한 유가증권이나 대출채권을 담보로 하여 금융기관에 자금을 공급하는 공통담보자금공급제도가 도입되었다.

조작대상기관은 은행, 단자회사 및 증권회사 중에서 일본은행이 선정한다. 조작방법에는 일반적인 RP방식 및 단순매매방식과 일본은행 특유의 공통담보자금공급방식이 있다. 최근에는 자금공급시 공통담보자금공급방식이 주로 이용되는데 단순매매방식과 같이 conventional 입찰방식[9]이 적용된다. 한편 공통담보자금공급방식은 고정금리로도 취급할 수 있도록 규정되어 있다.

▲ 중앙은행대출

일본은행은 전통적으로 대출제도를 통해 필요한 유동성을 공급해 왔으나 1980년대 이후 금융자유화의 진전, 채권시장의 발달 등으로 공개시장조작 여건이 개선됨에 따라 현재는 공개시장조작정책을 보완하는 수단으로 중앙은행대출을 이용하고 있다. 이러한 역할을 2001년 3월 도입된 보완대출[10]이 담당하고 있다. 금융기관이 차입을 신청하면 자금용도 등에 관한 사전심사나 사후관리 없이 담보요건만 확인하여 신청금액만큼 자동 지원된다. 담보는 국채, 정부보증채, 지방정부 발행채, 회사채, 할인어음 등 일본은행이 정한 적격증권이다.

대출금리는 기준할인율이 적용되는데 지준적립기간중 5일을 초과하여 빈번하게 차입하는 금융기관에 대해서는 2%p의 벌칙성 가산금리가 부과된다. 대출기간은 1일이지만 5일 동안 연속해서 재대출(roll-over)이 가능하다.

---

9)   제시된 금리가 높은 순으로 입찰예정액에 도달할 때까지 공급금액이 결정되는 입찰방식이다.

10) 단기시장금리의 과도한 상승을 방지하기 위해 중앙은행이 금융기관에게 시장금리보다 높은 벌칙성 금리로 자금을 대여하되 차입기관의 자금사정이나 용도 등에 대한 제한을 최소화하는 롬바르트(Lombard)형 대출제도이다. 롬바르트형 대출제도에 대해서는 '제3장 제3절 중앙은행 여수신제도'를 참조.

(3) 비전통적 통화정책 운용수단

일본은행은 글로벌 금융위기를 극복하기 위해 다양한 비전통적 통화정책 수단을 재개하거나 추가로 도입하였다. 기존의 국채 직매입 규모를 늘리고 은행보유주식을 다시 매입하는 한편 금융기관에 대한 유동성을 공급하고 신용시장을 지원하기 위한 각종 제도를 도입하였다.

▲ 금융기관 유동성 공급제도

금융기관에 부족한 유동성을 공급하기 위해 2009년초 은행보유주식 매입 제도를 재도입하고 후순위특약대출제도도 신설하였으며 12월에는 공통담보 자금공급방식의 고정금리대출제도를 추가 도입(취급한도 10조엔)하였다. 2010년 4월 은행보유주식 매입제도와 후순위특약대출제도가 종료되었으나 6월에 성장기반 강화를 위한 제도가 새로이 도입된 데 이어 8월에는 고정금리 대출제도의 취급한도가 20조엔(2010년 3월 20조엔으로 증액)에서 30조엔으로 확대되었다.

[표 3-7] 일본은행의 금융기관 유동성 공급제도

	도입시기	종료시기	내 용
은행보유주식 매입제도	2009년 2월	2010년 4월	은행보유주식을 매입*
후순위특약대출제도	2009년 3월	2010년 4월	금융기관에 무담보로 후순위 대출
고정금리대출제도	2009년 12월	자산매입기금에 흡수	3개월 및 6개월 만기 고정금리(0.1%) 대출
성장기반강화 지원대출	2010년 6월	진행중	연구개발, 환경·에너지사업 등 성장 기반강화 대출용 자금 지원

*   2002~04년중 일본은행의 은행보유주식 매입 → 2007. 10월 동 주식 매각 개시 → 2008년 10월 매각 중지 → 2009년 2월 매입 재개

출처 : 일본은행

▲ 신용시장 지원제도

리먼사태로 경색되었던 CP, 회사채 시장에 직접 신용을 공급하기 위해 2008년 12월에는 기업채무담보대출제도를, 2009년 1월에는 CP 매입제도와 회사채 매입제도를 각각 도입하였다. CP 및 회사채 매입제도는 2009년 12월에, 기업채무담보대출제도는 2010년 3월에 각각 종료되었다.

[표 3-8] 일본은행의 신용시장 지원제도

	도입시기	종료시기	내 용
기업채무담보대출제도	2008년 12월	2010년 3월	금융기관 보유 기업채무를 담보로 금융기관에 대출
CP 매입제도	2009년 1월	2009년 12월	금융기관 보유 CP 직매입
회사채 매입제도	2009년 1월	2009년 12월	은행 보유 회사채 직매입

▲ 국채 직매입제도 등

1999년 3월 도입·운영중인 국채 직매입제도의 한도를 2008년 12월 종전 월 1.2조엔에서 1.4조엔으로, 2009년 3월에는 1.8조엔으로 각각 증액하였다. 2010년 10월에는 유동성 공급을 확대하기 위해 총 35조엔 규모의 자산매입기금을 신설하였다. 동 기금은 기존 고정금리대출제도의 30조엔과 장기국채, CP, 회사채, ETF 등 금융자산 매입용 신규자금 5조엔으로 구성되어 있다. 2011년 3월에는 동일본대지진 피해복구를 지원하기 위해 동 기금이 40조엔으로 증액되었다.

3. 유럽중앙은행

유럽중앙은행은 물가안정을 '유로지역 종합소비자물가(HICP : Harmonized Index of Consumer Prices) 상승률이 중기적으로 2% 이내이나 이에 근접한 수준 (below, but close to, 2% over the medium term)'으로 정의하고 동 목표를 달성하기 위해 통화정책을 운영하고 있다. 통화정책은 지급준비제도, 공개시장조작, 대기성 여수신제도 등과 같은 전통적 방식을 주로 활용하고 있다. 글로벌 금융위기시에는 양적완화정책을 시행하였으나 미 연준이나 일본은행보다는 소극적인 입장을 견지하였다.

(1) 조직

유럽중앙은행은 유럽중앙은행제도(ESCB : European System of Central Banks) 의 중추기관으로서 정책위원회(Governing Council), 집행이사회(Executive Board) 및 일반위원회(General Council) 등 3개의 의결기구로 구성되어 있다.

최고 의사결정기구인 정책위원회에는 유럽중앙은행 임원 6인(총재, 부총재, 이사 4인)과 역내 참가국 중앙은행 총재가 참여한다. 임원은 유럽각료이사회 (Council of the European Union)가 유럽의회(European Parliament) 및 정책위원회 와의 협의를 거쳐 회원국 정부간 공동합의에 의해 임명된다. 임원의 임기는 모두 8년이며 중임은 허용되어 있지 않다. 역내 참가국 중앙은행 총재의 임기는 최소 5년을 하한으로 하여 각 회원국 자율로 결정하도록 되어 있다. 정책위원회에서는 유로지역의 통화정책을 수립하고 이의 시행을 위해 필요한 사항을 결정하며 회원국 정부의 외환보유자산 운영지침도 마련한다. 회의는 연간 10회 이상 개최하도록 정관에 규정되어 있으며 관행적으로 매 2주마다

(첫째 및 셋째 주 목요일) 개최되는데 통상 첫째주 목요일 회의시 통화정책 방향
이 결정된다.

집행이사회는 정책위원회의 결정사항을 구체적으로 집행하는 기구로서 이
사회를 정점으로 하여 그 하부에 17개의 부서를 두고 있다. 집행이사회는 유
럽중앙은행 총재, 부총재 및 4인의 이사 등 6명으로 구성되어 있다. 이사는
통화 또는 금융에 있어 전문 경험이 있는 회원국 국적자 중 유럽의회의 추천
후 정책위원회와 회원국 정부와의 협의를 통해 임명된다. 이사의 임기는 8년

[그림 3-3] 유럽중앙은행제도(ESCB) 체계

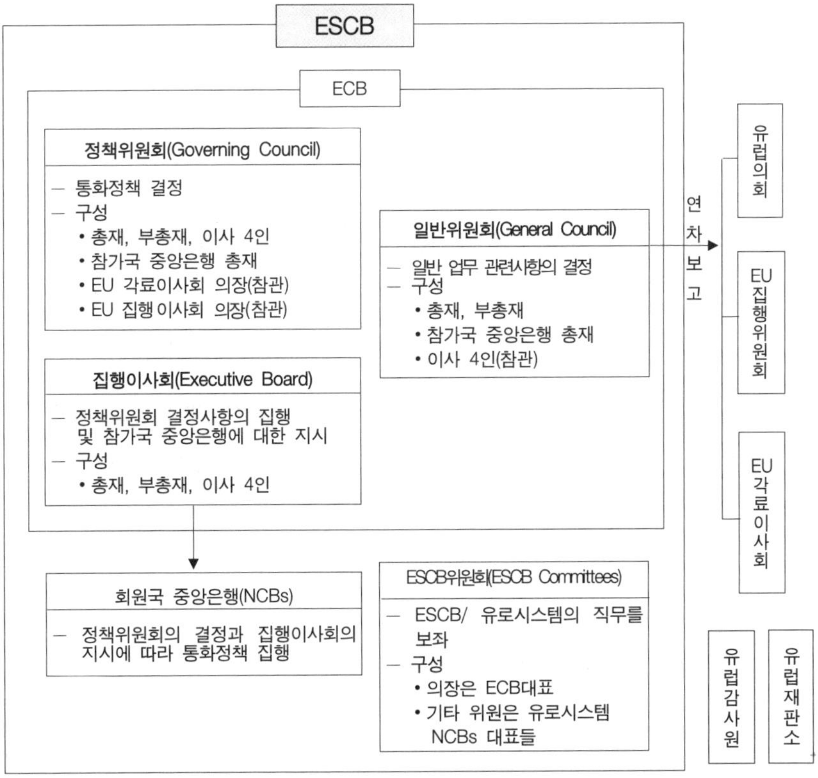

출처 : ECB

이며 재임은 불가능하다. 집행이사회는 정책위원회의 결정사항을 집행하는 데 필요한 세부사항을 결정하고 참가국 중앙은행에 결정사항의 시행을 지시하는 업무를 수행한다.

일반위원회는 유럽중앙은행의 제3의 의사결정기구[11]로서 일반 업무에 관한 사항을 심의 의결하며 주된 기능은 유럽중앙은행제도에 대한 자문역할이다. 일반위원회는 유럽중앙은행 총재, 부총재 및 회원국 총재로 구성되어 있다.

(2) 전통적 통화정책 운용수단

▲ 지급준비제도

지급준비 대상기관은 모든 신용금융기관(credit institution)[12]이며 예금, 금융채, 단기금융상품 등이 대상채무이다. 일본과 마찬가지로 금융기관 보유현금은 지급준비자산에서 제외되며 중앙은행 예치금만 인정된다. 초과지준에 대해서는 이자를 지급하지 않지만 필요지준에 해당하는 금액은 지준적립기간 중 단기자금공급조작 금리 평균을 적용하여 이자를 지급한다.

지준적립방식은 전월말 채무규모를 기준으로 산정한 필요지준을 당월 24일부터 익월 23일까지 적립하는 1개월 평잔 24일 이연적립방식을 적용하고 있다. 대상채무 및 만기별(2년 만기)로 지준율을 차등 적용하고 있다.

---

11) 유로화를 도입하지 않은 EU회원국이 존재하는 동안만 존속할 예정이며 통화정책 관련사항은 담당하고 있지 않다.

12) 민간으로부터 예금 등을 수취하고 신용을 공여하는 것을 주 업무로 하는 금융기관을 말하며 은행뿐 아니라 저축은행(savings bank), 신용조합은행(cooperative bank) 등을 포괄한다.

[표 3-9] 유럽중앙은행의 지급준비율(2012년 1월 현재)

대상채무	지준율
• 익일물 예금, 만기 2년 이내 예금·금융채	1%
• RP, 만기 2년 초과 예금·금융채	0%

출처 : ECB

▲ 공개시장조작

유럽중앙은행의 공개시장조작은 회원국의 금융시장 사정을 종합적으로 반영한다는 취지하에 1일물 EONIA(Euro Overnight Index Average)[13]를 적정수준으로 유도하는 데 중점을 두고 운용되고 있다. 유럽중앙은행 정책이사회가 월 1회 결정하는 정책금리는 7일물 단기자금공급조작(main refinancing operations)의 RP금리이다. EONIA는 정책금리와 비슷하게 움직이고 있는데 이는 1일물 시장금리의 상하한(일종의 corridor)으로 작용하는 한계대출제도(marginal lending facility)와 초단기수신제도(deposit facility)[14]를 시행하고 있기 때문이다.

공개시장조작은 유로지역내 금융기관을 동등하게 취급한다는 원칙하에 지준제도의 적용을 받는 모든 금융기관에 개방되어 있다. 구체적인 공개시장조작은 각 회원국 중앙은행과의 유기적인 협조로 시행된다. 정책이사회의 금리정책 방향 결정에 따라 집행위원회가 공개시장조작 규모 등을 결정하면 실무는 유럽중앙은행 공개시장부와 회원국 중앙은행 공개시장조작 담당부서가 공동으로 수행한다. 유럽중앙은행과 회원국이 공동으로 공개시장조작을 실

---

13) 회원국 금융시장에서 가장 활발히 거래하는 금융기관으로 패널을 구성하고 동 금융기관들의 무담보 익일물 콜금리를 거래규모로 가중평균하여 산출한 지수이다.

14) 두 제도를 대기성 여수신제도(standing facilities)로 분류한다.

시하는 점을 감안하여 조작대상증권은 유로지역 전체를 대상으로 하는 제1그룹(Tier 1)과 특정국에 한정되는 제2그룹(Tier 2)으로 이원화되어 있다. 제1그룹은 유럽중앙은행이, 제2그룹은 회원국 중앙은행이 정하는 적격요건을 충족시키는 증권으로 각각 구성되어 있다.

유럽중앙은행의 공개시장조작은 목적과 거래빈도 등에 따라 단기자금공급조작, 장기자금공급조작, 미조정조작 및 구조적조작으로 구분된다.

유럽중앙은행의 주된 공개시장조작수단인 단기자금공급조작은 1주 만기의 RP거래로서 회원국 중앙은행이 주 1회 실시한다. 대상기관은 신용금융기관으로서 유럽중앙은행의 최소지급준비금 요건 및 회원국 중앙은행이 요구하는 공개시장조작기준을 충족시키고 있어야 가능하다. 주 조작대상증권은 회원국 정부의 국채, 채무증서, 기업발행 유가증권 등이다. 유럽중앙은행은 매주 목표 금리수준에 부합하는 지준을 산정한 다음 외생적 요인의 변동을 감안한 지준공급을 전망하여 그 차이만큼의 유동성을 단기자금공급조작에 의하여 조절한다.

장기자금공급조작은 3개월 만기[15]의 RP거래로서 회원국 중앙은행이 매월 실시하고 있다. 다만 월별 총자금공급규모는 정책이사회가 미리 결정하여 공표하는데 통상 그 규모는 금융기관의 전체 자금수요에 다소 못 미치는 수준에서 결정된다.

미조정조작은 예상치 못한 유동성 변동이 금리에 미치는 영향을 중화시키기 위해 회원국 중앙은행이 비정기적으로 수행한다. RP매매, 단순매매, 외환스왑, 중앙은행 정기예치 등 다양한 형태로 실시된다. 다만 금융시장 상황에 대한 신속한 대응이 필요할 때 실시되기 때문에 RP매매의 경우 경쟁입찰 절

---

15) 글로벌 금융위기 기간에는 6개월 및 12개월 만기 장기자금도 공급하였다가 2010년 3월 종료한 후 6개월 만기는 5월부터 재개하였다.

차가 1시간 만에 종료되는 간이입찰(quick tender) 방식이 활용된다.

구조적조작은 금융기관의 구조적 자금과부족을 조정하기 위해 수행하는 조작으로 RP매매, 단순매매, ECB채무증서 발행 등의 방식으로 수행된다.

[표 3-10] ECB의 공개시장조작 수단

	거 래 형 태		만 기	빈 도	거래방식
	유동성공급	유동성흡수			
단기자금공급조작	• RP거래	-	1주	매주(화요일)	표준입찰
장기자금공급조작	• RP거래	-	3개월	매월(24일이후 첫째수요일)	표준입찰
미조정조작	• RP거래 • 외환스왑	• RP거래 • 외환스왑 • 정기예금수취	불특정 " "	수시 " "	간이입찰/상대매매 " "
구조적조작	• RP거래 • 단순매입	• 채무증서발행 • 단순매각	특정/ 불특정 -	정기/수시 수시	표준입찰 상대매매

출처 : ECB

▲ 대기성 여수신제도

유럽중앙은행은 금융기관의 일시적 유동성 부족시 초단기자금을 지원하거나 초과 유동성을 예치받는데 그 기능을 한계대출제도와 초단기수신제도가 각각 담당한다.

한계대출제도는 지준예치대상 모든 금융기관을 대상으로 일시 부족자금을 지원하는 초단기대출제도로서 지원기간은 1영업일이며 재대출이 가능하다. 대출금리는 공개시장조작 최저 입찰금리보다 높은 벌칙성 금리(유럽중앙은행이 사전 결정, 2011년 12월 현재 1.75%)가 적용되므로 롬바르트형 대출제도의 일종으로 1일물 시장금리의 상한으로 작용한다.

초단기수신제도는 금융기관의 초과 유동성을 중앙은행에 1일간 예치할 수 있는 제도이다. 예치금리는 공개시장조작 최저 입찰금리보다 낮은 금리(유럽중앙은행이 사전 결정, 2011년 12월 현재 0.25%)가 적용되므로 1일물 시장금리의 하한으로 작용한다.

(3) 비전통적 통화정책 운용수단

유럽중앙은행은 신용시장 지원을 위해 2009년 5월 커버드본드(covered bond) 매입제도를 도입한 데 이어 2010년 5월에는 국채 및 회사채 매입프로그램을 마련하였다. 커버드본드 매입제도는 우량 모기지, 공공기관 대출 등을 담보로 한 커버드본드를 직매입(600억유로)하여 유로지역의 커버드본드시장을 지원하기 위해 도입되었는데 2010년 6월 종료되었다가 2011년 11월 재개되었다. 국채 및 회사채 매입프로그램은 유로지역내 금융시장의 경색을 완화하여 통화정책의 파급경로를 원활히 하기 위해 도입되었다.

4. 영국

영란은행은 물가안정을 '소비자물가 상승률 연평균 2%'로 정의하고 이를 달성하기 위한 통화정책 즉, 물가안정목표제를 운영하고 있다. 통화정책은 지급준비제도, 공개시장조작, 대기성 여수신제도 등과 같은 전통적 방식으로 주로 운용된다. 글로벌 금융위기시에는 유동성 공급 확대를 위해 전통적 방식을 개편해 나가면서 양적완화정책도 적극 시행하였다.

(1) 조직

영란은행은 이사회, 통화정책위원회 등의 의사결정기구와 총재를 정점으로 하는 집행기구로 구성되어 있다. 통화신용정책에 관한 사항은 통화정책위원회가 결정하며 통화정책 수립을 제외한 경영에 관한 사항은 이사회가 담당하고 있다.

이사회는 총재, 부총재(2인) 및 비상임이사(9인) 등 총 12명으로 구성되어 있다. 모든 위원은 국왕이 임명하며 비상임이사의 경우 지역대표, 업종대표, 전문가 등을 균형있게 고려하여 임명된다. 이사회 의장은 재무부장관이 지명할 수 있도록 되어 있다. 총재 및 부총재의 임기는 5년이고 비상임이사의 임기는 3년이다. 이사회는 최고의사결정기구로서 통화정책수립 이외의 영란은행

[그림 3-4] 영란은행 조직도(2011년 12월 현재)

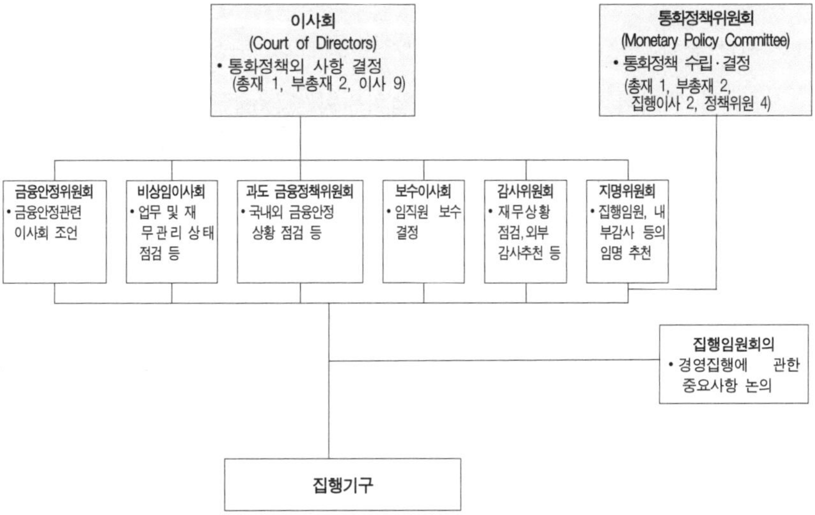

출처 : 영란은행

업무를 관리한다. 이사회 산하에는 금융안정위원회(FSC, Financial Stability Committee), 비상임이사회(NedCo, Non-executive Directors Committee), 과도 금융정책위원회(Interim Financial policy Committee), 보수위원회(Remuneration Committee), 감사위원회(Audit and Risk Committee), 지명위원회(Nomination Committee) 등이 설치되어 있다. 2009년 2월 영란은행법을 개정하여 '금융시스템 안정'을 영란은행의 설립 목적으로 명시하고 금융안정위원회를 이사회 산하에 신설하였다.

통화정책위원회는 5인의 영란은행 내부인사(의장인 총재, 2인의 부총재 및 2인의 집행이사) 및 4명의 외부전문가 등 총 9명으로 구성되어 있다. 총재와 부총재는 수상의 추천에 의해 국왕이 임명한다. 집행이사 2인은 재무부장관과 협의하여 총재가 임명한다. 영란은행 총재가 임명한 위원 중 1인은 영란은행 조사 담당(Monetary Policy Analysis)이사, 다른 1인은 통화정책운영(Monetary Policy Operation)이사의 직무를 수행한다. 외부위원 4인은 재무부장관이 독자적으로 임명한다. 외부위원의 경우 별도의 담당업무가 없으며 금리결정 및 이를 위한 동향파악 등에 전념한다. 임기는 총재 및 부총재는 5년, 기타 위원은 3년이며 연임이 가능하다. 통화정책위원회는 정책금리를 결정하는 최고 의결기구로서 통화정책을 수립하는 기능을 수행한다. 정례회의[16]는 매월 첫째 월요일이 포함된 주의 수·목요일에 개최된다.

영란은행은 지방조직으로 12개 사무소를 두고 있는데 관할 지역 경제상황을 조사하여 통화정책위원회에 보고하는 업무를 주된 임무로 하고 있다.

---

16) 회의개최 전주의 금요일에는 각 부서가 경제·금융동향을 보고하는 사전 회의(pre Monetary Policy Committee)가 개최된다.

⑵ 전통적 통화정책 운용수단

▲ 지급준비제도

영란은행은 2006년 5월 결제은행의 예금잔액이 불충분하고 공개시장조작 대상기관도 소수(20개 내외)에 불과함에 따른 익일물금리의 변동성을 축소하기 위해 25년 만에 지준제도를 부활하였다. 지준적립 대상기관이 자율적으로 지준목표를 설정·예치하는 자율지준(voluntary reserve)제도를 도입하였다. 대상기관은 거액자금결제시스템(CHAPS)·증권결제시스템(CREST)의 결제기관 및 현금예치 대상 은행과 주택금융조합 등 41개로 확대하였다. 적립기간은 통화정책위원회 금리 결정일에서 차기 결정일 전일까지로 적립방식은 평잔기준으로 지준목표액의 ± 1% 이내에 유지토록 하고 있다. 영란은행은 지준목표액의 ± 1% 이내를 유지하는 경우 적립지준에 대해 7일물 RP금리에 해당하는 이자를 지급하고 동 상·하한을 초과 또는 미달하는 지준예치금에 대해서는 정책금리 상당액(벌칙금리)을 지준이자에서 차감한다. 2009년 3월에는 금융시장 불안에 따른 상대방 리스크 증대로 금융기관의 자율지준 목표치가 크게 늘어나자 영란은행이 직접 지준목표치를 설정하는 제도로 변경하였다. 종전과 달리 지준목표치를 상회하는 지준에 대해서도 정책금리 수준의 이자를 지급하되 미달액에 대해서는 벌칙을 부과하지 않는다.

▲ 공개시장조작

영란은행은 2006년 3월 자율지준제도 도입과 함께 주된 공개시장조작을 매일 2회 14일물 RP에서 주 1회 7일물 RP로 변경하였다. 대상기관은 지준적립 대상기관과 단기금융거래에 활발하게 참가하는 은행·주택금융조합·증권기관 중에서 영란은행이 선정(20여개)한다. 조작 종류는 7일물 단기RP, 36·9·12개월물 장기RP, 단순매입 등으로 크게 구분된다. 단기RP는 통화량과 영란은행의 자금흐름 변동을 반영하여 주 1회 실시하고 장기RP는 매월 중순 은행에 대한 장기자금 공급을 위해 실시한다. 단순매입은 영란은행이 장기자금 공급이 필요하다고 판단하는 시점에 실시한다. 공개시장조작 시간은 매 목요일마다 오전 10시에 실시하고 통화정책위원회 개최일에는 정오에 통화정책위원회 회의결과가 발표되는 점을 반영하여 12시 15분에 실시한다. 지준적립 마감일에는 익일물금리가 불안정하지 않도록 오전 10시에 1일물 RP거래[17]를 별도 실시한다.

▲ 대기성 여수신제도

영란은행은 초단기 시장금리가 정책금리에 접근하도록 유도하기 위해 유럽중앙은행과 유사한 대기성 여수신제도를 운용(Operational Standing Facility)하고 있다. 2011년 12월 현재 대기성 여신금리는 0.75%, 수신금리는 0%가 각각 적용되고 있다.

(3) 비전통적 통화정책 운용수단

영란은행은 글로벌 금융위기 극복 과정에서 주요 선진국 중앙은행 가운데 유일하게 양적완화정책(Quantitative Easing Policy)을 공식적 용어로 사용하고 있다. 2009년 3월부터 영란은행은 자산매입제도(APF : Asset Purchase Facility)를 이용하여 CP, 회사채, 국채 등을 유통시장에서 직접 매입함으로써 신용시장

---

17) 지준적립 마감일의 정기적인 미조정 조작은 지준적립기간 초반에 발생한 영란은행의 유동성 예측오차를 상쇄하는 기능을 수행한다.

에 유동성을 공급하고 있다. 2011년 12월말 현재 총한도는 2,750억파운드로서 대부분 국채 매입에 사용(국채 2,493억파운드, 회사채 8억파운드)되었다. 영란은행은 양적완화정책 시행 이전인 2008년 4월 유동성이 낮은 MBS 등 금융기관 보유증권을 국채로 교환해 주는 SLS(Special Liquidity Scheme) 제도를 도입하였다가 2009년 1월 종료하였다. 2008년 10월부터는 적격증권을 담보로 금융기관에 국채를 대여[18]하거나 직접 대출해 주는 DWF(Discount Window Facility)를 도입하여 운용중에 있다.

---

18) 금융기관은 대여 받은 국채를 담보로 영란은행의 공개시장조작에 참여하거나 시장에 RP로 자금조달이 가능하다.

제2절
한국의 통화정책 운용제도

우리나라 통화정책의 결정 주체는 한국은행이다. 한국은행이 독립적으로 통화정책을 수행하도록 법적으로 보장되더라도 독립성에 상응하는 책임과 관련되어 다른 경제주체들과 어떤 관계를 갖는지가 현실적으로 매우 중요하다. 여기에서는 한국은행의 내부조직과 의사 결정과정을 살펴본 뒤 행정부 및 국회와의 관계, 그 외 국내 여론의 형성 등을 통해 통화정책의 결정 및 운용에 간접적으로 영향을 미칠 수 있는 단체 등에 대해 알아보기로 한다.

1. 한국은행

우리나라의 통화정책을 수행하는 기관인 한국은행은 의사결정기구로서의 금융통화위원회와 한국은행 집행부로 구성된다. 한국은행 집행부는 금융통화위원회의 의사결정을 보좌하기 위하여 각종 경제정보를 수집·생산·분석·가공하는 한편 통화정책과 국민경제 전반에 대한 조사·연구 및 화폐의 발행과 환수, 공개시장조작, 금융결제시스템의 설계와 운용, 외환보유액 관리 등 수립된 정책의 집행을 위한 제반 활동을 수행한다.

(1) 금융통화위원회

한국은행의 통화정책 수행을 위한 의사결정 중 가장 중요한 두 가지는 물가안정목표 설정과 이의 달성을 위한 기준금리 수준 결정이며 그 주체는 정책결정기구인 금융통화위원회이다. 먼저 외환위기 이전과 이후로 나누어 금융통화위원회의 역사를 간략하게 살펴보면 다음과 같다.

1998년 4월 이전 한국은행의 의사결정기구는 「금융통화운영위원회」였다. 동 위원회의 의장은 재정경제부 장관이었으며 위원은 당연직인 한국은행 총재와 각계에서 추천된 7명의 인사를 포함하여 총 9명으로 구성되었다. 이 때의 한국은행은 중앙은행으로서 독자적인 정책운용이 어려운 상황이었다. 무엇보다 재경부 장관이 위원회 의장직을 수행하였기 때문에 정책결정이 재경부의 영향을 받을 수 밖에 없었다. 더구나 임명직 위원 7명 가운데 정부에서 추천하는 위원이 5명[19]이나 되었던 것도 금융통화운영위원회의 독자적인 정책결정을 어렵게 하였다.

그러나 외환위기 이후 1998년 4월 1일 시행된 개정 한국은행법에 의해 위원회의 구성이 크게 변경되면서 한국은행도 독립적인 중앙은행의 위상을 어느 정도 갖추게 되었다. 먼저 위원회의 명칭에서 다른 주체의 결정에 따라 수동적으로 운영만을 한다는 인상을 주는 '운영'이라는 자구가 삭제되어 「금융통화위원회」로 변경되었으며 의사결정의 독립성을 보장하기 위해 위원회의 의장 또한 한국은행 총재가 맡도록 하였다. 또한 외부 추천위원의 수를 6인으로 줄이고 정부정책과의 협력을 유지하되 정부의 영향력을 최소화하기 위하여 정부추천은 2인으로 제한하고 기존 정부 추천위원의 일부를 각 민간부문의 의견을 대변할 수 있도록 민간부문 추천위원으로 교체하였다.[20] 그리

---

19) 경제기획원 장관 추천 1인, 농림부 장관 추천 2인, 상공부 장관 추천 2인
20) 당시 금융통화위원은 한국은행 총재와 한은총재 추천 1인, 재경부장관 추천 1인, 금감위원장

고 과거 회의가 있을 때만 소집되었던 위원들을 통화정책에 대한 의사결정의 전문성을 확보할 수 있도록 한국은행 내에서 상시 근무토록 하였다. 이러한 법적 변화 이후 한국은행 금융통화위원회는 보다 독립적이고 중립적으로 통화정책을 결정할 수 있게 되었다.

이후 중앙은행의 독립성이 제고되는 국제적 추세에 따라 2003년 8월 개정(2004.1월 시행)된 한국은행법에서는 금융통화위원회의 구성에 있어 한국은행 부총재를 당연직 위원으로 참여토록 하고 있다. 주요국 중앙은행의 경우를 보더라도 최고 의사결정기구에 부총재가 당연직 위원으로 참여하는 것은 매우 일반적이며 특히 영국 영란은행의 경우 총재 이외에 중앙은행 조직의 집행간부 4명이, 일본의 경우에도 부총재 2명이 통화정책 결정을 위한 최고의사결정기구에 참여하고 있다.

금융통화위원회 위원의 임명권은 대통령이 갖는데 위원의 구성에 따라 그 임명절차에는 다소 차이가 있다. 먼저 한국은행 총재는 국무회의의 심의를 거쳐 대통령이 임명한다. 한국은행법에 의거 총재는 한국은행을 대표하고 업무를 통할하며 금융통화위원회의 의장을 겸임한다. 한국은행 총재의 임기는 4년이며, 1차에 한하여 연임할 수 있다. 한국은행 총재는 금융통화위원회의 의장이면서 한국은행 집행부의 수장으로서 금융통화위원회에서 결정된 정책을 실행하는 책임을 진다. 한국은행 부총재는 총재의 추천에 의해 대통령이 임명하며 그 임기는 3년이다. 여타 추천에 의해 임명되는 위원은 통화정책에 각계의 의견을 반영하기 위하여 정부와 금융 및 실물부문의 민간 경제주체들 가운데 다양한 배경을 지닌 인사들로 구성되는데 한국은행 총재, 기획재정부 장관, 금융위원회 위원장, 대한상공회의소 회장, 전국은행연합회 회장이 각각 1명의 추천권을 가지며, 한국은행법 제13조(구성)에 "금융·경제 또는 산업에

추천 1인, 상공회의소 추천 1인, 증권업협회 추천 1인, 은행연합회 추천 1인 등 총 7인으로 구성되었다.

관하여 풍부한 경험이 있거나 탁월한 지식을 가진 자로서 대통령령이 정하는 바에 의하여 추천기관의 추천을 받아 대통령이 임명한다."고 명시되어 있다.

금융통화위원회의 위원은 어느 나라에서나 대체로 경제 각 부문에서 탁월한 지식과 경륜을 갖춘 인사들이 임명되나 금융통화위원의 임명절차에는 의회 동의 여부 등 차이가 있다. 미국의 경우 청문회를 거쳐 상원의 인준을 받아야 하며, EU는 유럽의회와 ECB 정책위원회의 협의를 거치며, 영국은 하원 재무위원회의 인사청문회를 거쳐야 하고, 일본의 경우에도 양원의 사전동의를 얻어야 한다. 그러나 우리나라는 의회의 검증을 거치지 않고 있다는 점에서 그 임명절차에 관한 공정성과 투명성에 논란이 제기되기도 한다.

한국은행법 제21조(회의) 및 동 법 시행령 제12조(회의운영)에 의거 금융통화위원회 의장인 한국은행 총재는 매월 1회 이상 금융통화위원회 회의를 소집하여야 하며, 그 외 의장이 필요하다고 인정하는 때 또는 위원 2인 이상의 요구가 있을 때에도 의장이 회의를 소집한다. 금융통화위원회 본회의의 안건은 의결안건과 보고안건으로 구분되는데 의결안건은 법령, 정관, 기타 금통위가 정한 바에 따라 금통위의 의결을 필요로 하는 안건을 말하며, 보고안건은 법령, 정관, 기타 금통위가 정한 바에 따라 금통위에 보고하여야 하는 안건을 비롯하여 금통위의 심의·의결에 필요한 사항 및 금융·경제동향 등에 관하여 보고하는 안건을 말한다. 의장은 회의를 개최한 경우 회의일시·장소·발언자 및 발언내용 등 회의사항을 충실히 기록하고 참석한 위원으로 하여금 서명 또는 날인하게 하여야 하며 이를 근거로 하여 금융통화위원회가 정하는 바에 따라 의사록을 작성, 공개하여야 한다. 금통위 내부규정에 의거 본회의의 회의록은 영구보존하도록 되어 있다. 금융통화위원회 회의시에는 한국은행법 및 금통위 내부규정 등에 의거 한국은행 감사와 부총재보가 회의에 참석하여 의견을 진술할 수 있으며, 필요시 관계전문가 등을 회의에 출석시켜 의견을 들을 수도 있다. 한편, 한국은행법 제91조(열석발언)에 의거 기획재정부 차관이 금융통화위원회 회의에 열석하여 발언을 할 수 있으며, 금융위원회 부위원장도 금융위원회 소관 사항에 한하여 열석하여 발언할 수 있도록 되어 있다.

금융통화위원회는 위원 5인 이상의 출석과 출석위원 과반수의 찬성으로 의결한다. 본회의의 안건이 '통화정책방향'으로서 기준금리를 결정하는 회의인 경우에는 그 전일 동향보고회의에서 국내외 경제 동향, 외환·국제금융 동향 및 금융시장 동향을 담당 부서에서 금융통화위원회 위원들에게 보고하고 위원들의 질의·응답 및 토론이 이루어진다. 본회의에서는 위원간 현 경제상황에 대한 판단 및 통화정책방향 등을 토의하고 각 위원별로 기준금리의 결정 방향과 그 논거 등의 의견을 개진한 다음 물가, 경기 및 금융·외환시장 상황, 세계경제의 흐름 변화 등을 종합적으로 고려(look-at-everything approach)한 토의의 결론으로써 기준금리를 결정하고 토의결과를 반영하여 통화정책방향에 대한 의결문을 작성, 심의하여 가결시킴으로써 회의를 마무리하게 된다. 의결문의 가결은 통상 전원일치의 형식을 취하며, 의결문은 보도자료의 형식으로 대외에 공개된다. 본회의 직후에는 한국은행 총재가 금융통화위원회를 대표하여 기준금리 결정 배경 등에 대해 설명하는 기자간담회를 개최한다.

금융통화위원회의 의결이 기본적으로 전원일치의 형식을 취하는 것은 토론과정에서는 이견이 있다 하더라도 통화정책의 결정방향에 관한 시그널을 제공하는 데 있어서 시장의 혼란을 방지하기 위한 목적이 내재되어 있다. 그러나 Blinder(2007)에서 제시된 바와 같이 경제상황에 대한 판단 및 정책 우선순위에 대한 결정에 있어서 위원간에는 차이가 있기 마련인 것도 사실이다. 실제로 통화정책방향에 대한 의결에 있어서 일부 위원은 명백한 반대의사를 표명하고 본인의 뜻에 따라 그 사실을 위원의 이름과 함께 금융통화위원회의 의사록에 남기기도 한다. 1999년 1월부터 2010년 12월까지 12년간의 통화정책방향에 대한 금융통화위원회의 사례를 보면 기준금리의 결정에 있어서 총 158회의 기준금리 결정 회의에서 36회에 걸쳐 18명의 위원이 1회 이상 소수의견으로 반대의사를 표시한 바 있다. 금융통화위원회 의사결정의 결과로 나타나는 기준금리의 결정은 우리나라의 경제상황에 대한 전문가적 식견에 바탕을 두고 각 위원이 치열한 토의와 논쟁 끝에 내린 고뇌의 산물이라 할 수 있으며, 회의 그 자체는 물가안정과 이를 통한 거시경제의 안정적인 성장을 위해 우리 경제의 주어진 제약조건 속에서 가장 최선의 답을 찾아가는 탐색의 과정이라 할 수 있다.

(2) 한국은행 집행부

금융통화위원회가 통화정책을 결정하는 중앙은행의 최고의사결정기구라면 정책의 수립 및 의사결정을 지원하고 결정된 정책들을 실행에 옮기는 조직은 한국은행 집행부이다. 한국은행 집행부는 2011년말 현재 총재, 부총재, 5인의 부총재보, 감사(감사실 포함), 그리고 11국 3원(院)의 본부부서 및 16개 지역본부로 구성되어 있다.

[그림 3-5] 금융통화위원회와 한국은행 집행부(2012년 3월 현재)

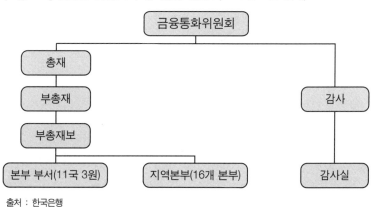

출처 : 한국은행

[표 3-11] 한국은행 집행부의 부서별 기능

부서명	주요업무 및 기능
기획협력국	• 조직 및 인력의 관리 • 예산, 결산 및 회계제도에 관한 사항 • 통합리스크관리
커뮤니케이션국	• 한국은행의 정책, 기능에 관한 홍보 및 홍보전략 수립 • 정보공개제도, 정보자료 관리 및 전자정보서비스 관리
전산정보국	• 정보시스템의 개발·운영 • 한은금융망 및 외환전산망 시스템 운영·관리
조사국	• 통화금융정책 및 금융제도 연구 • 국내외 경제동향 분석 및 경제예측 • 금융·경제 현안과제 연구 및 중장기 정책개발
경제통계국	• 통화금융통계, 물가통계, 국민계정, 기업경영분석, CSI, BSI 등의 편제 및 분석
거시건전성분석국	• 금융안정 분석 • 금융기관 경영 및 감독관련 조사·연구
통화정책국	• 통화신용정책 운영관련 기획 • 지준관리 및 공개시장조작
금융결제국	• 지급결제제도 관련 업무의 총괄 및 정책입안 • 신한국은행금융결제망(BOK-Wire+)의 운영
발권국	• 화폐의 발행 및 유통 관리
국제국	• 외환시장의 운영, 외환정책 및 제도관련 기획 • 외환보유액, 외화자금 조달·운용 기획
외자운용원	• 한국은행 보유 외화자산의 운용
경제연구원	• 통화정책, 금융시장 행태 등에 관한 연구
지역본부	• 지역 중소기업 자금지원 • 지역경제 조사·연구 • 지역내 화폐의 발행 및 환수

출처 : 한국은행

한국은행 집행부는 통화정책을 판단할 때 중요한 자료가 되는 경제 및 금융시장 상황의 모니터링과 통계정보의 획득·가공·생산 및 통화정책에 관련된 다양한 분야의 조사·연구를 수행하고 있다. 따라서 위와 같은 기능들을 수행하는 한국은행 집행부의 역할은 금융통화위원회의 의사결정에 매우 중요하다. 예를 들면 통계청에서 소비자물가지수가 매달 공표되고 공표된 통계가 쉽게 받아들여지고는 있으나 통화정책의 목표에서 설명한 바와 같이 물가동향의 정확한 파악은 쉽지 않은 일이다. 잠재성장률과 GDP갭을 산출한다는 것도 결코 쉬운 일이 아니다. 때로는 수많은 기초자료들이 경제상황에 대해 서로 다른 신호를 보내기도 한다. 이 때 중앙은행에 요구되는 가장 중요한 조건은 통화정책을 책임지는 당국으로서 경제지식에 대한 뛰어난 식견과 전문가적 능력을 갖추는 것이다. 아울러 금융시스템의 안정을 담당하는 부서가 실시하는 모니터링으로부터 얻는 정보도 통화정책 판단에 중요한 정보이다.

또한 한국은행 집행부는 금융실무와의 접점도 보유한다. 중앙은행은 화폐의 발행과 환수, 예금과 대출, 증권의 발행과 매매 등 구체적인 금융실무를 통해서 정책을 실행하는 조직이며 정책만을 기획하는 조직도 조사만을 실시하는 조직도 아니다. 통화당국이 구체적인 금융실무를 보유하고 있다는 것은 정책의 실행가능성이 실무적으로 테스트될 수 있다는 의미뿐만 아니라 금융시장의 미시정보에 대한 확실한 지식을 축적한다는 의미에서도 매우 큰 강점이 된다.

2. 행정부 및 국회

(1) 행정부

한국은행과 행정부와의 관계는 한국은행법 제4조(정부정책과의 조화 등), 제6조(통화신용정책 운영방향의 수립 등), 제65조(금융기관에 대한 긴급여신 의결시 정부의견 청취), 제90조(총재의 국무회의 출석), 제91조(열석발언), 제92조(재의요구), 제93

조(정책수립시의 자문), 제94조(자료협조), 제95조(감사원의 감사) 등에 의해 규정된다.

한국은행법 제4조(정부정책과의 조화 등)는 "한국은행의 통화신용정책은 물가안정을 저해하지 아니하는 범위내에서 정부의 경제정책과 조화를 이룰 수 있도록 하여야 한다"고 규정하고 있으며, 제6조(통화신용정책 운영방향의 수립 등)는 한국은행이 물가안정목표를 설정하는 데 있어서 정부와 협의할 것을 규정하고 있다. 한국은행과 행정부간의 인적 교류에 관한 규정으로는 한국은행 총재가 금융통화에 관한 사항에 대하여 국무회의에 출석하여 발언할 수 있도록 하고 있으며, 정부도 총재에게 국무회의에 출석할 것을 요구할 수 있는 것을 들 수 있다. 또한 기획재정부 차관과 금융위원회 부위원장은 금융통화위원회 회의에 열석하여 발언할 수 있다. 한편 기획재정부 장관은 금융통화위원회의 의결이 정부의 경제정책과 상충된다고 판단되는 경우 재의를 요구할 수 있다. 기획재정부 장관의 재의요구가 있는 경우 금융통화위원회가 위원 5인 이상의 찬성으로 전과 같은 의결을 한 때에는 대통령이 이를 최종 결정하도록 하고 있다.

또한 한국은행법 제65조(금융기관에 대한 긴급여신) 및 제93조(정책수립시의 자문)에서는 "금융통화위원회는 긴급여신을 의결하고자 할 경우 정부의 의견을 들어야"할 것과 "정부는 금융통화에 관한 중요한 정책을 수립하는 때에는 금융통화위원회의 의견을 들어야" 할 것을 명시하고 있다. 이와 아울러 한국은행법 제94조(자료협조)에 의거 경제정책 기관간 업무수행시 기획재정부 장관과 금융통화위원회 및 금융위원회는 정책의 수립에 필요하다고 인정하는 경우 상호간에 자료를 요청할 수 있으며, 이 경우 특별한 사유가 없는 한 각 기관은 이에 응하여야 할 의무를 갖는다.

(2) 국회

한국은행과 국회의 관계는 한국은행법 제96조(국회보고 등)에 의해 규정된다. 법률에 의거 한국은행은 매년 2회 이상 통화신용정책의 수행상황과 거시금융안정상황에 대한 평가 보고서를 작성하여 국회에 제출하여야 하며, 국회 또는 그 위원회가 상기 보고서와 관련하여 출석을 요구하는 경우 한국은행 총재는 출석하여 답변하여야 할 의무를 진다. 이에 한국은행은 매년 3월과 9월 「통화신용정책 보고서」를 금융통화위원회의 심의를 거쳐 국회에 제출하고 있다. 또한 제24조(의결서의 작성 등)에 의해 '금융통화위원회의 의결서'와 '익명으로 처리된 금융통화위원회의 의사록 전문'을 국회 소관 상임위원회가 요구할 경우 비공개로 제출하여야 한다.[21]

이와 함께 한국은행은 9월 정기국회를 비롯하여 임시국회 개회시 업무현황 보고 등을 통해 국민을 대표하는 국회에 대해 책임을 진다. 對국회 업무보고는 한국은행의 설립목적, 주요 기능, 조직, 인원, 예산 등 경영전반에 관한 사항뿐만 아니라 국내외 금융·경제상황 등 통화정책 수행에 관련된 제반 여건 및 통화정책의 운영방향, 이와 관련한 주요 업무 추진계획, 국내외 주요 경제통계 등에 대한 내용을 모두 포함한다.

한국은행은 정부조직법 상의 국가기관이 아닌 무자본 특수법인이지만 한국은행이 수행하는 통화정책은 사실상 국민경제 전반에 영향을 미치는 경제정책의 일환이라는 점에서 국정감사 및 조사에 관한 법률 제7조(감사의 대상)에 의거 국정감사를 받는다. 국회는 한국은행에 대한 국정감사를 통해 중앙은행의 경영, 통화정책의 수립 및 시행 등 조직의 업무수행활동과 관련된 모든 사항에 대한 감사를 실시하고, 한국은행은 국회의 국정감사 결과 지적사

---

21) 다만 '익명으로 처리된 의사록 전문'은 해당 금융통화위원회 개최 후 4년이 경과한 경우에 한한다.

항이 있는 경우 그에 대한 시정 및 조치결과를 보고하여야 한다. 또한 한국은행은 연중 수시로 국회의원의 요청 및 질의자료에 대한 답변자료를 작성하여 제출한다.

3. 기타 통화정책의 결정에 영향을 미치는 단체

행정부와 국회 이외에도 금융기관, 언론, 학계 등 다수의 단체들이 다양한 경로를 통해 우리나라의 통화정책 결정에 영향을 미치고 있다. 금융기관은 통화정책의 직접적인 대상이 되는 객체이자 통화정책의 파급과정에 있는 주체로서 중요한 의미를 갖는다. 또한 민주주의 사회에서 언론은 통화정책의 영향을 받게 되는 전체 국민의 목소리를 대변하는 기관이다. 한편 중앙은행이 수행하는 통화정책은 경제학의 주요한 관심영역의 하나로서 보다 나은 통화정책의 수립 및 시행을 위해서, 또한 금융·경제에 관한 학문의 발전을 위해서, 중앙은행과 학계는 상호 긴밀하게 교류하는 가운데 다양한 주제에 대한 의견을 교환한다. 이에 한국은행은 금융기관, 언론, 학계와의 간담회, 세미나, 기타 학술활동 등 다양한 채널을 통해 통화정책의 발전과 물가안정 및 거시경제의 안정적 성장을 위한 정책적 모티브를 마련하고 있다.

먼저 한국은행은 매월 주요 기관 및 학계 인사들을 초청하여 「경제동향간담회」를 개최하고 있다. 경제동향간담회는 산업단체, 대기업 및 중소기업 등 기업체 대표, 공공 및 민간 경제연구소, 대학교수, 상공회의소 등 경제단체 등 각계를 대표하는 인사들이 참석하여 한국은행 집행부와 주요 경제 현안 사항에 대해 토론하고 향후의 경제전망 등에 대한 정보를 공유하는 한편 향후의 통화정책방향 등에 대한 각계의 의견을 수렴하고 한국은행의 입장을 전달하는 기능을 수행한다. 국내 각 지역본부 및 국외 사무소에서도 지역 및 국외 인사들을 초청하여 경제동향간담회와 유사한 간담회를 개최하여 지역 및 국외에 관한 경제정보와 한국은행의 통화정책 등에 대해 의견교환을 하고 있다.

금융기관과의 관계에 있어서도 매월 '금융협의회'를 개최하여 관련정보를 공유하고 의견을 교환하고 있다. 금융협의회에는 한국은행 총재를 비롯한 집행부와 금융기관 대표들이 모여 가계 및 기업 대출현황, 여수신상황, 외국인 증권투자자금 유출입 등 금융시장 현안 등에 대해 토론하고 필요시 통화정책과 관련하여 금융기관과 협의한다. 한국은행은 금융협의회 개최 이외에도 금융산업의 주요 현안에 관한 공청회, 세미나, 워크숍 등에도 적극 참여하여 그 의견을 공유하기도 한다.

한국은행은 통화정책에 대한 기대를 형성하고 정책효과에 대한 반응을 제공하는 경로가 되는 언론과도 긴밀한 협력관계를 유지하기 위해 노력하고 있다. 통화정책의 투명성을 제고하고 경제주체들의 합리적인 기대를 형성함으로써 정책효과를 제고하는 데 있어서 언론의 역할은 매우 중요하다. 한국은행은 매월 총재가 금융통화위원회를 대표하여 기자간담회를 통해 통화정책 방향을 설명하는 것에 대하여 설명회, 세미나 등을 통해 통화정책에 관한 주요 정보들을 적극적으로 제공하는 것은 통화정책에 대한 이해 제고를 위한 노력으로 보인다.

학문의 발전과 통화정책의 발전을 위한 목적으로 한국은행은 학회의 활동에도 적극적으로 참여하고 있다. 금융통화위원 또는 한국은행 집행부의 임직원이 학회가 주최하는 각종 세미나에 발표자나 토론자로 참여함으로써 주요 경제 현안에 대해 학계의 의견을 청취하고 토론을 통해 통화정책에 대한 시사점을 모색함과 아울러 통화정책에 대한 학계의 이해를 증진시키기 위해 노력하고 있다. 또한 국내외 학회 저널에 대한 기고를 통해 통화정책을 수행하는 실무자의 입장에서 체득한 중앙은행의 경험과 지식을 학문의 발전을 위해 공유하는 데에도 많은 관심과 노력을 기울이고 있다. 이러한 노력들은 새로운 경제이론을 신속히 받아들여 이를 통화정책 수행에 적용하여 정책의 효율성을 제고하고자 하는 노력의 일환인 것은 물론이다.

제3절
통화정책의 수단과 집행과정

1. 개요

중앙은행의 통화정책 수단은 크게 간접조절수단과 직접조절수단으로 구분된다. 간접조절수단은 시장친화적 정책수단을 이용하여 중앙은행을 통해 풀려나가는 본원통화를 조절함으로써 간접적으로 시중의 유동성을 조절하는 정책수단이며, 직접조절수단은 금융기관이 공급하는 신용의 규모 또는 금리수준을 정책당국이 직접 통제함으로써 시중의 유동성을 조절하는 정책수단이다. 간접조절수단으로는 공개시장조작, 중앙은행 여수신제도 그리고 지급준비제도 등이 있으며 직접조절수단으로는 각종 대출통제정책, 여수신금리규제정책, 도의적 권유 등이 있다.

우리나라는 중앙은행인 한국은행의 설립 당시부터 법적으로는 간접조절수단을 갖추고 있었지만 1970년대까지는 금융시장이 발달되지 못했던 데다 만성적인 초과자금수요 때문에 직접조절수단을 통해 통화량을 관리할 수 밖에 없었다. 1980년대에 들어 경제규모가 확대되고 경제구조가 복잡해지면서 시장원리에 의한 경제운용의 필요성이 커짐에 따라 금리의 단계적 자유화[22] 및

---

22) 1980년대 중반부터 금리규제가 완화되기 시작하여 1988년 12월에는 대부분의 여신금리와 일

금융기관 경영의 자율화 조치가 취해졌으며 통화정책도 간접조절방식으로 전환되어 현재는 일상적 통화정책 수행이 대부분 간접조절수단에 의존하고 있다.

다음에서는 간접조절수단인 지급준비제도, 중앙은행여수신제도, 공개시장 조작에 대해 살펴보기로 하자.

2. 지급준비제도

(1) 지급준비제도의 의의 및 기능

금융기관들은 수익을 극대화하기 위해 고객으로부터 받은 예금을 수익성이 높은 자산으로 운용하려고 한다. 이러한 자산 가운데는 장기채권, 대출 등 단기간에 현금화하기 어려운 것도 있으므로 고객이 예금을 인출하려고 할 때 이에 즉각적으로 응할 수 있으려면 현금화가 가능한 자산을 미리 준비해 놓고 있어야 한다. 이처럼 금융기관이 고객의 지급요구에 부응하기 위해 미리 준비해 놓고 있는 유동성 자산을 지급준비금(reserve)이라 한다. 지급준비금은 가장 유동성이 높은 현금과 금융기관이 중앙은행 당좌계좌에 예치하고 있는 자금인 지준예치금으로 구성된다.

금융기관의 자산운용에 대한 규제가 없어 금융기관이 지급준비금을 충분히 확보하지 못했을 때 예금자의 인출요구가 일시에 집중된다면 고객의 지급

부 장기저축성예금의 금리자유화 조치가 단행되었다. 그러나 제반 경제여건이 어려워진 1989년 하반기부터는 창구지도 등을 통해 금리를 다시 규제하였다. 그러다가 1991년 8월에 「4단계 금리자유화 추진계획」을 수립하여 추진하였다. 1991년 11월 제1단계 금리자유화조치를 시작으로 1993년 11월 제2단계, 1995년 11월 제3단계, 1997년 7월에는 제4단계 계획중 일부가 시행되고 2003년 12월에 은행 요구불예금금리가 자유화됨으로써 금리자유화가 완결되었다.

요구를 충족시키지 못할 가능성이 높다. 그러면 이 금융기관이 다른 금융기관으로부터 높은 금리를 주고라도 자금을 빌리려고 하면서 금리가 급등하고 금융시장이 불안하게 된다. 이같은 상황을 미연에 방지하기 위하여 예금자의 예금인출 요구에 즉각적으로 응할 수 있도록 각 금융기관이 보유해야 할 최소한의 지급준비금을 법적으로 강제할 필요가 있다.

이러한 필요에 따라 지급준비제도는 1863년 미국에서 최초로 도입되었다. 그 후 지급준비율의 변경이 금융기관의 신용창조능력 또는 자금이용가능성에 영향을 주어 통화량의 변동을 가져온다는 사실이 인식되면서 강력한 유동성조절수단의 하나로 활용되기 시작하였다. 1933년에는 미 의회가 연준에 일정 범위내에서 지준율을 변경할 수 있는 권한을 부여함으로써 지급준비제도는 중앙은행의 전통적 통화정책수단으로 자리잡게 되었다.

이후 지급준비제도는 세계 각국에 널리 보급되어 2차 대전 이후 설립된 대부분의 중앙은행들은 이 제도를 중요한 통화정책수단의 하나로 활용하였다. 특히 금융시장이 발달되지 못한 개발도상국들에게는 강력한 통화량 조절효과를 거둘 수 있는 지급준비정책은 매력적인 정책수단이 되었다. 이들 국가의 경우 고도성장과정에서 과도한 통화공급이나 외자유입 등으로 유동성이 과잉 공급되는 경우가 많아 통화를 적정수준에서 관리하기 위해 지준율을 높은 수준에서 유지하는 것이 일반적이었다.

그러나 1980년대 이후 금융의 자유화 및 개방화 등으로 법적 강제력보다는 시장기능에 바탕을 둔 공개시장조작이 주된 통화정책수단으로 자리잡게 되면서 여러 제약을 가지고 있는 지급준비정책의 역할은 상대적으로 축소되었다. 이에 따라 많은 나라들이 지준율을 인하하였으며 일부 국가에서는 지급준비제도 자체를 폐지하기도 하였다. 지급준비정책의 역할이 축소된 이유를 살펴보면 다음과 같다. 첫째, 금융규제 완화가 강조되던 상황에서 강제적이고 무차별적으로 적용되는 지급준비정책도 금융기관의 자율적 자금운용을 제약하는 규제의 일종으로 인식되었다. 둘째, 통화정책의 목표로 금리를 중시하게 되면서 금리를 목표수준에 접근시키기 위한 수시 미조정의 필요성이 높아졌다. 지준율의 경우 조금만 조정하더라도 전체 유동성 수준이나 금융기관의 수지에 강력하고 지속적인 영향을 미치기 때문에 이를 일상적인 유동성 조절수단으로 빈번히 활용하는 데는 어려움이 있었다. 셋째, 형평성의 문제가 제기되었다. 지준예치의무는 모든 금융기관이 아닌 통화정책의 대상인 은행에만 부과됨에 따라 은행의 수익이 저하되어 지준세를 납부하는 것과 같다. 이는 여타 금융기관과의 공정경쟁을 저해하는 요인으로 작용한다. 일부 국가들은 이 문제를 해결하기 위하여 지준부과 대상 금융기관이나 대상채무를 확대하기도 하였으나 금융혁신과 더불어 다양한 형태의 금융기관이 설립되고 새로운 금융상품이 출현하면서 이러한 문제해결방식은 곧 한계에 부딪치게 되었다. 이에 따라 최근에는 지급준비금에 이자를 지급하는 국가들도 나타나고 있다.

[표 3-12] 주요국의 지준제도 폐지 또는 완화 배경

미 국	• 금리중시 통화정책 운영방식으로의 전환 • 금융기관간 공정경쟁 저해 및 지준규제 회피에 따른 금융자원의 비효율적 배분
영 국[*]	• 금융혁신 진전에 따른 유동성 규제수단의 실효성 저하
독 일	• 지준규제에 따른 금융자금 흐름의 왜곡 및 금융기관들의 경쟁력 저하
캐나다[**]	• 금융기관간 불공정경쟁 여건 해소 • 지준부과 대상의 비중 축소에 따른 지준제도의 기능 약화

[*] 1981년에 지준제도를 폐지하였으나, 은행간시장 익익물금리(SONIA: Sterling OverNight Index Average)의 변동성을 완화하기 위해 2006.5월 지준제도를 재도입
[**] 1994년에 지준제도 폐지

한편 지급준비정책의 빈번한 변경은 적지 않은 부작용을 가져올 수 있으므로 지급준비정책은 단기적인 자금조절보다는 중장기적인 시중유동성 조절을

위해 사용되며 일반적으로 다음과 같은 두 가지 경우에 한해 제한적으로 이용하는 것이 효과적인 것으로 알려져 있다. 첫째, 과도한 초과지준 또는 지준부족 해소를 통해 유동성을 조절할 필요가 있는 경우 둘째, 금융시장에 중앙은행의 정책방향을 강력하게 알리고자 하는 경우 즉, 정책방향에 관한 공시효과가 필요할 때이다.

이처럼 과거에 비해 지급준비제도의 역할이 약화되었음에도 불구하고 지급준비제도는 안정적인 지준수요 창출로 단기금리 변동성을 완화시키며 지급결제 원활화에 기여함으로써 공개시장조작 등 다른 통화정책 수단이 원활히 수행될 수 있는 여건을 조성해 준다는 점에서 여전히 중요한 통화정책수단이라 할 수 있다.

(2) 우리나라의 지급준비제도

우리나라의 지급준비제도는 1960년대 중반까지만 하더라도 직접조절수단을 보완하는 제도에 불과하였으나 1965년 9월의 금리현실화 조치[23]를 계기로 통화조절수단으로서 중요한 위치를 차지하게 되었다. 특히 경상수지의 흑자전환으로 해외부문 통화가 급증한 1980년대 중반 이후 기조적인 유동성 조절수단으로 적극 활용되었다. 그러나 1990년대 들어 금융자유화와 금융시장 발전으로 공개시장조작을 효과적으로 운용할 수 있게 되면서 지급준비정책의 유동성조절수단으로서의 역할은 상당히 축소되었다.

지급준비제도의 세부사항인 지준적립대상, 지급준비율 등은 한국은행법에 의해 금융통화위원회가 결정하도록 규정되어 있는데 현행 우리나라 지급준비제도의 주요내용은 다음과 같다.

---

23) 금리의 법정최고한도를 연 20.0%에서 연 36.5%로 인상

▲ 지급준비율

은행들이 보유하여야 할 지급준비금의 최저율은 최고 50%를 초과하지 않는 범위내에서 금융통화위원회가 결정하며 현저한 통화팽창기에는 특정 지정일 당시의 예금액을 초과하는 증가액에 대하여 100%까지 최저지급준비금으로 추가로 부과할 수 있다. 지급준비율은 금융기관별로는 차등 적용하지 못하나 지급준비금 적립대상 채무 종류 및 채무 규모별로는 차등 적용할 수 있는데 2011년 말 현재 우리나라의 지급준비율은 다음과 같이 차등화 되어 있다.

[표 3-13] 우리나라의 지급준비율(2011년 말)

채무 종류	지급준비율
근로자재산형성저축, 근로자장기저축, 근로자우대저축, 장기주택마련저축, 근로자주택마련저축, 가계장기저축	0.0%
정기예금, 정기적금, 상호부금, 주택부금, CD*	2.0%
기타예금	7.0%

*   지급준비금 예치의무가 있는 금융기관을 상대로 발행된 CD는 제외

출처 : 한국은행

▲ 지급준비금 적립대상

한국은행법은 은행법의 적용을 받는 금융기관으로 하여금 채무에 대한 일정한 비율의 지급준비금을 한국은행에 지급준비금으로 보유하도록 규정하고 있는데 동 조항에 의한 지준 적용대상 금융기관은 일반은행, 특수은행 및 한국산업은행이다.

지급준비 대상채무는 처음에는 요구불예금과 저축성예금에 국한되어 있었

으나 1997년 2월부터는 양도성예금증서(CD)에 대한 발행한도를 철폐하면서 CD에 대해서도 지급준비금 예치의무를 부과하고 있다. 또한 2011년 12월부터는 지급준비제도의 적립대상 채무를 단순 예금채무에서 금융채무까지로 확대하였다.[24]

▲ 현금보유인정비율

금융기관이 보유하여야 하는 지급준비금은 한국은행에 전액 예치하여야 하나 금융통화위원회가 필요하다고 인정할 경우 지급준비금의 일부를 한국은행권으로 당해 금융기관에 보유(시재금)하도록 허용하고 있는데 이를 현금보유인정제도라고 한다. 현재 현금보유인정비율은 필요지급준비금의 35%까지이다.

▲ 지급준비금 적립 및 계산방식

지급준비금 계산 및 적립방식은 계산기간과 실제 적립기간간에 시차를 두지 않는 동시적립방식과 일정한 시차를 두어 관리하는 이연적립방식으로 구분할 수 있다. 우리나라는 1978년 1월 1일부터 동시적립방식에서 1주일의 시차를 두는 이연적립방식으로 변경하여 운용하였는데 이는 지급준비금을 계산기간과 같은 기간중에 적립해야 하는데 따른 불확실성을 축소함으로써 금융기관의 지준관리 편의를 제고할 수 있었기 때문이었다. 그러나 이러한 부분이연적립방식의 경우에도 지준적립기간중 필요지준규모가 사전에 완전히 확정되지 않아 단기금리의 변동을 초래하는 등 금리목표제와 부합하지 않는

---

24) 개정 한국은행법(2011년 12월 시행)은 예금채무 이외에 대통령령으로 정하는 채무가 추가되었으며 동법 시행령에서는 금융통화위원회가 필요하다고 인정하는 경우 발행만기 2년 이하의 원화표시 채권을 지급준비 대상채무로 확대할 수 있도록 규정하고 있다.

다는 문제점이 자주 지적되었다.

2011년 12월에는 한국은행법 및 지급준비규정의 개정으로 이전까지 상반월 및 하반월로 구분하여 운용하던 지급준비금 계산기간과 적립기간이 월단위로 변경되었다. 이에 따라 필요지급준비금의 계산기간은 매월 1일 ~ 말일이며 적립기간은 계산기간 다음달 둘째주 목요일부터 그 다음달 둘째주 수요일까지이다. 지급준비금으로 인정되는 금융기관의 시재금은 지급준비금 계산기간중 보유액을 기준으로 계산한다.

▲ 지급준비금 부족은행에 대한 제재

실제 적립한 지급준비금 평잔이 최저 필요지급준비금에 미달하여 지준적립 부족이 발생한 금융기관은 적립기간중 평균 부족액의 50분의 1에 해당하는 과태금을 한국은행에 납부하여야 한다. 또한 지급준비금 부족사태가 3기 보유기간(3개 적립월)에 걸쳐 연속하여 계속된 때에는 한국은행은 당해 금융기관에 대하여 최저지급준비금을 1개 적립월 이상 보유할 때까지 신규대출, 투자 또는 주주에 대한 배당금 지급 등을 금지할 수 있다.

3. 중앙은행 여수신제도

(1) 연혁 및 기능

중앙은행 여수신제도는 중앙은행이 금융기관을 대상으로 대출 및 수신을 통해 자금의 수급을 조절하는 제도이다. 이 중 여신정책은 역사적으로 초기 중앙은행 여신의 전형적인 형태가 재할인이었기 때문에 통상 재할인정책이라고도 한다.

중앙은행 대출은 도입초기 상당기간 동안 은행들이 중앙은행으로부터 일상적인 영업자금을 조달하는 수단으로 활용되었다. 그러나 근래 들어서는 자금이 부족한 은행이 스스로의 힘으로 필요자금을 조달하기 어려울 경우 마지막으로 의존하는 창구로서의 성격이 강해졌다. 선진국의 경우 대출제도는 매우 제한적으로 활용된다. 자금이 부족한 금융기관들이 중앙은행으로부터 차입할 수는 있지만 이는 자금조달 및 운용 능력의 부족을 스스로 인정하는 것으로서 신용과 신뢰에 흠을 입게 되므로 금융기관들은 가급적 중앙은행 차입을 피하려고 한다. 따라서 중앙은행 대출정책은 금융위기시 시중에 필요한 유동성을 공급하는 최종대부자로서의 기능에 중점이 두어져 있다.

한편 개발도상국의 경우 중앙은행 대출정책은 고도성장을 뒷받침하기 위한 통화공급 창구로 많이 활용되어 왔으며 특정산업에 대해 금리 또는 한도를 우대 적용하는 등 산업정책을 위한 선별금융수단으로 이용되기도 하였다. 그러나 중소기업 지원자금, 농업자금 등 중앙은행의 대출 창구를 통해 공급되는 정책금융은 통화증발에 따른 물가불안, 금융시장 왜곡 등 부작용을 유발할 수 있기 때문에 대부분의 나라에서는 중앙은행 대출의 정책금융적인 성격을 없애 나가고 있다.

이와 같은 중앙은행의 대출정책은 재할인 및 대출의 금리를 조절하는 가격정책과 재할인 및 대출의 양을 조절하여 금융기관의 자금공급능력을 조절하는 비가격정책으로 구분된다. 일반적으로 중앙은행 대출정책으로 이용되고 있는 것은 여신금리정책으로 중앙은행은 금융기관에 대한 여신금리를 변경시킴으로써 금융시장에서의 자금조달 비용과 자금의 이용가능성에 영향을 주어 전체적인 자금수급을 조절한다. 한편 여신금리 변경은 중앙은행의 경기에 대한 평가와 정책방향에 관한 신호를 줌으로써 일반 경제주체의 장래 전망 및 행위에도 영향을 미치게 된다.

그러나 여신금리정책은 다음과 같은 단점을 가지고 있다. 첫째, 중앙은행의 공시효과가 때로는 역의 효과를 가져올 수 있다는 점이다. 예를 들어 중앙은행의 여신금리 인상에 따라 금융기관들이 향후 금융긴축을 예상하고 여신 창구에서 차입을 크게 늘릴 경우 중앙은행의 의도와는 달리 통화량이 증가하게 된다. 둘째, 중앙은행은 여신금리를 경직적으로 변동시키므로 시장금리가 변동하였을 경우 양 금리간의 괴리가 커질 수 있다. 셋째, 중앙은행은 여신금리 수준을 변경할 수는 있지만 은행으로 하여금 중앙은행 차입이나 지준초과 예치를 강요할 수는 없으므로 시장금리의 변동폭을 줄이는 데는 한계가 있다. 따라서 금리중시 통화정책을 채택하고 있는 주요국 중앙은행은 여신제도를 롬바르트방식으로 전환하고 있는데 동 방식은 금리를 신축적으로 조절하는 데 효과적이다. 롬바르트형 대출제도란 중앙은행이 차입기관의 자금사정이나 용도 등에 제한 없이 단기신용을 정책금리보다 높은 금리로 제공하는 담보대출제도이다.[25] 이는 지준시장의 변동성을 완화하고 위기시 대규모의 유동성을 즉시 공급하는 데 편리하다. 롬바르트 대출제도 도입과 함께 유동성 여유자금의 중앙은행 예치제도 도입도 확대되고 있다. 이는 금융기관의 유동성 여유분을 초단기로 중앙은행에 제한없이 예치할 수 있도록 하고 이에 대해 정책금리보다 낮은 금리를 지급하는 제도로서 중앙은행의 시중 유동성 흡수 수단으로 이용된다.

롬바르트 대출과 중앙은행 단기 예치제도를 합쳐 통칭 대기성 여수신제도라고 하는데 대기성 여수신제도를 시행할 경우 롬바르트 대출금리는 단기 시장금리의 상한으로 작용하게 되며 중앙은행 예치금리는 사실상 단기 시장금리의 하한으로 작용함으로써 단기 시장금리는 상한인 롬바르트 대출금리와

---

25) 롬바르트형 대출제도는 전통적으로 독일을 비롯한 유럽국가들이 운영해 왔는데 1999년 출범한 ECB는 물론 1996년 캐나다, 2001년 일본이 이러한 유형의 대출제도를 도입하였으며 2003년 1월에는 미국도 이를 도입하였다.

하한인 중앙은행 예치금리 범위내에서 유지된다. 대기성 여신제도의 경우에는 금융불안시 대출금리의 인하, 만기연장, 대출담보 확대 등 대출조건을 완화할 수 있도록 하는 등 금융안정을 위한 정책수단으로도 활용되고 있다. 다만 대기성 여신제도도 신인도 저하 등의 우려에 금융기관들이 차입을 가급적 기피하려 한다는 문제점도 있다.

(2) 우리나라의 중앙은행 여수신제도

고도성장기중 한국은행의 대출정책은 통화조절 수단으로서보다는 주로 수출산업 등 특정 부문을 지원하기 위한 정책금융의 공급창구로 활용되었다. 정부가 지정한 전략산업에 은행이 자금을 지원하면 한국은행은 그 중 일부를 시중금리보다 낮은 금리로 은행에 대출해 주었다. 이러한 시스템하에서는 은행대출에 대한 만성적인 초과수요와 과잉통화 공급에 따른 인플레이션이 발생하였을 뿐 아니라 통화정책면에서는 금리가 낮은 수준에서 장기간 고정되고 대출규모도 중앙은행의 정책의지와는 무관하게 결정되어 중앙은행 여신제도는 능동적인 통화정책 수단으로서의 기능을 하기 어려웠다. 더욱이 과잉 공급된 통화를 통화안정증권을 통해 흡수하는 과정에서 통화안정증권이 누증되는 문제가 발생하였다. 금리자유화와 금융시장 개방이 급속히 이루어진 1990년대 들어 시장원리에 의한 간접조절 통화관리가 절실함에 따라 통화당국은 1994년 3월 정책금융을 축소·정비하고 통화조절기능을 대폭 강화하는 방향으로 대출제도를 전면 재정비하였다. 이에 따라 상업어음 재할인, 무역금융, 소재·부품생산자금대출 등을 새로 도입된 총액한도대출제도로 통폐합하였다. 이와 함께 대다수의 정책금융을 정부 재정으로 이관하거나 폐지하였다. 총액한도대출제도는 은행이 한국은행으로부터 차입할 수 있는 총한도를 미리 정하는 방식으로 자동재할인제도가 아니라는 점에서 통화정책수단으로서의 의의가 있다.

아울러 2000년 6월에는 유동성조절대출제도를 도입하였다. 이 제도는 일시적으로 유동성이 부족한 은행에 대하여 필요자금을 신속히 지원함으로써 금융시장의 안정을 도모하는 한편 선진국과 같이 대출금리의 신축적 조절을 통해 금융시장에 중앙은행의 통화정책기조를 알리는 공시효과를 적극 활용하자는 데 목적이 있었으나 신인도 저하 등을 우려한 금융기관들의 차입기피로 대출실적은 극히 저조하였다. 또한 2000년 9월에는 하루중 일시적으로 발생하는 은행의 지급결제 부족자금을 지원하기 위한 일중당좌대출제도가 도입되었고 2008년 3월부터는 통화정책 운영체계 개편의 하나로 단기시장금리의 안정성 제고와 금융위기시의 정책수단 확보 등을 위해 주요 국가의 대기성 여수신제도를 모델삼아 우리나라 실정에 맞는 자금조정 대출 및 예금을 도입·시행하였다. 한편 자금조정대출의 도입에 따라 그 실효성이 크게 저하된 일시부족자금대출과 유동성조절대출은 폐지되었다.

▲ 여수신제도

한국은행의 여신업무는 「한국은행법」 제64조, 제65조, 제75조 및 제77조에 의하여 금융기관, 정부 및 정부대행기관을 대상으로 하며, 민간에 대한 직접대출은 원칙적으로 금지되어 있다. 다만 1997년 외환위기시 이루어진 한국증권금융과 신용관리기금에 대한 자금지원 사례처럼 신용경색이 심각하여 연쇄부도가 우려되는 등 비상시에는 한은법 제80조에 의하여 금융통화위원회 위원 4명 이상의 찬성으로 비은행금융기관을 포함한 영리기업을 대상으로 직접 대출할 수 있다.

한국은행의 금융기관에 대한 여신은 ① 재할인·할인 및 매매 ② 증권담보대출 ③ 임시적격성 부여자산 담보대출로 나누어지는데 각 여신의 형식별 적격증권 범위는 다음과 같다. 「한국은행법」 제64조 제1항 제1호에서는 재할인·할인 및 매매의 대상이 될 수 있는 증권을 금융기관이 취득한 약속어음, 환어음, 기타 신용증권으로서 한국은행 취득일로부터 최장 1년 이내에 만기가 도래하는 것으로 규정하고 있다. 또한 한국은행은 증권을 담보로 하여 1년 이내의 기한부대출을 할 수 있는데 이는 한국은행의 여신이 금융기관의 일시적인 부족자금을 지원하기 위한 것으로 단기적으로만 이루어지도록 하기 위한 것이다. 대출의 형식은 어음대출이든 증서대출이든 관계없이 대출업무를 영위할 수 있으나 현재는 어음대출형식으로만 이루어지고 있다. 「한국은행법」 제64조 제1항 제2호에서 정한 증권담보대출의 대상이 되는 적격증권으로는 한국은행의 재할인·할인 및 매매 대상 신용증권, 정부의 채무 또는 정부가 보증한 채무를 표시하는 유통증권, 한국은행의 채무를 표시하는 유통증권으로 규정하고 있다.

그 외에도 한국은행은 「한국은행법」 제65조 제1항 제1호에 의거 통화와 은행업의 안정이 직접적으로 위협받는 중대한 긴급사태시 금통위 위원 4명 이상이 찬성할 경우 임시로 적격성을 부여한 자산을 담보로 금융기관에 대출할 수 있는 임시적격성 부여자산 담보대출을 실시할 수 있다. 동 대출은 전쟁, 공황 등에 따른 예금자의 막대한 예금인출로 금융기관의 준비자금이 부족하여 영업을 정지할 수밖에 없는 사태의 발생을 방지하기 위하여 통상의 한국은행 여신공급방식을 완화할 수 있도록 한 제도적 안전장치이다. 동 대출의 사례로는 1992년 한국·대한·국민투자신탁회사의 경영정상화 지원과 관련하여 조흥은행 등 7개 시중은행에 대한 대출시 해당 투신사에 대한 대출의 결과로 은행이 취득한 어음에 대해서 임시적격성을 부여한 사례를 들 수 있다.

위와 같은 법규정에 따라 현재 한국은행이 운용하고 있는 여수신제도로는 총액한도대출, 자금조정대출 및 자금조정예금, 일중당좌대출 및 특별대출 등 네 가지가 있다. [표 3-14]에서 한국은행의 여수신제도를 하나씩 살펴보기로 하자.

[표 3-14] 한국은행의 여수신제도 현황 (2011년 말 기준)

구 분	기 능	대출한도	대출금리	만 기
총액한도대출	• 은행의 중소기업대출 확대 유도	7.5조원	연1.50%	1개월
자금조정대출 및 자금조정예금	• 한국은행 기준금리 상하 일정폭의 금리 수준에서 금융기관이 중앙은행으로부터 부족자금을 차입(자금조정대출)하거나 여유자금을 예치(자금조정예금)할 수 있게 함으로써 단기시장금리의 변동 폭을 제한	-	한국은행 기준금리 ±100bp (지준마감일은 ±50bp)*	1일
일중당좌대출	• 은행의 하루중 일시적인 지급결제 부족자금 지원	-	3년물 국고채수익률 − 콜금리**	당일업무 마감시각

*   2011년 12월 자금조정예금 및 대출의 이율을 지준마감일에도 평상시와 동일하게 적용하기 위하여 기준금
     리 ±50bp에서 기준금리 ±100bp로 조정(2012년 2월 9일 시행)
**   직전분기 말월의 평균금리 기준, 콜금리는 무담보 익일물 기준

출처 : 한국은행

▲ 총액한도대출제도

중앙은행의 유동성조절 기능을 제고하기 위하여 도입된 총액한도대출제도는 은행들이 한국은행에서 차입할 수 있는 총액한도를 일정 기준에 따라 사전에 배정받는 방식으로 운용된다. 총액대출한도는 통화동향과 중소기업 및 지역 금융동향 등을 감안하여 금융통화위원회가 3개월마다 정하도록 하고 있는데 금융경제여건상 필요한 경우에는 3개월 이전이라도 한도를 변경할 수 있다. 총액대출한도는 개별 은행에 배분되는 금융기관별 한도와 한국은행 지역본부에 따로 배분되는 지역본부별 한도로 구분하여 운용하고 있다. 금융기관별 한도는 크게 결제지원한도와 무역금융한도로 나누어진다. 결제지원한

도는 금융기관의 결제지원자금의 취급실적을, 무역금융한도는 무역금융 취급
실적을 감안하여 배정한다. 이와 함께 금융기관의 중소기업대출 취급유인을
제고하기 위해 특별지원한도를 별도로 운용하고 있다.

[표 3-15] 총액한도대출의 부문별 지원한도 구성(2011년 말 기준)

	배정한도(7.5조원)	부문별
금융기관별 한도	1.5조원	결제지원한도 • 기업구매자금대출 • 전자방식외담대
		무역금융한도 • 무역금융
	1.0조원	특별지원한도
지역본부별 한도	4.9조원	• 우선지원한도 • 정책호응한도
유보한도	0.1조원	

출처 : 한국은행

[그림 3-6] 총액한도대출 한도 및 금리 추이

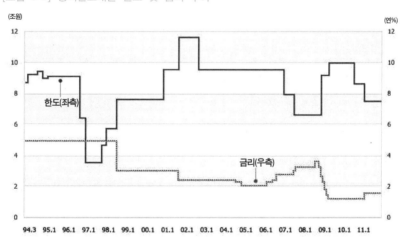

출처 : 한국은행

지역본부별 한도는 지역간 균형발전을 도모할 목적으로 은행의 지방중소기업에 대한 대출실적과 지역별 경제사정 등을 감안하여 각 지역별로 배정된다. 총액한도대출시 대출형식은 어음재할인 및 증권담보대출방식 모두 가능한데 현재는 증권담보대출방식만을 활용하고 있다.

▲ 자금조정대출 및 자금조정예금제도

자금조정대출은 금융기관이 자금수급 사정에 따라 한국은행으로부터 자금을 차입할 수 있는 대출제도로서 여유자금을 자유롭게 한국은행에 예치할 수 있는 자금조정예금과 함께 주요한 통화정책수단이다. 자금조정대출 및 예금은 영란은행, ECB 등 주요국 중앙은행들의 대기성여수신제도와 유사한 제도로 2008년 3월부터 새로운 통화정책체계 도입과 함께 시행되었다. 동 제도는 단기시장금리의 변동을 일정범위내로 제한하는 즉, 자금조정대출은 단기시장금리의 상한을 자금조정예금은 단기시장금리의 하한을 형성하는 기능을 수행한다.

현재 자금조정대출 금리는 한국은행의 기준금리+1%이며 자금조정예금 금리는 기준금리-1%이다. 다만 한국은행 기준금리가 1% 미만일 경우에는 자금조정대출 금리는 한국은행 기준금리의 2배로 적용되며 자금조정예금 금리는 0%이다. 한편 금융통화위원회는 금융시장이 기능을 원활히 수행하도록 하는 데 필요할 경우 예금금리를 기준금리까지 조정할 수 있다. 자금조정대출 및 예금의 대상기관은 지준예치대상 금융기관이나 부실 금융기관을 지원하는 수단으로 이용되지 않도록 재무건전성이 열악한 금융기관에 대해서는 자금조정대출을 제한할 수 있다. 대출형식은 증권담보대출로 하고 적격담보는 한국은행이 취득한 날로부터 1년 이내에 만기가 도래하는 국채, 정부보증채, 통안증권 및 금융기관이 대출로 취득한 어음 등 신용증권이다. 자금조정대출 및 예금의 만기는 통상 1영업일이지만 금융통화위원회는 금융시장이 기능을 원활히 수행하도록 하는 데 필요하다고 인정할 경우 1개월 범위 내에서 자금조정대출의 대출기간을 연장할 수 있다.

▲ 일중당좌대출

2000년 9월에 도입된 일중당좌대출제도는 영업시간중 발생하는 일시적인 지급결제부족자금을 대출해줌으로써 금융기관간 금융결제와 이와 관련된 기업간 대금결제를 원활히 하는 것이 그 목적이다. 동 제도는 경제규모 확대 및 금융거래 증대 등으로 금융기관간 자금결제 규모가 커지고 복잡해짐에 따라 일시적이나마 지급결제를 제 시간에 하지 못할 경우 금융시스템에 큰 혼란을 가져올 수 있기 때문에 이러한 상황을 미연에 방지하기 위해 도입되었다.

일중당좌대출은 하루중 금융기관의 당좌예금계정에 예치된 금액을 초과한 지급 또는 결제의 요청이 있는 경우 가용담보 범위 내에서 자동으로 발생되며 대출금액에 대한 제한은 없다. 다만, 금융기관의 일중당좌대출제도에 대한 과도한 의존을 방지하기 위하여 금융기관 자기자본의 25%를 초과하는 대출금액에 대해서는 '3년물 국고채 수익률 - 콜금리' 수준의 이자율을 적용한다. 일중당좌대출의 적격담보는 자금조정대출의 경우와 동일하며 대상기관은 한국은행에 예금지급준비금을 예치하고 한은금융망에 가입한 금융기관으로 한정되어 있다. 한편 일중당좌대출 상환마감시각까지 동 대출을 상환하지 못하는 경우 자금조정대출로 전환하도록 하고 자금조정대출 제한 금융기관에 대해서는 일중당좌대출 이용도 제한하고 있다.

▲ 특별대출

특별대출은 금융통화위원회의 별도 의결을 거쳐 지원하는 대출로서 한국은행이 금융시장 안정을 위해 대부분 최종대부자로서 지원하는 대출을 의미한다. 과거 동 대출은 1980년대 중반 해외건설 및 해운산업 등에 대한 산업합리화시책 추진과 관련한 산업구조조정자금이나 1992년 8월 투신사에 대한 경영정상화자금 등의 사례에서처럼 대상기관의 수지보전을 위해 낮은 금리(연리 3%)의 특융 형태로 지원되었다. 한편 1997년 외환위기 이후 금융시장 불안에 대응하여 지원된 특별대출의 경우에는 대상기관의 유동성 부족을 해소하는 차원에서 시장실세금리 수준으로 지원되었다는 점에서 이전의 수지보전적 저리 특융과는 그 성격을 달리한다. 또한 2009년 3월에도 글로벌 금융위기에 대응하여 은행의 신용공급 확대 및 원활한 기업구조조정 추진 등을 뒷받침하기 위하여 한국산업은행을 통해 은행자본확충펀드에 3조 3천억원을 출연하였다.

4. 공개시장조작

(1) 개요

공개시장조작은 중앙은행이 채권시장 등 공개시장에서 국공채 등을 매매함으로써 금융기관의 자금사정에 영향을 주고 이를 통해 단기자금시장금리가 중앙은행의 단기목표금리에서 크게 벗어나지 않도록 유동성을 적절하게 조절하는 통화정책수단이다. 공개시장조작은 지급준비정책 및 여수신정책에 비해 여러 가지 장점을 지니고 있어 오늘날 대부분의 선진국에서 주된 통화정책수단으로 사용되고 있다. 이는 정책당국이 필요에 따라 공개시장조작의 시기 및 규모를 신축적으로 결정할 수 있을 뿐만 아니라 시장메커니즘에 따라 이루어지기 때문에 금융시장에 미치는 충격은 작은 반면 정책효과는 크고 신속하게 나타나기 때문이다. 공개시작조작의 또 다른 장점은 중앙은행과 금융기관간에 정보교류가 신속히 이루어지므로 정책오류를 최소화 할 수 있다는 데 있다. 이처럼 공개시장조작은 시장친화적이며 일상적인 유동성 조절수단이라고 할 수 있지만 이를 효과적으로 운영하기 위해서는 조작대상이 되는 국공채 물량이 충분하고 금융자산의 만기별 금리체계(term structure)가 합리적으로 형성되어 있는 등 금융시장이 잘 발달되어 있어야 한다. 우리나라도 한국은행이 콜금리가 금융통화위원회에서 결정된 기준금리에서 크게 벗어나지 않도록 하고 있는데 이는 은행들의 지급준비금 수준을 조절해야 가능하며 이때 공개시장조작이 그 주된 수단이다.

이와 관련된 메커니즘을 자세히 살펴보기로 한다. 은행들의 지준수요는 법률에 의한 강제요인(필요지준수요) 또는 자체적인 지급결제요인(지급결제수요)에 의해 결정된다. 필요지준수요는 은행들의 예금규모에 의해 결정되므로 매일의 은행영업활동에 좌우되고, 지급결제수요는 기본적으로 은행영업활동의 결과 취득하거나 발행한 수표 등 각종 비현금지급수단의 규모에 의해 결정된다. 한편 은행 지준의 공급은 외생적 요인에 의한 지준공급과 한국은행의 공개시장조작에 의한 지준공급으로 구분되는데 외생적 요인에 의한 지준공급 경로는 정부부문, 민간부문, 국외부문 및 기타부문으로 구분된다.

개별 은행들은 지준이 부족할 경우(즉 지준수요가 지준공급보다 많을 경우) 콜시장 등 단기금융시장을 통해 자금을 차입하거나 보유자산을 매각하여 부족자금을 조달하고, 지준이 남을 경우에는 콜시장 등 단기금융시장을 통해 자금을 대여하거나 자산을 매입하여 잉여자금을 해소한다. 금융시장을 통한 자금거래가 은행간 자금 이전에만 국한될 경우 은행전체 지준사정을 변화시키

[그림 3-7] 콜금리와 기준금리 추이

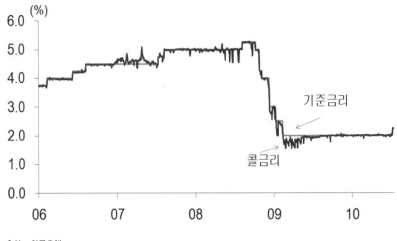

출처 : 한국은행

지는 못하기 때문에 콜금리에 미치는 영향은 미미하다. 하지만 은행전체의 지준수요가 크게 변하거나 외생적 요인에 의한 지준공급이 크게 변동할 경우 은행전체의 지준이 부족하거나 남게 되어 결국 콜금리가 기준금리에서 벗어날 수 있다. 이와 같이 정부의 세출입, 한국은행의 총액한도대출, 민간의 현금보유 수준 등 외생적 요인에 의해 지준공급이 변동하면서 자금시장 전체가 지준과부족 상황에 처하게 되면 콜금리가 한국은행의 기준금리에서 크게 벗어나게 되는데 이를 방지하기 위하여 한국은행은 공개시장조작을 통해 지준공급 규모를 조절하여 은행전체의 지준수요 및 공급이 일치하도록 한다. 이러한 은행의 지준수요 및 외생적 지준공급은 계절적·순환적 성격을 갖기 때문에 서로 일치하지 않는 경우가 일반적이다. 따라서 한국은행은 일상적으로 은행의 지준수요와 외생적 요인에 의한 지준공급을 예측하여 공개시장조작을 통해 지준의 수급괴리를 해소하여 콜금리를 기준금리수준으로 유지시킨다. 한편 금융통화위원회가 기준금리를 변경할 경우 콜금리는 한국은행의 공개시장조작 실행이 없더라도 즉각 변경된 기준금리수준으로 조정되는데 이는 금융기관들이 콜금리가 기준금리수준에서 형성되지 않을 경우 한국은행이 RP매매 등 공개시장조작을 통해 지준을 공급 또는 환수할 것이라고 예상하여 콜거래 금리를 변경된 기준금리수준으로 곧바로 조정하기 때문이다.

다음에는 공개시장조작의 실제 과정에 대해 구체적으로 살펴보기로 하자. 한국은행은 먼저 공개시장조작 실행시 자금조절 수단, 규모 및 기간을 결정해야 하는 데 이를 위해 필요지준을 확정하고 지급준비금의 외생적 공급요인을 전망한다.

▲ 필요지준 확정

한국은행은 지준 적립기간(매월 1일~말일인 계산기간의 익월 둘째주 목요일 ~ 익

[그림 3-8] 우리나라의 공개시장조작 운용체계

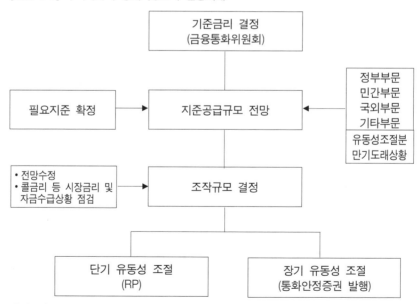

출처 : 한국은행, 우리나라의 통화정책

익월 둘째주 수요일)이 시작되기 전에 개별 은행들로부터 지준상황을 보고 받아 은행별 최저 지급준비금(필요지준) 규모를 확정한다.

▲ 지급준비금의 공급요인 전망

지급준비금의 공급 부문은 지준 적립기간 매일의 정부 세출입 변동, 한국은행의 총액한도대출(또는 회수) 및 외환매매, 한국은행이 과거에 실시한 공개시장조작에 따른 유동성조절분의 만기도래에 따른 지준공급(또는 회수) 등 은

[표 3-16] 실제 지준전망표 예시

	증감규모(억원)	주요 요인
• 정부부문	-11,500	
세출	12,000	행자부 재정집행 등
세입(-)	23,500	교통세 등
• 국외부문	-	
• 민간부문	-3,100	총액한도대출 한도감축
• 기타부문	200	통화안정증권 이자지급
• 현금통화(-)	-800	
• 유동성조절 만기도래	-24,300	
통화안정증권	15,700	
RP	-40,000	전일 RP매입 만기도래
금일 예상 지준증감(A)	-37,900	
전일 지준규모(B)	182,400	
금일 예상 지준규모(C=A+B)	144,500	
필요지준규모(D)	175,000	
당일 지준과부족(C-D)	-30,500	
유동성조절 필요규모	30,000	
통화안정증권		
RP	30,000	RP매입

출처 : 한국은행, 우리나라의 금융시장

행의 지급준비금에 영향을 주는 모든 요인을 반영하여 전망한다.

(2) 공개시장조작 수단

우리나라의 공개시장조작 수단은 통화안정증권 발행과 증권매매가 있으며 증권매매는 RP매매와 단순매매 두 가지 형태가 있다. 만기가 장기인 통화안정증권은 유동성을 장기적으로 조절할 때 사용하며 유동성을 단기적으로 조절할 때는 만기가 짧은 RP매매를 주로 활용한다.

이는 아래의 한국은행의 대차대조표에 잘 나타나 있다.

[표 3-17] 한국은행 요약 대차대조표(B/S)(2008년 12월말 현재)

(10억원)

자산		부채 및 자본	
국내자산	39,214.3	국내부채	266,110.1
대출금	8,106.8	화폐발행액	30,758.3
대정부대출금	1,117.2	예금	62,180.8
유가증권	11,390.9	정부예금	5,280.7
외화예탁	218.1	통화안정증권발행	126,937.2
비유동자산	8,511.1	RP매각	13,000.0
RP매입	7,869.4	충당금	132.0
기타	2,000.8	기타	27,821.1
국외자산	273,125.7	국외부채	41,334.4
외화예치	25,964.6		
외국증권	225,381.9	자본계정	4,895.5
기타	21,779.2		
자산 계	312,340.0	부채 및 자본 계	312,340.0

출처 : 한국은행, 「연차보고서」

▲ 증권매매

증권매매란 한국은행법에 의거하여 한국은행이 시중유동성조절을 위해 공개시장에서 증권을 매매하는 것을 말한다. 한국은행은 유동성 환수가 필요할 경우에는 증권을 매각하고 유동성 공급이 필요할 경우에는 증권을 매입하여 유동성을 조절함으로써 콜금리를 목표수준으로 유지한다. 증권매매 대상증권은 안전성과 유동성이 보장된 국채, 정부보증증권, 통화안정증권으로 제한하고 있으며, 이중 통화안정증권은 한국은행의 RP 매입시에만 사용된다.

증권매매에는 단순매매와 환매조건부매매의 두 가지 종류가 있는데 먼저 단순매매는 대상증권을 환매조건 없이 사거나 파는 방식으로서 유동성을 기조적으로 조절하고자 할 때 주로 이용된다. 환매조건부매매는 일시적인 유동성조절 수단으로서 거래대상기관과 미리 약정한 기간이 경과하면 반대매매를 통하여 다시 매입(매각)할 것을 조건으로 하여 매각(매입)하는 거래이다.

한편 매매방식은 매매가격의 결정방식에 따라 공모방식과 상대매매로 나뉘는데 공모방식은 다시 경쟁입찰방식과 모집방식으로 구분된다. 경쟁입찰방식은 증권매매 또는 발행·환매시 참가자들의 응찰금리에 따라 물량을 배분하는 것을 말하며 모집방식은 금리를 고정하는 대신 참가자들의 응모금액에 따라 물량을 배분하는 것을 말한다.

RP 매입시에는 경쟁입찰방식을 적용하는데 금융통화위원회가 정한 기준금리 이상 입찰자중 한국은행에 유리한 순서로 낙찰자 및 낙찰금액을 결정하되 동일한 입찰조건으로 경합된 입찰자의 낙찰금액은 응찰금액에 비례하여 배분한다. RP 매각시에는 모집방식을 적용하는데 기준금리를 입찰금리로 단일화하고 응모금액을 낙찰금액으로 하되 응모금액이 매매예정금액을 초과하는 경우에는 응모금액에 비례하여 배분한다. 공모방식은 한국은행과 공개시장조작 거래약정을 체결한 금융기관을 대상으로 한국은행 금융결제망

(BOK-Wire)을 통하여 이루어진다. 상대매매는 특정 거래대상기관을 상대로 하는 거래로서 매매가격 등 거래조건은 대상기관과 협의하여 결정된다.

한국은행은 일상적인 유동성 미세조절(fine tuning) 수단으로 공모방식을 통한 RP매매를 주로 활용한다. 이는 RP매매가 단순매매에 비해 대상증권의 유통시장이 활성화되지 않아도 쉽게 이용할 수 있을 뿐만 아니라 실시시기, 빈도, 조건 등을 필요에 따라 조절할 수 있어 매우 신축적이며 대상증권의 매도와 매수시에 발생할 수 있는 손실을 최소화할 수 있는 장점이 있기 때문이다.

매매금리는 매매방식에 따라 달라진다. 공모방식일 경우 매입시에는 경쟁입찰방식을 적용하므로 각 낙찰자가 입찰시 제시한 금리를 매입금리로 하는 복수금리(conventional)방식을 적용하며 매각시에는 모집방식을 적용하므로 기준금리를 매각금리로 한다. 다만 예외적으로 1일물 등 단기 RP를 실시하는 경우에는 매입 및 매각금리를 모두 한국은행 기준금리로 하며 상대매매일 경우에는 대상기관과 협의하여 결정한다. RP 매매기간은 91일 이내로 제한되어 있으나 통상적인 만기는 7일이며 매주 목요일 정례적으로 이루어지고 있다. RP매매에 따른 자금결제는 한국은행에 설치된 거래기관의 당좌예금계정을 통해 이뤄진다.

공개시장조작 대상기관은 「은행법」에 의한 은행, 중소기업은행, 한국산업은행 및 한국수출입은행, 「자본시장과 금융투자업에 관한 법률」에 의한 투자매매업자, 투자중개업자, 집합투자업자, 신탁업자, 증권금융회사, 종합금융회사, 자금중개회사 및 한국거래소, 「보험업법」에 의한 보험회사, 「국민연금법」에 의한 국민연금기금 중에서 매년 1회 금융통화위원회의 의결을 거쳐 선정된다.

▲ 통화안정증권 발행·상환

공개시장조작에 필수적인 국공채 물량이 부족한 우리나라의 경우 한국은
행이 자체의 채무증서인 통화안정증권을 발행하고 이를 대상으로 공개시장
조작을 하고 있다. 통화안정증권(Monetary Stabilization Bond)은 「한국은행
법」 및 「한국은행 통화안정증권법」에 의거하여 한국은행이 금융기관과 일반
투자자를 대상으로 발행하는 특별유통증권으로서 기조적인 유동성조절 수단
으로 주로 활용되고 있다.

참고 3-1 ☰ 외국 중앙은행의 채무증서 발행현황

	중국	대만	홍콩	멕시코	헝가리
명칭	중앙은행증권 (PBC Bills)	예금증서(CD)	외환기금증권 (Exchange Fund Bills & Notes)	통화관리채권 (monetary regulation bond)	중앙은행채권 (NBH Bonds, Bills)
발행목적	외국인투자 확대로 증가한 잉여유동성 흡수	• 통화량조절	• 유동성조절 • 적정한 수익률곡 선 형성 등을 통한 금융시장 발전	• 단기금융시장에 서의 유동성관리	• 환율변동폭 제한 용
특성 및 만기	• 할인채 (만기 3개월, 6개 월, 1년) • 이표채(3년)	• 할인채 • 만기: 14, 28, 91, 182, 364, 546일, 2년)	• 할인채 (만기: 28, 91, 182, 364일) • 이표채 (2, 3, 5, 7, 10년)	• 할인채 • 만기:1년, 3년	• 할인채 (bills: 만기 3개월, 10~12개월) • 이표채 (bonds: 만기 5년)

한국은행은 경상수지 흑자(적자), 외국인투자자금 유입(유출) 등으로 시중의
유동성이 계속 증가(감소)하여 이를 구조적으로 억제(완화)할 필요가 있을 경
우에 통화안정증권을 순발행(순상환)하여 남는(부족한) 유동성을 흡수(공급)하
게 된다.

통화안정증권의 발행한도는 금융통화위원회의 결정사항으로 매분기 말월

에 다음 분기말의 발행한도를 금융통화위원회에서 의결한다. 통화안정증권의 발행방식에는 공모발행방식과 상대매출방식이 있다. 공모발행방식은 모집, 매출(인수·위탁·일반매출), 경쟁입찰이 있으며 상대매출방식은 특정금융기관 또는 정부출자·출연기관을 상대로 이루어진다. 통화안정증권은 1993년 4월 이전에는 주로 인수매출방식에 의해 발행되었으나 그 이후에는 대부분 경쟁입찰 및 일반매출방식에 의해 발행되었고 2009년 6월 이후엔 일반매출방식이 모집제도로 대체되었다. 경쟁입찰과 모집은 한국은행과 「통화안정증권 거래에 관한 약정」을 맺은 금융기관을 대상으로 BOK-Wire를 통해 실시하는데 한국은행과 거래약정을 맺지 않은 금융기관들은 거래대상기관을 통해 간접적으로 입찰이나 모집에 참여할 수 있다.

통화안정증권의 만기는 공모발행의 경우 2년 이내로서 총 13종류로 정형화되어 있는데 비해 상대매출방식에 의한 발행은 2년 이내에서 한국은행 총재가 정하도록 규정되어 있다. 통화안정증권은 이자지급방법에 따라 이표채와 할인채로 구분된다. 이표채는 2년물, 1.5년물, 1년물 총 3종이 있으며 만기일까지 3개월마다 이자가 지급된다. 할인채는 14일물~546일물까지 10종류가 있으며 할인발행되어 만기일에 액면금액이 지급된다. 2년물과 1년물은 각각 2개월 및 1개월마다 통합발행되며 이에 따른 만기일시상환 부담을 덜기 위해 2년물에 한하여 조기상환 제도를 도입하였다.

발행금리는 경쟁입찰의 경우 복수금리(conventional)방식과 단일금리(Dutch)방식 중 금융시장 상황을 감안하여 결정되는데 현재는 단일금리방식을 적용하고 있다. 경쟁입찰시 낙찰은 한국은행이 시중유동성 사정을 감안하여 사전에 정한 발행예정규모를 상한으로 해서 낮은 금리로 응찰한 부분부터 이루어진다. 발행금리는 매입기관에게 유리하도록 낙찰자가 제시한 금리중에서 최고금리를 똑같이 적용하는 단일금리방식을 채택하고 있는데 이는 입찰참가기관들의 적극적인 입찰참여를 유도하기 위해서이다. 일반매출은 시장상황 등을 감안하여 만기 및 매출수익률을 사전에 결정하여 공표하고 발행예정금액 내에서 신청순서에 따라 선착순으로 발행한다. 통화안정증권발행 경쟁입찰 대상기관은 매년 1회 금융통화위원회의 의결을 거쳐 선정된다. 그러나 일반매출의 경우 별도의 제한을 두고 있지 않아 일반인도 통화안정증권을 매입할 수 있다.

[그림 3-9] 통화안정증권 경쟁입찰 진행절차

발 행 절 차	일 자	시 간	비 고
지급 수급 전망	D-1일 이전		반월지준전망 등을 고려
통화안정증권 발행금액 결정	D-1일		
입찰내역 공고	〃	16:30	
입찰 실시	D일	1차 : 10:00~10:10 2차 : 13:30~13:40 3차 : 14:10~14:20	
낙찰결과 통보 및 공표	〃	개별 입찰 종료 후	총 응찰, 낙찰금액 및 낙찰금리 공표
통화안정증권 발행 및 자금결제	D+1일	영업시간중	BOK-Wire를 통한 등록방식으로 발행

출처 : 한국은행, 우라니라의 금융시장

▲ 통화안정계정 예치

한국은행은 한국은행법 제28조 제8호 및 제70조에 따라 통화안정계정을 설치 운영하고 있다. 통화안정계정은 채권시장 미발달 등 공개시장조작 여건이 미비된 상황에서 과잉 유동성을 기동성 있게 흡수하기 위하여 강제예치방식으로 1967년 3월에 설치되었다. 1969년 유동성 조절방식이 통화안정증권 발행 위주로 전환됨에 따라 통화안정계정 예치액이 대폭 축소된 데 이어 1974년 제1차 오일쇼크 여파로 금융기관의 자금사정이 악화되면서 통화안정계정 예치금 전액이 해지되었다. 이후에도 간헐적으로 활용되던 통화안정계정은 외환위기 이후 한국은행이 한국산업은행으로부터 IBRD 차관자금(외화)을 매입하는 과정에서 공급된 원화유동성을 통화안정계정에 예치토록 하였고, 동 예치금은 1998년 11월 전액 인출되었으며 이후로는 통화안정계정은 유동성조절수단으로 활용되지 않았다.

그러나 금융시장의 발전 등 제반여건 변화에 따라 한국은행은 2010년 10월 기존의 강제예치방식 이외에 시장친화적 방식의 통화안정계정 운용방안을 재도입하였다. 시장친화적인 방식의 통화안정계정은 급격한 신용팽창 등 이례적인 상황에서 사용되는 강제예치방식과 달리 한국은행의 환매조건부증권매매 대상 금융기관을 대상[26]으로 하여 경쟁입찰방식으로 예치금의 규모 및 금리가 결정되는 일상적 유동성 조절 수단의 하나로 활용되고 있다. 경쟁입찰에 의하여 통화안정계정에 예치하는 경우 낙찰자 및 낙찰금액은 한국은행이 사전에 내정한 최고금리 이하에서 입찰자가 제시한 금리 중 가장 낮은 금리부터 순서대로 결정하되, 동일한 입찰금리로 경합된 입찰자의 낙찰금액은 응찰금액에 비례하여 배분한다. 경쟁입찰방식에 의한 통화안정계정의 예치금 금리는 각 낙찰자가 낙찰된 금액에 대하여 제시한 금리 중 가장 높은 금리로 하며 이를 모든 낙찰자에게 동일하게 지급하는 단일금리(Dutch)방식을 적용한다. 한편 통화안정계정의 예치기간은 91일 이내로 제한되어 있으나 통상적으로 1개월 이내로 운용되고 있다.

---

26) 현행 한은법상 통화안정계정에 예치할 수 있는 금융기관은 은행으로 제한되어 있다. 따라서 통화안정증권과 달리 금융투자업자의 경우 통화안정계정 예치가 불가능하다.

제 **4** 장

정책결정을 위한
경제상황 판단

The Centarl Bank
and
Monetary Policy

　정책금리 조정, 지준율 변경 등 통화정책을 수행하기 위해서는 사전에 국내외 경제가 어떠한 상황에 있으며 향후 어떻게 진행되어 나갈지 판단하여야 한다. 통상 매월 개최되는 금융통화위원회에서는 해외경제와 국내경제 상황을 면밀히 검토분석한 후 통화정책 방향을 결정한다. 국내경제 분석은 크게 실물경제, 금융, 외환의 세 부문으로 나누어 한 후 이를 종합한다.

　제4장에서는 실물, 금융, 외환의 세 국내경제부문의 분석에 관한 기초적인 과정을 차례로 살펴본 후 이러한 경제지표를 이용하여 2005년 ~ 2008년 금리 인상기와 2008년 리먼브러더스 사태 이후 금리 인하기의 국내 경기상황을 진단하였다.

1. 개요

　현재의 국내경기가 확장국면인지 수축국면인지 여부를 판단하기 위해서는 산업별 등 개별 실물경제지표를 살펴보고 이를 종합하는 한편 경제의 전반적인 경기흐름을 보여주는 종합·가공지표에 대한 심도있는 분석을 하여야 한다. 여기에 더해 경제상황을 부문별로 전망할 필요가 있다.

[표 4-1] 국내 경기상황 진단을 위한 주요 실물경제지표

		현재상황 판단지표	미래상황 판단지표	종합판단 또는 참고지표
1. 생산 및 수요	종합지표	GDP 경기동행종합지수	경제전망 경기선행종합지수 OECD의 한국 경기선행지수(CLI)	GDP gap
	개별지표	광공업생산·재고·출하지수 서비스업생산지수 건설기성액 설비투자 소매판매 수출	재고순환지표 재고율 기업경기실사지수(BSI) 소비자동향지수(CSI) 건설수주 기계수주	순상품교역조건 처분가능소득 설비투자조정압력 자본재수입액 제조업영업이익률 신용카드사용액
2. 고용 및 임금		취업자수 증감 실업률 고용률 경제활동참가율	주택가격전망지수	노동생산성증가율 단위노동비용상승률
3. 물가		소비자물가지수 근원 인플레이션율		주택가격 아파트매매가격 토지가격
4. 경상 수지		수출 수입		경상수지 주요국 경기 OECD CLI
5. 주요 가격				국제유가 원/달러 환율

이와 같은 분석과 전망을 토대로 현재 경제가 확장국면에 있으며 향후 과열되면서 물가가 상승할 징후가 보인다면 정책금리 인상 등 긴축적 통화정책을, 반대로 수축국면이 심화되고 실업률 등이 상승하며 고용사정이 악화될 조짐이 보인다면 정책금리 인하 등 완화적 통화정책을 운용해야 할 것이다.

이러한 분석 및 전망 작업을 위하여 활용되는 주요 실물경제지표들은 [표 4-1]에 정리되어 있다. 이하에서는 이들 경제지표들을 설명하고 이 지표들이 경기 변화에 따라 어떤 움직임을 보여왔는지를 살펴보기로 한다.

2. 경기순환

경기순환이란 총체적 경제활동이 경제의 장기 성장추세를 중심으로 상승과 하강을 반복하는 현상을 의미한다. 이러한 경기순환은 민간기업의 투자지출을 비롯한 수요 충격, 통화량 변동과 같은 화폐적 충격, 불완전한 정보에 의한 기대, 기술이나 생산성의 변동 등 경제내의 여러 가지 실물 및 화폐적 요인에 의해 발생하게 되는 것으로 알려져 있다.

[그림 4-1] 경기 순환도

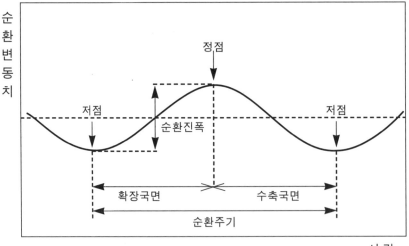

출처 : 통계청, 「경기종합지수」

[표 4-2] 우리나라 기준순환일 및 국면지속시간

	기준순환일			지속기간(개월)		
	저점	정점	저점	확장기	수축기	순환기
제1순환기	1972.3	1974.2	1975.6	23	16	39
제2순환기	1975.6	1979.2	1980.9	44	19	63
제3순환기	1980.9	1984.2	1985.9	41	19	60
제4순환기	1985.9	1988.1	1989.7	28	18	46
제5순환기	1989.7	1992.1	1993.1	30	12	42
제6순환기	1993.1	1996.3	1998.8	38	29	67
제7순환기	1998.8	2000.8	2001.7	24	11	35
제8순환기	2001.7	2002.12	2005.4	17	28	45
제9순환기	2005.4	2008.1[*]	2009.2[*]	33	13	46
제10순환기	2009.2[*]					
평균	-	-	-	31	18	49

출처 : 통계청, 「경기종합지수」

경기순환은 경기저점에서 정점까지 경제활동이 확대되는 확장국면 (expansion), 경기정점에서 저점까지 경제활동이 위축되는 수축국면 (contraction)으로 2단계로 구분될 수도 있으며 더 상세하게는 확장국면을 회복기(recovery)와 확장기(expansion)로 나누고 수축국면을 후퇴기(recession)와 수축기(contraction)로 4단계로 나누는 구분법을 사용하기도 한다. 경기 저점에서 다음 저점까지 또는 정점에서 다음 정점까지의 기간을 순환주기(cycle)라고 하며, 순환의 강도를 의미하는 정점과 저점간의 차이를 순환진폭(amplitude)이라 한다.

경기순환을 현실적으로 파악하고 분석하기 위해서는 경기 정점 및 저점과 같은 경기의 전환점을 정해야 하는데 이를 기준순환일(reference turning date)이라고 한다. 우리나라의 기준순환일은 통계청이 전문가들의 의견을 반영하여 공표하고 있다. 우리나라의 기준순환일은 1970년 이후의 기간을 대상으로 설정되어 있는데 2011년 12월 현재 2009년 2월의 경기 저점까지 설정되어 있다. 이 기간 중 우리나라의 평균적인 경기 순환주기는 약 49개월로 같은 기간 중의 미국의 순환주기(약 74개월)에 비해서는 2년 정도 짧고 일본의 순환 주기(약 51개월)와는 비슷한 수준이다. 한편 우리나라의 경우 확장기는 평균 31개월, 수축기는 평균 18개월로 확장기가 수축기에 비해 길다.

[그림 4-2] 경기동행지수 순환변동치

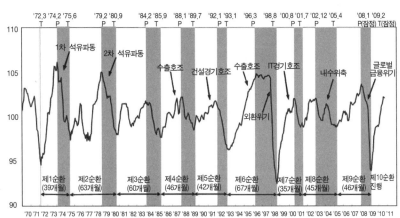

P:정점(Peak), T:저점(Trough)

출처 : 통계청

경기국면을 판단하는 경기지표는 계절요인과 불규칙요인을 제거한 추세순 환계열의 전월비 증가율 또는 전년동월비 증가율을 이용하거나 추세순환계 열에서 추세요인까지 제거한 순환변동계열을 이용한다. 순환변동계열을 기 준으로 확장국면, 수축국면, 경기 정점 및 저점 등이 정해진다. [그림 4-3]의 첫번째 그림에서 보는 바와 같이 추세순환계열의 전월비 증가율이 추세치의 전월비 증가율을 상회하는 기간이 확장국면이 되고 하회하는 기간이 수축국 면이 된다. 이것은 확장국면은 계절 및 불규칙 요인을 제외한 기조적 경제

[그림 4-3] 경기지표의 순환변동치와 증감률

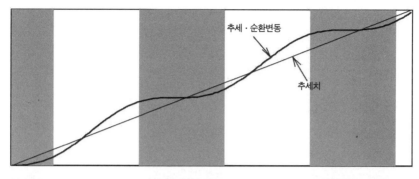

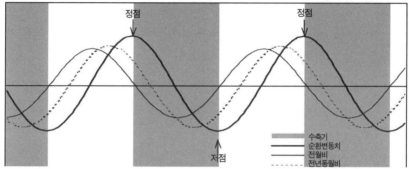

*   음영이 있는 기간이 경기 수축기, 없는 기간이 경기 확장기

출처 : 통계청, 「경기종합지수」

성장이 추세적 성장보다 빠른 기간임을 의미한다. 이와 반대로 기조적 성장이 이루어지더라도 추세성장에 못 미친다면 수축국면이 된다.

한편 [그림 4-3]의 두 번째 그림에서 보는 바와 같이 통상 전월비 및 전년동월비 증가율의 전환점은 순환변동치의 전환점에 앞서 나타난다. 전월비가 전년동월비에 앞서는 것은 짧은 기간인 월간의 변화를 나타내는 전월비들의 움직임이 먼저 나타나고 이러한 전월비가 1년 정도 모여져야 1년간의 움직임이 나타나기 때문이다. 또한 증가율(전월비 또는 전년동월비)이 상승하여 정점 전환점이 도래한 후에도 증가율 자체가 마이너스가 될 때 까지는 수준값은 올라갈 것이므로 수준값인 순환변동치의 정점 전환점은 늦게 도래하게 된다. 우리나라에서는 경기국면 판단을 위해 기본적으로 활용되는 지표는 수준값인 경기동행지수 순환변동치계열이다.

3. 주요 실물경제지표

(1) 종합 경기지표

경제의 전체 상황을 보여주는 종합 경기지표로는 GDP성장률, 경기종합지수, GDP갭률 등이 있다. 이러한 지표들은 대체로 현재의 경기국면을 판단하는 기초자료가 되지만 경기종합지수중 선행경기종합지수와 향후 경제상황을 전망한 경제전망 결과 등은 향후 경기의 흐름을 가늠해 보는 잣대가 된다.

▲ GDP성장률

통상 물가요인을 제거한 실질GDP의 증가율을 의미하며 흔히 경제성장률로 일컬어진다. GDP는 국내총생산으로서 한 나라 안에 있는 가계, 기업, 정부 등 모든 경제주체가 일정기간 동안 새로이 생산한 재화와 서비스의 가치를 시장가격으로 평가하여 합산한 것이다. 따라서 한 나라의 국내총생산의 변화는 그 나라의 경기 상황의 변화를 가장 잘 보여주게 된다.

연간 GDP성장률과 분기 GDP성장률이 분석에 주로 이용되는데 경기를 신속하게 파악하여야 할 필요성이 커지면서 분기 GDP성장률에 관심이 집중되고 있다. 분기 GDP성장률은 다시 전분기대비 성장률과 전년동기대비 성장률로 구분된다. 경제지표를 분석할 때 주요 관심사는 현재 경기가 전분기보다 나아지고 있는지 또는 나빠지고 있는지를 파악하는 것인데 우리나라의 경우 종전에는 분기GDP의 계절적 패턴이 4분기를 주기로 매년 동일하다는 가정하에 분기 GDP를 전년의 동일분기와 비교하는 전년동기대비 성장률을 이용하여 경제의 흐름을 파악해 왔다. 그러나 전년동기대비 성장률은 경제구조변화에 따라 매년 계절적 패턴이 바뀌게 되는 경우 현실을 반영하지 못할 뿐만 아니라 명절, 공휴일수, 영업일수의 차이 등에 의한 변동요인 등도 완전히 제거하지 못하는 한계가 있다. 따라서 전년동기대비 성장률을 이용하여 경제성장을 분석하는 경우 경기국면 전환시점에서 통계의 착시현상이 발생할 수가 있으므로 경기의 순환 및 전환점과 같은 기조적인 흐름을 정확하게 파악하기가 곤란하였다. 이러한 문제점을 해소하기 위해 전분기대비 성장률이 필요하다.

전분기대비 성장률은 필수적으로 통계적 기법을 이용하여 계절변동성분을 제거한 통계를 기초로 작성된다. 계절별로 GDP의 규모는 매우 다른데 이를 그대로 비교하여서는 경기 상황의 변화를 파악하기가 어렵기 때문이다. 전기대비 성장률은 GDP 규모[1]가 저점에서 정점으로 늘어나는 기간중 부호가 (+)가 되고 정점에서 저점까지는 (-)가 되며 경기전환점에서는 (0)이 되는 등 경기의 전환점 판단을 위한 명확한 정보를 제공한다. 예를 들어 [그림 4-4]를 살펴보면 전기대비는 경기가 회복되는 ①시점에서 성장률이 양(+)의 부호로 전환되어 경기 전환을 포착하는 반면, 전년동기비는 이보다 2분기 늦은 ③시점에서 성장률이 양(+)의 부호로 전환되어 경기전환 포착시기가 늦음을 알 수 있다. 따라서 경기의 정·저점에 대한 정확한 포착을 위해서는 원통계에서 계절성분이 제거된 계절변동조정통계의 전기대비 성장률을 이용하는 것이 유용하다. 이와 같은 이유로 전기대비 GDP성장률은 국내 경기 판단에 있어

---

1)   엄밀하게는 통상의 GDP 원계열에서 추세·계절·불규칙요인을 제거한 GDP 순환변동치를 기준으로 평가해야 할 것이다. 따라서 공표되는 계절변동조정계열 기준 GDP 전기대비 성장률에 의해서는 경기국면 판단에는 다소 한계가 있다.

가장 중요한 지표중 하나가 된다.

[그림 4-4] GDP 전기대비 성장률과 전년동기대비 성장률간 관계

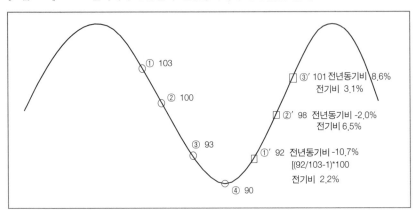

① 103
② 100
③ 93
④ 90

③′ 101 전년동기비 8.6%
전기비 3.1%

②′ 98 전년동기비 -2.0%
전기비 6.5%

①′ 92 전년동기비 -10.7%
[(92/103-1)*100
전기비 2.2%

출처 : 한국은행, 「우리나라의 국민계정체계」

▲ 경기종합지수

전기대비 GDP성장률은 분기별로 국내 경기변동 파악에 매우 유용하지만 분기중에 발생하는 경기 변화를 포착하는 데는 한계가 있다. 이 한계점을 어느 정도 해결해주는 지표가 경기종합지수(Composite Indexes of Business Indicators)이다. 경기종합지수는 경제 각 부문을 잘 반영하는 주요지표를 선정하고 이를 통계적으로 가공·종합하여 전체 경기의 변화 방향, 속도, 국면, 전환점을 보여주는 지표로서 매월 작성된다. 동행종합지수, 선행종합지수, 후행종합지수 3가지로 구분되며 개념적으로 동행종합지수(Coincident CI)는 현재, 선행종합지수(Leading CI)는 가까운 장래의 경기 판단에 사용되고 있으며 후행종합지수(Lagging CI)는 현재 경기의 사후 확인에 활용된다. 그러나 실제로는 세 지표는 동시에 종합적으로 활용된다고 할 수 있다. 현재 경기 상황을

판단하는 것은 향후 경기가 어떤 방향으로 나아갈지를 예측하거나 과거의 경기가 어떻게 흘러왔는지를 파악하는 과정을 포함하기 때문이다. 이미 여러 경제지표로 확인되고 있는 현재 경기 상황보다는 미래의 경기에 관심이 많기 때문에 선행종합지수가 가장 크게 주목을 받는 경우가 많다. 그럼에도 현재 경기 판단을 하는 데 있어 기본적인 근거가 되는 지표는 경기동행지수 순환 변동치이다. 동행, 선행 및 후행 경기종합지수 작성을 위해 활용되는 각 경제 부문별 구성지표는 [표 4-3]과 같다.

[표 4-3] 경기종합지수 구성지표

종합지수	경제부문	구성지표	경제부문	구성지표
동행지수	고용	• 비농림어업취업자수	소비	• 소매판매액지수(불변) • 내수출하지수(출판업포함)
	생산	• 광공업생산지수(출판업포함) • 건설기성액(실질) • 서비스업생산지수(도소매업 제외)	무역	• 수입액(실질)
선행지수	고용	• 구인구직비율	금융	• 종합주가지수 • 장단기금리차
	생산	• 재고순환지표(제조업)		
	소비	• 소비자기대지수	무역	• 수출입물가비율 • 국제원자재가격
	투자	• 기계류내수출하(불변) • 건설수주액(실질)		
후행지수	고용	• 상용근로자수	소비	• 도시가계소비지출 • 소비재수입액
	생산	• 생산자제품재고지수	금융	• 회사채유통수익률

출처 : 통계청

한편 경제협력개발기구(OECD)는 세계 각국에 대한 경기선행지수(CLI, Composite Leading Indicator)를 작성 발표하고 있다. 이 선행지수는 통계청 경기선행지수와 전반적인 추세가 매우 유사하다. 다만 경기국면 전환 신호 시점에 있어 다소간의 차이가 발생하는 경우가 있다. 1990년 이후 총 7회의 경기 정저점중 통계청 선행지수가 2회, OECD 선행지수가 3회 2~6개월 정도 선행하였다. 경기 불안정성이 심한 경우에는 통계청의 경기선행지수에만 의존하여 향후 경기 국면전환 여부나 전환시기를 판단하기에 확신이 서지 않는 경우가 있다. 이러한 경우에 다소 다른 방식으로 작성된 OECD의 경기선행지수는 좋은 참고자료로 활용된다. 양 지수의 구성지표 및 산출방식은 [표 4-4]와 같은 차이가 있다. OECD 선행지수의 구성지표 수는 6개로, 10개의 구성지표를 갖는 통계청 지수보다 적으며 통계청 구성지표와 달리 제조업 업황전망BSI 등이 포함되어 있다. 또한 통계청 선행지수는 지수의 전년동월비를 주지표로 이용하는 데 비해 OECD 선행지수는 순환변동치를 이용한다.

[표 4-4] 통계청 및 OECD 양 선행지수의 구성지표 및 주지표

	OECD 경기선행지수	통계청 경기선행지수
• 구성지표	(6개)	(10개)
생 산	- 재고순환지표(제조업)	- 재고순환지표
심 리	- 업황전망 BSI(제조업)	- 소비자기대지수
투 자	- 자본재재고지수	- 기계류내수출하 - 건설수주액
무 역	- 순상품교역조건(sa)	- 수출입물가비율 - 국제원자재가격
금 융	- 종합주가지수 - 장단기금리차	- 종합주가지수 - 장단기금리차
고 용		- 구인구직비율
• 주 지 표	선행지수 순환변동치	선행지수 전년동월비
• 통계제공기간	1990.1월 ~	1970.1월 ~

출처 : 통계청, OECD

▲ GDP갭

GDP갭은 실제GDP와 잠재GDP의 차이인데 일국의 경제가 초과수요상황인지 또는 초과공급상황인지에 대한 정보를 제공함으로써 경기 및 물가상승 압력 등을 평가하게 해주는 지표이다. GDP갭이 양(+)인 경우 즉 실제GDP가 잠재GDP보다 큰 경우는 생산요소를 정상적으로 사용 가능한 수준 이상으로 사용함에 따라 물가상승 압력이 나타나게 된다. 그 반대의 경우에 물가하락 압력이 있다고 할 수 있다.

잠재GDP는 한 경제가 노동, 자본 등 모든 생산요소를 정상적으로 활용함으로써 물가 상승을 유발하지 않고 달성할 수 있는 최대의 GDP를 의미하는데 실제 경제에서는 파악되지 않는 비관측변수(unobservable variable)이다. 따라서 잠재GDP는 추정할 수 밖에 없는데 추정방법은 시계열접근법, 생산함수접근법 및 구조적 모형 접근법 등이 있다. 시계열접근법은 실질GDP 시계열의 추세를 추출함으로써 잠재GDP를 추정한다.

생산함수접근법은 노동, 자본 등 생산요소 및 생산성과 생산량간의 관계를 나타내는 생산함수를 추정한 후 인플레이션을 가속화시키지 않는 수준의 요소투입량을 대입함으로써 잠재GDP를 추정한다. 이 방법은 경제이론과 부합하는 데다 잠재성장의 변동요인을 생산요소별로 용이하게 파악할 수 있는 장점이 있다. 구조적 모형 접근법은 GDP에 영향을 주는 다양한 변수들을 경제이론에 따라 모형화하여 잠재GDP를 추정하는 방법으로 구조VAR모형법, 다변수 은닉인자 모형(Multivariate Latent Factor Model)법, 동태확률일반균형모형(DSGE)법 등이 있다.

한편 GDP갭을 잠재GDP 대비 비중으로 나타낸 지표를 GDP갭률((실질GDP-잠재GDP)/잠재GDP × 100)이라고 하는데 경제규모를 감안한 GDP갭의 수준 파악에 유용하다. GDP갭은 경기판단을 위해 유용한 지표임에도 불구하고

[표 4-5] 잠재GDP 추정방법별 특징 및 장단점

	특징 및 장점	단 점
시계열 접근법	• 시계열 자료의 특성만을 활용 ⇒ 분석방법이 간편	• 경제변수간의 관계가 미반영 • 표본기간에 따라 결과가 민감하게 반응 (end-point bias) • 잠재GDP 측정오차가 크게 나타남
생산함수 접근법	• 노동, 자본 등 생산요소와 실질GDP의 관계식인 생산함수를 이용 ⇒ 요소별 기여도 파악도 용이	• 인플레이션을 가속화하지 않는 수준인 자연수준의 노동 및 자본스톡 등의 추정이 어려움
구조적 모형 접근법	• 경제변수간 이론적 관계를 모형화 ⇒ 이론적인 기초가 공고 ⇒ 다양한 요인이 잠재GDP에 미치는 영향 파악 가능	• 분석모형에 따라 측정결과가 상이 • 일반인들이 이해하기 곤란

잠재GDP의 추정방법이 다양하고 그 결과치도 상이하기 때문에 GDP갭의 추정에는 상당한 정도의 불확실성이 존재한다. 이 같은 불확실성을 고려하여 향후 경기판단이나 정책방향에 대해 불필요한 오해를 가져올 가능성을 우려하여 대부분 나라 정책당국들은 그 수치를 공표하지 않고 있다. 한국은행을 비롯하여 미 연준, ECB, 영란은행 등에서도 GDP갭에 대해서 타 기관 자료를 인용하거나 간접적으로만 언급하고 있으며 구체적인 수치는 공표하지 않고 있다.

▲ 경제전망

미래의 경제 흐름을 보여주는 경제전망치는 현재 경기상황을 판단하는 데 매우 중요한 지표이다. 경제전망은 GDP와 투자, 소비, 수출 등 부문별 수요, 물가, 고용 및 경상수지 등에 대하여 이루어진다. 경제전망은 해외경제 및 국내경제 여건을 점검한 후 세계경제 성장률, 세계 교역 신장률, 재정지출 증가율 등 여건 지표와 유가 등 가격지표 등을 전제치로 설정하여 이를 계량경제 모형에 대입하여 기초전망치를 추정한 후 전문가들의 판단을 반영하는 등 복합적인 과정을 거친다. 향후 경제의 추이에 대한 예측은 통화정책 수행에 필수적인데 현재 경기가 호조를 보이더라도 조만간 실물경기가 하강할 것으로 예측되는 경우와 계속 경기가 좋을 것으로 예측되는 경우의 통화정책은 달라져야 할 것이기 때문이다.

(2) 부문별 실물지표

부문별 경제지표는 우선 광공업 및 서비스업생산지수 등 생산관련 지표와 소매판매액지수, 설비투자지수 및 건설기성액 등 수요관련 지표를 들 수 있다. 이와 함께 고용, 물가 및 수출입 자료가 경기 분석에 매우 중요하다. 통화정책의 실행은 주로 금융통화위원회 개최 주기인 월 단위로 이루어지므로 통화정책에 활용되는 경제지표도 매월 발표되는 지표가 중심이 된다.

▲ 생산관련지표

■ 광공업생산지수

광공업생산지수는 광업, 제조업 및 전기·가스업에 대한 생산활동의 수준과 그 변동을 측정하여 지수 형태로 작성하는 경제지표이다. 2000년대 중 광공업생산지수를 경기국면별로 보면 경기확장기에는 증가율이 높아지고 경기수축기에는 증가율이 낮아지며 글로벌 금융위기와 같은 이례적으로 큰 폭의 경기수축기에는 증가율이 (-)를 보인다.

[그림 4-5] 광공업생산지수와 경기국면

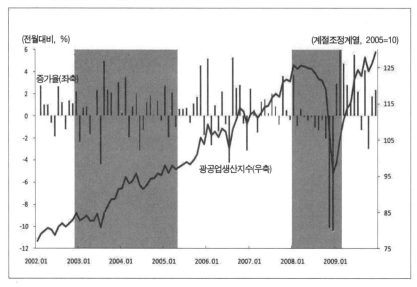

*   음영부분은 경기수축기를 의미

출처 : 통계청

■ 서비스업생산지수

서비스업 전체와 세부 업종의 생산 수준과 변동을 측정한 지수이다. 도매 및 소매업, 운수업, 숙박 및 음식업, 출판 · 영상 · 방송통신 및 정보서비스업, 금융 및 보험업, 부동산업 및 임대업, 전문, 과학 및 기술 서비스업, 사업시설 관리 및 사업지원 서비스업, 교육서비스업, 보건업 및 사회복지 서비스업, 예술 · 스포츠 및 여가관련 서비스업 등 표준산업 업종별로 구분된다. 서비스업 생산지수는 경기수축기에는 경기확장기에 비해 증가율이 둔화되나 광공업 생산지수에 비해 변동폭이 작다.

▲ 수요관련지표

■ 소매판매액지수

소비동향을 파악하기 위해 작성되는 지표로서 상품형태별로는 내구재, 준내구재 및 비내구재으로 구분되고, 소매업태별로는 백화점, 대형마트, 홈쇼핑 등으로 구분·작성된다. 내구재는 1년 이상 사용이 가능하고 주로 고가인 승용차, 가전제품, 컴퓨터 및 통신기기, 가구 등을, 준내구재는 1년 이상 사용이 가능하나 주로 저가인 의복, 신발 및 가방, 운동·오락용품 등을, 그리고 비내구재는 1년 미만의 기간에 사용되는 음식료품, 의약품, 화장품, 서적 및 문구, 차량연료 등을 포함한다. 소매판매액지수는 광공업생산지수나 서비스업 생산지수보다 경기에 따른 변동이 뚜렷하다. 신용카드 버블 붕괴 후 경기수축기에도 광공업 및 서비스업 생산지수는 증가율 둔화에 그쳤는 데에 비해 소매판매액지수는 감소세가 현저하였다.

[그림 4-6] 소매판매액지수와 경기국면

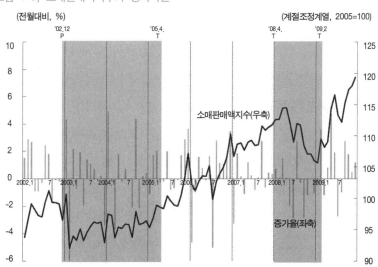

* 　음영부분은 경기수축기를 의미

출처 : 통계청

■ 설비투자지수

설비투자란 생산과정에서 1년이상 반복적 또는 지속적으로 사용되는 자산, 즉 기계류 및 운송장비 등을 취득하는 경제활동이다. 기업들은 향후 수요가 늘어나는 등 경기가 확장될 것으로 전망하는 경우에 생산능력을 높이기 위하여 설비투자를 확대하고 그 반대의 경우 설비투자를 축소하는 행태를 보이므로 설비투자의 증감은 경기국면의 변화를 잘 보여준다. 실제로 2000년대중 설비투자지수의 움직임도 소매판매액지수와 유사하게 경기수축기중 감소세가 뚜렷하였다.

[그림 4-7] 설비투자지수와 경기국면

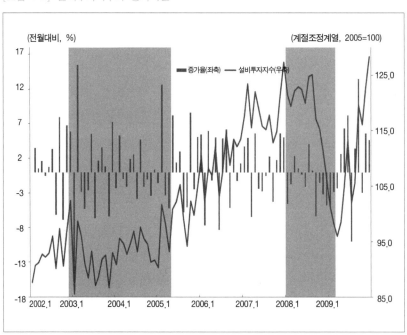

※ 음영부분은 경기수축기를 의미

출처 : 통계청

■ 건설기성액

건설업체의 실제 시공실적을 금액으로 평가한 것으로 월별로 건설투자 추이를 파악할 수 있는 경제지표이다. 실제 시공에 소요된 공사원가로 재료비, 노무비, 현장경비 등을 포함하는데 주택, 공장, 사무소 등 건축부문과 도로, 교량, 항만, 철도 및 상하수도 등 토목부문으로 구분된다. 건설기성액의 경우 경기수축기중 경기부양정책이 사회간접투자 등 건설과 관련된 분야에서 주로 이루어짐에 따라 여타 지표에 비해 경기국면별 추이 변화가 상대적으로 덜 뚜렷하다.

■ 수출입과 국제수지

수출입은 각각 GDP의 절반에 이를 정도로 우리 경제에서 차지하는 비중이 매우 크므로 경기상황 판단에 중요하다. 월별로는 가장 조기에 집계되는 관세청의 통관 수출입통계를 이용한다. 통관통계는 상품이 우리나라의 관세선(關稅線)을 통과하는 시점에 수출입으로 계상하고 상품의 평가기준도 수출은 본선인도가격(FOB가격), 수입은 운임 및 보험료포함 가격(CIF가격)을 기준으로 작성하고 있다. 수출입차이에 의해 크게 영향을 받은 경상수지도 중요한 경기판단 지표이다. 경상수지는 상품수지, 서비스수지, 소득수지 및 경상이전수지의 4개 세부항목으로 나누어진다. 상품수지는 수출액과 수입액의 차액을 말한다. 상품수지에서는 상품의 소유권이 이전되어야 수출입으로 계상하고 수출입 모두 본선인도가격(FOB가격)을 기준으로 작성한다.

서비스수지는 외국과의 서비스거래로 수취한 돈과 지급한 돈의 차이를 말한다. 즉 외국으로부터 받은 운임, 국내기업이 외국기업으로부터 받은 특허권 사용료 등이 서비스수입이 된다. 반대로 우리나라가 외국에 지급한 선박과 항공기의 운항경비, 해외 여행경비, 해외 광고비 등은 모두 서비스지급으로 나타난다. 소득수지는 거주자가 외국에 단기간(1년 미만) 머물면서 일한 대가로 받은 돈과 국내에 단기로 고용된 비거주자에게 지급한 돈의 차이를 나타내는 급료 및 임금 수지와 거주자가 외국에 투자하여 벌어들인 배당금·이자와 비거주자에게 국내투자 대가로 지급한 배당금·이자의 차이를 나타내는 투자소득수지로 구성된다. 경상이전수지라 함은 거주자와 비거주자 사이에 아무런 대가없이 주고받은 거래의 차를 말한다. 해외에 거주하는 교포가 국내의 친척 등에게 보내오는 송금, 종교기관이나 자선단체의 기부금과 구호물자, 정부간의 무상원조 등이 기록된다.

한편 자본계정은 기업, 금융기관, 정부 등이 외국으로부터 차입 또는 투자유치 등의 방식으로 자본이 유입되거나 이와는 반대로 외국에 대출 및 투자실행 등의 방식으로 자본이 유출됨으로써 발생하는 외화의 유출입차를 나타낸다.

▲ 주요 선행지표

■ 건설 및 기계수주액

건설수주액은 건설업체가 발주자와 체결한 공사계약액으로 건설수주계약을 체결한 후 실제 건설 공사가 시작되기 전까지 통상 3개월 정도가 소요되므로 건설수주액은 향후 건설투자의 움직임을 파악할 수 있는 선행지표가 된다. 기계수주액은 설비용 기계류 제조업체들이 주문받은 기계장비의 총계약금액을 말하며 설비투자의 변동에 선행하는 지표이다.

■ 설비투자조정압력

설비투자조정압력은 제조업생산증가율에서 제조업생산능력증가율을 차감하여 산출되며 향후 설비투자 확대 필요성을 나타내는 지표이다. 생산이 생산능력보다 빠르게 증가하여 이 지표가 양(+)을 나타낼 경우 기업들은 생산능력을 늘리기 위하여 설비투자를 확대하여야 할 것이므로 향후 설비투자의 확대를 기대할 수 있다. 반대로 마이너스인 경우 설비투자가 줄어들 가능성이 있음을 의미한다. [그림 4-8]은 기계수주액과 설비투자조정압력이 설비투자 집행에 앞서서 나타나고 있음을 보여준다.

[그림 4-8] 기계수주액 및 설비투자조정압력과 설비투자간 관계

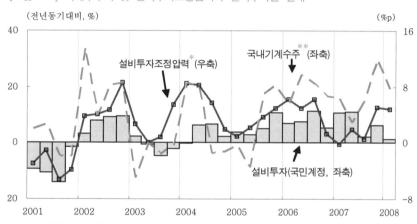

* 제조업생산증가율(%)-생산능력증가율(%)
** 불변기준, 선박제외

출처 : 통계청, 한국은행

■ 심리지표

경제심리지표는 설문 대상에 따라 기업가를 대상으로 하는 기업경기실사지수(BSI, Business Survey Index)와 소비자를 대상으로 하는 소비자동향지수(CSI, Consumer Survey Index)로 나눌 수 있다.

기업경기실사지수는 0～200의 값을 가지며 동 지수가 100을 넘어서는 경우 경기에 대해 긍정적으로 응답한 업체수가 부정적으로 보는 업체수에 비해

많음을, 100 미만인 경우는 그 반대를 나타낸다. 기업경기실사지수는 재고, 설비투자, 인력사정 등 부문별로 작성됨에 따라 각 부문의 경기상황 판단에 유용하게 활용할 수 있다.

$$BSI = \frac{(긍정적\ 응답\ 업체수-부정적\ 응답\ 업체수)}{전체\ 응답\ 업체수} \times 100+100$$

[표 4-6] 한국은행 기업경기조사 조사항목

수준 판단(6개)	변화방향 판단(10개)	
	〈전년동월 대비〉	〈전월 대비〉
• 업 황 • 제품재고 - 당초계획대비 - 전년동월대비 • 생산설비 • 설비투자실행[*] • 인력사정	• 매출 - 내수 - 수출 • 생산[*] • 신규수주[*] • 가동률	• 제품판매가격 • 원재료구입가격 • 채산성 • 자금사정

* 2005년 4월부터 설문방식을 '증가율'에서 '규모'로 변경

출처 : 한국은행

GDP의 경우 분기 종료 후 한달 정도 지나야 파악할 수 있지만 BSI는 월 경기상황을 해당월말에 파악할 수 있어 속보성이 있으며 선행지표로 활용할 수 있다.

소비자동향지수는 소비자의 경제에 대한 인식과 향후 소비지출전망 등을 조사하는 것이다. 소비자동향지수는 소비자의 현재 경제상황에 대한 판단, 향후 경제상황에 대한 전망, 향후 소비지출에 대한 계획 등과 관련된 13개 항목으로 구성되어 있으며 성별, 연령별, 주거지역별, 직업별, 소득계층별로도 구분하여 조사하여 매월 발표하고 있다. 소비자동향지수는 기업경기실사지수와

유사한 방식으로 산출되나 기업경기조사가 ① 좋아짐, ② 변동없음, ③ 나빠짐의 3점척도임에 비해 소비자동향조사는 5점척도로 이루어져 있으며 항목별 응답은 ① 매우좋아짐, ② 약간좋아짐, ③ 변동없음, ④ 약간나빠짐, ⑤ 매우나빠짐 등 5가지로 구성되어 있어 정도에 따라 상이한 가중치를 부여한다. 소비자동향지수도 기업경기실사지수와 같이 0에서 200까지의 값을 갖는데, 동 지수가 100을 초과한 경우 긍정적인 답변을 한 소비자가 부정적인 답변을 한 소비자보다 많다는 것을 의미하며 100 미만인 경우는 그 반대를 의미한다.

$$CSI = \frac{(\text{매우좋음} \times 1.0 + \text{약간좋음} \times 0.5 - \text{약간나쁨} \times 0.5 - \text{매우나쁨} \times 1.0)}{\text{전체 응답 소비자수}} \times 100 + 100$$

소비자심리지수는 현재생활형편 등 6개의 주요 개별지수를 표준화하여 합성한 지수로서 소비자심리를 종합적으로 판단하는데 유용하다. [그림 4-9]에서와 같이 소비자심리지수는 민간소비 및 경기동행지수 등 실물 경제지표와 밀접한 상관관계를 보이고 있다. 소비자동향지수도 기업경기실사지수와 같

[그림 4-9] 소비자심리지수 및 실물지표 추이

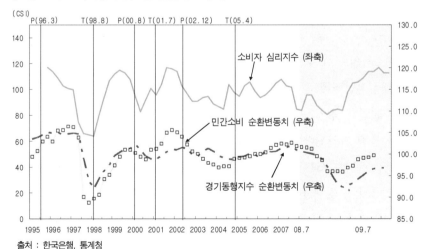

출처 : 한국은행, 통계청

이 여타 실적지표의 변화를 사전에 파악하는 선행지표로서 활용된다.

한편 심리지표는 실물지표와 전반적으로 높은 상관관계를 보이나 일부 시점에서는 심리지표와 실물지표간에 다소 괴리가 발생하기도 하는데 이는 양 지표간의 미래정보 및 기대수준의 반영 여부, 미래 경제에 관한 불확실성의 정도 및 언론의 보도태도 등 여러 가지 요인에 기인하고 있다. 예를 들어 경기정점이나 저점 부근에서는 신규수주 등 계수통계가 포착할 수 없는 미래에 대한 정보가 심리지표에는 반영되어 대체로 선행성을 보이는 특징이 있으나 때로는 실물지표가 개선되더라도 기대수준에 미치지 못하는 경우 심리지표는 곧바로 회복되지 않고 다소 후행하는 경향을 보이기도 한다.

▲ 기타 참고지표

기타 주요 참고지표로는 내수출하지수, 제조업 재고율지수, 가동률지수, 제조업평균가동률, 교역조건, 자본재수입액, 제조업영업이익률, 신용카드사용액, 부채상환능력 등이 있다.

(3) 고용 및 임금

가계소득의 주요 원천인 고용은 투자-고용-소비로 이어지는 경제의 순환고리의 핵심적인 역할을 하기 때문에 경기변동 판단에 필수적이다. 고용관련지표는 실업률, 취업자수, 경제활동참가율, 고용률 등이 있는데 경제활동인구조사를 통해 파악된다. 경제활동인구조사의 범위는 매월 15일 현재 현역군인, 공익근무요원, 교도소 수감자 등을 제외한 대한민국에 상주하는 만 15세 이상 인구이다. 경제활동인구조사는 경제적으로 노동이 가능한 인구를 만 15세 이상으로 보고 이 중에서 수입이 있는 일에 종사하고 있거나 취업을 하기

[그림 4-10] 경제활동인구 상태별 분류

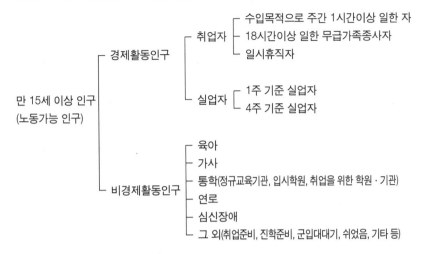

만 15세 이상 인구
(노동가능 인구)

경제활동인구

취업자
┌ 수입목적으로 주간 1시간이상 일한 자
├ 18시간이상 일한 무급가족종사자
└ 일시휴직자

실업자
┌ 1주 기준 실업자
└ 4주 기준 실업자

비경제활동인구
┌ 육아
├ 가사
├ 통학(정규교육기관, 입시학원, 취업을 위한 학원·기관)
├ 연로
├ 심신장애
└ 그 외(취업준비, 진학준비, 군입대대기, 쉬었음, 기타 등)

[그림 4-11] 2010년 8월중 우리나라 고용변동 현황

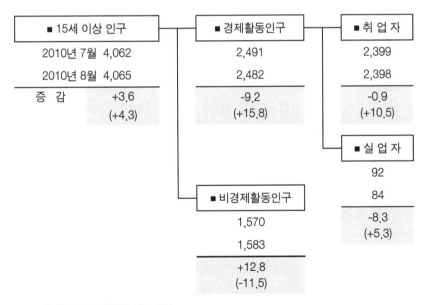

■ 15세 이상 인구		■ 경제활동인구	■ 취 업 자
2010년 7월	4,062	2,491	2,399
2010년 8월	4,065	2,482	2,398
증 감	+3.6 (+4.3)	-9.2 (+15.8)	-0.9 (+10.5)

■ 실 업 자
92
84
-8.3
(+5.3)

■ 비경제활동인구
1,570
1,583
+12.8
(-11.5)

* ( )내는 전월중 고용변동, 단위: 만명

출처 : 통계청

위하여 구직활동 중에 있는 사람은 경제활동인구로 분류한다. 그리고 가사 또는 육아를 전담하는 주부, 학교에 다니는 학생, 일을 할 수 없는 연로자 및 심신장애자, 자발적으로 자선사업이나 종교 단체에 관여하는 사람, 그리고 구직단념자[2] 등은 비경제활동인구로 분류된다. 경제활동인구는 현재 취업하고 있는가를 기준으로 다시 취업자와 실업자로 구분된다. 취업자는 조사대상주간에 수입을 목적으로 1시간 이상 일한 사람이 포함되는데, 여기에는 동일가구내 가구원이 운영하는 농장이나 사업체의 수입을 위하여 주당 18시간 이상 일한 무급가족종사자 그리고 직업 또는 사업체를 가지고 있으나 일시적인 병 또는 사고, 연가, 교육, 노사분규 등의 사유로 일하지 못한 일시 휴직한 사람도 해당된다. 취업자는 종사상 지위에 따라 자영업자 및 무급가족종사자와 임금근로자로 구분된다. 그리고 실업자에는 조사대상주간을 포함한 지난 4주간 수입이 있는 일을 하지 않았고 적극적으로 구직활동을 하였으며 일이 주어지면 즉시 일할 수 있었던 사람이 포함된다.

구직단념자 및 취업준비자의 경우 실질적인 의미의 실업자이나 조사대상 기간 동안 구직활동을 하지 않았으므로 실업자가 아닌 비경제활동인구로 분류되고 있다. 만약 구직활동을 하던 자가 구직이 잘 되지 않아 구직활동을 포기하거나 또는 취업학원을 통해 취업준비를 하게 되는 경우 실업자에서 비경제활동인구로 분류되므로 실업자 수가 감소하게 되어 실업률이 낮아지게 된다. 따라서 국민이 실제 피부로 느끼는 체감실업률과 정부가 발표하는 실업률 간에는 괴리가 발생할 수 있다. 따라서 공식적인 실업률(U1) 외에 구직단념자를 실업자로 분류한 U2실업률과 U2실업률에 취업준비자까지 실업자

---

2) 구직단념자는 비경제활동인구 중 취업의사와 일할 능력은 있으나 ① 적당한 일거리가 없을 것 같아서(전공, 경력, 임금수준, 근로조건), ② 지난 4주간 구직하여 보았지만 일거리를 찾을 수 없어서, ③ 자격이 부족하여(교육, 기술 경험 부족, 나이가 너무 어리거나 많다고 고용주가 생각할 것 같아서) 등의 노동시장적 사유로 인해 지난 4주간에 구직활동을 하지 않은 자 중 지난 1년내 구직경험이 있었던 인구인데, 향후 노동시장에 유입될 가능성이 있는 잠재인력이라는 점에서 중요한 의미를 가진다.

로 분류한 U3실업률을 함께 활용할 필요가 있다.

- U2 실업자 = 공식 실업자(U1) + 구직단념자
- U3 실업자 = U2 실업자 + 취업학원통학 + 기타취업준비자 + 추가취업희망자

[그림 4-12] 실업 관련 지표

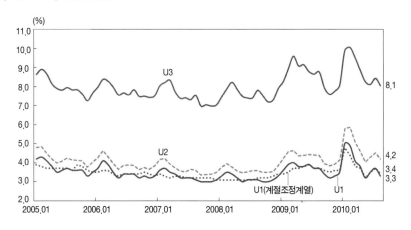

출처 : 통계청

[그림 4-13] 포괄범위별 실업자

← 경 제 활 동 인 구 →	← 비 경 제 활 동 인 구 →
(총 2,484만명)	(총 1,582만명)

← 취 업 자 →	← 실 업 자 →	
(총 2,401만명)	(총 83만명)	

U1 :		실업자 (U1, 83만)	
U2 :		실업자 (U1, 83만)	구직단념자 (D, 22만)
U3 :	추가취업희망자(B, 39만) 〈36시간 미만 취업자 중〉	실업자 (U1, 83만)	구직단념자 (D, 22만)	취업준비자 (A, 63만)

*   2010년 8월 기준

최근에는 이와 같은 실업률의 문제점을 해소할 수 있는 지표로 고용률이 보조지표로 이용되기도 한다. 고용률은 실업률과 달리 실업자와 비경제활동인구간의 잦은 이동 등으로 인한 경제활동인구수 변동의 영향을 받지 않는다. 즉 적극적인 구직활동을 하던 실업자가 조사대상 기간중 구직활동을 하지 않고 구직단념자가 되는 경우 실업자에서 비경제활동인구로 이동함에 따라 실업률은 하락하나 취업자수와 15세 이상 인구수는 변하지 않으므로 고용률은 영향을 받지 않게 된다. 다만 근로시간이 18시간 미만인 단시간근로자 및 일시휴직자 등 불완전취업자가 증가하는 경우에는 국민이 느끼는 체감상황은 크게 개선되지 않았음에도 고용률은 높게 나타나므로 고용률 통계도 노동시장 상황을 정확히 나타내는 데는 한계가 있다.

▲ 임금통계

임금은 근로자에게는 중요한 소득원천이 되는 한편 기업주에게는 임차료, 재료비 등과 함께 생산비의 주요 요소가 된다. 임금수준은 한 나라의 구매력 크기를 결정하는 데도 중요한 몫을 차지하는 한편 기계설비 및 기술에 대한 투자를 늘릴 것이냐를 결정하는 데도 중요한 기준이 된다. 이처럼 임금수준을 파악하게 해주는 임금통계에는 다양한 경제적 의미가 포함되어 있다.

임금 상승률이 노동생산성 증가율을 상회할 경우 산출물 한 단위 생산에 소요되는 노동투입비용, 즉 단위노동비용이 늘어남으로써 기업의 원가상승요인으로 작용하게 된다. 노동생산성이란 노동투입량 1단위당 생산량을 말한다. 생산량을 나타내는 통계로는 산업생산지수 또는 GDP통계의 부가가치를 활용할 수 있다.

$$물적(부가가치기준) \ 노동생산성 = \frac{산업생산지수(실질부가가치)}{노동투입량=노동투입인원 \times 근로시간}$$

단위노동비용은 노동 1단위당 비용(노동비용/노동투입량)을 노동생산성(산출량/노동투입량)으로 나눈 값과 동일하다. 따라서 노동생산성 향상은 당연히 단위노동비용을 낮춘다. 노동생산성 증가율이 임금(노동 1단위당 비용)상승률과 동일하면 단위노동비용은 변동이 없게 되므로 기업의 원가상승부담으로 작용하지 않고 물가상승에도 영향을 미치지 않게 된다.

$$단위노동비용 = \frac{노동비용}{산출량} = \frac{노동비용 / 노동투입량}{산출량 / 노동투입량}$$
$$= \frac{노동 \ 1단위당 \ 비용}{노동생산성}$$

여기서 노동 1단위당 비용은 임금 뿐만 아니라 기업이 부담하는 근로자의 국민연금납부료, 의료보험료 등 복리후생비 등을 포함하는 넓은 개념이지만 월별자료의 가용성 측면에서 한계가 있기 때문에 시간당 임금을 사용하는 것이 일반적이다. 여기서 임금총액은 세금공제전을 기준으로 하며, 정액급여는 기본급, 통상적 수당 및 기타수당을, 초과급여는 연장, 야간 및 휴일 근로수당을, 특별급여는 상여금 및 성과급을 각각 포함한다.

(4) 물 가

물가 지표에 관해서는 '제1장 통화정책의 목적' 중 물가관련 부분에서 자세히 서술하였으므로 여기서는 생략하기로 한다.

(5) 환율 및 국제유가

전체 경제에서 대외거래부문 비중이 큰 우리나라의 경우 경제가 원/달러 환율과 국제유가의 움직임에 의해 영향을 크게 받고 있다. 우리 경제의 대외 의존도((수출+수입)/명목GDP)는 2009년중 95.9%로 미국, 일본 등 주요국 경제 에 비해 상당히 높은 수준이다.

[표 4-7] 우리나라와 주요국의 대외의존도(%)

미 국	일 본	영 국	독 일	한 국
24.7	24.8	58.0	76.6	95.9

* (수출+수입)/명목GDP, 2009년 기준
출처 : 한국은행 ECOS

한국은행 거시계량모형(BOK04)에 의하면 원/달러 환율이 1% 하락하는 경 우 1차년도 GDP는 0.07% 감소하고 소비자물가는 0.08% 하락하는 것으로 분 석되고 있다. 다만 최근 원화환율 하락의 경제적 영향 평가시 글로벌 달러가 치의 움직임에 따라 엔화, 위안화, 유로화 등과 함께 절상되는 경우에는 그 영향은 상당폭 줄어들 가능성이 있다.

[표 4-8] 원/달러환율 1% 하락의 거시경제 효과

	1차년도	2차년도	3차년도	평균
G D P(%)	△0.07	△0.06	△0.06	△0.06
소비자물가(%)	△0.08	△0.10	△0.11	△0.10
경상수지(억달러)	△5.3	△4.5	△5.8	△5.2

출처 : 황상필·문소상(2005)

국제유가의 경우도 우리 경제에 미치는 영향이 매우 크다. 1970~99년중 유가가 10%p 상승하는 경우 GDP성장률은 0.4%p 하락하고 소비자물가 상승률이 1.5%p 높아지는 것으로 분석되었다. 다만 2000년대 들어 그 영향이 크게 축소되어 GDP 성장률 및 소비자물가 상승률을 각각 0.1%p 하락, 0.2%p 상승하는 요인이 되는 것으로 추정되었다.

[표 4-9] 유가충격(10%)[*]이 국내 경제에 미치는 영향[**]

	1970 ～ 1999년	2000 ～ 2007년
• GDP성장률	△0.4%p	△0.1%p
• 소비자물가 상승률	1.5%p	0.2%p

[*]　　수요 및 공급요인 모두 포함
[**]　VAR 모형 이용

출처 : 한국은행 한은조사연구(2008년 4월)

onetary Policy

제2절

금융 M

1. 개요

1990년대 이후 금융시장의 개방, 금융혁신의 진전으로 금리, 환율 등 금융
변수의 기능이 제고됨에 따라 통화정책 운용방식은 통화량을 중간목표로 사
용하던 방식에서 물가안정목표제 및 금리중시 방식으로 변화되었다. 이에 따

[표 4-10] 국내 금융상황 진단을 위한 지표

	금융상황 판단지표	정책판단 예고지표
가격 지표	채권 현·선물금리 CD·CP 등 자금시장 금리 은행 여수신금리 주가지수	시장의 기준금리 인상 기대 P* 장단기금리차 MCI(통화상황지수) FCI(금융상황지수) MTI(통화팽창지수)
수량 지표	주요 통화지표 경제 주체별 채권보유 현황 경제 주체별 주식보유 현황 민간신용 및 대출 증가율 기업의 자금조달 상황 주요 금융기관별 자금흐름 기업 및 가계의 자금사정	마샬 k 초과유동성 가중통화지표 Money갭률 유동성갭률

라 통화정책을 적절히 수행하기 위하여는 국내 금융시장 흐름에 대한 정확한 파악과 전망이 더욱 중요하게 되었다. 이를 위하여서는 금리, 주가 등 개별 경제지표와 우리경제 전반의 유동성 상황을 보여주는 통화량, 통화승수 등 종합 · 가공지표를 종합적으로 분석하여야 한다.

이하에서는 금융관련 주요 지표들을 설명하고 이들 금융지표들이 과거 경제 흐름과 어떤 연관성을 가져왔는지를 살펴보기로 한다.

2. 통화지표

통화의 주된 기능은 거래 매개이며 자체 사용가치가 없기 때문에 통화량의 적정여부가 중요하다. 즉, 통화가 경제의 규모나 여건에 비해 시중에 너무 많이 풀려 있는 경우 그 가치가 떨어져 인플레이션이 발생하고 반대로 통화량이 지나치게 적은 경우에는 유동성이 부족하게 되어 경제활동이 위축되기도 한다. 따라서 각국의 중앙은행들은 각 나라의 경제가 안정적으로 발전하기 위해 경제내에 유통되는 돈 즉, 통화의 총량이 적정한 수준으로 유지될 수 있도록 최선의 노력을 기울이고 있다. 이를 위해서는 먼저 유통되는 통화의 총량을 정확히 파악하여야 한다.

통화는 현금 이외에 현금과 비슷한 기능이나 성격을 지닌 금융상품을 포함하기 때문에 이들 중 어디까지를 통화로 볼 것인지를 결정하여야 한다. 이와 관련하여 각 국은 한 가지 지표만으로 돈의 양을 파악하기보다는 유동성에 따라 여러 종류의 통화지표를 편제하여 활용하고 있다. 일단 정의된 통화지표도 새로운 금융상품 출현, 금융제도의 변경 등으로 그 성격이 변하게 되므로 이를 반영하여 통화지표를 개편하거나 새로운 통화지표를 개발하고 있다.

우리나라는 1951년부터 통화지표를 공식 편제하기 시작하였으며 2002년에는 IMF의 변경된 통화금융통계매뉴얼(2000년) 기준에 따라 금융상품의 유동성 정도를 기준으로 구분한 M1(협의통화) 및 M2(광의통화) 지표를 편제·공표하였다. 2006년 6월부터는 Lf(금융기관유동성)와 L(광의유동성) 지표를 새로이 편제하여 공표하고 있다.

한편 우리나라는 여러 통화지표들 가운데 중심지표를 따로 선정하여 1957년부터 2002년까지 통화정책의 중간목표 등으로 사용하여 왔으나 2003년부터는 금리중시 통화정책의 운영체제가 정착됨에 따라 M1, M2 등 각종 통화지표는 모두 통화정책운용상 정보변수로 활용되고 있다. 이들 지표의 내용을 구체적으로 살펴보면 다음과 같다.

(1) M1(협의통화)

M1(협의통화)는 화폐의 지급결제수단으로서의 기능을 중시한 지표로서 민간이 보유하고 있는 현금에 예금취급기관의 결제성예금을 더한 것으로 정의된다. 현금은 유동성이 가장 높은 금융자산으로서 교환의 직접 매개수단으로 사용되는 지폐와 동전으로 구성된다. 결제성예금은 예금취급기관의 당좌예금, 보통예금과 같은 요구불예금과 저축예금, 시장금리부 수시입출식예금(MMDA; Money Market Deposit Account)으로 구성된다. 결제성 예금은 수표발행 등을 통해 지급결제수단으로 직접 사용되거나 바로 현금과 교환될 수 있기 때문에 현금과 함께 M1에 포함되고 있다. 이처럼 M1은 유동성이 매우 높은 결제성 단기금융상품으로 구성되어 있어 단기금융시장의 유동성 수준을 파

악하는 데 적합한 지표이다.

(2) M2(광의통화)

M2(광의통화)는 M1에 기간물 정기예·적금 및 부금, 거주자외화예금, 그리고 양도성예금증서(CD), 환매조건부채권, 표지어음 등 시장형 금융상품, 금전신탁, 수익증권 등 실적배당형 금융상품, 금융채, 발행어음, 신탁형증권저축 등을 포함한다. 다만, 유동성이 낮은 만기 2년 이상의 장기 금융상품은 제외한다.

이처럼 M1에 추가된 금융상품들은 거래적 수단보다는 자산을 증식하거나 미래의 지출에 대비한 저축수단으로 보유되지만 약간의 이자소득만 포기한다면 언제든지 인출이 가능하여 결제성예금과 유동성 면에서 큰 차이가 없다. 거주자 외화예금도 국내에서의 지급결제수단으로는 약간의 제약이 있지만 언제든지 원화로 바뀌어 유통될 수 있다. 현행 M2는 과거 예금은행을 중심으로 편제되었던 구M2와 달리 예금취급기관 금융상품의 유동성을 기준으로 작성되기 때문에 금융권간 자금이동에 따른 지표 왜곡 문제를 해소하는 장점을 갖고 있다.

(3) Lf(금융기관유동성)

Lf(금융기관유동성)은 전체 금융기관이 공급하는 유동성으로 M2 편제대상인 중앙은행 및 예금은행 등의 예금취급기관 외에, 증권금융회사와 생명보험회사도 편제대상 기관에 포함한다. 금융상품 측면에서 보면 M2에 포함되는 상품에 만기가 2년 이상인 정기예적금, 금융채 등과 증권금융 예수금 및 생명보험회사의 보험계약준비금 등이 추가된다. 증권금융 예수금은 증권회사 및 선물회사가 예치한 예탁금, 발행어음, 환매조건부채권 등이다. 생명보험회사의 보험계약준비금은 일정 시점에서 보험계약자에게 지불해야 할 보험금의 현재가치에서 보험사가 수취할 보험료의 현재가치를 차감한 금액으로 구성되는데 이는 보험계약자의 몫이기 때문에 Lf에 포함된다.

금융기관유동성은 아래 [그림 4-14]에서 보는 바와 같이 경기의 변화를 사전에 잘 보여주는 지표라 할 수 있다.

[그림 4-14] Lf와 경기동행지수의 순환변동치

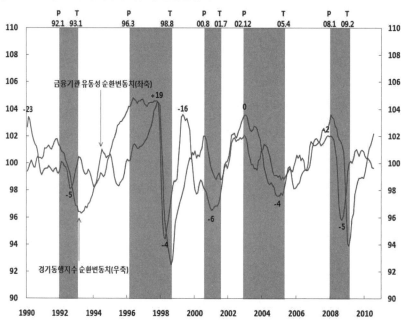

*   그래프의 숫자는 금융기관유동성지표 정저점의 경기동행지수에 대한 선행시차(개월)
**   음영기간은 경기수축국면, 그 외 기간은 확장국면을 의미

출처 : 통계청, 한국은행

(4) L(광의유동성)

L(광의유동성)은 가장 넓은 범위의 유동성 측정 지표로서 금융기관의 금융 상품 외에 정부 및 기업이 발행하는 유동성 상품까지 포괄하는 개념이다. 달리 표현하면 M1, M2 및 Lf는 금융기관만을 유동성 상품의 발행 주체로 보는 반면 L은 정부 및 기업까지도 유동성 상품 발행 주체로 본다고 할 수 있다. 따라서 정부가 발행하는 국채, 지방채, 기업이 발행하는 기업어음, 회사채, 자산유동화채권 등이 L(광의유동성)에 포함된다.

[표 4-11] 통화지표의 포괄범위 비교

협의통화 (M1)	=현금통화+요구불예금+수시입출식 저축성 예금
광의통화 (M2)	=M1+정기예·적금 및 부금+시장성 상품(CD, 표지어음, RP 등)+실적배당 형 상품 (금전신탁, 수익증권, CMA 등)+금융채 +종금사 발행어음 등 *만기 2년이상 제외
금융기관유동성 (L1)	=M2+M2 포함 금융상품 중 만기 2년이상 정기예적금 및 금융채 등+ 한국증권금융 의 예수금+생명보험회사의 보험계약준비금 등
광역유동성 (L)	=Lf+정부 및 기업 등이 발행한 유동성 시장금융상품(증권회사 RP, 여신전문기관의 채권, 예금보험공사채, 자산관리공사채, 자산유동화전문회사의 자산유동화증권, 국채, 지방채, 기업어음, 회사채 등)

출처 : 한국은행, 우리나라의 통화지표 해설

[표 4-12] 통화지표별 구성내역

협의통화(M1)	광의통화(M2)	금융기관유동성(Lf)	광의유동성(L)
			정부, 기업발행 유동성 상품 등
		예금은행 및 비은행금융기관 기타예수금 등	(좌동)
	정기예금 등 2년미만 금융상품	(좌동)	(좌동)
결제성예금	(좌동)	(좌동)	(좌동)
현금통화	(좌동)	(좌동)	(좌동)

출처 : 한국은행, 우리나라의 통화지표 해설

(5) 주요국의 통화지표

국제통화기금(IMF)은 통화지표의 편제와 관련하여 기준을 제시하고 있으나 나라마다 실제 편제 내용은 조금씩 다르다. 이는 각국의 금융시장 구조, 국민의 금융행태, 실물경제의 발전정도에 따라 금융경제 분석에 적합한 지표를 개발하였기 때문이다. 미국, 일본, 유로 등 주요국의 통화지표는 [표 4-13]과 같다.

[표 4-13] 주요국의 통화지표

	일본(M3)	미국(M2)
통화지표에 포함되는 금융상품	M1=현금통화+예금취급기관의 예금통화 M2=현금통화+국내은행 등에 예입된 예금 M3=M1+준통화(정기예금, 저축예금, 정기적금, 외화예금)+CD L1=M3+금전신탁+투자신탁+금융채+은행발행보통사채+금융기관발행CP+국채·FB+외채 • 현금통화=은행권+화폐유통액 • 예금통화=요구불예금(당좌, 보통, 통지, 별단, 납세준비예금)-금융기관보유타점권	M1=현금통화+상업은행 및 외국은행 미국지점의 요구불예금+NOW 및 ATS 등 예금금융기관 기타 당좌예금+저축기관 요구불예금+신용협동조합의 SDA+비은행기관 발행 여행자수표 • NOW(negotiable order of withdrawal) • ATS(automatic transfer service) • SDA(share draft accounts) M2=M1+상업은행 및 외국은행 미국지점의 저축예금(MMDA포함)+소액(10만불 미만)정기예금(개인RP포함)+개인보유MMF
통화발행자 (Money Issuers)	국내은행 등(신M2): 일본은행, 국내은행(우체국은행 제외), 외국은행 국내지점, 신용금고, 신금중앙금고, 농림중앙금고, 상공조합중앙금고 예금취급기관(신M1, 신M3): 국내은행 등 + 우체국은행, 신용조합, 전국신용협동조합연합회, 노동금고, 노동금고연합회, 농업협동조합, 신용농업협동조합연합회, 어업협동조합, 신용어업협동조합연합회	연방준비은행 상업은행, 외국은행 미국지점 기타금융기관(신용협동조합, 저축기관 등)
통화보유자 (Money Holders)	거주자중 비금융법인* 가계, 지방공공단체(지방공영기업포함) • 예금취급기관, 보험회사, 은행 및 보험회사의 지주회사, 정부계금융기관, 증권회사, 단자회사를 제외한 법인	비거주자 포함

	Euro Area(M3)	영국(M4)
통화지표에 포함되는 금융상품	M1=현금통화+익익물예금 M2=M1+만기 2년미만 예금+3개월 통지예금 M3=M2+RP+MMF 및 money market paper+만기 2년 미만 채무증서 • CD, 시장성채권, 변동채무증서, 중앙은행증서 등	Real M4(M2)=현금통화+소매예금 M4=현금통화+파운드화표시 예금통화(CD포함)+영국 예금취급기관 발행 CP, 사채, 변동금리채권 등 기타상품(만기 5년 이하)+RP채권+은행어음+MFI의 은행간 순부채 오차의 95%
통화발행자 (Money Issuers)	예금취급기관	예금취급기관
통화보유자 (Money Holders)	중앙정부, 예금취급기관, 비거주자제외	중앙정부, 예금취급기관, 공기업, 지방자치단체, 비거주자제외

	대만(M2)	싱가포르(M2)
통화지표에 포함되는 금융상품	M1A=현금통화+당좌예금+보통예금 M1B=M1A+보통저축예금 M2=M1B+정기예금+우편예금+외화예금+RP+비거주자예금	M1=현금통화+요구불예금 M2=M1+정기예금+CD+저축성예금+기타예금 M3=M2+비은행금융부분예금

	스위스(M3)	노르웨이(M2)
통화지표에 포함되는 금융상품	M1=현금통화+요구불예금(예금은행과 우체국)+거래예금(transactioin deposit) M2=M1+저축예금 M3=M2+정기예금	M1=현금통화+요구불예금 M2=M1+정기예금

출처 : 한국은행, 우리나라의 통화지표 해설

3. 금리지표

(1) 금리의 기능 및 조정

금리는 자금배분기능, 즉 자금을 필요한 부문에 적절히 배분해 주는 역할을 수행한다. 금리가 오를 경우 자금의 공급은 늘어나는 한편 높은 금리를 부담할 수 없는 기업에는 자금유입이 줄어듦으로써 자금의 효율성을 높이는 기능을 한다. 이처럼 금리의 움직임은 가계의 저축, 기업의 투자활동에 영향을 미치고 나아가 물가수준 및 경기를 변동토록 하며 국가간의 자금흐름도 바꾸는 등 국민경제 전반에 광범위한 영향을 미치게 된다.

이에 따라 중앙은행은 국민경제의 건전한 발전을 위하여 금리의 움직임을 바람직한 수준으로 유도하려고 한다. 금리 결정을 금융시장에서의 자유로운 수급관계에 완전히 맡겨두게 되면 때때로 금리가 지나치게 높거나 낮게 결정되거나 급격히 변동하는 등 국민경제에 바람직하지 못한 결과를 초래할 수 있기 때문이다. 금리를 조정하기 위하여 금융시장이 잘 발달한 선진국은 간접적이고 시장친화적인 공개시장조작을 중심으로 활용하고 있으나 금융시장이 충분히 발달하지 못한 개발도상국은 금융기관의 예금 및 대출금리를 직접 규제하는 방식을 이용하는 경우가 많다.

(2) 금리의 종류

금리의 수준은 금리가 형성되는 금융시장, 자금의 용도, 기간, 위험요소, 차입자의 신용도 등에 따라 다르게 결정된다. 중앙은행의 공정할인율, 금융기관의 예금 및 대출금리, 채권의 수익률, 콜시장의 금리, 사채시장의 금리 등이 그 예가 될 수 있다. 그리고 물가변동을 고려하느냐의 여부를 기준으로 명목금리와 실질금리로 구분된다. 명목금리는 물가변동을 고려하지 않고 외부로 표현된 숫자상의 금리이며 실질금리는 명목금리에서 물가변동분인 인플레이션율을 차감한 금리이다. 또 표면금리와 실효금리로 구분하기도 하는데 표면금리란 겉으로 나타난 금리를 말하며 실효금리는 실제로 부담하게 되는 금리를 뜻한다. 표면금리가 동일한 예금일지라도 복리, 단리 등의 이자계산 방법이나 과세여부 등에 따라 실효금리는 상이하며 대출의 경우에도 이자계산방법, 대출금 회수방법, 대출과 연계된 예금의 유무 등에 따라 실효금리는 달라진다.

국공채나 회사채가 발행되어 거래되는 채권시장에서는 금리보다 수익률이라는 말을 더 많이 사용하고 있는데 채권수익률은 투자한 채권을 만기까지 보유하였을 경우 얻을 수 있는 모든 수익을 그 채권을 산 가격과 비교하여 계산한 이자율이다. 이러한 채권수익률은 채권가격의 변동과 반대방향으로 움직이게 되어 채권가격이 오르면 채권수익률은 떨어지게 되고 채권가격이 떨어지면 채권수익률은 올라가게 된다. 동일한 채권의 경우에도 만기가 다르면 수익률이 다르게 나타난다. 우리나라의 경우 콜금리, 양도성예금증서 유통수익률, 국고채수익률 등이 대표적인 시장금리라고 할 수 있는데 각각 초단기금융시장, 단기금융시장, 장기금융시장의 자금 상황을 반영해 주고 있다.

▲ 한국은행 기준금리

우리나라는 과거 금융기관의 금리를 직접 규제하였으나 1990년대 후반에 금리자유화가 완료되면서 금리의 가격기능이 높아짐에 따라 통화정책을 금리중시 방식으로 변경하였다. 1999년 이후 2008년 2월까지는 콜금리(익일물)를, 2008년 3월 이후에는 한국은행 기준금리를 통화정책의 운용목표로 삼아 금융통화위원회가 매월 그 목표수준을 정하고 있다. 기준금리는 한국은행과 금융기관간 거래의 기준이 되는 금리로 실제 운용되는 금리는 7일물 RP금리이다. 7일물 RP금리는 익일물 무담보 콜금리와 같은 수준인데 이는 전자가 후자에 비해 기간프리미엄은 높으나 콜금리와는 달리 담보부 금리이기 때문이다. 한국은행은 주로 공개시장조작을 통해 단기금리를 목표 수준으로 유도하고 있다.

▲ 단기자금시장 금리

단기자금시장 금리는 만기가 1년 이내인 채권의 발행이율 및 유통수익률이다. 단기자금시장은 주로 중앙은행, 금융기관, 우량기업 등 자금거래 규모가 크고 신용도가 높은 거래자들이 일시적 자금과부족을 조절하는 시장이다. 즉 일시 여유자금을 보유하고 있는 거래자는 단기자금시장에서 단기금융자산을 매입함으로써 안전성과 유동성을 유지하면서 수익을 올릴 수 있고, 자금이 일시적으로 부족한 거래자는 보유하고 있는 단기금융자산이나 단기채무증서를 매각함으로써 손쉽게 부족자금을 조달할 수 있게 된다. 주로 유동성조절을 위해 이용되는 단기자금시장이 발달하면 거래자들은 장래의 지출에 대비하기 위한 현금보유량을 줄일 수 있기 때문에 유휴자금의 보유에 따른 기회비용을 줄일 수 있는 등 자금을 효율적으로 운용할 수 있게 된다.

중앙은행은 단기자금시장을 통하여 증권을 팔아 돈을 환수하고 증권을 매입하여 돈을 공급하는 등 통화량을 효율적으로 조절할 수 있다. 이와 같이 단기자금시장은 효율적인 통화신용정책을 수행할 수 있는 여건을 제공한다. 단기자금시장이 발달하면 금리재정거래가 활발하게 이루어져 시장간 연계성이 높아짐으로써 단기금융상품의 수익률이 자금수급상황의 변화에 민감하게 반응하는 등 금융시장 전반에 합리적인 금리체계가 형성될 수 있다. 이에 따라 중앙은행은 공개시장조작 정책효과를 신속하고 광범위하게 전파할 수 있을 뿐만 아니라 단기자금시장에서의 금리 움직임을 중요한 시장신호로 활용하여 통화신용정책의 효과를 측정하고 방향을 설정할 수 있다.

한편 단기자금시장은 거래형태가 당사자간의 직접적인 계약보다는 불특정 다수가 참가하고 중개인을 통한 경우가 대부분이어서 금리의 자금수급조절 기능이 가장 민감하게 나타나고 있다. 단기자금시장의 금리는 시장 참여자들의 자금사정, 중앙은행의 정책운용방향 등을 반영하여 수시로 변동하고 있으며 이러한 단기자금시장 금리의 변동은 금융기관의 자금조달 비용 등에 영향을 미쳐 금융기관의 대출규모나 대출금리를 변동시키고, 장기금융시장 금리에도 영향을 주게 된다. 현재 우리나라의 단기자금시장에는 금융기관 상호간의 자금과부족이 조정되는 초단기 자금시장인 콜시장과 금융기관 이외의 거래자도 참여할 수 있는 기업어음시장, 무역어음시장, 환매조건부채권매매시장, 양도성예금증서시장, 통화안정증권시장, 상업어음일반매출시장 등이 있다. 이들 시장에서 결정되는 콜금리, CD유통수익률, 기업어음(CP) 중개금리 등이 우리나라의 대표적인 단기자금시장 금리이다.

▲ 장기금융시장 금리

장기금융시장 금리는 만기가 1년 이상인 채권의 발행이율 및 유통수익률이라고 할 수 있는데, 일반적으로 만기 1년 이상의 국채, 회사채, 금융채 등의 유통수익률을 가리킨다. 단기금리와 장기금리가 다른 이유는 장기금리가 미래의 단기금리에 대한 기대, 금융상품을 장기간 보유하는 데 따른 금리변동 위험 등에 대한 보상인 기간프리미엄이 반영되어 있기 때문이다. 통상 기간 프리미엄은 정(+)의 값을 갖기 때문에 경기상승기에 시장참가자들이 실질금리 및 인플레이션 기대 상승으로 미래의 단기금리가 현 수준보다 높거나 같을 것으로 예상하는 경우 장기금리 수준이 단기금리를 상회하게 되고, 반대로 시장참가자들이 향후 경기침체로 인해 미래의 단기금리가 현 수준보다 낮아질 것으로 예상하는 경우 단기금리가 장기금리보다 더 높을 수도 있다.

따라서 장단기금리차는 중앙은행의 통화정책기조, 시장참가자들의 향후 경기 및 금리 전망, 금융불안 요인 등에 따른 기간프리미엄의 변동 등에 따라 달라지게 되며, 향후의 경기 및 인플레이션에 대한 시장참가자들의 기대를 나타내 주는 중요한 정보변수 역할을 한다. 우리나라를 비롯하여 미국, 영국 등 주요국을 대상으로 한 실증분석 결과 장단기금리차는 경제성장이나 인플레이션과 시차를 두고 함께 움직이는 것으로 나타나고 있다. [그림 4-15]에서 보는 바와 같이 장단기금리차는 경기동행지수와 매우 밀접한 상관성을 보이

[그림 4-15] 장단기금리차*와 경기동행지수의 순환변동치

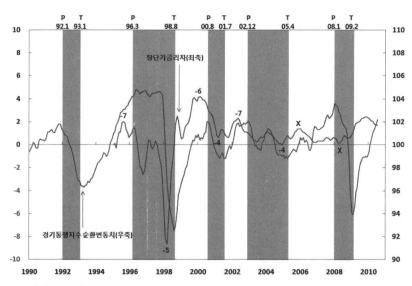

* 　 3년만기국고채-1일물콜금리
** 　 그래프의 숫자는 장단기금리차 정저점의 동행지수에 대한 선행시차(개월)
*** 　 음영기간은 경기수축국면, 그 외 기간은 확장국면을 의미

출처 : 통계청. 한국은행.

며 4~7개월 정도 선행하고 있다. 다만 2000년대 후반 들어서는 글로벌 금융위기 등으로 인한 경기 급변동기를 거치며 다소 불안정한 모습을 보이고 있다. 이러한 실물경제와의 연관성 때문에 장단기금리차는 경기선행종합지수의 구성지표중 하나로 이용된다.

▲ 금융기관의 여수신금리

금융기관의 여수신금리는 각 은행이 시장금리 및 수신 취급비용 등을 감안하여 결정하고 있으며, 여신금리는 프라임레이트[3] 혹은 CD유통수익률과 같이 대출 실행시 기준이 되는 금리에다 차주의 신용도나 대출기간 등을 감안하여 결정하고 있다. 외환위기 이전에는 프라임레이트 연동대출이 대부분을 차지하였으나 외환위기 이후에는 가계대출을 중심으로 CD유통수익률 등 시장금리에 신용도나 대출기간 등을 감안한 시장금리 연동대출이 대종을 이루게 되었다. 이와 같이 금융기관에 의해 결정되는 금리는 자산보유 및 금융거래형태 뿐만 아니라 민간지출활동을 결정하는 데 있어 반드시 고려해야 하는 요인중 하나가 되었으며 경제성장, 인플레이션, 국제수지, 자원배분, 소득분배 등 국민경제 전반에 걸쳐 지대한 영향을 미치고 있다.

금융기관의 평균적인 여수신금리 수준을 나타내는 금융기관 가중평균금리는 예금은행과 비은행금융기관으로 구분하여 작성되고 있다. 예금은행의 경우는 신규취급액기준과 잔액기준으로 나누어 개별상품별, 기간별 등의 수신금리와 차입주체별, 용도별 등의 대출금리가 편제되고 있고 비은행금융기관의 경우는 신규취급액기준으로 주요 금융기관 그룹별 개별상품의 수신 및 대출 금리가 편제되고 있다. 신규취급액기준 금리는 최근의 금리동향을 잘 나

---

3)   은행들이 대출할 때 최우량기업에 적용하는 우대금리로서 평균자금조달비용에 이윤 등 적정 마진을 감안하여 산정한다.

타내 주는 반면, 일정시점에서의 잔액기준 여수신금리는 금융기관 수지를 잘 반영해 주는 특성이 있다. 아울러 금리수준별 여수신 비중, 가계 및 기업 등 차입주체별 고정금리 및 특정금리연동(시장금리 연동, 수신금리 연동, 프라임레이트 연동) 대출비중 등의 통계도 작성되고 있다.

[표 4-14] 편제대상 금융기관 여수신 가중평균금리

금융기관			편 제 금 리
예금은행	신규취급액 기준	수 신 금 리	개별상품별, 기간별, 상품군별 및 전체 저축성 수신 평균금리
		잔액기준	종류별, 차입주체별, 용도별, 담보형태별[*] 및 전체 대출 평균금리
		금리수준별 여수신 비중	정기예금 및 차입주체(가계, 대기업, 중소기업) 별 대출금의 금리수준별 비중
		고정금리 및 특정금리연동 대출비중	차입주체(가계 및 기업)별 고정금리 및 특정금리 연동 대출비중
	잔액기준	수 신 금 리	개별상품별, 기간별, 상품군별 및 전체 저축성 수신 평균금리
		대 출 금 리	차입주체별, 용도별, 담보형태별[*] 및 전체 대출 평균금리
비 은 행 금융기관	신규취급액 기준	수 신 금 리	금융기관별 개별 수신금리
		대 출 금 리	금융기관별 개별 대출금리

* 가계대출에 대해 조사

출처 : 한국은행, 알기쉬운 경제지표 해설

(3) 금융관련 정책판단지표

▲ 수익률곡선

같은 금융자산이라도 만기에 따라 이자율이 다른데 채권의 만기수익률과 만기와의 관계를 나타내는 것이 수익률곡선(Yield Curve)이다. 이 곡선은 만기에 따른 수익률 즉 금리의 수준을 나타낸다는 의미에서 '금리 기간구조(the term structure of interest rates)'라고도 불린다. 금리는 만기가 길어짐에 따라 상승 또는 하락하기 때문에 여러 가지 형태를 나타내며 상승형, 하강형, 수평형 그리고 언덕형 수익률곡선으로 구분할 수 있다. 우상향하는 수익률곡선이 일반적이지만 우하향 또는 수평의 형태를 보이기도 하는데 일례로 1997년말 외환위기 발생초기에는 장기금리가 단기 금리보다 낮아져 우하향하는 수익률곡선이 나타나기도 하였다. 상승형 수익률곡선은 장기이자율 수준이 단기이자율 수준보다 높아 앞으로 이자율이 상승할 것으로 전망되는 시기에 나타난다. 경기상승이 시작되는 초기에 기업들의 설비투자자금수요 증가로 장기이자율이 높게 나타나며 경제가 안정된 선진국에서 일반적으로 관찰되는 형태로 이를 정상 수익률곡선이라고도 한다.

하강형 수익률곡선은 앞으로 이자율이 떨어질 것으로 기대되어 장기이자율이 단기이자율보다 낮을 때 나타나며 경기 정점부근에서는 기업의 운용자금 수요가 증가하게 되면서 단기이자율이 높아지게 된다. 수평형 수익률곡선은 이자율수준이 현재의 수준과 변동이 없을 것으로 기대되어 단기이자율과 장기이자율이 거의 같은 수준일 때 나타나는 것으로 주로 경기순환의 중간단계에서 볼 수 있다.

언덕형 수익률곡선은 단기이자율이 급격히 상승하다가 어느 시점에서 장

기이자율이 서서히 하강하는 형태로 정부의 일시적인 금융긴축으로 인하여
시중의 단기자금 사정이 악화되었을 때 나타난다.

[그림 4-16] 수익률 곡선의 종류

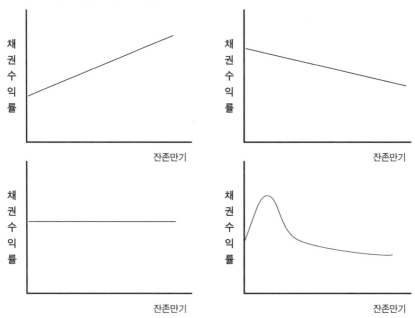

▲ 초과유동성

초과유동성(Excess Liquidity)은 실물경제 활동에 비해 유동성이 과도하게 공
급되어 있는지를 파악하기 위한 개념이다. 피셔의 교환방정식(MV = PT)에 근
거한 개념으로 일정기간 동안 통화유통량 증가율이 실물거래액 증가율을 상
회할 경우 시중유동성이 실물경제활동에 비해 과도할 가능성이 있다는 것이
다. 초과유동성은 그 절대수준을 산정하기 어렵기 때문에 증가율로 파악하며
구체적으로는 통화유통량 증가율에서 실물경제활동 증가율을 차감하여 계산
한다.

$$초과유동성\ 증가율 = 통화유통량\ 증가율 - 실물경제활동(경상GDP)\ 증가율^{4)}$$

유동성이 실물경제 확대속도보다 빠르게 증가하면 유동성이 과다하며 그 반대인 경우 부족할 가능성이 높은 것으로 본다. 여기에서 통화유통량은 저량(stock)이 아닌 유량(flow) 지표를 사용하는데 이는 유량 개념이 경제주체의 지출 등에 관한 정보를 잘 알려주고 있어 시중자금사정 판단에 보다 적합하기 때문이다. 통화유통량은 통화량(M)과 거래유통속도(V)의 곱으로 정의되는데 이때 V의 측정이 어렵기 때문에 이의 대용변수로서 예금회전율을 활용할 수 있다.

$$통화유통량 = (현금통화 \times 요구불예금\ 회전율)$$
$$+ (예금은행\ 종별예금 \times 예금종별\ 회전율)$$

▲ 가중통화지표

가중통화지표(Divisia Index)는 Lf 등 통화지표를 구성하는 각 자산에 통화성(moneyness)을 기준으로 다른 가중치를 부여함으로써 전체 유동성 사정을 보다 종합적으로 파악할 수 있도록 가공한 지표이다. Lf 등 기존의 통화지표들은 구성자산간 통화성의 차이를 고려하지 못하기 때문에 실제 시중유동성 사정의 변화를 제대로 나타내 주지 못할 수 있다. 예를 들어 단기저축성예금에서 통화성이 낮은 장기저축성예금으로 대규모 자금이동이 발행한 경우 단순 합계하면 M2 총량은 변하지 않겠지만 실제 유동성 사정은 이전보다 악화되

---

4) 경상GDP 증가율을 월별로 측정하기 곤란하기 때문에 월별 산업생산 증가율 및 월별 소비자 물가 상승률을 대용변수로 활용하기도 한다.

었다고 보아야 할 것이다.

M2와 Divisia M2 산출방식 (예)

M2	=	현금	+	요구불예금	+	저축성예금
(200조)		(5조)		(45조)		(150조)

Divisia M2 = 현금 × 100% + 요구불예금 × 80% + 저축성예금 × 50%

(141조)		(5조)		(36조)		(100조)

Divisia지표의 증가율뿐만 아니라 M2 등 통화지표와 Divisia 지표간 증가율의 격차도 시중유동성을 판단하는 기준으로 활용할 수 있다. 같은 수준의 M2 증가율이라도 'M2증가율 - Divisia M2증가율'이 축소되면 유동성사정은 상대적으로 좋아지고 그 반대의 경우 나빠진 것으로 평가할 수 있다. 가중통화지표를 산출하기 위한 가중치로는 각 금융자산의 수익률을 활용할 수 있다. 유동성이 높은 자산일수록 보유하는 데 따르는 기회비용이 높고 수익률이 낮으므로 수익률이 낮은 자산에 높은 가중치를 부여하게 된다.

▲ 통화상황지수

통화상황지수(MCI, Monetary Conditions Index)는 단기금리와 환율의 변동을 가중합산한 지수로서 개방경제하에서는 국내금리뿐만 아니라 환율도 유동성 수준을 반영하므로 이 두 변수의 움직임을 종합적으로 고려하면 유동성 상황을 정확히 파악하는 데 도움이 된다는 데서 개발된 지표이다. 동지수는 개방경제하에서 통화정책기조를 평가하기 위해 1980년대 후반 캐나다 중앙은행이 최초로 산출한 이래 1990년대에 이후 널리 활용되었다.[5]

5) 2000년대 들어서는 자산가격 및 신용부분의 중요성이 높아지면서 MCI에 주가, 리스크프리미엄 등을 추가한 FCI(Financial Conditions Index; 금융상황지수)가 금융상황의 완화여부를 더

$$MCI = 단기금리 \ 변동분 + 실효환율 \ 변동률 \times 가중치$$

여기서 가중치는 단기금리와 환율의 변화가 총수요나 물가 등 실물경제변수에 미치는 상대적인 영향력에 따라 결정되는데 가중치를 어떻게 설정하느냐가 MCI를 편제함에 있어 가장 중요하다. MCI가 상승하면 이는 기준시점에 비하여 금리가 높아지거나 자국 통화가치가 절상된 것이므로 대내외 요인을 종합적으로 감안할 때 유동성 수준이 전반적으로 부족해진 것으로 평가될 수 있다. 반대로 MCI가 하락하는 경우에는 유동성 수준이 풍부해졌음을 시사한다. MCI는 금융 및 외환시장에서 가격변수 기능이 제고되고 금리 및 환율의 실물경제에 대한 연계성이 강화될수록 그 유용성이 높아진다.

▲ P*

P*는 앞서 기술하였듯이[6] 실질GDP와 통화유통속도가 장기균형상태에 있을 때 현재의 통화량에 의해 결정되는 장기균형 물가수준을 의미한다. 따라서 P*와 실제물가수준(P)간의 비율(P*/P)은 미래의 물가상승 압력을 나타낸다. P*/P〉1이면 현재의 통화가 잠재GDP 수준에 비해 과다하게 공급되어 향후 물가상승압력이 커질 것임을 예고한다고 할 수 있다.

욱 정도 높게 추정할 수 있다는 주장이 확산되었다. 동 모형의 구성변수인 금리, 환율, 주가, 리스크프리미엄 등의 가중치는 VAR모형과 같은 경제모형을 통해 추정한다.

6) '제2장 제1절 통화이론'을 참조

[그림 4-17] P*비율(M2기준)

[그림 4-18] P*비율(Lf기준)

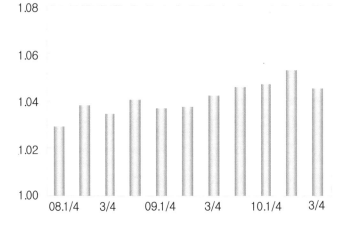

▲ 유동성갭률

유동성갭률은 현재 통화량을 장기균형통화량과 비교한 지표이다. 통화량
을 명목GDP로 나눈 값인 '마샬 k'에서 장기추세치를 차감한 지표로 동 지표

가 양의 값(+)이면 통화량이 장기균형통화량을 초과한 상태, 즉 실물경제활동에 비해 유동성이 초과공급된 상태를 의미하며, 유동성갭률이 음의 값(-)이면 유동성이 과소공급된 것으로 볼 수 있다.

$$유동성갭률 = 마샬k(통화지표\ 총량/명목GDP) - 마샬k\ 장기추세치$$

[그림 4-19] 유동성갭률 및 마샬k* 추이

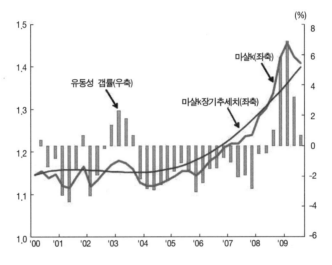

* 마샬k = M2평잔 / 계절조정 명목GDP

▲ 머니갭률

머니갭률은 실질통화량이 장기균형통화량으로부터 괴리되어 있는 정도를 나타내는 지표로서 장기균형통화량은 잠재GDP 및 장단기 금리스프레드를 이용하여 추정한다.

$$머니갭률 = (실질통화량 / 장기균형통화량 - 1) \times 100$$

실질통화량은 명목통화량을 CPI로 나눠서 산출하며 장기균형통화량은 잠재GDP와 장단기금리차, 시간추세변수를 활용하여 추정한다.

$$장기균형통화량 = \alpha1 \times 잠재GDP + \alpha2 \times 장단기금리차 + \alpha3 \times 시간추세$$

머니갭률은 유동성의 장기적 불균형을 측정하는 방식으로 향후 인플레이션에 대한 선행성에서 우수한 것으로 평가받고 있다. 머니갭률이 증가하면 향후 물가상승압력이 높아질 가능성이 있음을 시사한다.

제3절

외환

onetary Policy

1. 개요

외환 및 국제금융시장의 주요 변수들은 정책당국의 경제상황 판단에 유용한 정보들을 제공할 뿐만 아니라, 다양한 경로를 통해 통화정책의 효과에도 직·간접적인 영향을 미치기 때문에 외환 및 국제금융 상황을 이해하는 것은 통화정책 수행에 필수적인 과제라고 할 수 있다.

오늘날 경제의 글로벌화는 자본과 서비스 및 재화의 국경간 자유로운 이동에 그치지 않고 생산 및 고용의 국제분업화로 이어지고 있다. 이에 따라 국가간 금융·외환·실물시장의 연계성이 크게 높아졌으며, 그만큼 시장이 복잡해지고 불안정하게 되었다. 일례로 2008년 미국의 서브프라임 모기지 부실 및 리먼 브라더스 파산에서 촉발된 국지적 금융시장 불안이 순식간에 글로벌 금융위기로 확산된 것은 세계경제의 연계성, 복잡성 및 불확실성이 심화되고 있음을 보여주었다. 이와 같은 상황에서 우리나라와 같은 소규모 개방경제는 주요국의 주가, 금리, 환율 등 시장변수들의 움직임에 민감하게 반응할 수 밖에 없다. 이들 변수의 움직임은 다양한 경로를 통해 주식·채권·외환시장 등 국내금융시장 전부문에 걸쳐 영향을 미치며, 나아가 실물경제에까지 그 효과가 파급된다. 한편 글로벌화의 급격한 진전 및 이에 따른 불확실성의 증대는 통화정책 당국자들로 하여금 과거와 다른 새로운 도전에 직면하게 만들었다. 이는 단순히 정책결정시 감안해야 할 정보변수들이 늘었다는 차원을 넘어, 경우에 따라서는 정책효과 자체가 모호해졌기 때문이다.

앞서 기술한대로 통화정책은 크게 금리경로, 환율경로, 자산가격경로, 신용경로, 기대경로 등을 통해 실물경제로 파급된다. 전통적인 이론에 의하면 정책금리의 인상은 일차적으로 내외금리차 확대를 통해 외국인의 국내채권에 대한 투자유인을 제고함으로써 자본유입을 촉진하게 되며, 이렇게 늘어난 외화유동성은 환율하락을 야기하고, 이는 곧 경상수지 악화로 이어지게 된다. 그런데 문제는 이러한 금리와 자본유출입간의 관계, 환율과 경상수지와의 관계가 과거처럼 뚜렷하지 않다는 데 있다.

[그림 4-20] 금리정책의 환율파급경로

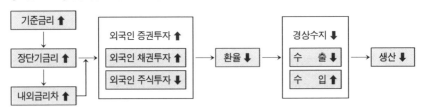

우선 금리와 채권투자와의 상관관계가 약화된 가운데 외국인의 주식투자 비중이 커짐에 따라 정책금리 인상의 자본유입에 대한 전체적인 효과가 모호해졌다. 주식투자, 채권투자 등 자본형태별로 금리가 자본유출입에 미치는 영향의 방향과 강도가 상이한 데다 금리 외에 글로벌 유동성 상황이나 경기전망 등에 따라 자본이동의 양상이 크게 달라지고 있기 때문이다. 먼저 채권투자의 경우 장단기 금리간 상관관계 약화 등으로 정책금리 인상에도 불구하고 내외금리차가 확대되지 않거나, 설사 내외금리차가 확대되더라도 스왑레

이트(swap rate)[7]가 상승함으로써 재정거래유인(내외금리차-스왑레이트)이 확대되지 않는다면 정책금리 인상이 채권투자 증대로 이어지지 못하게 된다. 실제로 최근의 실증분석 결과는 외국인의 채권투자가 금리 자체보다는 캐리트레이드(carry trade)나 재정거래유인에 더 큰 영향을 받는 것으로 나타나고 있다. 주식투자의 경우 금리인상은 기본적으로 기대수익률 하락 등을 통해 외국인의 국내주식에 대한 투자유인을 약화시킴으로써 채권투자와 반대방향으로 작용하는데, 최근 들어서는 이마저도 명확치 않은 모습이다. 금리인상에도 불구하고 풍부한 글로벌 유동성, 경기호전 전망 등에 힘입어 외국인 주식투자자금 유입이 오히려 늘어나는 경우가 종종 발생하고 있는 것이다. 결국 금리인상이 전체 자본유입에 미치는 영향은 채권투자, 주식투자 등 경로별 효과가 혼재됨에 따라 불확실성이 높아졌다고 할 수 있으며, 이에 따라 금리인상이 환율에 미치는 영향도 예측하기가 매우 어려워졌다.

다음으로 환율이 경상수지에 미치는 영향도 눈에 띄게 약화되고 있다. 이는 우리나라 수출입구조의 변화에 주로 기인하는데, 수출의 경우 개별기업의 가격결정력이 매우 낮고 중간재 수출비중이 높아져 환율의 수출가격전가율이 크게 하락하였고, 수입의 경우에도 중간재, 원자재 등 가격 비탄력적인 제품의 비중이 늘어나면서 환율의 영향이 약화되었다. 당국이 과도한 유동성을 흡수하고 경기를 진정시키기 위해 정책금리를 인상하더라도 자본유입이 크게 늘지 않아 환율에 별다른 영향을 미치지 못한다면 애초에 기대했던 환율 측면에서의 물가상승압력 해소라는 정책효과는 약화될 수밖에 없다.

그러나 이처럼 정책효과의 예측가능성이 약화되었다고 해서 그 효용성이 부정되는 것은 아니며 중요한 점은 복잡·다양해진 현 상황에서 경기판단을 정확히 하고 통화정책의 효과를 제대로 거두기가 더욱 어려워졌다는 것이다.

---

7)　스왑레이트란 [(선물환율-현물환율)/현물환율]×100(%)으로 스왑레이트의 하락은 선물환의 매도우위로 인해 선물환의 가격이 현물환 가격에 비해 하락하는 것이다.

글로벌 주가, 국제금리, 환율, 스왑레이트, CRS금리 등 외환 및 국제금융시장의 주요 변수들은 향후 세계경기, 국제유동성 사정, 금융시장 리스크 등에 대해 여전히 유용한 정보들을 제공하고 있으며, 전통적인 정책 파급경로들도 비록 약화되거나 변화되었을지언정 여전히 효력을 발휘하고 있는 것도 사실이다. 따라서 오늘날 정책당국자들은 시장지표를 해석함에 있어서 보다 신중한 자세를 취하는 가운데 또 다른 함의가 있는지 탐색하는 데 노력을 게을리하지 않고 있다. 아울러 정책을 시행함에 있어서 정책효과를 제약하는 요소들을 식별하고, 이를 제어하기 위한 다양한 미시적·거시적 보완책을 마련하고 있다.

2. 국제금융시장

(1) 국제금융

▲ 글로벌 주가

최근 들어서는 시장이나 정책당국의 관심이 자국의 주식시장을 벗어나 글로벌 주가의 움직임에 보다 집중되는 경향이 나타나고 있다. 이는 글로벌 주가변동이 자국의 주식시장을 포함한 금융시장 전반에 영향을 미치기 때문인데, 그 기저에는 교통과 통신수단의 발달, 국제 분업화의 진전과 이에 따른 세계교역량의 증대 등 세계경제의 글로벌화라는 거대한 변화가 자리잡고 있다. 만약 주요국 경제에 어떠한 충격이 발생할 경우 일차적으로는 해당 국가, 해당 산업의 주가에 반영되겠지만, 이는 곧 국제적 생산 분업체계에 있어서 그 전후에 위치한 국가 및 산업에까지 파급되고, 그 결과는 주가의 국제적

동조화로 나타난다. 아울러 글로벌 주가의 움직임은 비단 주식시장뿐만 아니라 채권시장, 외환시장 등 금융시장 전반과 실물경제에도 직·간접적인 영향을 미칠 수 있다. 일례로 주요국 주가의 동반 폭락으로 글로벌 금융시장의 불확실성이 높아질 경우를 가정해 보자. 이렇게 되면 시장참가자들의 안전자산 선호경향(flight to quality)이 커지면서 국제적 디레버리징(de-leveraging) 확산, 외국인 투자자금의 급격한 유출, 외화유동성 부족, 환율 급등 등 국내 금융시장 불안으로 이어질 가능성이 매우 높으며, 이는 실물경제에도 직접적인 타격을 가하게 된다. 따라서 정책당국은 미국, 유럽, 일본, 중국 등 주요국의 주가 움직임을 면밀히 관찰·분석함으로써 이들 국가 및 세계경제의 향방을 가늠하는 한편 그 영향을 분석하고, 필요하다면 적절한 정책적 대응방안을 모색하게 될 것이다.

주요 글로벌 주가지수로는 미국의 다우존스산업평균지수, S&P500지수 및 나스닥지수, 일본의 NIKKEI225지수 및 JASDAQ지수, 중국의 상하이종합지수, 독일의 DAX30지수, 영국의 FTSE100지수 등을 들 수 있다. 세계 전체의 주가흐름을 몇 개의 지수로 가늠해 볼 수도 있는데 MSCI지수, FTSE지수 등이 이에 해당한다. 이들 지수들은 주요국의 주식시장을 대표할 수 있는 종목들을 선정한 다음 해당 종목의 유동주식[8]을 기준으로 지수를 산출한다. MSCI 및 FTSE 지수 산정시 각 국별 편입비중은 국제 투자기관들이 해외투자시 각 국별 투자 비중을 결정하는 주요 지표로 사용되고 있다. 한편 우리나라 주식시장은 2009년 9월부터 FTSE 선진시장국지수에 편입되어 있으나, MSCI지수의 경우에는 아직 신흥시장으로 분류되고 있다.

---

8) 전체 주식중 시장에서 유통되지 않는 정부 및 계열사 보유지분을 제외

[그림 4-21] MSCI 주요지수 추이

신흥시장국지수

전세계지수

선진국 지수

출처 : Bloomberg

▲ 국제금리

국제금리란 일반적으로 미국, 영국, 독일, 등 주요국의 장단기 금리를 일컫는다. 이들 국가의 금융시장은 높은 신용도, 풍부한 유동성, 발달된 금융시스템 등에 힘입어 국제금융시장으로서의 역할을 수행하고 있다는 공통점이 있다. 국제금리는 국제적인 자금거래에 있어서 기준금리(benchmark rate)로서 기능하며, 이들의 장단기 움직임을 통해 국제금융시장의 유동성 사정을 가늠해 볼 수 있다.

국제금리의 변동은 투자, 저축, 물가, 자본이동, 환율 등에 직·간접적인 영향을 미치면서 세계경제 전체로 그 효과가 파급된다. 예를 들어 국제금리가 상승할 경우 해외로부터 자금을 조달하려는 기업은 투자비용이 상승함에 따라 투자를 축소하게 되고, 금융기관은 외자도입 비용이 늘어남에 따라 기업 및 가계에 대한 대출규모를 축소시키거나 국내 대출금리를 올려야 하는 상황에 처하게 된다. 외국인투자자 입장에서도 국제금리의 상승은 기회비용의 증가이므로 국내에 대한 투자 축소의 유인이 된다. 이처럼 국제금리의 상승은 일차적으로 국내금리 상승, 투자축소 등으로 이어지면서 국내경기를 위축시키는 방향으로 작용할 가능성이 크다. 그러나 한편으로는 국제금리의 상승은 자본유입 축소 및 자본유출 확대 등을 통해 원화가치의 하락을 유도하고, 이는 수출증가, 물가상승 등으로 이어지기도 한다. 때로는 금리 특히 장기금리가 향후의 경기 및 인플레이션에 대한 기대를 반영한다는 측면에서 국제금리의 상승이 국내 경제주체의 실물경제에 대한 기대심리를 자극할 가능성도 있다.

주요 국제금리로는 단기금리인 Libor, Euribor, 미국 단기국채금리, TED 스프레드 등과, 장기금리인 미국 장기국채금리 등을 들 수 있다. 이 중 대표적인 단기금리라고 할 수 있는 Libor는 국제금융시장에서 자금을 차입할 때 기준금리의 역할을 수행하고 있다. 보통 차입자(국가 또는 기업 등)의 신용도에 따라 Libor 금리에 가산금리가 차등적으로 적용되어 실제 차입금리가 결정되는 구조로 이루어져 있다. TED스프레드는 Libor와 미국 국채수익률간의 차이를 말하는데 이를 통해 국제금융시장의 단기자금사정 등을 가늠해볼 수 있다. 여기서 TED란 미국 국채(T-bill)와 유로달러(Euro Dollar)의 약자로서, TED스프레드는 3개월물 Libor에서 3개월물 미국 국채수익률을 차감하여 산출한다. 따라서 TED스프레드는 미국 국채수익률이 하락하거나 Libor가 상승할 경우 확대된다. TED스프레드가 확대된다는 것은 대표적인 안전자산인 미국 국채에 대한 선호가 높아졌다는 것을 의미하며, 투자자들의 위험회피성향이 전반적으로 커졌다는 것으로 해석된다. 또 한편으로는 국제금융시장에서의 자금조달비용이 상승하여 그만큼 자금조달이 어려워졌음을 나타낸다. 대표적인 장기금리로는 10년물 미국 국채수익률을 들 수 있는데, 미국 국채는 미국 정부의 원리금 상환 보증 하에 미국 재무부가 발행

[그림 4-22] 주요 국제금리 추이

(단기금리)

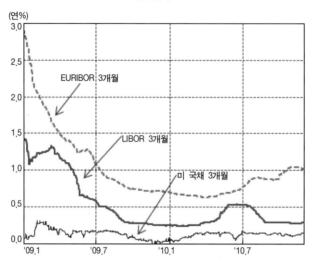

(장기금리)

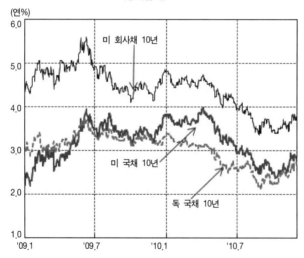

출처 : Bloomberg

하는 채권(U.S. Treasury Securities)으로서 세계에서 유동성이 가장 풍부한 무신용위험 채권이라 할 수 있다. 이러한 미국 국채의 수익률은 여타 채권의 벤치마크, 국제채권시장의 동향지표 등으로 널리 활용되고 있다.

▲ 주요국 환율

환율이란 두 통화의 교환비율을 말한다. 일국의 통화를 기준으로 할 경우 환율은 자국 통화의 대외가치를 나타낸다. 환율을 표시하는 방식에는 직접표시방식 및 간접표시방식 또는 유럽식 방식 및 미국식 방식 등이 있다. 전자는 일국을 기준으로 자국통화와 외국통화간 교환비율을 나타내는 방식으로 이 중 직접표시방식(또는 자국통화표시방식)은 외국통화 한 단위와 교환되는 자국 통화의 수(數)를 나타내며, 간접표시방식(또는 외국통화표시방식)은 그 역을 의미한다. 한편 후자는 국제기축통화인 미 달러화와 다른 나라 통화와의 교환비율을 표시하는 방식으로 미 달러화 한 단위와 교환하는 다른 나라 통화 수를 나타내는 것이 유럽식 방식이고 그 역이 미국식 방식이다. 보통 엔화, 위안화 등에 대해서는 유럽식 방식으로 표시하고, 유로화, 파운드화 등에 대해서는 미국식 방식으로 표시한다. 즉 엔/달러 위안/달러 또는 달러/유로 달러/파운드 등이 그것이다.

자유변동환율제 하에서 환율은 기본적으로 외환시장에서 외환의 수요와 공급에 의해 결정된다. 그런데 중장기적으로는 물가수준(구매력), 경제성장률, 국가리스크, 생산성, 환율정책 등 다양한 요인에 의해 영향을 받기 때문에 환율의 움직임을 설명하거나 그 방향을 예측하기가 쉽지 않다. 이를 자세히 살펴보자면, 전통적으로 일국 통화의 환율은 대외 경상거래에 따른 외환의 수급(단기변동)이나 양국의 물가수준(장기변동)에 의해 설명된다고 보았다. 즉, 단기적으로 외환의 수급에 직접적으로 영향을 미치는 것이 경상수지인데, 경상수지가 흑자가 되어 외환이 풍부해지면 자국통화는 절상되고, 적자가 되어 외환이 부족해지면 자국통화는 절하가 된다. 한편, 장기 균형환율은 '일물일가의 법칙(the law of one price)'에 따라 양국의 물가수준에 의해 결정된다고 보았는데, 이를 구매력 평가설(Purchasing Power Parity)이라 부른다. 예를 들어 맥도널드 빅맥 가격이 미국에서는 4달러이고, 한국에서는 4,500원이라면 장기 균형환율은 1달러=1,125원이 되어야 한다는 것이다. 물론 이와 같은 구매력 평가설은 비교역재의 존재, 운송비 등 거래비용의 발생 등으로 현실에서 온전히 성립된다고 보기는 어려우나 장기 균형환율을 설명하는 이론으로 널리 이용되어 왔다.

그러나 오늘날에는 자본자유화의 급속한 진전으로 자본거래에 따른 외환의 수급이 규모면에서 경상거래를 압도하면서 자본유출입이 환율변동의 주요 요인이 되는 등 보다 복잡한 양상을 띠게 되었다. 이에 따라 환율의 움직임을 설명하기 위해서는 경상수지나 물가 이외에도 채권 등 투자자산에 대한 수익률을 나타내는 금리나 경제성장률, 국가리스크, 생산성, 통화량 등의 요소를 전반적으로 살펴볼 필요가 있다. 이는 역으로 주요국의 환율 움직임을 통해서 이들 통화를 사용하는 국가나 경제권의 전반적인 경제상황을 유추해 볼 수도 있다는 의미가 된다. 일반적으로 한 국가의 경상수지가 적자이거나 투자자산에 대한 기대수익률이 상대적으로 떨어지면 외환의 공급이 줄어들면서 해당 국가의 통화는 절하(depreciation)되고, 그 반대의 경우에는 절상(appreciation)이 된다.[9] 따라서 달러/유로 환율이 상승(달러가 절하)한다면 유로지역 경제권이 미국경제권보다 경상수지나 기대수익률 측면에서 보다 양호하다고 볼 수 있다. 하지만 단순히 그렇게만 볼 수도 없는 것이, 예를 들어 미국정부의 인위적인 양적완화정책이 시행이 될 경우 달러화 유동성이 풍부

---

9) 고정환율제도 하에서는 외환당국이 자국통화의 대외가치를 인위적으로 조절한다는 의미에서 평가절하(devaluation) 또는 평가절상(revaluation)이라는 표현을 사용한다.

해지면서 경상수지나 기대수익률의 큰 변화 없이도 달러/유로 환율이 상승할 수 있기 때문이다. 유로지역 경제가 상대적으로 양호하다 하더라도 글로벌

[그림 4-23] 주요국 통화의 환율 추이

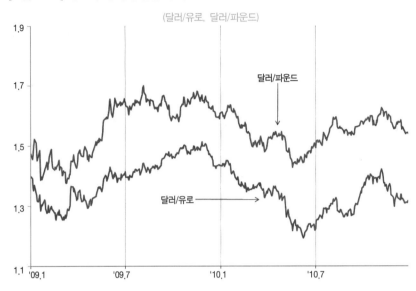

(달러/유로, 달러/파운드)

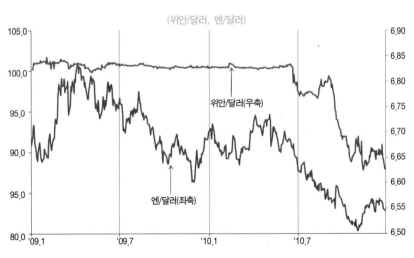

(위안/달러, 엔/달러)

출처 : 한국은행 ECOS

경제의 불안심리 확산으로 안전자산 선호경향이 강해지고 그 결과 미국 금융 자산에 대한 수요가 크게 늘어나면 달러/유로 환율이 거꾸로 하락(달러가 절상)할 수도 있다.

한편 기축통화인 미 달러화가 EU, 일본, 중국 등 주요국 통화에 대해 비슷한 움직임을 보일 때 글로벌 달러가 절상(강세) 또는 절하(약세)되었다고 한다. 달러는 세계 무역거래에 있어서 가장 널리 통용되는 결제통화이자 국제원자재시장에서 호가(quote)되는 단위이기 때문에 글로벌 달러의 움직임에 따라 세계경제는 많은 영향을 받는다. 글로벌 달러가 약세가 되면 교역상대국들은 달러표시 수출가격이 상승함에 따라 그만큼 가격경쟁력이 약화될 가능성이 큰데, 한편으로는 자국통화표시 수입가격의 하락으로 물가가 안정되는 효과를 얻기도 한다. 그런데 최근에는 글로벌 달러의 약세가 원유 철강 등 주요 원자재의 달러표시 가격을 동반 상승시키면서 원자재 수입국의 물가를 자극하는 경우도 빈번히 발생하고 있다.

환율과 관련하여 정책당국은 앞서 살펴본 '명목환율' 외에 실질환율, 실효환율 및 실질실효환율도 대외경쟁력 등을 평가하는 주요 정보지표로 활용한다. 실질환율(real exchange rate)이란 명목환율에 양국의 상대물가를 곱하여 산출하는데, 이는 외국통화에 대한 자국통화의 상대적인 구매력을 나타낸다. 실질환율은 명목환율이 상승하거나 외국의 물가수준이 상승 또는 국내 물가수준이 하락하면 상승한다. 따라서 실질환율의 상승은 세계시장에서 자국의 재화가격이 외국의 재화보다 상대적으로 싸진다는 것을 의미한다. 이와 같은 이유로 실질환율이 수출품의 가격경쟁력을 나타내는 지표로서 널리 활용되고 있다.

$$R = S \times (\frac{p^*}{p})$$

R : 실질환율 S : 명목환율

P : 자국 물가수준 P^* : 외국 물가수준

    그런데 명목환율이나 실질환율은 양자간 환율(bilateral exchange rate)로서 한 나라 통화의 평균적인 대외가치 또는 대외경쟁력을 나타내는 데는 한계가 있다. 그것은 현실세계에서는 복수의 교역상대국과 통화가 존재하기 때문인데, 실효환율(effective exchange rate)은 이러한 점을 고려해 한 나라 통화의 평균적인 대외가치의 변화를 평가하기 위해 고안된 환율이라 할 수 있다. 실효환율은 자국통화와 교역상대국간의 명목환율을 교역상대국의 무역비중으로 가중평균하여 산출하는데, 특정시점을 기준으로 지수화(기준시점=100)하여 표시한다.

    일반적으로 실효환율은 간접표시방식(즉, 외국통화표시방식)으로 하기 때문에 100을 상회하면 자국통화의 평균적인 대외가치가 기준년 대비 상승(절상)하였음을, 100을 하회하면 하락(절하)하였음을 나타낸다. 따라서 실효환율이 100을 상회한다는 것은 한 나라의 평균적인 가격경쟁력이 약화되었음을, 반대로 100을 하회하면 개선되었음을 의미한다. 실효환율에는 명목환율의 변화만을 반영한 명목실효환율(NEER; nominal effective exchange rate)과 상대적인 물가변동까지 반영한 실질실효환율(REER; real effective exchange rate)이 있다. 특히 실질실효환율은 한 나라의 평균적인 가격경쟁력을 나타내는 척도로서 널리 사용되고 있으며, 장기균형환율 수준을 판단하는 지표로도 활용되고 있다.

[그림 4-24] 주요국 통화의 실질실효환율 추이

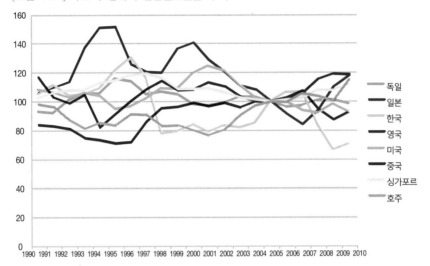

범례: 독일, 일본, 한국, 영국, 미국, 중국, 싱가포르, 호주

출처 : IFS Database

3. 외환수급

외환의 수급이란 거주자와 비거주자간 경제적 거래를 외환에 대한 수요와 공급으로 국내 기업 및 금융기관과 외국인간의 경상·자본·금융거래를 통한 외화자금의 흐름이라고 할 수 있다.

이러한 외환수급 즉 외화자금의 흐름에 시장이나 정책당국이 주목하는 것은 외화자금의 급격한 유출입이 국내 외환시장 및 금융시장을 교란시킴으로써 실물경기에까지 큰 파장을 일으킬 수 있기 때문이다. 외환의 과도한 유입은 환율하락을 야기해 경상수지를 악화시킬 뿐만 아니라 통화공급을 증가시키고 투자심리를 부추김으로써 자산가격의 급등, 경기의 과열 등을 초래할 수 있다. 반면 외환이 급격히 유출될 경우에는 환율과 금리가 급등하고 이로 인해 투자와 소비가 위축되는 등 경기침체가 나타날 수 있으며, 그 정도가 지나칠 경우 외환위기와 같은 국가부도 사태로까지 확대될 수도 있다. 특히 우리나라와 같이 거의 완전한 자본자유화를 용인하고 있는 소규모 개방경제의 경우 대내외 충격이 발생할 경우 외화자금의 급격한 유출입은 언제든지 발생할 수 있는 리스크로서 인식되고 있다. 따라서 각국의 정책당국은 외화자금의 흐름을 상시 모니터링 하는 한편 급격한 자본유출입에 대해 다양한 미시적·거시적 대책을 마련하고 있다.

대부분의 외화자금 유출입과 관련된 정책들은 외화자금의 유출입 규모와 속도를 적절히 조절하는 데 그 목적을 두고 있다. 특히 주목하여야 할 점은 이들 정책들이 과거에는 개별 금융기관의 외화자금 유출입을 일부 제한하는 직접적이고 미시적인 규제가 주를 이뤘다고 한다면, 최근에는 거시건전성 차원에서의 간접적이고 거시적인 정책[10]이 활발히 논의·채택되고 있는 등 큰 변화를 보이고 있다는 것이다. 신흥시장국의 경우 과거 금융위기가 외환의 급격한 유출입에서 기인하였다는 점에서 거시건전성 정책은 주로 외환부문을 중심으로 추진되고 있다. 이와 관련하여 우리나라는 2011년 8월 현재 선물환포지션 한도 규제, 외국인채권투자 과세 환원, 외화유동성비율 규제, 거시건전성부담금 부과 등의 정책을 도입·시행하고 있다.

한편 우리나라는 1999년 4월 외환거래에 대한 정보를 신속히 수집·분석할 수 있는 '외환전산망'을 구축함으로써 외환수급 상황에 대한 상시적인 모니터링 시스템을 갖추게 되었다. 외환전산망에는 외국환업무취급기관이 거래하거나 취급한 모든 외국환거래가 집중되며 매우 빠른 시간내에 정보가 수집되기 때문에 정책당국으로 하여금 외화자금 유출입 동향 등 외환거래 및

---

10) 자세한 설명은 '제5장 제1절 거시건전성정책'을 참조

외환시장의 움직임에 대해 신속한 모니터링과 대처가 가능토록 해준다.

4. 외환시장

외환시장이란 외환이 매매되는 시장으로서 외환의 가격이라고 할 수 있는 환율이 결정되고 각종 경상거래 및 자본거래에 따른 외환의 청산이 이뤄질 뿐만 아니라 외화자금의 조달·운용 창구로서의 역할, 환위험 헤지 수단의 제공 등 다양한 기능이 수행되는 곳이다. 이는 외환시장이 대외 충격 등 어떤 교란요인에 의해 그 기능을 다하지 못한다면 경제 전체에 지대한 영향을 미치게 된다는 것을 의미한다. 이에 따라 정책당국은 외환시장의 각종 정보변수들을 면밀히 모니터링 하면서 시장안정을 위해 다각적인 노력을 기울이고 있다.

외환시장의 대표적인 정보변수인 환율의 변동은 재화 및 서비스의 수출입 가격을 변동시킴으로써 경상수지에 직접적인 영향을 미치는 것은 물론 국내 생산, 고용 및 물가에도 영향을 준다. 그런데 최근 들어서는 환율과 여타 경제변수들과의 관계가 과거와는 많이 달라지고 있다는 데 정책당국자들의 고민이 있다. 이는 앞서 언급하였듯이 우리나라의 수출입구조가 환율의 경상수지에 대한 영향력이 약화되는 방향으로 재편된 데 주로 기인한다. 수출의 경우 주력 상품이라고 할 수 있는 반도체, LCD, 휴대폰 등의 IT제품과 석유제품 등은 거의 완전경쟁에 가까운 시장이기 때문에 개별기업의 가격결정력이 매우 낮다는 점, 국제적 분업체계가 고착되면서 환율변동의 영향을 적게 받는 중간재 수출비중이 높아졌다는 점, 선박 등 일부 제품의 경우 제품차별화가 이루어졌다는 점 등이 환율의 수출가격전가율을 크게 하락시킨 요인이다. 아울러 수입 또한 중간재, 원자재 등 가격 비탄력적인 제품의 비중이 늘어나면서 환율의 수입효과도 약화되었다. 결국 전통적인 환율과 경상수지의 관계가 과거에 비해 약화되고 있다는 것인데, 물론 그렇다고 해서 그 관계가 완전히 소멸된 것은 아니라고 보아야 할 것이다.

한편 우리나라와 같이 거의 완전한 자본자유화를 허용하는 가운데 독자적인 통화정책을 고수하고 있는 상황에서는 환율을 정책변수로 사용하는 것이 불가능에 가깝다.[11] 자본시장이 개방된 상태에서 환율을 어떤 목표수준으로 유지하기 위해서는 통화정책에 크나 큰 제약이 따른다는 의미이다. 예를 들어 인플레이션 압력이 높은 상황에서 정책당국은 과잉유동성을 흡수하고 경기를 진정시키기 위해 금리를 인상하려 할 것이다. 그런데 금리인상은 외국인의 재정거래유인(내외금리차-스왑레이트)을 확대함으로써 외국인의 채권투자자금 유입을 촉진하고, 이는 곧 환율 절상압력으로 작용할 가능성이 크다. 특히 국내금리가 국제금리보다 높고 환율 절상기대가 상존하는 상황이라면 금리인상은 자칫 해외로부터의 과도한 유동성 유입을 촉진함으로써 과잉유동성 흡수라는 애초의 정책효과를 약화시킬 뿐만 아니라 환율절상을 부추기는 결과를 초래할 것이다. 주식시장 경로를 통한 영향까지 고려한다면 정책효과의 불확실성은 더욱 커진다. 금리인상은 국내기업의 기대수익률을 하락시킴으로써 외국인의 국내주식에 대한 투자유인을 감소시키는 등 채권시장과 다른 방향으로 작용하기 마련이다. 따라서 채권시장과 주식시장을 합친 전체 효과는 불확실하다는 것이 보다 정확한 표현일 것이다. 결국 정책당국이 물가안정과 동시에 환율이 수출입에 미치는 영향을 고려하여 환율도 안정되기를 기대한다면 정책당국자의 고민은 깊어질 수밖에 없다.

오늘날 우리나라의 환율정책의 목표는 과거 '경상수지의 균형'에서 '환율의 급격한 변동 완화를 통한 외환시장의 안정'으로 변하였다. 우리나라가 채택하

---

11) 이를 'Impossible Trinity'라고 일컫는데, 환율안정-독자적 통화정책-자본자유화의 3가지 목표를 동시에 달성하는 것은 불가능하므로 이 중 하나를 포기할 수밖에 없다는 의미이다.

고 있는 '물가안정목표제(inflation targeting)' 하에서 환율은 더 이상 정책목표가 아니라 인플레이션에 영향을 미치는 정보변수에 그치기 때문이다. 따라서 외환당국의 역할은 원칙적으로 환율이 외환의 수급에 따라 시장에서 결정되도록 하되 일시적인 수급불균형이나 대내외 충격에 따른 시장불안으로 환율이 급변하는 경우 이를 완화하는 시장안정화에 초점이 맞춰져 있다. 대표적인 시장안정화 정책으로는 일시적인 환율 급변동시 그 속도를 완화하기 위해 외환당국이 시장에 개입하여 외환을 매매하는 스무딩 오퍼레이션(smoothing operation)을 들 수 있으며, 때로는 일시적인 외화유동성 부족을 해소하기 위하여 스왑 등을 통해 금융기관에 직접 외화를 공급하거나, 외환시장 불안이 극심할 경우 외화유출입을 직접 규제하기도 한다.

다음 절에서는 외환시장의 구조를 개략적으로 소개한 다음, 대표적인 외환시장 정보변수인 현물환율, 선물환율, 스왑레이트, CRS금리 등의 결정 원리와 그 의미를 살펴보겠다.

(1) 외환시장의 구조

오늘날 외환거래의 대부분이 유형화된 '거래소'가 아닌 전화, 텔렉스, 컴퓨터 등 전산적인 방법으로 이루어지는 '장외거래' 또는 '점두거래(OTC; Over-The-Counter)'의 형태를 띠게 됨에 따라 외환시장은 장소적 개념을 넘어 외환거래가 형성·유통·청산되는 일련의 시장조직 또는 시장메커니즘을 포괄하는 개념으로 쓰이고 있다. 외환시장은 외환의 대차(貸借)가 이루어지는 '외화자금시장'과 구분되기도 하지만 일부 외환거래 역시 실질적인 외환의 대차거래가 관여되기 때문에 넓은 의미에서 외환시장이 외화자금시장을 포괄하기도 한다. 외환시장은 거래당사자에 따라 은행간시장과 대고객시장으로 구분할 수 있는데 전자가 외국환은행들이 대규모의 외환을 사고파는 도매시장이라면 후자는 은행과 개인 및 기업 등 고객간 외환거래가 이루어지는 소매시장이라고 할 수 있다. 보통 협의의 개념으로 외환시장은 은행간시장을 이른다. 외환시장의 주요 참여자로는 외국환은행을 비롯하여 각종 경상거래와 자본거래를 행하는 고객, 외환시장의 안정을 추구하는 외환당국, 외환거래를 중개하는 브로커 등이 있다.

일반적으로 외환시장은 한 나라 경제에서 다음과 같은 역할을 수행한다. 첫째, 외환시장은 외환의 수급에 기초하여 가격(환율)을 형성함으로써 외환거래가 원활하게 이루어지도록 한다. 이를 통해 구매력이 한 나라 통화로부터 다른 나라 통화로 이전될 수 있으며, 수출입 등 대외거래에서 발생하는 외환의 수급이 청산(결제)될 수 있다. 둘째, 외환시장은 스왑거래 등을 통해 필요한 외환을 융통하거나 여유 자금을 운용할 수 있는 기회를 제공하며, 셋째, 선물환 등 파생금융상품을 이용해 환율변동에 따른 위험을 회피하게 해준다.

외환거래는 거래형태, 거래되는 상품 등에 따라 현물환/선물환거래, 차액결제선물환거래, 외환스왑거래, 통화스왑거래 등으로 분류할 수 있는데, 다음 절에서 보다 자세히 살펴보기로 한다.

(2) 현물환 및 선물환시장

현물환거래란 계약일로부터 2영업일 이내에 결제가 이뤄지는 외환거래를 말한다. 2영업일은 계좌이체 등 계약내용을 처리하기 위한 실무에 필요한 기간이며, 따라서 실제로 당일결제(value today)나 익일결제(value tomorrow)보다는 익익영업일결제(value spot)가 일반적이다. 현물환거래에서 형성되는 환율을 현물환율이라 하는데, 보통 '환율'이라 함은 현물환율을 말하며, 가장 기본적인 환율인 동시에 선물환율 등 다른 환율을 산출하는 기준이 된다. 한편 미 달러화에 대한 각 국 통화의 환율이 결정되면 미국 이외의 두 통화간 환율이 자동적으로 결정되는데 이를 크로스 레이트(cross rate)라고 부른다. 우리나라 외환시장에서는 미 달러화만 거래되기 때문에 원/달러 환율만이 형성되며, 원/엔, 원/유로 등 원화와 여타 통화간의 환율은 국제금융시장에서 형성된 미 달러화와 여타 통화간 환율을 이용하여 산출하는데 이를 재정환율(arbitraged rate)이라고 부른다.

국내 외국환은행의 현물환 거래량은 2005년 일평균 96.8억달러에서 2010년 2/4분기중 184.8억달러로 크게 증가하였다. 그러나 이는 일본(2010년 4월 기준 일평균 1014.6억달러)의 18.2%, 호주(601.9억달러)의 30.7%, 싱가포르(908.0억달러)의 20.4% 수준에 불과하여 주요국에 비해 아직 미흡하다고 할 수 있다. 전체 외환거래액(현물환, 선물환 및 외환스왑) 기준으로 보아도 2010년중 일평균 438.2억달러로 일본의 14.0%, 호주의 16.5%, 싱가포르의 22.8% 수준에 머무르고 있으며, 이는 우리나라의 GDP 및 무역규모에 비해서도 매우 낮은

[그림 4-25] 주요국 통화에 대한 원화환율 추이

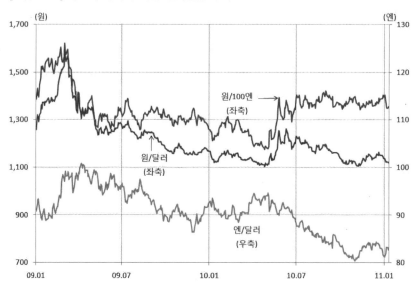

출처 : 한국은행 ECOS

수준이라 할 수 있다. 이처럼 우리나라 외환시장이 규모면에서 협소한 것은 실수요 위주의 거래, 거래통화의 달러화 편중, 시장참가자 부족, 시장조성자 (market makers)[12] 부재 등 다양한 요인에 기인한다. 왜소한 거래규모는 외부 충격 발생시 환율의 변동성을 증폭시키고 기대의 쏠림현상을 야기하는 등 외환시장 불안정의 주요인으로 지적되고 있다.

다음으로 선물환거래란 계약일로부터 2영업일 이후인 미래의 특정일에 결제가 이루어지는 거래를 말한다. 즉, 외환의 인수도가 계약체결 즉시 이뤄지지 않고 미래의 특정일로 이연(deferred delivery)되는 거래로서, 적용되는 환율도 결제일의 현물환율이 아니라 계약당시 미리 약속한 환율(선물환율)이 된다. 선물환거래는 일방적인 매입거래 또는 매도거래인 아웃라이트 선물거래 (outright forward)와 동일 상대방과 동일 금액을 동시에 매입하고 매도하는(또는 매도하고 매입하는) 거래인 외환스왑거래(swap forward)로 구분된다.

선물환거래의 가장 큰 특징은 미래 특정시점의 환율을 현재에 확정한다는 점으로서 한쪽에는 환위험 헷지의 기회를, 다른 한쪽에는 환투기의 기회를 제공함으로써 거래가 형성된다. 예를 들어 30일 이후 1달러의 수출대금이 입금되는 수출업자는 30일물 선물환을 매도함으로써 30일 후 원화금액을 선물환 매도시점에 확정지을 수 있으며, 반면 30일 후의 현물환율(S)이 선물환율 (F)보다 높을 것으로 예상하는 상대방은 결제일에 인수한 외환을 현물환시장에 바로 매도하면 차익을 얻을 수 있으므로 이 거래에 응하게 된다.

수출업자는 금융시장을 통해서도 환위험을 헷지할 수 있는데 $1/(1+i^*)$달러를 이자율 i^*로 차입하고 이를 현물환율(S)로 환전하여 국내금융시장에 이자

---

12) 충분한 외화유동성을 확보하고 다른 거래주체들의 매매수요에 언제든지 대응할 수 있는 거래 주체를 일컫는다. 선진국 외환시장에서는 통화별로 전문화된 주요 은행들이 특정통화에 대해 충분한 포지션을 보유하고 bid-offer 스프레드의 양방향 고시(two-way quote)를 상시 제공하면서 시장조성자로서의 역할을 하고 있다.

율 i로 운용하면 30일 이후에는 원화로 $S(1+i)/(1+i^*)$를 확보하게 된다. 한편 30일 후 입금된 수출대금 1달러로 $1/(1+i^*)$달러의 원리금 1달러를 상환하면 환위험이 모두 헷지되는 것이다. 그런데 만약 선물환율(F)이 $S(1+i)/(1+i^*)$보다 크다면 선물환 매도가 늘어나 선물환율(F)은 떨어지게 되고, 반대로 F가 작다면 달러화 자금수요 및 원화 자금공급이 늘어나 i^*가 상승하고 i가 하락함으로써 $S(1+i)/(1+i^*)$가 떨어지게 된다. 결국 시장은 $F=S(1+i)/(1+i^*)$가 성립하는 수준에서 균형을 이루게 되는데 이를 커버된 이자평가조건(covered interest parity condition)이라고 한다. 커버된 이자평가조건으로 결정되는 선물환율을 이론적 선물환율이라고 하는데, 실제 선물환율도 자본자유화의 급진전, 거래비용의 감소 등에 힘입어 이에 매우 근사한 수준에서 결정되고 있다.

국내 외국환은행의 선물환 거래량(아웃라이트 선물환 기준)은 2005년 일평균 36.1억달러에서 2010년 2/4분기중 69.2억달러로 크게 증가하였다. 이는 현물환, 선물환, 외환스왑 및 기타 파생금융상품을 포함하는 전체 외환거래액의 15% 내외 수준에 해당한다. 이러한 선물환 거래량의 급증 과정에서 한 가지 주목할 만한 현상이 나타나게 되는데, 2006년 이후 조선업 호조 및 자산운용사 등의 해외증권투자 급증으로 이들이 환위험을 헤지하기 위하여 선물환을 거액 매도함에 따라 선물환시장에서 순매도 규모가 지속적으로 확대되었다는 점이다.[13]

이와 같은 선물환시장의 수급불균형은 외국환은행의 환포지션 커버 과정에서 외채, 스왑레이트, 환율 등에 큰 영향을 미치게 되는데, 그 메커니즘은 다음과 같다. 수출업체 등이 환헤지를 위하여 선물환을 매도하면 거래 상대방(선물환 매입자)인 외국환은행은 매입초과 포지션이 됨에 따라 이를 커버하기 위해 현물환을 매도하여야 하는데, 이때 필요한 외환을 보통 해외차입이

---

13) 국내기업의 선물환 순매도 규모(연말 기준)는 2005년 292억달러에서 2006년 493억달러, 2007년 718억달러, 2008년 620억달러를 기록하였다.

나 외은지점과의 외환스왑(Buy & Sell Swap; 현물환 매입-선물환 매도)을 통해 조달하게 된다. 이렇게 되면 현물환시장에 외환공급이 늘어나 환율이 하락압력을 받는 한편, 선물환시장에서는 스왑레이트(swap rate)가 하락하게 된다.

이러한 스왑레이트의 하락은 재정거래유인을 확대시킴으로써 외국인투자자(또는 국제투기자본)에게 환위험 없이 이익을 얻을 수 있는 매력적인 기회를 제공한다. 환율이 재정거래 기회를 해소하는 방향으로 신속히 조정되지 못한다는 것은 시장의 가격기능이 저하되고 있음을 말하며, 더욱이 재정거래 등으로 국내 외화-원화시장간 연계가 확대되면서 외환시장의 왜곡이 국내 자금시장으로 파급된다는 것을 의미한다.

아울러 외국환은행이 포지션 조정을 위해 직접 또는 외은지점과의 스왑(외은지점은 외은본점으로부터 차입)을 통해 차입하는 외환은 대부분 만기가 선물환보다 짧기 때문에 결과적으로 우리나라의 단기외채를 증가시킬 뿐만 아니라 외화자금의 조달 및 운용상의 만기불일치 문제까지 심화시킨다. 만약 대외충격에 의해 단기외채의 차환이 어렵게 될 경우 외화유동성 부족, 환율변동성 확대 등으로 이어지면서 금융시장 전체에 심각한 시스템리스크를 초래할 수도 있는 것이다. 이와 같은 이유로 정부는 '거시건전성 제고를 위한 자본유출입 변동 완화방안'의 일환으로서 「외국환거래규정」 개정을 통해 '선물환포지션 한도 제도'를 2010년 10월부터 도입·시행하고 있다. 동 제도에 따르면 선물환포지션 한도가 국내은행의 경우 전월말 자기자본의 50%, 외은지점의 경우 250%로 각각 설정되어 있다.

[그림 4-26] 외환시장 불안정의 구조적 요인

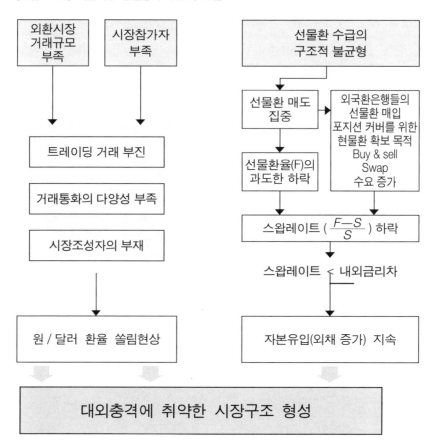

(3) 차액결제선물환 시장

차익결제선물환(Non-Deliverable Forward; NDF) 거래는 미래의 특정일(만기일)에 거래당사자간 약정한 환율로 외환을 매매할 것을 미리 계약한다는 점에서 일반적인 선물환 거래와 동일하다. 그러나 일반적인 선물환 거래는 만기일에 계약금액에 해당하는 외환의 인수도(引受渡)가 실제 이루어지는 총액결제 방식인 반면 NDF거래는 당초 계약한 선물환율과 만기시 현물환율(fixing rate)의 차이에 해당하는 차액만큼만 지정통화(주로 미 달러화)로 결제한다는 점에서 큰 차이가 있다. NDF거래는 결제일에 '달러화'로 '차액'만을 결제하므로 해당 통화가 국제화되어 있지 않은 경우에도 거래가 용이하며, 적은 금액으로도 거액의 계약이 가능(leverage effect)하는 등 거래상대방에 대한 신용위험(counter-part risk)이 상대적으로 적다. 이와 같은 특징에 힘입어 NDF거래는 선물환시장에 대한 접근이 제한되어 있거나, 해당 통화가 국제화되어 있지 않은 신흥시장국에서 외국인투자자의 환헷지 등의 목적으로 널리 활용되고 있다. 한편, NDF거래를 통해서도 환위험 헷지, 투기, 차익획득 등 일반선물환거래와 동일한 목적을 달성할 수 있기 때문에 거래동기 자체는 일반선물환거래와 큰 차이가 없다 하겠다.

원/달러 NDF거래는 1996년 홍콩, 싱가포르 등 역외시장에서 비거주자간 거래로 시작되었는데, 그 규모는 일평균 2억달러 내외 수준에 머물렀다. 그러던 것이 1999년 4월 제1단계 외환자유화 조치로 '실수요원칙'이 폐지됨으로써 국내 외국환은행과 비거주자간 원/달러 NDF거래가 허용되었고, 그 결과 역외 NDF거래가 크게 증가하였다. 국내 외국환은행과 비거주자간 NDF거래 규모를 보면, 시장형성 초기 일평균 5억달러 내외에 머무르던 것이 증가세가 빠르게 확대되면서 2008년에는 94.3억달러에까지 이르렀다. 이후 글로벌 금융위기 등의 영향으로 크게 감소하였으나, 2000년 하반기 이후 다소 회복되어 2011년 3/4분기 기준 69.5억달러를 기록하였다.

[표 4-15] 비거주자의 역외 NDF 거래규모* 추이 (일평균 기준)

(억달러)

| | 2008년 | 2009년 | 2010년 | 2011년 | | | | | |
				1/4	2/4	3/4	7월	8월	9월
역외 NDF 거래규모	94.3	48.7	54.4	54.1	61.8	69.5	67.0	69.0	73.0

* 국내 외국환은행과의 NDF(ND Swap 포함) 매입 및 매도거래 합계 기준

출처 : 한국은행, 2011년 3/4분기중 외환시장 동향

이러한 원/달러 NDF시장의 성장은 외국인투자자에게 환헤지 수단을 제공함으로써 국제투자자금의 국내유입을 촉진하는 한편, 국내 외환시장의 질적·양적 발전에 기여하였다고 평가받고 있다. 그러나 다른 한편에서는 NDF 거래가 환율의 변동성을 확대시킴으로써 외환시장의 불안정을 야기한다는 우려도 제기되고 있다. 비거주자와의 NDF거래는 환율에 직접적인 영향을 미치게 되는데, 특히 글로벌 금융시장의 불안정성이 높아질 경우 비거주자의 환차익 획득 목적의 NDF거래가 크게 증가하면서 환율의 변동성을 크게 확대시킬 수 있다는 것이다.

한편, 비거주자간 원/달러 NDF거래는 싱가포르, 홍콩, 런던, 뉴욕 등의 시장에서 이루어지고 있는데, 이들 시장에서 결정된 NDF환율이 국내 외환시장의 원/달러 현물환율에 큰 영향을 미친다. 특히 뉴욕시장의 경우 미국의 주가

[그림 4-27] 비거주자의 NDF 순매매*와 환율

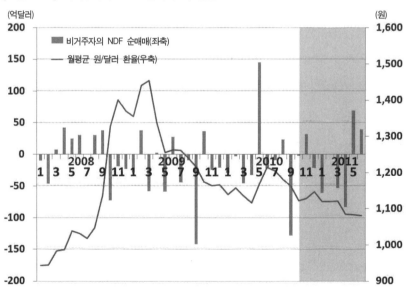

* 국내외국환은행과의 거래로, +는 순매입, -는 순매도

출처 : 한국은행

나 엔/달러 환율변동 등이 원/달러 NDF환율에 영향을 미치고, 이는 다시 다음날 국내 현물환시장 원/달러 환율에 지대한 영향을 미치고 있기 때문에 외환당국이나 외환시장 참가자들의 큰 주목을 받고 있다.

(4) 스왑시장

스왑거래는 크게 외환스왑거래 및 통화스왑거래로 구분할 수 있다. 먼저 앞절에서 간략히 살펴본 바와 같이 외환스왑거래는 현물환-선물환(spot against forward) 또는 만기가 상이한 선물환-선물환(forward-forward), 현물환-현물환 (spot-spot) 등을 계약환율에 따라 동일한 상대방과 서로 반대 방향으로 동시에 매매하는 거래이다. 근일물(近日物)을 기준으로 이를 매도할 경우 sell & buy 거래, 매입할 경우 buy & sell 거래라고 표기한다. 외환스왑거래는 보통 자금대차거래의 형태를 띠게 되는데 예를 들어 현물환-선물환의 sell & buy swap은 외화자금을 담보로 원화자금을 일정기간 융통하는 자금거래와 다름이 없다. 이렇듯 외환스왑거래는 현재 여유있는 통화의 자금을 담보로 주고 필요한 통화를 조달함으로써 통화간 자금과부족을 조절하기 위한 목적으로 많이 발생한다.

한편 통화스왑거래(CRS; currency swap)란 서로 다른 표시통화의 채무를 가진 두 당사자가 원금 및 이자지급의무를 교환하기로 약정하는 거래를 말한다. 외환스왑의 경우 이자지급 의무 없이 만기에 약정된 환율로 원금을 교환하면 되지만 통화스왑거래는 중간에 이자를 교환하고 만기에도 계약시의 원금을 그대로 재교환해야 한다. 보통 고정금리와 고정금리를 교환하거나 고정금리와 변동금리를 교환하게 되는데, 후자의 경우 기준이 되는 변동금리로 6개월 미 달러화 Libor가 주로 쓰인다. 통화스왑은 원래 환위험을 회피할 목적으로 고안되었지만 최근에는 차입비용을 절감하려는 목적으로도 널리 활

[그림 4-28] 스왑레이트 및 차익거래유인

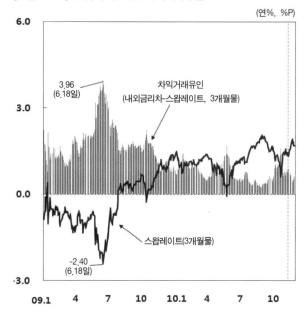

(연%, %P)

차익거래유인
(내외금리차-스왑레이트, 3개월물)

3.96
(6.18일)

스왑레이트(3개월물)

-2.40
(6.18일)

09.1   4   7   10   10.1   4   7   10

[그림 4-29] 통화스왑금리 및 차익거래유인

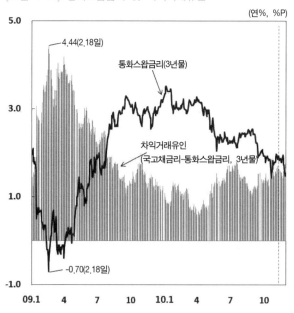

(연%, %P)

4.44(2.18일)

통화스왑금리(3년물)

차익거래유인
(국고채금리-통화스왑금리, 3년물)

-0.70(2.18일)

09.1   4   7   10   10.1   4   7   10

용되고 있다. 즉, 상대보다 차입조건이 유리한 시장에서 각각 차입한 다음, 통화스왑계약을 통해 원금 및 이자지급의무를 교환함으로써 쌍방 모두 이익을 얻을 수 있다. 이러한 자금조달 목적의 거래는 외화자금이 필요한 국내은행과 원화자금이 필요한 외은지점이 1년 이상의 장기자금 조달시 많이 활용하고 있다. 이 외에도 두 이종통화에 대한 금리변동을 이용한 투기적 목적이나 차익거래유인이 발생할 경우 금리차익을 획득하려는 목적 등으로 통화스왑이 이용되기도 한다.

통화스왑은 당사자간 직접거래 또는 중개회사를 통해 거래가 이루어지는데, 국내의 경우 중개회사를 통한 거래는 주로 원화 고정금리와 미달러화 변동금리간 통화스왑거래(원/달러 통화스왑거래)가 주를 이루고 있다. 흔히 접하게 되는 CRS금리 즉, 원/달러 통화스왑금리란 보통 중개회사에 의해 고시되는 원화고정금리를 말하며, 수취할 경우에는 bid로, 지급할 경우 offer로 고시된다. CRS금리가 하락한다는 것은 달러화에 비해 원화에 대한 수요가 낮다는 것을 의미하는 동시에 달러화 유동성이 상대적으로 부족하다는 것을 나타낸다. 한편 CRS금리가 국내채권금리보다 낮으면 외화자금을 조달한 후 통화스왑을 통해 원화로 환전하여 국내채권에 투자함으로써 무위험으로 수익을 얻을 수 있기 때문에 '국내채권금리-CRS금리'가 차익거래유인으로 해석되기도 한다.

5. 외환보유액과 외채

(1) 외환보유액

외환보유액이란 국제수지 불균형을 직접적으로 보전하거나 외환시장 개입을 통해 간접적으로 그 규모를 조절하는 등의 목적으로, 즉시 사용할 수 있으며 통화당국에 의해 통제되는 대외자산을 말한다(IMF, 2001). 즉, 외환보유액은 대외지급요구가 있을 경우 신속히 대응하기 위해 통화당국이 보유하는 대외지급준비자산이라고 할 수 있다. 필요시 '즉시 사용 가능'(readily available)해야 한다는 것은 현금 또는 현금화하는 데 제약이 거의 없는 자산만이 외환보유액으로 인정된다는 의미이다. 따라서 미달러화 유로화 엔화 등 선진국 통화, 국제금융시장에서 언제든지 현금화할 수 있는 주요 선진국 국채 및 정부채, 외화예치금, 금, SDR, IMF포지션 등만이 이에 포함된다.

외환보유액은 외환위기 등 긴급한 사태가 발생하여 민간부문의 대외결제가 어려워질 때 비상금으로 사용되며, 외환시장에 외화가 부족하여 환율이 급등할 경우 시장안정을 위해서도 사용된다. 또한 외환보유액은 국가의 대외지급능력을 나타내기 때문에 충분한 외환보유액은 대외신인도를 제고함으로써 자본조달비용을 낮추고 외국인투자를 촉진하는 데 도움이 되기도 한다.

이러한 외환보유액의 순기능을 생각하면 많이 쌓을수록 유리한 것처럼 보이지만 외환보유액의 보유는 비용을 수반한다는 점을 감안할 필요가 있다. 외환보유액의 특성상 안전성 및 유동성을 최우선으로 고려하기 때문에 수익

[표 4-16] 외환보유액 추이(기말기준)

(단위: 억달러)

	2007년	2008년	2009년	2010년
외환보유액	2,622.2	2,012.2	2,699.9	2,915.7
유가증권[*]	2,317.8	1,803.8	2,488.6	2,679.3
예 치 금	299.9	201.0	163.4	189.9
IMF포지션	3.1	5.8	9.8	10.2
S D R	0.7	0.9	37.3	35.4
금	0.7	0.7	0.8	0.8

[*] 국채, 정부기관채, 국제기구채, 금융채, 자산유동화증권(MBS, ABS) 등
출처 : 한국은행

이 낮은 안전자산으로 운용하게 되고, 이로 인해 기회비용이 발생하게 되는 것이다. 따라서 외환보유액의 적정 수준을 결정하기 위해서는 국민경제가 얻는 이익의 크기와 보유비용의 크기를 종합적으로 판단해야 한다. 적정 외환보유액 규모와 관련하여서는 다양한 논의가 있어 왔지만 보편적인 기준을 마련하기 어렵다는 것이 통설이다. 따라서 적정 외환보유액 규모는 환율제도, 자본자유화 정도, 금융제도, 외채 및 경상수지 구조, 외환위기 경험의 유무 등 각국의 특수한 사정을 고려하여 평가할 필요가 있다.

(2) 외채

외채란 대외채무(external debt)의 줄임말로, 일정시점 한 나라의 거주자가 비거주자에 대해 미래 특정시점에 금융원금 또는 이자를 지급해야 하는 확정 금융부채 잔액을 말한다.

외채는 흔히 '외국에 진 빚'이라는 인식 때문에 부정적인 측면이 강조되지만, 우리나라와 같이 부존자원이 부족한 대외 개방형 소규모 경제체제에서는 외채가 경제발전의 주요한 자원이 되어 왔다. 즉, 외채는 부족한 국내 투자자금을 보충할 뿐만 아니라 금융비용을 낮춰주고 국제금융시장 접근을 통해 국내시장을 선진화하는 데도 일조한다. 외채라고 해서 무조건 축소하는 것만이 바람직하다고 보기 어려운 이유가 여기에 있다. 물론 이자지급에 따른 국부유출, 국제자금의 무분별한 도입, 외국자본의 영향력 증대, 일시적인 상환요구에 따른 지급불능 위험 등 그 부작용이 만만치 않은 것도 사실이다. 결국 외채의 부작용을 최소화하는 한편 순기능을 극대화하는 것이 관건이라 할 수 있는데, 이를 위해서는 단기외채 비중을 적절한 수준으로 유지하고 대외자산·부채간의 만기불일치를 완화하는 등 외채구조의 건전성을 높이고 상환능력을 제고하는 등의 노력이 긴요하다 하겠다.

우리나라의 외채통계는 한국은행이 국제투자대조표와 함께 매분기마다 작성·공표한다. 외채통계는 '확정' 채무만을 대상으로 작성되므로 장래 불확실한 상환의무를 나타내는 우발채무는 제외된다. 따라서 국제투자대조표상 전체 대외금융거래중 직접투자(지분), 주식투자 및 파생금융상품이 제외된다. 한편 거주자의 비거주자에 대한 확정 금융자산 잔액을 대외채권이라고 하며 대외채권에서 대외채무를 차감하면 순대외채권이 산출된다. 외채는 금융상품의 성격에 따라 부채성증권(채권), 차입금, 현금 및 예금, 무역신용, 계열기업간 차입, 기타부채 등으로 분류되며, 기간별로는 금융상품의 원만기(original maturity)를 기준으로 1년 이하(365일 포함)는 단기, 1년 초과는 장기로 분류된다. 또한 거래주체에 따라 일반정부 통화당국 예금취급기관 기타부문으로 구분되어 통계가 작성된다.

한 나라의 외채구조의 건전성 및 상환능력을 평가하기 위해 다양한 분석지표들이 활용되는데 대표적으로는 단기외채비율, 유동외채비율, 외채원리금상환부담률 등을 들 수 있다. 단기외채비율은 1년 미만의 단기외채를 준비자산(외환보유액)으로 나눈 값으로 동 비율이 높을수록 외화유동성 사정이 어려워질 가능성이 높다고 볼 수 있다. 유동외채비율은 유동외채(단기외채 및 장기외

[표 4-17] 우리나라의 대외채무 현황

(단위: 억달러, %, %p)

	2008년 말	2009년 말	2010년 6월 말	2010년 9월 말p
대 외 채 무	3,776	3,998	4,017	4,154
단 기	1,499	1,492	1,487	1,456
	(74.5)	(55.3)	(54.2)	(50.2)
(예금취급기관)	1,104	1,157	1,165	1,145
장 기	2,277	2,506	2,531	2,698

* ( )내는 단기외채 / 준비자산(%), p는 잠정치

출처 : 한국은행 ECOS

채중 1년 이내 만기도래분)를 준비자산으로 나누어서 산출하는데 동 비율이 100을 상회하면 유동외채가 외환보유액보다 더 많다는 것을 말하며, 그만큼 대외지급능력이 떨어진다는 것을 의미한다. 외채원리금상환부담률(DSR; Debt Service Ratio)은 외채원리금상환액(장기외채원금+장단기외채이자)을 경상외환수입액(상품수출+서비스수지수입+소득수지수입)을 나눈 것으로 세계은행(World Bank) 기준으로 18%(輕채무국 기준)를 상회하면 외채구조에 적신호가 켜진 것으로 간주한다.

6. 국내은행 외화자금사정

국내은행들의 외화유동성 사정을 평가하는 지표로는 기간물 차환율, 외화유동성비율, CDS 프리미엄 등을 들 수 있다. 먼저 기간물 차환율이란 은행의 차환상황을 파악하는 지표로서 기간물 신규차입액을 기간물 만기도래액으로 나누어 산출한다. 차환율이 100%라는 것은 만기도래하는 차입금을 모두 신규차입으로 충당했다는 것이다. 만약 단기차입 차환율이 매우 낮은 수준을 유지하게 되면 은행들의 단기 외화유동성 사정이 어렵다고 유추할 수 있다. 다만 시중 외화유동성이 풍부하여 서둘러 단기차입을 만기연장할 필요가 없거나 중장기 차입으로 전환하는 경우에도 차환율이 떨어질 수 있다. 다음으로 3개월 외화유동성비율은 잔존만기 3개월 이내의 외화유동성자산을 잔존만기 3개월 이내의 외화유동성부채로 나눈 값이다. 동 비율이 일정수준을 하회하면 단기적으로 은행들의 외화유동성에 문제가 발생할 가능성이 높다는 것을 의미하는데, 우리나라의 경우 감독당국이 동 비율이 85% 이상을 유지하도록 지도하고 있다.

한편 은행들의 대외 차입여건은 CDS 프리미엄이나 외화차입 가산금리를 통해서도 대체적으로 파악할 수 있다. CDS 프리미엄이나 외화차입 가산금리가 상승하면 차입여건이 악화되었음을, 하락하면 개선되었음을 나타낸다. 먼저 CDS란 신용파산스왑(credit default swap)의 약자로 국가 기업 금융기관이 발행한 채권이나 대출 등의 기초자산에 내재한 신용위험만을 따로 떼어 시장에서 유통시키는 파생상품으로서 일종의 지급보증이라고 할 수 있다. 동 상품의 매입자는 매도자에게 프리미엄을 지급하는 대신 신용사건이 발생할 경우 매도자로부터 일정금액을 보상받게 된다. 따라서 기초상품의 신용등급이 낮을수록, 매도자의 신용등급이 높을수록 프리미엄이 높아지게 된다. 국가 CDS 프리미엄은 해외에서 발행한 외화표시 국채를 대상으로 형성되는데 우리나라의 경우 외국환평형기금채권(외평채)이 그 대상이다. 국가 CDS 프리미

[그림 4-30] CDS 프리미엄 및 단기차입가산금리

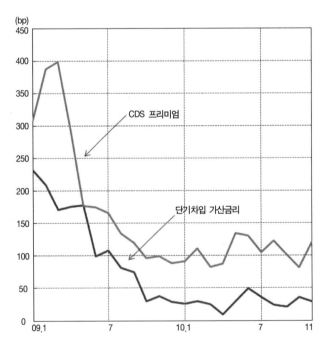

출처 : 한국은행

엄은 기업 금융기관 등의 해외 자금조달시 벤치마크로 활용되는 경우가 많다. 따라서 가산금리는 은행들의 해외차입 비용으로서 대외 차입여건을 직접적으로 나타낸다고 하겠다.

제4절

금리조정 사례

1. 2005년 ~ 2008년 금리 인상

(1) 개요

금융통화위원회는 2005년 10월 종전 연 3.25%였던 기준금리 목표를 2006년 8월까지 다섯 차례에 걸쳐 0.25%p씩 인상하였다. 이에 더해 2007년 하반기에도 기준금리를 0.25%p씩 두 차례에 걸쳐 인상함으로써 기준금리는 2001년 8월 이후 가장 높은 5%에 이르렀다.

이처럼 금통위가 콜금리 목표를 인상한 것은 장기간의 저금리 지속으로 인한 자산가격 상승압력 증대 등의 부작용을 점진적으로 해소함과 아울러 이후의 경기회복 과정에서 예상되는 물가상승압력에 선제적으로 대처할 필요가 있다는 판단에 따른 것으로 볼 수 있다. 당시 실물경제는 경기가 회복됨에 따라 서비스 수요 등이 확대되고 그간의 확장적인 정책기조로 부동산가격 상승압력이 증대되는 등 물가상승압력에 대한 우려가 높아지고 있었다. 금융시장에서도 금융기관 수신구조의 단기화와 그에 따른 금융시장의 안정성 저하 등 부작용 발생이 우려되는 상황이었다. 이와 같은 금리인상 결정의 배경이

된 실물경제, 금융시장 및 외환부문 경제상황에 대해 2005년 하반기를 중심으로 살펴보기로 하자.

[그림 4-31] 금융통화위원회의 정책금리 조정*

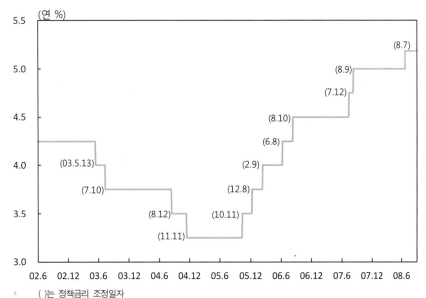

*   ( )는 정책금리 조정일자

출처 : 한국은행 ECOS

(2) 실물경제상황

▲ 종합실물지표

2005년 2/4분기부터 완만한 개선 움직임을 보이기 시작하던 국내경기는 3/4분기 들어서면서 회복세가 뚜렷해 보였다. 이러한 판단의 근거로는 수출이 두 자릿수의 증가세를 지속하는 가운데 민간소비의 신장세가 확대된 데 힘입어 3/4분기 GDP성장률이 전기대비로는 1.6%(전년동기대비 4.5%)로 크게 높아진 것을 우선 들 수 있다.

다음으로 경기종합지수를 보면 경기동행지수 순환변동치는 2005년 4월 저점 이후에 6개월째 상승하는 가운데 경기선행지수 전년동월비도 1월 저점 이후 9개월째 상승세를 나타내 경기의 회복기조가 견실함을 보여주고 있다.

[그림 4-32] GDP와 경기종합지수

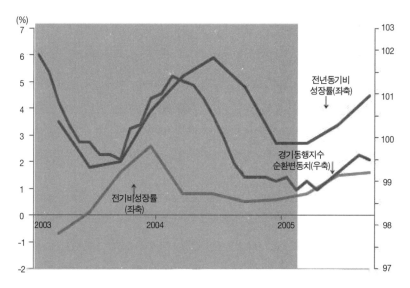

*   음영부분은 경기수축기를 의미

출처 : 한국은행, 통계청

GDP갭은 통상 공식적으로 발표되지 않고 있는데 국내경기 회복으로 인한 물가상승압력 증대[14]에 대한 우려를 나타낸 점 등 전반적인 사정을 감안해볼 때 GDP갭이 마이너스 상황에서 그 폭이 축소되어 플러스로 돌아설 가능성이 있었던 것으로 보인다.

2005년 하반기 당시로서는 미래시점이었던 2006년중 경제전망[15]을 보면

---

14)   한국은행 '2006년 경제전망 보도자료'(2005. 12. 6)

건설투자 부진에도 불구하고 소비 회복이 뚜렷해지고 설비투자 증가세도 확대되는 데다 수출이 두 자릿수의 견실한 성장세를 지속함에 따라 GDP성장률이 2005년(3.9%)보다 높은 5%를 기록할 것으로 예측되었다. 2006년중 고용사정은 서비스업 활동의 회복, 정부의 공공부문 일자리 창출 확대 등으로 취업자수 증가폭이 서비스업을 중심으로 확대(2005년 31만명 → 2006년 44만명)되고 실업률은 소폭 하락(3.8% → 3.6%)하는 등 2005년보다 개선될 것으로 전망되었다.

2006년중 소비자물가 상승률은 3.0%(연평균대비 기준) 내외로 2005년(2.7%)보다 오름세가 확대되고 근원인플레이션율도 2005년(2.3%)보다 높은 2.7% 내외로 예상되었다. 특히 2006년 하반기에는 근원인플레이션율이 목표 중심치를 상회하는 3.3%에 이를 것으로 전망되었다. 이와 같이 2006년에는 GDP성장률이 높아지며 GDP갭이 플러스로 전환되는 데다 고용사정이 개선되는 한편 근원인플레이션이 하반기에 목표 중심치를 상회할 것으로 전망됨에 따라 정책금리를 선제적으로 인상함으로써 경기과열을 진정시키면서 안정성장을 유도할 필요가 커졌다고 볼 수 있다.

▲ 부문별 실물지표

종합지표와 함께 부문별 지표들의 움직임을 살펴보기로 하자. 먼저 수요 및 생산 관련 지표를 보면 설비투자는 8월중[16] 다소 감소하였으나 선행지표인 기계수주액이 높은 증가세를 지속하여 설비투자도 향후 증가세를 나타낼 것으로 전망되었다. 그 외 소비와 건설투자는 회복세가 확대되는 가운데 수출 호조가 이어졌다. 한편 제조업생산은 자동차회사의 파업으로 증가율이 낮아졌으나 파업 요인을 제외하면 증가세가 견조한 것으로 평가되었으며 서비

---

15) 이후에서는 관련 통계자료는 수정(revised)되지 않은 당시까지 발표된 수치를 이용한다.

16) 10월 정책금리 조정 시점에서 공식적으로 사용할 수 있는 공표된 월지표는 8월 통계이다. 다만 모니터링 등 여러 가지 방법으로 9월까지의 경제동향을 부분적으로 파악하는 것이 가능하다.

스업생산은 증가세가 확대되었다. 이러한 가운데 취업자수가 늘어나고 실업률이 낮아지는 한편 임금은 꾸준하게 증가하는 등 고용 및 임금 사정이 호전되었다. 한편, 물가는 근원인플레이션과 소비자물가 모두 안정세를 나타내고 부동산 가격의 오름세도 둔화되고 있으나 경기회복 과정에서 전체 경제가 전반적으로 공급능력에서 여유가 줄어들 것으로 예상되고 고유가 지속으로 비용측면에서의 상승압력이 잠재되어 있었다. 이러한 상황을 세부 부문지표별로 상세히 살펴보자.

■ 수요관련 지표

소비는 회복세가 확대되었던 것으로 보인다. 2005년 8월중 소비재판매는 전년동월대비 증가율이 전월의 4.8%에서 6.0%로 증가하였다. 이는 2003년 1월 7.8%의 증가율을 기록한 이후 31개월 만에 가장 높은 수준이었다. 다음으로 설비투자 진행상황도 양호하였다. 설비투자지수는 8월중 소폭(-0.9%) 하락하였지만 이는 반도체제조장비가 큰 폭 감소(-37.2%)한 데 주로 기인하였으며 이 요인을 제외하면 설비투자도 견실하게 증가하였던 것으로 볼 수 있다.

선행지표인 국내기계수주는 2개월 연속 두 자릿수의 높은 증가율을 보여 향후 설비투자가 견실하게 집행될 것을 예고하고 있었다. 한편 지방자치단체들의 투자유치활동이 활발한 데다 항공기, 철도, 자동차 등의 교체주기가 도래하여 운송장비투자가 꾸준히 증가할 것으로 예상되었던 것으로 보인다.

그리고 건설투자(건설기성액)가 8월중 전월에 이어 전년동월대비 5%내외의 증가율을 유지하였다. 전월대비(계절조정후)로는 7월 6.8% 감소에서 8월 4.2% 증가로 돌아섰다. 또한 선행지표인 건설수주는 학교·병원 등을 중심으로 건축수주가 늘어나 전년동월대비 증가율이 7월 7.6%에서 8월 18.3%로 높아지며 증가세가 확대되었다.

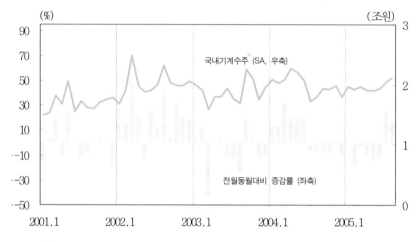

[그림 4-33] 국내기계수주액

* 계절변동조정
출처 : 통계청

■ 생산관련 지표

우선 8월중 제조업 생산은 꾸준한 증가 추세가 계속되었다. 자동차 업체의
파업 영향으로 8월중 제조업 생산의 전년동월대비 증가율은 전월보다 낮아졌
으나 자동차 생산을 제외하면 7월보다 높아졌다. 제조업 평균가동률도 7월
80.5%에서 8월 78.2%로 전월보다 하락하였으나 이 또한 자동차파업에 따른
것으로 평가되었다.

재고출하 상황을 보면 출하가 전월대비 1.0% 감소하였으나 재고는 자동차
업체들의 파업 영향으로 더 큰 폭 감소(-2.5%)함에 따라 재고율(재고/출하비율)
지수는 전월보다 1.4%p 하락(7월 96.4% → 8월 95.0%)하였다. 한편 서비스업생
산은 금융·보험업, 부동산·임대업 등이 크게 증가한 데다 도소매업의 증가
세가 확대되어 7월 4.3%에서 8월 5.6%로 전년동기대비 증가율이 높아졌다.

[그림 4-34] 제조업 생산지수 및 평균가동률

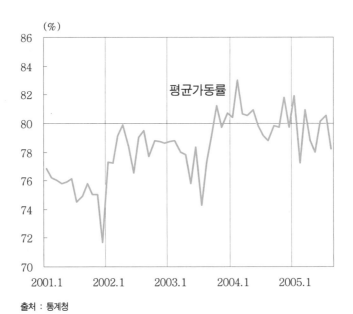

출처 : 통계청

■ 고용관련 지표

　수요 및 생산 상황이 견실한 가운데 고용 및 임금 사정도 개선추세에 있었

다. 고용사정은 8월중 서비스업 회복 등에 힘입어 전년동월대비 취업자수 증

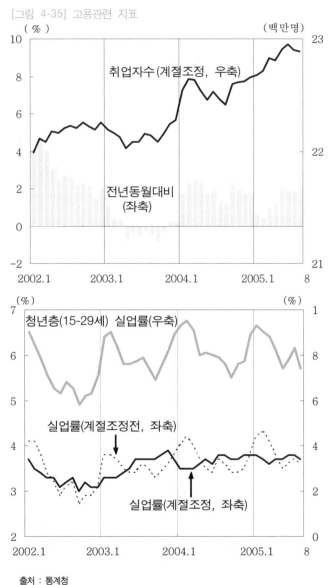

[그림 4-35] 고용관련 지표

출처 : 통계청

가가 7월 43.4만명에서 8월 46.5만명으로 늘어났다. 실업률도 전월의 3.8%에서 3.7%로 소폭 하락하였다.

공식 실업률에 구직단념자를 추가한 U2실업률은 전월과 동일하였으나 취업준비자(추가취업희망자와 취업학원통학)까지 추가한 U3실업률은 추가 취업희망자의 감소 등으로 전월보다 소폭 하락하였다.

한편 7월중 전산업 전년동월대비 임금상승률은 특별급여의 감소 등으로 전월보다 둔화되었으나 상승세는 꾸준하게 이어졌다.

[표 4-18] 실업률 지표

(계절조정전, %)

	2004.8월	2005.5월	6월	7월	8월
• 공식 실업률(U1)	3.6	3.5	3.6	3.7	3.6
• 광의의 실업률(U2)[*]	4.1	4.0	4.1	4.2	4.2
• 광의의 실업률(U3)[**]	6.4	6.6	6.5	6.7	6.6

[*]   U2 실업자 = 공식실업자(U1) + 구직단념자
[**]   U3 실업자 = U2 실업자 + 취업학원통학 + 기타취업준비자 + 추가취업희망자

출처 : 통계청

■ 물가관련 지표

9월중 소비자물가는 추석수요와 태풍 등 기상악화로 농축수산물가격이 크게 오르고 국제유가 상승으로 석유류가격도 큰 폭 상승함에 따라 전월대비 상승률이 8월 0.3%에서 9월 0.7%로 높아지면서 오름세가 확대되었다. 전년동월대비 상승률도 8월 2.0%에서 9월 2.7%로 상당폭 높아졌다. 9월중 근원인플레이션은 전월대비 0.2% 상승(8월 0.1%)하였으며 전년동월대비 상승률은 전월과 같은 1.9%로 당시의 물가상승률 목표(2.5~3.5%) 중심치에 미치지 못하였다. 그러나 이와 같이 낮은 근원인플레이션율은 환율요인에 상당히 영향 받았을 것으로 생각될 수 있었다. 2004년 3/4분기까지 1,150원 가까이에

서 유지되던 원/달러 환율이 4/4분기 들어 1,050원 이하로 내려간 것이 근원
인플레이션 안정에 큰 도움이 되었으나 환율이 반등할 경우 근원인플레이션
이 다시 상승추세를 나타낼 가능성이 있었을 것이다.

[그림 4-36] 근원인플레이션 추이

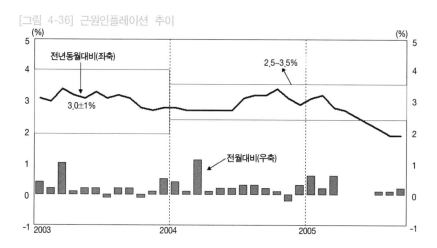

출처 : 통계청

　한편 부동산가격을 보면, 아파트 매매가격은 8·31 대책[17] 영향으로 그간
의 오름세가 둔화되었다. 반면 아파트 전세가격은 계절적인 이사수요 외에
주택가격 하락 예상에 따라 매매수요가 전세 수요로 전환됨에 따라 오름세가
크게 확대되었다.

▲수출입 관련 지표

수출은 2005년 9월중 선박, 기계류, 반도체, 무선통신기기, 석유제품 등을

────────────

17)　서민의 주거 안정과 부동산 투기 억제를 위한 정부의 부동산 정책으로서 보유세(종합부동산
　　세 과세기준 하향조정 : 기준시가 9억 → 6억, 나대지 6억 → 3억 혹은 4억) 및 양도세(2006년
　　부터 1가구 2주택 실거래가 과세, 1가구 2주택 50% 단일세율 , 3주택은 60% 단일 세율 적용)
　　를 강화하고 기반시설부담금제 등을 도입하였다.

중심으로 247억달러를 기록하며 전년동월대비 18.7% 증가하는 등 호조가 계속되었다. 월중 총수출액 및 일평균 수출액(11.0억달러) 모두 사상 최고치를 기록하였다. 9월중 수입은 원자재가 유가 상승으로 증가세가 확대되고 자본재와 소비재도 꾸준히 증가함에 따라 226억달러를 기록하며 전년동월대비 24.5%의 높은 증가세를 이어갔다. 8월중 경상수지는 전월의 14억달러 흑자에서 4억달러 적자로 전환되었다. 이는 상품수지 흑자가 전월보다 축소되고 서비스수지 적자도 해외여행경비 및 특허권사용료 지급 증가 등 계절적 요인으로 전월보다 확대되었기 때문이다.

(3) 금융상황

▲ 금리 및 주가

장기시장금리는 2005년 6월 이후 실물경제가 회복되고 부동산가격도 상승함에 따라 정책금리 인상 가능성이 높아지면서 상승세를 지속하였다. 반면 단기시장금리는 정책금리 동결이 유지된 2005년 9월 이전까지는 안정세를 지속하였다. 이에 따라 장단기금리차가 확대되고 이는 단기금리인상 압력으로 작용하게 되었다. 정책금리 인상이 시작된 2005년 10월 이후 장기시장금리는 등락하는 가운데 완만하게 하락하였으며 단기시장금리는 정책금리와 동반 상승하여 CD(91일물) 유통수익률이 2005년 8월말 3.51%에서 금리인상이 일단락된 2006년 8월말에는 4.68%로 1.17%p 상승하였다. 이처럼 단기시장금리가 크게 높아진 반면 장기시장금리는 하향 안정됨에 따라 2006년 들어서는 장단기금리차가 계속 축소[18]되면서 시장참가자들의 정책금리 인상 기

---

18) 장단기금리차(3년만기 국고채 유통수익률 - 91일만기 CD 유통수익률)는 2005년말 0.99%p에서 2006년 8월말에는 0.08%p로 크게 줄어들었다.

대가 낮아졌다.

코스피지수는 2005년중 국내경기의 회복세가 점차 뚜렷해지고 적립식펀드 등으로 시중자금이 유입됨에 따라 꾸준한 오름세를 보여 54% 상승하였다. 2006년 들어서도 기업실적 개선 기대, 외국인 순매수 등으로 빠르게 상승하며 5월 11일에는 사상 최고치인 1,464.7을 기록하였다. 코스닥지수도 경기 회복세가 이어지고 2004년말 금융 및 조세 지원을 중심으로 한 '벤처기업 및 코스닥 활성화 대책' 발표의 영향이 가세하면서 2005년중 85% 상승하여 코스피지수보다 더 높은 오름세를 보였다. 그러나 2006년 들어서는 차익실현 등으로 연초 큰 폭의 조정양상[19]을 나타냈으며 거래비중이 높은 IT부문의 부진으로 전년말 수준에는 못 미쳤다.

[그림 4-37] 주요 시장금리 및 주가지수

출처 : 한국은행, 「연차보고서」

---

19) 코스닥지수는 2006.1.23일에는 사상 최초로 서킷 브레이커가 발동되는 등 연초 급락세를 보였다.

▲ 통화 및 금융기관 수신

M2 증가율은 민간신용 공급 확대 등으로 2005년 상반기 5.5%에서 하반기에는 6.5%로 높아졌다. L은 2006년 들어서도 국고채 발행 증가 등으로 증가세가 확대되었고 Lf도 연초 7% 내외 상승한 후 4월부터는 은행대출이 늘어나면서 증가율이 더 높아지는 등 통화 증가세가 계속되었다. 단기유동성 지표인 M1 증가율도 경기회복에 따라 거래적 수요가 늘어나고 정책금리 인상 기대에 따라 시중자금이 단기화되면서 2005년 6월 7.0%에서 2006년 1월에는 12.6%로 크게 높아졌다. 이후 정기예금 및 주식형펀드로 자금이 이동함에 따라 증가율이 낮아졌으나 여전히 8% 내외의 높은 증가세가 이어졌다.

한편 통화유통속도는 2005년 하반기 들어 경기가 회복되면서 하락폭이 점차 축소되다가 2005년 4분기 들어 상승으로 돌아섰다. 부문별 통화공급내역

[그림 4-38] 주요 통화증가율 추이*

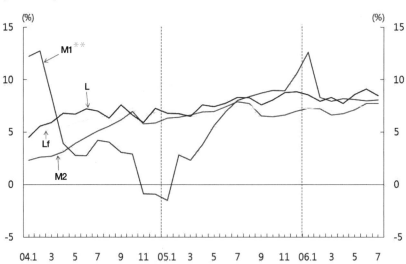

* 전년동월대비증가율, L은 말잔 기준, Lf 및 M2는 평잔기준
** MMF 제외, 평잔기준
출처 : 한국은행 ECOS

을 보면 가계 주택담보대출 및 중소기업대출 확대 등으로 민간신용이 크게 늘어나면서 민간부문을 통한 통화공급은 2005년 상반기 31조원에서 하반기 61조원으로 그리고 2006년 상반기에는 89조원으로 계속 확대되었다. 국외부문을 통한 통화공급은 해외채권 발행이 확대되면서 2005년 상반기중 6조원 환수에서 하반기에는 7조원 공급으로 돌아섰다.

금융기관 수신상황을 보면 부동산가격이 급등[20]하고 정책금리 인상 기대가 높아지면서 시중자금의 단기화가 심화되었다. 2005년 1월～8월중 CD, RP 등 은행의 단기시장성 수신은 22.7조원 늘어난 반면 정기예금 등 저축성예금은 오히려 0.1조원 줄어들었다. 그러나 2005년 10월 이후 정책금리 인상에 따라 예금금리가 높아지면서 2005년중 감소하였던 정기예금이 2006년 1월～8월에는 증가로 돌아선 반면 CD, RP 등 단기시장성수신의 증가폭은 크게 줄어들어[21] 수신구조 단기화 현상이 크게 개선되었다. 2005년중 빠르게 늘어나던 자산운용사의 수신도 정책금리가 인상되면서 채권형 수익증권을 중심으로 증가세가 둔화되었다.

▲ 기업 및 가계의 자금사정

기업의 자금사정은 수출호조에 따른 풍부한 현금유동성 확보, 직접금융조달 확대 등으로 긴급 자금수요를 나타내는 당좌대출한도 소진율이 2005년 4/4분기 이후 크게 하락하고 부도업체수도 사상 최저수준을 보이는 등 양호하였다. 2004년 하반기에 감소하였던 기업의 직접금융조달은 2005년중에는

---

20) 2003년 10.29대책 이후 안정세를 보이던 주택매매가격은 2005년 1월 이후 가격상승 기대가 확산되면서 오름세로 돌아서 2005.1～8월중 전국 아파트매매 가격이 5.3% 올랐으며 서울 강남의 경우 12.7%의 큰 폭 오름세를 보였다.
21) 만기 6개월 미만 단기수신 비중이 2005년 8월 52.6%에서 12월 51.8%로 낮아진 데 이어 2006년 8월에는 50.3%로 하락하였다.

3.9조원 증가로 돌아섰다. 이는 주가가 상승함에 따라 주식발행을 통한 자금 조달이 늘어난 데다 금리상승 전망이 확산되면서 선차환 자금 확보 등을 위한 회사채 및 CP가 순발행되었기 때문이다. 이와 같은 직접금융조달의 증가세는 2006년 들어서 더욱 확대되었다.

가계 자금사정도 은행과 신용카드사의 가계신용 연체율이 크게 하락하고 2006년 들어서는 가계의 채무상환능력도 개선되는 등 상당히 호전되었다.

[그림 4-39] 주요 기업자금사정지표

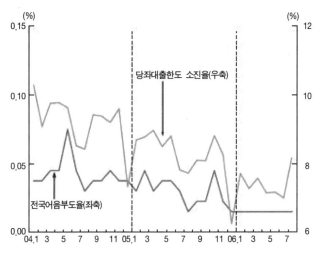

* 전자결제액 조정후

출처 : 한국은행

[표 4-19] 은행의 가계대출 연체율*

(%)

2004년	2005년				2006년	
	1/4	2/4	3/4	4/4	1/4	2/4
2.2	1.9	1.9	1.6	1.4	1.4	1.3

* 월연체율의 단순평균(단, 분기말월 제외), 1개월 이상 연체 기준

출처 : 금융감독원

(4) 외환 및 국제금융 상황

우리나라의 장·단기 시장금리는 2005년 상반기까지는 미국의 장단기금리보다 높았으나 2005년 하반기부터는 연준의 계속된 정책금리 인상의 영향으로 한·미간 시장금리차가 마이너스(-)로 돌아섰다. 동시점 이후부터 정책당국은 우리나라가 정책금리를 인상하여 한·미간 시장금리차가 마이너스(-) 폭이 축소되거나 플러스(+)로 전환되면 해외로부터의 자본유입이 어느 정도 늘어나는 지, 그리고 이에 따라 외환시장에서 원/달러 환율의 절상압력이 어느 정도인지에 대해 면밀하게 점검해 볼 필요가 있었다.

▲ 우리나라와 미국의 정책금리차와 시장금리차 추이

우리나라의 정책금리가 미국보다 높았던 시기(2003.1 ~ 05.8월중)에 한·미간 정책금리차는 평균 207bp(최대 2003.6월 300bp)를 나타내었다. 그리고 단기 시장금리차(3개월물)는 평균 219bp(최대 2003.3월 380bp)로 정책금리차보다 12bp 정도 컸으며, 장기 시장금리차(1년물)는 단기시장금리차와 비슷한 수준을 보였다.

그리고 한·미간 정책금리차가 마이너스(-)로 역전되었던 시기(2005.8월 이후)에는 정책금리차가 평균 -64bp(최대 2006.7월 -100bp) 수준을 나타내었다. 단기시장금리차는 평균 -51bp(최대 2006.6월 -99bp)로 정책금리차보다 마이너스(-) 폭이 13bp 정도 작았으며, 장기시장금리차는 평균 -41bp(최대 2006.6월 -97bp)로 정책금리차보다 마이너스(-) 폭이 23bp 작았다. 한·미간 금리차의 역전 시점은 단기시장금리차가 정책금리차보다 1개월 정도, 장기시장금리차가 약 3개월 선행한 것으로 나타났다.

[그림 4-40] 한·미간 정책금리차

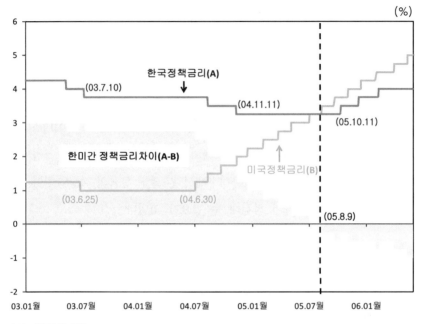

출처 : 한국은행, FRB

[표 4-20] 2003년 이후 한미간 금리차 추이[*]

(%P)

	플러스 시기		마이너스 시기	
	기 간	평균	기 간	평균
정책금리차	2003.1 ~ 05.8.8	207	2005.7.9 ~ 06.9.17	-64
단기시장금리차	2003.1 ~ 05.7.3	219	2005.7.4 ~ 07.9.18	-51
장기시장금리차	2003.1 ~ 05.4.24	221	2005.4.25 ~ 07.7.26	-41

*   평균은 해당 기간중 일별 내외금리차
**   3개월(CD - Libor) 기준
*** 1년(통안증권수익률 - Libor) 기준

출처 : 한국은행, Bloomberg

이상을 요약해 보면, 한·미간 단기 시장금리차는 정책금리차보다 평균 10~20bp 정도 크고 1개월 이내에서 선행하며, 장기 시장금리차는 정책금리차보다 평균 20bp 내외가 크고 2~3개월 선행하였다.

▲ 내외금리차 확대가 재정거래유인에 미치는 영향

금리평가이론에 따르면, 내외금리차가 확대되는 경우 외국인의 채권투자 자금유입이 증대되면서 스왑레이트가 그 만큼 상승하여 재정거래유인은 소멸된다. 다만, 위험프리미엄이 존재하는 경우 내외금리차와 스왑레이트간에는 그 만큼 격차가 발생하게 된다. 현실적으로는 스왑레이트에 영향을 미치는 여러가지 요인이 있기 때문에 내외금리차와 스왑레이트간 격차가 위험프리미엄 이상으로 커질 수 있으며, 이 경우 재정거래유인이 발생하게 되는 것이다.

2003년 이후의 기간을 대상으로 내외금리차 변동이 재정거래유인에 미친 영향을 분석해 보면, 단기 시장금리차의 경우 명확한 상관관계(+0.11~+0.19)가 나타나지 않았다. 이는 스왑레이트 변동이 내외금리차와는 별도로 재정거래유인에 상당한 영향을 미쳤기 때문으로 판단된다. 반면, 장기 시장금리차의 경우 내외금리차가 플러스(+)인 시기에 상당한 상관관계(+0.54)가 있는 것으로 나타났다. 다만, 내외금리차 확대폭만큼 재정거래유인이 확대되지 않은 것은 내외금리차 확대가 스왑레이트 상승에 대부분 반영되었기 때문인 것으로 보인다.

[표 4-21] 2003년 이후 재정거래관련 주요지표 변동

(3개월물 기준)

(기간중 평균, bp)

	내외금리차 플러스 시기 (03.1 ~ 05.7.3)	마이너스 시기 (05.7.4 ~ 07.9.18)
내외금리차(A)	219	-51
스왑레이트(B)	212	-83
재정거래유인(A-B)	7	33
〈상관계수〉		
내외금리차-재정거래유인	0.11	0.19
스왑레이트-재정거래유인	-0.21	-0.88
내외금리차-스왑레이트	0.95	0.31

* 　기간구분은 3개월물 내외금리차(CD - Libor 3M) 기준

출처 : 한국은행, Bloomberg

(1년물 기준)

(기간중 평균 bp)

	내외금리차 플러스 시기 (03.1 ~ 05.4.24)	마이너스 시기 (05.4.25 ~ 07.7.26)
내외금리차(A)	213	-43
스왑레이트(B)	156	-72
재정거래유인(A-B)	57	30
〈상관계수〉		
내외금리차-재정거래유인	0.54	0.03
스왑레이트-재정거래유인	0.27	-0.43
내외금리차-스왑레이트	0.95	0.89

* 　기간구분은 1년물 내외금리차(통안증권 1년 - Libor 1년) 기준

출처 : 한국은행, Bloomberg

▲ 내외금리차 및 재정거래유인이 외국인의 국내 채권투자에 미치는 영향

2003년 이후 내외금리차 및 재정거래유인과 외국인(외국은행 국내지점 포함)
의 국내채권 투자와의 상관관계(월별 자료 이용)를 보면, 내외금리차와 외국은행
국내지점 및 외국인 채권투자간에는 상관관계가 별로 없는 것으로 보인다.

[그림 4-41] 내외금리차* 및 재정거래유인** 과 외은지점 · 외국인 채권투자

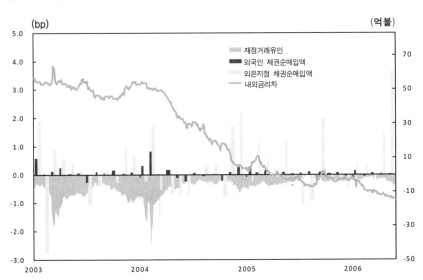

| * | 1년물 기준(통안증권 1년물 − Libor 1년) |
| ** | 스왑레이트와 내외금리차간 격차로 재정거래유인은 (-)로 표시 |

출처 : 한국은행, Bloomberg

그러나, 재정거래유인과 외은지점 · 외국인 채권투자간에는 [표 4-22]에서
보듯이 비교적 높은 상관관계가 있는 것으로 보인다. 특히, 외국인 채권투자
의 경우 재정거래유인과의 상관관계가 뚜렷한 것으로 나타났다.

[표 4-22] 내외금리차 및 재정거래유인과 외은지점·외국인 채권투자간 상관계수

(2003년 1월~06년 12월중)

	내외금리차	재정거래유인
3개월물	-0.22	0.66
	(-0.13)	(0.93)
1년물	-0.15	0.54
	(-0.03)	(0.78)

* (　)내는 외국인 채권투자
출처 : 한국은행, Bloomberg

▲ 종합

이상에서 살펴본 바와 같이, 우리나라의 정책금리가 인상되면 한·미간 장단기 시장금리차는 대체로 그 만큼 확대되었던 것으로 보인다. 그리고, 재정거래 유인은 내외금리차 만큼 확대되지는 않는다 하더라도 다음과 같은 점을 고려하면 상당한 폭으로 확대되는 것으로 보였다. 즉, 수출업체가 수출호조를 배경으로 선물환을 지속적으로 순매도하여 스왑시장의 수급불균형이 계속됨에 따라 스왑레이트가 내외금리차 확대를 상쇄할 만큼 상승하지 않는다. 이에 따라 정책금리가 큰 폭 인상될 경우 재정거래 유인이 상당한 정도의 크기로 발생하면서 외은지점 및 외국인의 국내채권투자가 늘어날 수 있었을 것으로 생각할 수 있다. 그러나 재정거래 유인이 대폭 확대되지 않는 한 외은지점 및 외국인의 채권투자 규모는 크게 증가하지는 않을 것으로 보였다.

2005년 하반기 이후 실물경제가 확장세에 접어들고 금융시장도 불안정해질 가능성이 있는 시점에서 금리인상에 따른 자본유입 확대 가능성 등 외환부문의 부작용은 상대적으로 크지 않았다고 볼 수 있다. 따라서 국내외 경제상황을 종합적으로 감안할 때 정책금리를 인상하되 외환부문에서의 부작용을 사전적으로 최소화하는 것이 바람직하였던 것으로 보인다. 이에 따라 외

환시장 측면에서는 선물환시장에 대한 모니터링을 강화하면서 재정거래유인이 큰 폭으로 확대되지 않도록 유의할 필요가 있었다고 하겠다. 특히 정책금리 조정을 결정할 때 환율 절상 등을 통해 외환부문이 국내 실물경제가 위축되지 않도록 하기 위해서는 조선업체 및 해외증권투자자의 적정 헤지 비율 유도, 은행의 과도한 투기성거래 조장 방지를 위한 내부통제제도 개선 등을 통해 선물환시장의 초과공급 요인을 완화하려는 정책적 노력을 기울였다. 그리고 스왑시장의 수급불균형 지속 등으로 시장의 왜곡현상이 심화되지 않도록 시장심리의 안정을 도모하였다.

2. 2008년 ~ 2009년 금리 인하

(1) 개요

2008년 10월 ~ 2009년 2월 중 금융통화위원회는 여섯 차례에 걸쳐 기준금리를 연 5.25%에서 2.0%로 총 3.25%p 인하하였다. 이에 따라 기준금리는 정책금리 목표치를 공표하기 시작한 1999년 5월 이후 최저 수준으로 낮아졌다.

당시 경제상황은 2008년 들어 국제유가의 급등락, 국제금융시장 불안 등 해외여건이 점차 악화되어 오다 2008년 9월 미국 투자은행인 리먼 브러더스의 파산보호 신청 이후 국제금융시장 불안 및 세계경제 침체 심화 등 해외여건 악화의 영향이 국내 금융시장과 실물경제에 빠르게 파급되었다. 국제금융시장의 불안이 금융과 실물경로에 신용경색을 야기하면서 경기가 하강하고 성장세가 더욱 약화될 것으로 우려되었다. 반면 기업들이 내수위축의 영향으로 원가상승요인의 가격전가를 미루고 임금 상승폭이 제한되면서 물가상승압력은 약화되고 있었다. 한편 글로벌 금융위기에 따른 국제금융시장 불안

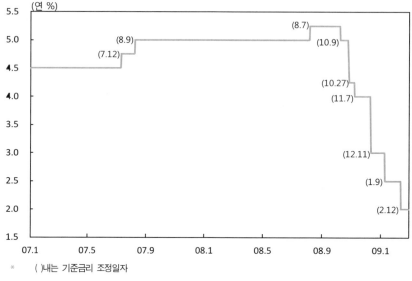

[그림 4-42] 금융통화위원회의 정책금리 조정[*]

*   ( )내는 기준금리 조정일자

출처 : 한국은행

증폭에 대응하여 주요국 중앙은행들이 긴밀한 정책공조하에 정책금리를 큰 폭으로 인하하고 나선 점도 통화당국이 신속하게 기준금리를 낮추는 데 영향을 크게 미쳤을 것으로 생각된다. 이러한 일련의 과감하고 신속한 금리인하는 다음과 같은 실물경제, 금융 및 외환상황에 대한 판단을 배경으로 하고 있었다.

(2) 실물경제상황

▲ 종합실물지표

국내 실물경기는 3/4분기에 빠르게 둔화되었으며 4/4분기 들어 소비, 투자 등 내수가 한층 더 위축되고 수출이 급격히 감소하면서 빠르게 하강하였다. GDP의 전기대비 성장률이 3/4분기 -0.1%(전년동기대비 3.3%)로 돌아선 후 4/4

분기 들어서는 수출과 내수가 급격히 위축됨에 따라 감소폭이 크게 확대될 것으로 전망되었다.

경기종합지수를 보면 10월 현재 경기선행지수 전년동월비가 전년 12월 이후 11개월 연속 하락하는 가운데 경기동행지수 순환변동치는 그해 1월 정점 이후 완만하게 하락하다가 10월부터는 하락 속도가 가팔라지며 국내 경기의 하강이 심화되었다.

[그림 4-43] GDP와 경기종합지수

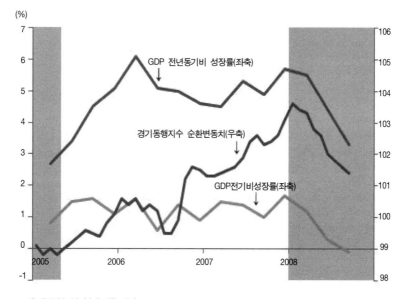

* 음영부분은 경기수축기를 의미

출처 : 한국은행, 통계청

GDP갭은 실제GDP성장률이 마이너스로 돌아서는 등 실제GDP 수준이 낮아짐에 따라 잠재GDP 수준을 밑돌면서 마이너스로 전환되었다.

▲ 경제전망

GDP성장률이 2008년 4/4분기 중에 전기대비 큰 폭 하락한 데 이어 2009년에도 세계경기 부진에 따른 수출 둔화 및 이에 따른 설비투자 둔화, 소득 및 고용 악화에 따른 소비 위축 등으로 2008년(3.7%)보다 크게 하락한 2.0%를 기록할 것으로 전망[22]되었다. 특히 2009년 상반기까지는 회복세가 취약하고 하반기로 가면서 회복속도가 다소 빨라지겠으나 성장모멘텀은 미약할 것으로 예측되었다. 2009년중 취업자수 증가규모는 소비부진 심화, 수출증가세 둔화 및 기업의 보수적인 인력운용 등으로 2008년(14만명)보다 줄어든 4만명 내외에 그칠 것으로 전망되었다. 실업률은 2008년(3.2%)보다 상승한 3.4% 수준으로 예상되었다. 한편 2009년중 소비자물가 상승률은 국제원자재가격의 하락세 및 마이너스 수요압력이 환율 상승 및 공공요금 인상의 파급효과를 압도하면서 2008년(4.7%) 수준을 크게 밑도는 3.0% 내외를 기록할 것으로 전망되었다. 근원인플레이션율은 소비자물가 상승률보다 높은 3.5% 내외로 전망되었다.

▲ 부문별 실물지표

■ 수요관련 지표

2008년 9월중 소비재판매는 추석 연휴일수가 전년보다 2일 감소한 데다 늦더위[23]로 가을의류 판매가 부진하여 전월대비 3.8% 감소로 돌아섰다.

설비투자지수는 9월중 기계류의 증가세가 지속되고 운수장비가 크게 늘어 전년동월대비 증가율이 상당폭 높아졌으나 이는 전년동월 부진(-3.7%)에 따른 기저효과에 주로 기인하였다. 선행지표인 국내기계수주는 9월중 전년동월대

---

22) 2008년 12월 경제전망 기준으로 서술
23) 9.25일까지 전국 평균기온(24.0℃)은 1973년 이후 가장 높은 수준을 보였다.

[그림 4-44] 소비재판매액지수

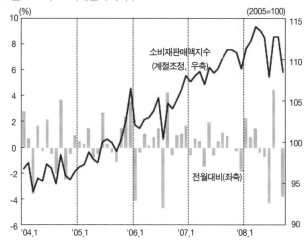

출처 : 통계청

[그림 4-45] 설비투자조정압력

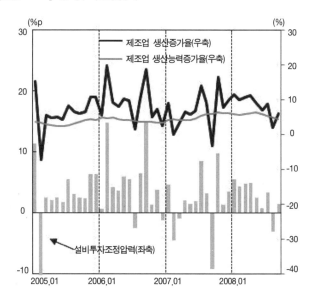

출처 : 통계청

비 33.4% 감소하였다. 설비투자조정압력(제조업 생산 증가율 - 제조업 생산능력 증가율)도 8월 마이너스를 보인 데 이어 낮은 수준에 그쳤다. 제조업 설비투자 BSI도 10월 실적지수와 11월 전망지수가 모두 하락하였다.

[표 4-23] 제조업 설비투자 BSI

	2008년 5월	6월	7월	8월	9월	10월	11월
실적	100	100	98	99	96	95	…
전망	103	103	100	98	99	96	93

출처 : 한국은행

9월중 건설기성액(명목기준)은 공사일수가 전월보다 3일 증가함에 따라 상당폭 증가하였으나 건설수주액은 토목 및 건축부문 모두 크게 부진하면서 4개월 연속 감소하였다.

[그림 4-46] 건설수주액

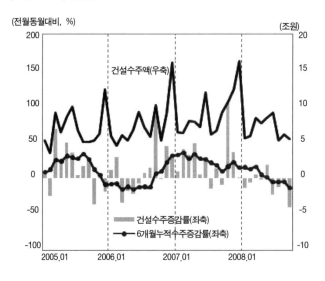

출처 : 통계청

■ 생산관련 지표

9월중 제조업 생산은 자동차, 영상음향통신 및 의복·모피 등이 부진을 이어감에 따라 전월대비 감소세가 지속되었다. 제조업 평균가동률은 77.3%로 전월보다 낮아지며 2006년 7월(75.0%) 이후 최저 수준을 기록하였다. 출하는 내수 부진 심화로 감소세를 지속하였으며 재고는 증가폭이 확대되었다. 이에 따라 재고율(재고/출하 비율)이 2001년 4월(115.6%) 이후 가장 높은 수준인 115.1%까지 가파르게 상승하였다.

[그림 4-47] 재고율

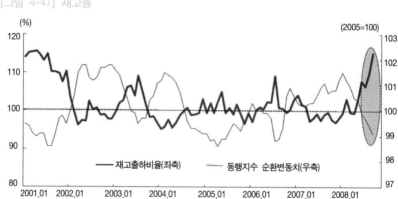

출처 : 통계청

9월중 서비스업 생산은 월별로는 전월보다 증가율이 높아졌으나 분기별로 보면 3/4분기에 2.7% 증가하여 전분기의 4.6%보다 낮아졌으며 이는 1.3%에 그친 2005년 2/4분기 이후 최저 수준의 증가율이었다.

■ 고용 관련지표

9월중 고용사정은 취업자수 증가 규모가 전년동월대비 11만명으로 전월

(+16만명)에 비해 큰 폭 줄어들고 고용률도 크게 낮아졌다. 경제활동참가율도 전월의 61.6%에서 61.3%로 크게 하락하였다. 실업률은 취업자수 증가폭 축소에도 불구하고 비경제활동인구가 크게 늘어남에 따라 전월보다 하락하였다. 그러나 전년동월대비로 보면 광의실업률 U2는 구직단념자가 크게 증가함에 따라 0.1%p 상승하였고 U3도 취업준비자 및 추가취업희망자의 증가세 확대로 전년동월대비 상승세가 8월 0.2%p에서 9월 0.5%p로 크게 확대되었다.

■ 물가관련 지표

9월중 소비자물가는 국제유가의 하향 안정으로 석유류 등 공업제품가격이 하락세를 지속하고 농축수산물가격도 상승세가 둔화됨에 따라 전월대비 0.1% 상승에 그쳤다. 다만 근원인플레이션은 국제 금값의 반등, 곡물·축수산물 가격의 상승세 지속 등으로 전월대비 0.5% 상승하여 오름세가 확대되었다.

[그림 4-48] 소비자물가 상승률

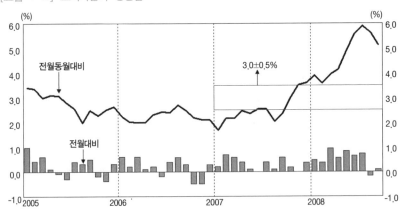

출처 : 통계청

9월중 아파트 매매가격 및 전세가격은 실물경제 상황의 불확실성 등으로 전월대비 각각 0.2%, 0.3% 상승하여 안정세를 지속하였다. 8월중 주택 거래량은 전월 11만 8천호에서 8만 6천호로 크게 줄어들며 위축되는 조짐을 보였다. 이러한 상황을 고려하면 이후 주택가격이 하락할 것으로 기대되면서 이에 따라 역자산효과로 인해 소비심리에 부정적 영향이 점차 커질 것으로 예상되었다.

■ 수출입관련 지표

9월중 수출은 전년동월대비 28.7% 증가한 377.5억달러로 전월의 18.7%보다 증가세가 큰 폭 확대되었다. 이는 신흥시장국 수요가 견실한 데다 추석연휴 감소로 조업일수가 3일 정도 늘어났기 때문이다. 일평균 수출은 16.8억달러로 전년동월대비 11.6% 증가하였다. 그러나 국제 금융시장의 불안으로 주요 수출시장의 실물경기가 둔화되면서 수출 증가세가 둔화 또는 위축될 것으로 예상되었다. 9월중 수입은 396.5억달러로 전년동월대비 45.8%로 크게 늘어났으며 일평균 수입액은 17.6억달러로 26.4% 증가였다. 품목별로는 원자재와 자본재가 높은 증가세를 유지하였으나 소비재는 둔화되는 모습을 보였다. 9월중 경상수지는 적자폭이 크게 줄어들었으나 3개월 연속 적자 추세가 지속되었다.

▲ 부문별 금융상황

■ 금리 및 주가

장기금리는 2008년 9월 리먼브러더스의 파산보호 신청 이후 회사채, CP 등 신용위험증권 금리가 가파른 상승세를 보이면서 국고채와 회사채 금리가 상이한 움직임을 나타내었다.

회사채(AA-, 3년)와 국고채(3년) 유통수익률간의 금리스프레드가 2008년 8월말 1.62%p에서 12월 들어 4.61%p로 크게 높아졌다. 이는 민간부문에 신용경색이 부분적으로 나타났으며 이를 해소하기 위하여 정책당국이 적극적으로 금융완화를 실시할 필요성이 커졌음을 의미한다. 금융통화위원회의 과감한 금리인하에 따라 2008년 11월 9.01%까지 높아졌던 회사채 유통수익률은 하락세를 보여 2009년 2월말에는 6.37%까지 낮아졌으며 회사채와 국고채 유통수익률간의 금리스프레드도 2.25%p로 낮아졌다. 단기금리도 리먼 사태 이후 큰 폭으로 상승하였으나 당국이 적극적으로 시장안정에 나서면서 2008년 10월 6.18%까지 높아졌던 CD(91일) 유통수익률은 2009년 2월에는 2.49%까지 낮아지는 등 빠르게 하락하였다.

[그림 4-49] 주요 시장금리

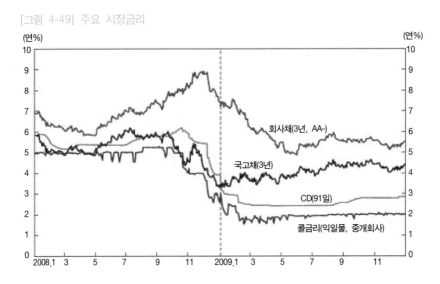

출처 : 한국은행 「연차보고서」

주식시장은 2008년 들어 유가 급등, 국제금융시장 상황 변화 등으로 약세를 보이면서 큰 폭의 등락을 반복하였으며 9월 하순 이후 국제금융시장 불안에 따른 세계 주가의 동반 하락과 외국인의 국내주식 순매도가 이어져 10월에는 코스피지수가 938.8까지 떨어졌다. 이후 우리나라를 비롯한 주요국의 금융시장 안정 및 경기회복 노력 및 국내 기업의 실적 호전 기대 등에 힘입어 반등하기 시작하여 2009년 8월말 코스피지수는 2008년 저점대비 69.9% 오른 1591.9까지 높아졌다. 한편 코스닥지수도 대체로 비슷한 움직임을 보였다. 한편 국내주식시장 시가총액에서 차지하는 외국인 보유비중이 외국인의 순매도로 2008년 8월말 28.9%에서 2009년 2월말에는 26.6%로 크게 낮아졌으나 이후 우리경제에 대한 전망 호전으로 외국인 순매수가 지속되어 2009년 8월말에는 총 보유비중이 28.9%로 2008년 수준을 회복하였다.

[그림 4-50] 코스피 및 코스닥 지수

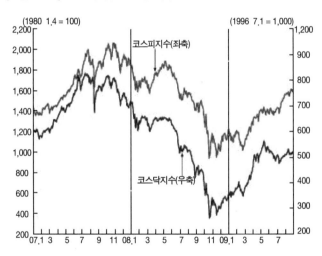

출처 : Koscom

■ 통화 및 금융기관 수신

2008년 하반기에 들어서면서 신용위험을 우려한 은행들의 보수적인 자금운용으로 중소기업대출 증가폭이 크게 축소되고 가계대출 증가세도 둔화됨에 따라 M2, Lf 및 L의 증가율이 상당폭 낮아졌다. 2009년 들어서도 M2및 Lf의 증가율은 하락세를 이어갔다. 반면 M1 및 본원통화 증가율은 2008년 10월 이후 적극적인 금융완화정책을 반영하여 2008년 말부터 2009년 상반기에 걸쳐 크게 높아졌다. 부문별 통화공급내역을 보면 정부부문을 통한 통화공급이 금융위기 상황을 맞아 확장적 재정정책으로 2008년 3/4분기 1.6조원에서 4/4분기중 4.5조원으로 확대되었다. 그러나 민간부문을 통한 통화공급은 금융기관의 보수적 자금운용 등으로 3/4분기중 81.2조원에서 4/4분기중 31.3조원으로 큰 폭 감소하였다. 국외부문에서도 3/4분기중에는 외국인의 포트폴리오 투자자금 회수, 경상수지 적자 등으로 55.4조원이 환수되었으나 4/4분기에는 경상수지가 흑자로 돌아서면서 환수규모가 9.8조원으로 축소되었다.

[그림 4-51] 주요 통화지표 증가율(평잔 기준)

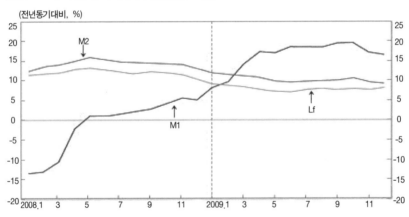

출처 : 한국은행 「연차보고서」

2008년 10월 이후 금융시장 불안심리가 지속되면서 은행 정기예금을 선호하는 등 안전자산 추구 현상이 두드러졌다. 정기예금 증가폭이 3/4분기중 10.6조원에서 4/4분기중 19.9조원으로 늘어났다. 그러나 이후 정책금리 인하에 따른 수신금리 하락으로 정기예금은 2009년 1/4분기중 4.6조원으로 증가폭이 축소된 데 이어 2/4분기에는 2.4조원 감소로 반전되었다. 한편 단기 금융상품으로 보유자산을 운용하며 향후 시장상황 전개를 살피는 경향이 강해져 자산운용회사 수신이 2008년 10월 이후 은행, 대기업 등의 단기자금이 유입되면서 MMF를 중심으로 큰 폭 증가하였다. 주식형펀드는 주가 하락에 따른 투자심리 위축으로 2008년 3/4분기 및 4/4분기에 각각 0.9조원, 2.7조원 감소한데 이어 2009년 1/4분기 및 2/4분기에는 주가 회복에 따른 개인투자자들의 펀드환매로 각각 0.7조원, 2.4조원의 감소가 이어졌다.

■ 기업 및 가계의 자금사정

2008년 하반기중 은행의 기업대출은 중소기업대출을 중심으로 증가세가 크게 둔화되고 은행의 기업대출 연체율이 상승하는 등 중소기업의 자금사정이 어려워지는 모습을 보였다. 중소기업대출은 은행들의 보수적인 자금운용 등으로 3/4분기중 9.2조원 줄어든 데 이어 4/4분기에도 1.4조원이 축소되었다.[24] 그러나 2009년 들어서는 기업대출이 중소기업지원을 위한 'Fast Track 프로그램' 등 정책적 노력의 영향으로 중소기업대출을 중심으로 7.3조원 늘어났다. 기업대출 연체율도 2009년 상반기중 추가 상승을 멈춘데 이어 6월부터는 하락하는 모습을 보였다. 또한 당국의 적극적인 시장안정 노력에 힘입어 발행여건이 점차 개선되면서 직접금융시장을 통한 기업의 자금조달이 회사채 발행을 중심으로 4/4분기 이후 큰 폭으로 증가하였다.[25]

한편 은행 가계대출 및 신용카드사의 연체율은 2008년 4/4분기 이후 대

---

24) 대기업대출은 3/4분기중 8.4조원 늘어났으며 4/4분기에도 2.9조원 증가를 유지하였다.

25) 회사채 순발행이 2008년 3/4분기중 1.5조원에서 4/4분기에는 4.2조원으로 늘어난데 이어 2009년 1/4분기 및 2/4분기에는 각각 15.4조원, 9.2조원으로 더욱 확대되었으며 CP는 3/4분기중 0.6조원 순상환에서 4/4분기에는 9.0조원 순발행으로 돌아섰다.

체로 높아졌다. 다만 은행 가계대출 연체율은 2009년 2/4분기에는 소폭 하락하였다.

[표 4-24] 가계대출 및 신용카드 연체율*

(%)

	2008년				2009년	
	1/4	2/4	3/4	4/4	1/4	2/4
은행가계대출	0.7	0.7	0.7	0.7	0.9	0.8
신용카드**	1.7	1.6	1.8	2.0	2.6	2.6

*   월연체율의 단순평균(단, 분기말월 제외)
**   은행경영사 기준
출처 : 금융감독원

[그림 4-52] 주요 기업자금사정지표

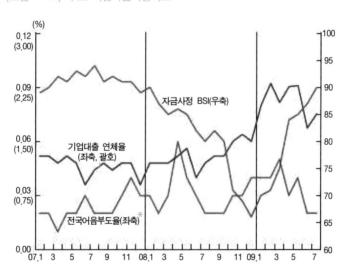

*   전자결제액 조정후
출처 : 한국은행, 금융감독원

(3) 외환 및 국제금융 상황

▲ 글로벌 위험회피 성향의 증대

2008년 9月부터 글로벌 신용경색 우려 및 이에 따른 세계경제 침체 가능성 등으로 글로벌 투자자의 투자심리는 크게 위축되었다. 즉, 글로벌 위험회피 성향을 측정하는 데 이용되는 VIX(Volatility Index)[26]가 2008년 중반까지 20 내외에서 등락을 보였으나 2008년 11월 하순에는 80까지 상승하여, 당시 글로벌 투자심리가 크게 위축된 것을 잘 보여주고 있다.

[그림 4-53] VIX

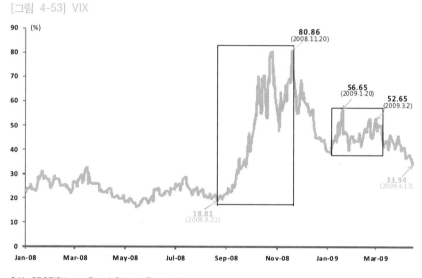

출처: CBOE(Chicago Board Options Exchange)

이러한 글로벌 투자여건을 반영하여, 우리나라를 비롯한 아시아 지역 국가

---

26) VIX(volatility index)는 시카고옵션거래소(CBOE)에 상장된 S&P500 지수옵션의 향후 30일간의 변동성에 대한 시장의 기대를 나타내는 지수로, 일명 투자 공포지수(fear index)라고도 하는데, VIX가 높을수록 투자심리가 취약함을 의미한다.

의 CDS프리미엄은 크게 상승하였다. 이는 국내 금융기관들의 해외 차입여건 등 외화자금 조달여건이 크게 악화되었음을 의미한다.

[그림 4-54] 아시아 주요국의 CDS 프리미엄

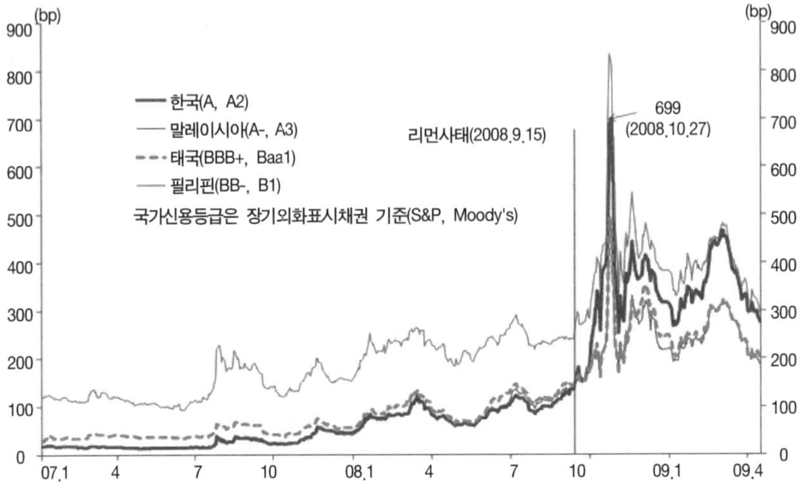

출처 : Bloomberg

▲ 외환수급의 불안정

경상수지 및 자본수지 변동성도 2008년 하반기 리먼 브라더스 사태이후 큰 폭으로 확대되었다. 즉, 경상수지의 경우 국제유가의 급등 등으로 수입이 수출보다 더 크게 늘어나면서 2/4분기중 균형수준을 보이던 경상수지가 3/4분기중에는 85.8억달러 적자를 보였다. 자본수지는 외국인 증권투자자금 유출입의 변동폭 확대, 글로벌 신용경색에 따른 해외차입 애로 등으로 그 변동성이 경상수지와 마찬가지로 크게 확대되었다. 특히, 포드폴리오 투자수지의 경우 2/4분기중 60억달러 흑자를 기록하였으나, 3/4분기중에는 외국인 증권투자자금이 대폭 유출됨에 따라 123.9억달러 적자로 반전하였다. 그리고 4/4

분기중에는 외국환은행을 중심으로 해외차입이 대규모로 상환됨에 따라 기타투자수지의 유출초 규모가 338.9억달러에 달하였다.

[표 4-25] 경상수지 및 자본수지*

(억달러)

	2006	2007	2008	1/4	2/4	3/4	4/4	2009.1	2009.2
경상수지	53.9	58.8	-64.1	-52.1	-1.3	-85.8	75.2	-16.4	36.8
자본수지	179.7	71.3	-509.3	4.0	-46.7	-48.5	-418.1	51.4	-33.2
(직접투자수지)	-45.4	-138.4	-105.9	-47.9	-29.1	-22.8	-6.1	-0.6	-5.5
(포트폴리오투자수지)	-232.3	-260.6	-153.7	-99.9	60.0	-123.9	10.2	56.8	1.6
(포트폴리오투자자산)	-312.9	-564.4	230.9	-1.2	-6.7	54.6	184.1	9.4	14.8
(포트폴리오투자부채)	80.6	303.8	-384.6	-98.7	66.6	-178.5	-173.9	47.4	-13.2
(지분증권부채)	-83.9	-287.3	-412.5	-168.9	-52.5	-138.0	-53.0	4.2	-3.7
(부채성증권부채)	164.5	591.1	27.9	70.2	119.1	-40.5	-120.9	43.3	-9.5
(파생금융상품수지)	4.8	54.4	-143.3	-10.7	-8.1	-34.7	-89.8	-2.5	-28.0
(기타투자수지)	483.8	439.6	-106.0	164.9	-67.2	135.2	-338.9	-3.8	-4.8

* 순유출입액 기준으로+)는 순유입, (-)는 순유출

출처 : 한국은행

▲ 외채사정 악화

우리나라의 경우 수출입은 물론 자본유출입면에서도 대외 개방도가 높아 글로벌 금융위기의 영향이 클 수밖에 없다. 이러한 상황은 순대외채권, 유동외채 등의 변화 추이에 의해서 설명될 수 있다. 즉, 2008년초까지 대외채권이 대외채무보다 많은 순대외채권국이던 우리나라는 2008년 말경에는 경상수지 적자, 주식투자 감소폭 확대 등으로 순대외채무국으로 전환되었다. 그리고 잔존 만기 1년 미만의 외채를 외환보유액으로 나눈 유동외채비율도 2005년 이후 꾸준히 상승하여 2008년말에는 크게 높아짐으로써 외채상황이 악화되었다.

[그림 4-55] 대외채권 및 채무, 순대외채권

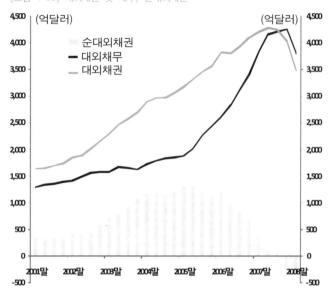

출처 : 한국은행

[그림 4-56] 유동외채 및 유동외채비율

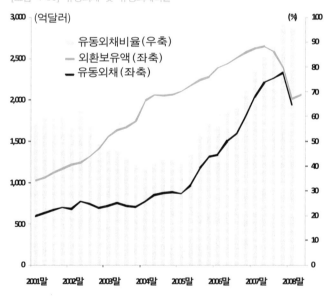

출처 : 한국은행

▲ 환율의 큰 폭 절하

2008년 하반기 이전까지 1,000원 내외에서 움직이던 원/달러 환율이 2008년 하반기 들어 상승하기 시작하여 2009년 3월에는 1,570원까지 급등하였다. 이는 금융기관을 포함한 글로벌 투자자들을 중심으로 디레버리징(deleveraging)이 이루어지면서 우리나라에 유입된 외국자본이 해외로 급격히 유출되면서 국내 외화자금 사정이 크게 악화된 데 따른 것이다. 이처럼 외화자금 사정이 악화되면서 국내 외환시장은 환율상승 기대심리가 만연하여 원/달러 환율이 급격히 상승하였다. 우리나라의 경우에는 아시아의 주요 신흥시장국과는 달리 자본의 유출입에 대한 제약이 별로 없어, 국내 외환시장에 대한 글로벌 디레버리징의 영향이 상대적으로 컸던 것으로 판단할 수 있다.

[그림 4-57] 원/달러 환율*

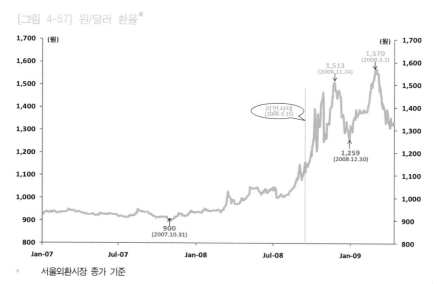

*   서울외환시장 종가 기준

출처 : 한국은행

[표 4-26] 원 / 달러 환율

	2006년	2007년	2008년	1/4	2/4	3/4	4/4	2009년 2월	2009년 3월
원/달러 환율	929.8	936.1	1259.5	990.4	1046.0	1207.0	1259.5	1,534.0	1,383.5
	(8.8)	(-0.7)	(-25.7)	(-5.5)	(-10.5)	(-22.4)	(-25.7)	(-17.9)	(-9.0)
(평 균)*	955.1	929.2	1103.4	956.9	1018.0	1066.1	1364.3	-	-

*   종가기준, 해당기간중 평균
**   ( )내는 전년말 대비절상(+), 절하(-)율(%)

출처 : 한국은행

환율의 변동성을 살펴보면, 원/달러 환율은 국제금융시장의 불안 여파 등을 반영하여 그 변동성이 크게 확대되었다. 즉, 2007년중에는 일중 변동폭 및 전일대비 변동률이 각각 일평균 3.0원, 0.22%에 불과하였으나, 2008년 하반기 이후 환율 변동성이 크게 확대되면서 2008년중에는 일중 변동폭 및 전일대비 변동률이 각각 18.3원, 0.98%로 크게 높아졌다. 이는 달러/유로 환율이나 엔/달러 환율의 변동율에 비해 상대적으로 높은 것이었다.

[표 4-27] 원/달러 환율 변동성

(원, %)

	2007년	2008년	11월	12월	2009년	1월	2월	3월
일중 변동폭*	3.0	18.3	36.8	31.5	24.5	23.0	18.8	35.6
전일대비 변동폭**	2.1	12.0	19.2	19.4	13.9	15.8	11.0	22.2
전일대비 변동률***	0.22	0.98	1.41	1.41	0.99	1.20	0.76	1.53
(엔/달러)	0.44	0.73	1.03	0.80	0.76	0.68	0.87	0.88
(달러/유로)	0.30	0.64	1.09	0.92	0.82	0.90	0.78	0.83

*   (당일 최고가 - 당일 최저가)
**   (당일 종가 - 전일 종가)의 절대치
*** (당일 종가 - 전일 종가)의 절대치/전일종가

출처 : 한국은행

또한 국내 외환시장에서의 현물환 거래 규모도 2008년 하반기 이후 큰 폭으로 축소되었다. 즉, 현물환 거래 규모가 2008년 1/4분기중에는 일평균 기준으로 100억달러를 상회하였으나, 3/4분기 이후 큰 폭으로 축소되면서 4/4분기중에는 38억달러에 불과하였다. 이처럼 외환거래 규모가 대폭 축소된 것은 글로벌 금융위기 국면이 지속되면서 원/달러 환율의 변동성이 확대된 데 따른 것이었다.

[표 4-28] 현물환거래* 규모

(억달러, 일평균)

2006	2007	2008					2009			
			1/4	2/4	3/4	4/4		1월	2월	3월
63.6	82.5	78.1	104.6	89.8	81.5	38.0	47.6	50.7	47.7	44.9

*   외국환중개회사를 경유한 은행간 원/달러 거래 기준

출처 : 한국은행

[그림 4-58] 달러 / 유로 환율* 및 엔 / 달러 환율**

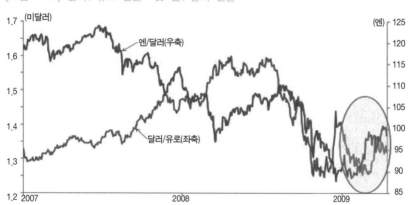

*   Reuters 고시 뉴욕시장 16:30 기준

**   Reuters 고시 동경시장 15:00 기준

출처 : Reuters

한편, 주요국 통화 대비 미달러화 환율의 추이를 살펴보면, 미달러화는 선진국 투자자의 자금회수에 따른 국제금융시장에서의 달러화 유동성 부족, 안전통화로서의 수요 증대 등으로 하반기 이후 유로화 등 대부분의 통화에 대해 강세로 전환되었다. 다만, 일본 엔화에 대해서는 9월 리먼 브라더스 사태 이후 투자심리 위축에 따른 엔 캐리 트레이드 청산 움직임 확산 등으로 약세로 전환되었다.

▲ 외환시장 안정화 대책 추진

앞에서 살펴본 바와 같이 2008년 9월 리먼 브라더스 사태 이후 정책당국은 실물경제가 급속히 위축되는 데 적극 대처하기 위해 기준금리를 대폭 인하[27]하는 한편 별도로, 국내 금융기관의 외화차입이 어려워지고 외환시장 및 외화자금시장이 크게 불안한 모습을 보임에 따라 외환시장 안정화를 위한 다양한 대책을 강구하여 실시하였다.

먼저, 한국은행은 국제적인 공조 차원의 안전장치를 마련하기 위하여 미국, 일본, 중국 중앙은행과 통화스왑계약을 체결하였다. 즉, 미 연준과는 2008년 10월 30일에 300억달러 규모의 원/달러 통화스왑계약을 체결하고, 이렇게 확보한 달러 자금을 경쟁입찰방식으로 국내 금융기관에 공급하였다. 또한, 중국인민은행과는 2008년 12월 12일에 1,800억위안/38조원 규모의 원/위안 통화스왑계약을 체결하였으며, 일본은행과는 2008년 12월 12일에 원/엔 통화스왑 한도를 기존의 30억달러 상당액에서 200억달러 상당액으로 확대하는 계약을 체결하였다. 그리고 한국은행은 외환보유액을 활용한 경쟁입찰 방식의 스왑거래를 통하여 외화자금사정이 악화된 금융기관을 대상으로 외화

---

27) 외화자금사정 호전만을 정책고려 대상으로 본다면 기준금리를 인상하는 것이 도움될 것이나 국내 실물 및 금융시장을 종합적으로 감안한다면 금리인하는 불가피한 선택임이 쉽게 이해될 것이다.

유동성을 공급하였다. 아울러 수출 둔화에 따른 실물경기 위축을 완화하기 위하여 수출환어음 담보대출을 실시함으로써 은행들이 수출기업에 대한 수출금융을 적극적으로 취급할 수 있도록 지원하였다.

제 **5** 장

통화정책과 관련한
최근의 쟁점들

The Centarl Bank
and
Monetary Policy

M

제 **1** 절

거시건전성정책

2008년 글로벌 금융위기를 계기로 통화정책과 관련하여 부각되는 가장 큰 쟁점은 거시건전성정책(Macro Prudential Policy)과 양적완화정책(Quantitative Easing Policy)이라고 할 수 있다. 본장에서는 그 배경과 내용에 대해 살펴보고자 한다.

1. 개념의 태동과 변천

거시건전성이라는 용어는 1979년 6월 BIS Cooke Committee[1] 회의에서 유럽 은행들의 국외대출 급증에 따른 금융안정 저하에 대한 우려 표명과 함께 기존의 미시건전성감독만으로는 거시건전성 문제가 야기될 수 있다는 점이 제기되면서 처음 사용되었다. 이후 1986년 4월 BIS ECSC[2] 보고서가 "거

---

1) 현재의 바젤은행감독위원회
2) Euro-Currency Standing Committee. 현재의 세계금융제도위원회(CGFS : Committee on the Global Financial System)

시건전성정책이란 넓은 의미에서 금융 및 지급결제시스템의 안전성과 건전성을 촉진하는 활동"이라고 정의하면서 거시건전성과 정책이 결합된 새로운 용어가 만들어졌다. 이 보고서 내용의 특징은 지급결제시스템의 안전성과 건전성까지 거시건전성정책의 영역에 포함했다는 것이다. 1990년대 들어 파생금융상품시장 확대에 따른 시장 불투명성의 증가와 금융기관 및 금융시장 간의 높은 상호연계성으로 거시건전성리스크가 높아짐에 따라 BIS ECSC는 중앙은행을 중심으로 한 보고체계의 구축 및 모니터링의 강화 등을 제안하였다.

한편 IMF는 1997년 아시아 외환위기를 계기로 거시건전성 개념을 실무에 적용하기 시작했다. 1999년 세계은행과 공동으로 거시건전성지표[3]를 개발하고, 같은 해 시작된 금융부문 평가프로그램에서 동 지표를 기준으로 각국의 금융안정성을 평가하였다.

2000년대 들어서는 많은 전문가들이 거시건전성 강화를 위해 적극적으로 대응할 것을 주장하였다. BIS의 크로켓(A. Crockett, 2000), 보리오(C. Borio, 2003), 나이트(M. Knight, 2006) 등은 시스템리스크를 횡단면 차원(cross-sectional dimension)과 시계열 차원(time dimension)으로 구분하여 통제할 것을 제안하였다. 횡단면 차원의 시스템리스크는 개별 금융기관에 국한된 위험보다는 특정 충격이 발생할 경우 자산가격 및 신용량 등의 총량변수들이 통제불능 수준으로 급격하게 변동하는 가능성을 말한다. 시계열 차원의 시스템리스크는 호황기와 불황기에 금융기관의 신용공급이 지나치게 확대되거나 축소되는 경기

---

3) 은행들의 자본적정성, 수익성, 유동성, 주가, 주요 거래대상 금융기관들의 재무건전성 등을 종합하여 지수화한 것으로서 2000년대에 금융안정성지수(Financial Stability Indicator : FSI)로 발전되었다. 그러나 FSI는 글로벌 금융위기를 계기로 조기경보 유용성이 낮다는 비판을 받아 왔다. 이에 따라 IMF(2010)는 FSI가 조기경보기능이 없고 단지 금융부문의 취약성을 점검하는 데 목적이 있다고 밝혔다.

순응성이 실물부문에 미치는 부정적 영향을 말한다.

2008년 글로벌 금융위기 이후에는 거시건전성 강화를 위한 정책수단 및 역할분담 방안 등이 더욱 구체적으로 논의되고 있다. 브루너마이어 등 (Brunnermeier et al., 2009)은 제네바 보고서(Geneva Report)[4]에서 시스템리스크 측정방법, 시스템상 중요 금융기관(SIFIs : Systemically Important Financial Institutions) 선정방법 및 필요한 정책수단 등을 열거하고 있다. 영란은행(2009) 은 금융시스템의 복원력 강화와 함께 경기여건에 크게 좌우되지 않는 안정적 인 신용공급을 위한 거시건전성정책 수단으로서 동태적 대손충당금 이외에 경기상황에 대응하는 추가자본규제의 필요성을 강조하였다. 버냉키는 SIFIs 에 대한 규제강화 및 경기대응적 자기자본규제 뿐만 아니라 지급결제시스템 및 중앙청산소 등 금융하부구조에 대한 제도 개선도 동시에 진행되어야 한다 고 주장하였다.

국내에서는 김병덕·함준호(2009), 윤석헌·정지만(2009), 이태규(2010) 등 이 거시건전성정책의 필요성과 이를 강화하기 위한 방안에 관해 논의하였다. 신현송·신관호(2010)는 외화차입금 등에 대한 은행부담금(bank levy) 부과 필 요성을 주장하면서 이는 해외자본 유출입이 빈번한 신흥시장국의 거시건전 성을 확보하는 데 유용한 수단이라는 견해를 밝혔다. 채희율(2010)은 거시건 전성정책이 중앙은행의 최종대부자 기능, 예금보험제도 운용, 부실금융기관 정리를 포함할 뿐만 아니라 나아가 통화정책, 외환정책, 재정정책까지 포함한 다고 주장하였다.

이같은 논의를 종합하면 거시건전성은 개별 금융기관 차원의 위기(financial

---

4) 유럽의 경제연구기관인 ICMB(International Center for Monetary and Banking Studies)와 CEPR(Center for Economic Policy Research)이 공동으로 발표하는 보고서로서 2009년의 보고서 (The Fundamental Principles of Financial Regulation)는 브루너마이어·신현송, 크로켓, 굿하 트 등이 작성에 참여하였다.

distress)가 아닌 금융시스템 차원의 위기(financial crisis) 가능성이 낮은 상태를 말한다. 이를 달성하기 위한 거시건전성정책[5]은 시스템리스크에 대한 판단과 이에 근거한 정책대응으로 구성된다. 시스템리스크 판단은 현재뿐만 아니라 미래에 발생할 수 있는 시스템리스크의 유형과 규모 등을 분석·평가하는 것이다. 이에 비해 정책대응은 시스템리스크 확산의 주요 경로가 되는 금융기관 중에서 특정기관을 선별적으로 규제하거나 모든 금융기관을 한시적으로 규제하는 활동이다.

시스템리스크는 그 성격에 따라 횡단면 차원과 시계열 차원으로 구분할 수 있다.[6] 횡단면 차원의 시스템리스크는 어떤 원인에 의해 발생한 특정 충격이 금융시스템 전체로 전파되는 위험이다. 즉, 개별 금융기관이 합리적으로 행동할지라도 구성의 오류(fallacy of composition) 및 군집행동 등으로 시스템의 안정성이 심각히 저하되는 현상을 말한다. 따라서 횡단면 차원의 시스템리스크 예방과 관리를 위해서는 금융기관간 연계성 및 공통 익스포져에 초점을 맞추고 금융시장에서 영향력이 큰 중요 금융기관을 효율적으로 관리하는 것이 관건이다. 시계열 차원의 시스템리스크는 거시경제 순환과정에서 실물·금융부문간 상호작용에 의해 발생하는 위험이다. 일반적으로 호황기에는 금융기관의 리스크 평가가 관대해지면서 신용팽창과 함께 자산가격이 상승하고 불황기에는 대출부실화 가능성 우려 등으로 신용이 축소되면서 자산가격 하락이 가속화되는 경향이 있다. 이로 인해 실물부문에서도 고용과 생산이 큰 영향을 받는다. 따라서 호황기에 금융기관의 과도한 위험추구행동을 억제

---

5) 시스템리스크를 관리한다는 점에서 거시건전성감독이라는 용어가 사용되기도 하지만 거시건전성 정책활동에는 규제뿐만 아니라 모니터링이나 경기상황 전망까지 포함된다는 측면에서 거시건전성정책은 거시건전성감독보다 넓은 개념이라고 할 수 있다. 이밖에도 감시, 규제, 접근 등의 용어가 쓰이고 있다.

6) 현실에서는 두 요소가 복합적으로 작용하여 나타나 횡단면과 시계열 차원으로 명확하게 구분하기는 어렵다.

하고 불황기에는 건전성 규제기준을 완화하여 금융기관들의 과도한 위험기피행동을 억제하는 방안들이 논의되고 있다. 구체적인 정책수단으로 경기대응 완충자본제도, 동태적 대손충당금제도, 담보인정비율(LTV : Loan To Value ratio) 규제, 지급준비제도 등이 있다.

한편 거시건전성정책은 시스템리스크에 대한 인식에서 출발하기 때문에 양자는 불가분의 관계에 있다고 할 수 있다. 즉 거시건전성정책의 목표는 일차적으로 시스템리스크의 적극적인 예방과 억제에 있다. 세계금융제도위원회(CGFS : Committee on the Global Financial System)는 시스템리스크 예방과 억제의 개념을 경기침체 및 자산가격 급락 등의 충격 발생시 금융시스템이 이를 극복할 수 있는 복원력을 강화하는 것으로 확대하고 있다.

[그림 5-1] 거시건전성정책의 목표와 금융안정과의 관계[*]

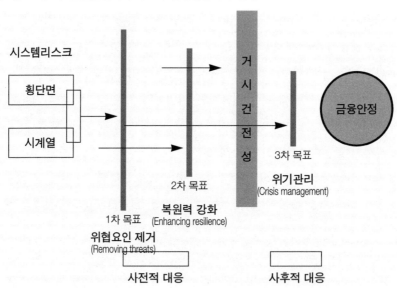

* 네덜란드중앙은행 보고서(2010) 등을 참조하여 작성

글로벌 금융위기 이후에는 금융시장의 질서에 기여할 수 있는 모든 정책 노력을 거시건전성정책으로 보려는 경향이 커지면서 거시건전성과 금융안정을 명확하게 구분하지 않고 사용하기도 한다. 그러나 거시건전성정책의 목적은 시스템리스크의 예방, 억제 및 대응역량 강화 등에 있으므로 거시건전성은 금융위기 발생의 사전적 대응을 강조하는 개념인데 비해 금융안정은 금융위기 발생 이후 최종대부자로서 중앙은행의 유동성 공급과 금융기관의 신속한 정리 등 사후 조치까지 포함하는 것이 일반적이다.[7] 특히 금융위기 시 효율적 대응은 사회적 비용의 최소화를 위해 현실적으로 매우 중요한 문제이기 때문에 각국에서는 제도 개편시 반드시 사후적 대응시스템의 개선을 고려하고 있다.

2. 주요국의 거시건전성정책 도입 사례

지금까지 주요국이 구축한 거시건전성정책체계는 다음과 같다. 미국은 2010년 7월 금융개혁법[8]을 제정하였는데 이 법에 나타난 미국 거시건전성정책체계의 특징은 금융안정감시위원회(FSOC : Financial Stability Oversight Council)[9]에 있다. 재무부, 연준 및 금융감독기구들로 구성된 FSOC는 엄격한

---

7) 지급결제제도의 안전성과 효율성 등 금융시스템이 정상적으로 작동되도록 하기 위한 하부구조의 개선 노력도 거시건전성정책에는 포함하지 않으나 금융안정의 개념에는 포함하는 것이 일반적이다.

8) Dodd-Frank Wall Street Reform and Consumer Protection Act(2010)

9) FSOC는 의결권을 가진 정위원 10人(의장 : 재무부장관)과 의결권을 갖지 않은 준회원 5人으로 구성된다. 재무부·연준·통화감독청(OCC)·금융소비자보호국(CFPB)·증권거래위원회(SEC)·연방예금보험공사(FDIC)·상품선물거래위원회(CFTC)·연방주택금융청(FHFA)·신용협동조합(NCUA)의 長 및 대통령 임명 보험전문가 등으로 구성된다.

규제가 적용되어야 할 시스템상 중요 금융기관·거래행위 및 중요 지급결제
운영기관·지급결제활동 등을 지정하고, 시스템상 중요 금융기관 및 중요 지
급결제시스템에 대한 연준의 제재방침을 승인하는 등 거시건전성정책을 총
괄한다. FSOC의 집행기구 역할을 담당하는 연준에 대해서는 금융안정을 저
해할 수 있는 리스크를 파악하고 감시하는 기능을 부여하고, 비은행금융기관
을 포함한 시스템상 중요 금융기관에 적용할 고강도 건전성 규정을 제정함과
아울러 필요한 자료를 직접 요구하고 검사할 수 있는 권한을 부여하였다. 미
국 금융개혁법의 가장 큰 특징은 정책당국들이 참여하는 협의체를 구축하고
동 협의체가 중요한 정책들을 결정하도록 하였다는 점이다.

[그림 5-2] 미국의 금융안정체계

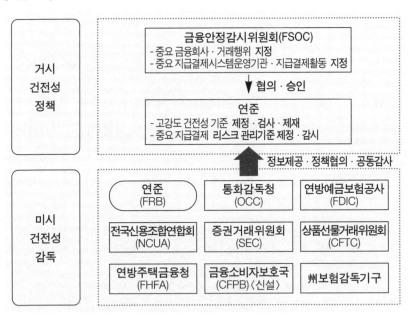

출처 : 김인규·조용범·조성민, 한국은행 조사통계월보(2011년 4월) 재인용

영국은 2010년 5월 금융개혁안을 발표하였는데 이에 따르면 거시건전성 분석과 대응을 강화하고 미시·거시건전성 감독기구는 영란은행으로 일원화되었다. 이는 글로벌 금융위기보다 1년 앞서 발생한 노던 록 은행의 파산과 국유화과정에서 관련기관간 정보교환과 위기대응이 원활치 않았다는 비판이 컸기 때문이다. 재무부·영란은행·금융감독원(FSA)은 MOU 체결 등의 노력에도 불구하고 각자의 업무에만 책임을 지는 구조를 띠고 있어 효율적으로 정책을 수립·운용하는 데 한계가 있었다고 평가되었다. 보수당 정부가 2012

[그림 5-3] 영국의 금융안정체계

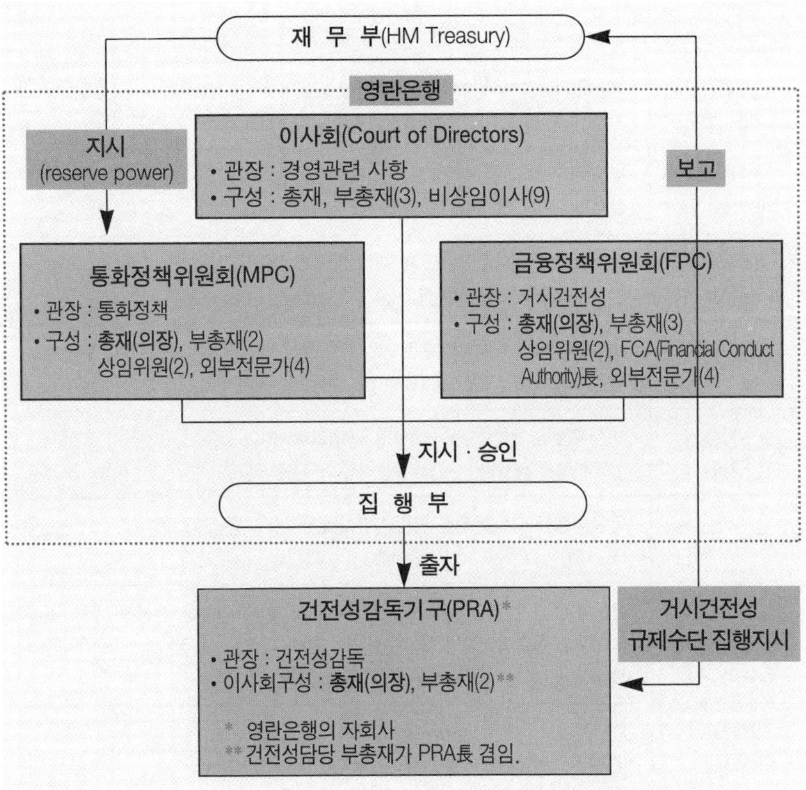

출처 : 김인규·조용범·조성민, 한국은행 조사통계월보(2011년 4월) 재인용

년 말까지 구축할 예정인 거시건전성정책체계에 의하면 거시건전성정책 결정은 영란은행 내에 신설되는 금융정책위원회(FPC : Financial Policy Committee)가 담당하게 된다. 그리고 거시건전성정책의 집행은 기존 FSA에서 영란은행의 자회사로 편입되어 만들어지는 건전성감독기구(PRA : Prudential Regulation Authority)가 담당한다.

한편 신흥시장국 및 일부 소규모 선진국들도 1990년대부터 시스템리스크 발생을 억제하기 위한 거시건전성정책수단으로서의 성격이 큰 규제수단들을

[표 5-1] 신흥시장국 등에 도입된 주요 규제수단

구 분	내 용
자본적정성 기준 강화	- 외환만기불일치 차주 대상 대출자산 위험가중치 인상(크로아티아 [05]) - 특정 LTV 비율 이상 대출 대상 위험 가중치 인상(포르투칼[05, 06])
대손충당금 적립기준 강화	- 부실우려 소비대출에 대한 충당금적립비율 인상(그리스[05]·불가리아[04, 05]·포르투칼[99]·인도[06, 07])
신용증가 규제	- 은행의 부동산시장 익스포저 제한 및 대출증가율 상한설정(홍콩[94～98]) - 은행 포트폴리오중 부동산 대출 제한(말레이시아[97, 98])
대출규제 (DTI 등)	- 가계대출액을 소득 일정수준으로 제한(한국[06], 중국·그리스[04]) - 신용카드 대출한도를 월소득의 일정 배수로 제한(태국[05])
유동성 규제	- 외환자산 중 일정 유동자산으로 보유(크로아티애[05]) - 유동부채에 상응하는 유동자산 보유(아이슬란드[99])
지준 규제	- 유동성 팽창 억제를 위한 지준부과 확대(한국[06], 중국[03, 06, 07, 10], 인도[04, 06, 07])
LTV 규제	- 유동성 팽창 억제를 위해 도입(한국[03, 06], 중국[01, 05], 홍콩[91, 97], 말레이시아[95], 노르웨이[98], 포르투칼[99], 루마니아[04], 태국[03], 크로아티애[06], 불가리아[04])
자본유출입 규제	- 외환거래에 대한 금융거래세 부과(브라질[08]) - 비예금 외화부채에 대한 부담금 부과(한국, 2011년)

출처 : Borio&Shim(2007)의 내용을 재구성

금융기관을 대상으로 도입하였다. 각국의 규제내용을 성격에 따라 구분하면 [표 5-1]과 같다.

거시건전성을 위한 신흥시장국들의 대응방식은 주요 선진국들과 크게 다르다. 주요 선진국들의 경우 새로운 규제수단을 도입하는 경우에는 금융안정위원회(FSB : Financial Stability Board)[10] 및 바젤은행감독위원회(Basel Committee on Banking Supervision, BCBS)[11] 등 국제기구를 통해 통일된 기준을 채택하려는 데 비해 금융부문이 발전 정도가 낮은 신흥시장국들은 국제적 논의와 별도로 자국 금융환경에 맞춘 새로운 규제수단을 채택하는 경향이 있다. 또한 주요 선진국들은 거시건전성 강화를 위한 정책체계 구축에 집중하는 반면, 신흥시장국들은 정책체계 구축보다는 주어진 틀 내에서 규제수단들을 도입하거나 조정하는 현상이 두드러진다.

3. 국제기구들의 거시건전성정책 관련 논의 내용

글로벌 금융위기 이후 G20, BCBS, FSB 및 IMF 등 국제기구들은 거시건전성 관련 정책에 관해 많은 논의를 하고있다. BCBS의 경우 자본의 질 및 양에 대한 규제의 일관성 및 투명성 강화, 경기순응성 완화 등을 목적으로 논의를 진행시켜 왔다. 즉 2010년 9월 중앙은행총재 및 감독기구장 회의(GHOS;

---

10) 1999년 국제 금융시스템의 안정성을 증대하고 국제적 수준의 금융 감독을 위해 설립된 FSF(Financial Stability Forum, 금융안정포럼)를 2008년 글로벌 금융위기를 극복하는 과정에서 기존 G7 주축에서 2009년 G20가 참여하는 것으로 확대 개편된 금융규제 관련 국제기준 제정을 총괄·조율하는 국제기구

11) 1974년 12월 국제결제은행 산하에 설립된 감독당국간 현안을 협의하고 국제적인 감독 기준을 제정하는 위원회

Meeting of Governors and Heads of Supervision)에서 현행 은행자본규제 제도를 대폭 강화한 새로운 글로벌 자본규제기준 도입방안을 발표하였으며, G20 서울정상회의에서 이를 최종 확정하였다. 각국이 전면 수용하기로 확정한 자본규제 중 경기순응성 완화를 목적으로 하는 경기대응 완충자본(countercyclical capital buffer)[12]과 경제·금융위기 발생시 손실흡수역량을 제고하기 위한 손실보전 완충자본(capital conservation buffer)[13] 등은 시계열 차원의 시스템리스크 억제를 위한 거시건전성정책수단으로 볼 수 있다. FSB는 횡단면 차원의 시스템리스크 억제를 위하여 SIFIs의 선정기준, 선정된 금융기관에 대한 추가자본 및 유동성규제, 규모 및 업무범위 제한 그리고 이들 금융기관의 파산시 정리절차 개선 등에 관한 논의를 전개하고 있다. 한편 IMF를 중심으로 글로벌 금융위기 직후 각국이 금융기관 구제를 위해 투입한 재정자금의 회수와 향후 금융위기에 대비한 금융안정분담금, 금융거래세 등 자금 확보방안에 대하여도 논의가 계속되어 왔으나 2010년 6월 G20 캐나다 정상회의에서 의장국인 캐나다 등이 일괄적 도입을 반대함에 따라 각국의 사정에 따라 도입여부를 결정하기로 하였다.

2010년 G20 서울 정상회의에서는 파생금융상품에 대한 규제강화 등과 함께 거시건전성정책체계 구축을 향후 주요 금융규제 개혁과제로 선정하였는데 이에 따라 FSB, IMF 및 BIS 등을 중심으로 거시건전성정책수단, 수행주체 및 정책당국간 협조 등에 관한 구체적인 논의가 계속될 것으로 보인다.

---

12) 위험가중자산 대비 '보통주자본+기타 손실흡수력이 큰 자본'의 비율이다.
13) 위험가중자산 대비 보통주자본 비율로서, 평상시 동 기준에 따라 추가자본을 적립하여 위기시 이를 버퍼로서 사용한다.

4. 거시건전성정책의 향후 과제 및 중앙은행의 역할

거시건전성정책의 향후 과제와 이와 관련된 중앙은행 역할에 대한 대체적인 합의점으로는 첫째, 거시건전성정책관련 규제 도입시 국제적 협조체제가 필요하다는 것이다. 신흥시장국에서는 자국 사정에 맞추어 거시건전성 제고를 위한 규제수단들을 적극적으로 채택하는 경향이 있으나 규제수단에 지나치게 의존하게 되면 예기치 않은 부작용이 나타날 소지가 있다. 이를 감안하여 G20 서울 정상회의에서는 신흥시장국의 자본유출입 규제수단을 포함한 거시건전성정책체계 구축을 FSB, IMF 및 BIS 등 국제기구를 통해 논의하기로 하였다.

둘째, 거시건전성정책의 수행주체 및 관련기관간 협력 체계 구축에 대한 논의가 진전되어야 할 것이다. 미국과 영국의 사례가 양 극단으로 대비되는 두 모델이 되고 그 중간에서 절충적인 방안이 마련될 것으로 보인다. 미국의 경우 기존의 정책기구들의 기능과 권한을 유지하는 가운데 거시건전성정책에 관한 별도의 협의체를 신설하는 분업체제인 반면, 영국은 중앙은행이 통화신용정책을 포함하여 미시건전성감독과 거시건전성정책을 전부 담당하는 전담체제로 볼 수 있다.

셋째, 거시건전성정책의 효율적 수행을 위해서 중앙은행의 기능을 적극 활용할 필요가 있다.[14] 미시건전성감독기구의 경우 자본규제나 유동성규제 등을 통해 금융기관의 군집행동과 대출행태에 영향을 미침으로써 횡단면 및 시계열 차원의 시스템리스크 예방과 억제에 기여하나 금융시장에 직접 참여하

---

14)   CGFS는 2012년 1월에 제시한「거시건전성 정책설계 및 수행을 위한 7가지 원칙」에서도 독립적인 중앙기구나 공식 위원회가 거시건전성정책의 책임을 져야 하고 어느 형태이든 중앙은행이 중심적 역할을 하도록 하고 있다.

는 당사자가 아니며 경기상황 판단이 본연의 업무가 아니라는 근본적인 한계가 있다. 이에 비해 중앙은행은 공개시장조작을 통해 금융기관과 직접 거래하고 통화신용정책의 수립과 집행을 위한 경기상황 판단이 본연의 업무라는 점에서 거시건전성정책을 수행할 적임자라는 것이 국제기구와 학자들의 중론이며 영국의 금융개혁안도 이런 견해에 근거하고 있다. 또한 중앙은행은 위기 발생시 최종대부자로서 유동성공급 기능을 수행하는 장점도 있다.

넷째, 시장참가자들의 행동을 보다 빠르고 정확하게 파악하기 위하여 개별 금융기관에 대한 중앙은행의 정보 접근성이 강화되어야 한다. 예컨대 미국의 경우 금융감독체계 개편과 관련하여 연준이 금융기관 정보를 취득할 수 있는 직·간접 경로를 확대하였고 영국도 개별 금융기관에 대한 영란은행의 정보접근성이 크게 개선될 예정이다. 중앙은행의 정보접근성 개선을 통한 시스템리스크 분석역량 강화는 궁극적으로 미시건전성감독기구가 추구하는 개별 금융기관의 재무건전성 확보를 통한 금융시스템 안정을 위해서도 바람직하다.

다섯째 중앙은행은 새로운 규제수단들이 금융시장 및 거시경제에 미치는 영향에 대한 면밀한 분석을 토대로 새로운 여건하에서 통화신용정책의 유효성을 확보하려는 노력을 강화해야 한다. 지금까지의 금리조정 등 통화신용정책은 경제변수들이 시장메커니즘을 통해 연속적으로 움직인다는 점이 전제되었다. 그러나 시장의 조정을 거치지 않고 경제주체들의 행태에 직접적인 영향을 미칠 수 있는 거시건전성정책 관련 규제수단이 확대되는 환경에서는 통화신용정책 운용에서 각종 경제변수들이 과거와는 다르게 반응할 수 있는 가능성을 고려해야 할 것이다. 이런 점에서 중앙은행은 경기전망과 시스템리스크 평가에 있어 새로운 분석기법을 개발하고 전망의 정확도를 제고하는 노력을 강화할 필요가 있다.

제2절

양적완화정책

1. 개념

양적완화정책이란 개념은 2001년 3월 일본은행이 제로금리하에서 일본은행 당좌예금잔액을 확대하는 비전통적 통화정책을 도입하면서 처음으로 사용되었다. 일본은행은 통화정책 운용목표를 콜금리에서 일은 당좌예금잔액으로 변경하고 익일물 콜금리를 0%로 유지하는 한편 소비자물가 상승률이 0% 이상에서 안정될 때까지 동 정책을 지속할 것임을 공표하였다. 한편 버냉키와 라인하트(2004)는 양적완화정책을 제로금리 목표하에서 정책금리를 0%로 유지하는 데 필요한 규모 이상으로 중앙은행의 대차대조표 규모를 확대하는 정책으로 정의하였다.[15] 최근에는 중앙은행이 정책금리 목표가 0%가 아니더라도 동 수준 달성에 필요한 규모 이상으로 유동성을 공급하여 중앙은행의 대차대조표 규모를 확대하는 정책으로 해석하려는 경향이다.

---

15) 보다 구체적으로는 ① 저금리가 장기간 지속될 것이란 기대 형성, ② 중앙은행의 자산구성 변화, ③ 중앙은행의 대차대조표 확대(quantitative easing) 등이다.

2. 실시배경

2008년 9월 리먼사태 이후 글로벌 금융시장이 극도로 경색되면서 금융불안이 실물부문으로 빠르게 파급되었다. 신용경색 심화로 금융시스템에 대한 신뢰가 저하되는 가운데 선진국의 경기가 매우 침체되었다. 이에 대응하여 주요국 중앙은행이 정책금리를 큰 폭으로 인하하였으나 금융상황은 그리 나아지지 않아 금리조절을 통한 통화정책이 한계를 보였다. 주요 선진국의 경우 테일러 준칙에 따른 최적 정책금리가 2009년초를 전후해서 0%를 하회하기 시작하여 상당기간 지속될 것으로 추정되었다. 이에 따라 미국, 영국 등 일부 선진국에서는 비전통적 통화정책 수단으로서 양적완화정책을 본격적으로 실시하게 되었다.

주요국 중앙은행의 정책금리 및 대차대조표 규모 추이를 살펴보면 미 연준뿐만 아니라 영란은행, ECB, 일본은행 등이 2008년 9~10월경부터 사실상 양적완화정책을 실시하고 있는 것으로 보인다.

주요국 중앙은행들은 정책금리 목표를 0% 이상으로 유지하면서도 국채 이외의 위험자산도 적극 매입하여 대차대조표 규모를 확대하는 등 정책운용에 있어 과거 일본은행과는 다소 다른 모습을 보이고 있다.[16]

---

16) 윌렘 부이터(Willem Buiter) 전 영란은행 통화정책위원은 대차대조표 규모의 확대 없이 중앙은행의 자산중 위험자산의 비중이 높아지는 것을 양적완화와 구별하여 '질적완화(qualitative easing)'라 명명하였다.

[그림 5-4] 주요국 중앙은행의 정책금리 및 자산 규모

(미 연준)

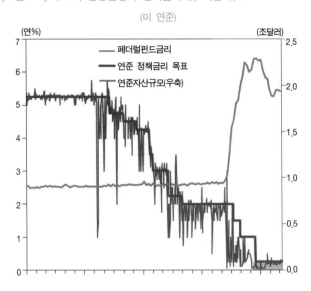

출처 : 연준, Bloomberg

(영란은행)

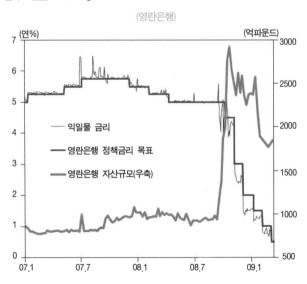

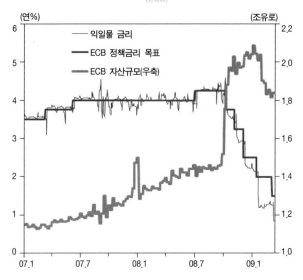

(연%)　　　　　　　　　　　　　　　　　　　　　(조유로)

―― 익일물 금리
━━ ECB 정책금리 목표
━━ ECB 자산규모(우축)

출처 : ECB, Bloomberg

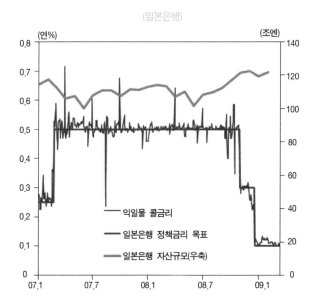

(연%)　　　　　　　　　　　　　　　　　　　　　(조엔)

―― 익일물 콜금리
━━ 일본은행 정책금리 목표
━━ 일본은행 자산규모(우축)

출처 : 일본은행, Bloomberg

[표 5-2] 과거 일본은행과 글로벌 금융위기 이후 주요국 중앙은행의 양적완화정책

	일본은행(2001 ~ 06년)	주요국 중앙은행(금융위기 이후)
통화정책 운용목표	일은 당좌예금잔액	단기 정책금리
정책금리 목표	포기 (0%)	유지 (0% 이상)
정책 지속기간에 대한 공표	○	△*
정책수단	주로 국채 직매입	위험자산 및 국채의 직·간접매입 등

* 일본은행의 경우 지속기간을 'CPI 상승률이 0% 이상에서 안정될 때까지'로 구체적으로 제시한 반면 미 연준은 '향후 수분기 동안 유지'한다고만 발표

　　연준은 리먼 사태 이후 정책금리 수준 달성에 필요한 규모 이상으로 유동성을 공급함으로써 양적완화정책을 사실상 시작하였으며 2008년 12월에는 제로금리를 목표로 하면서 양적완화정책을 본격적으로 시행하였다. 그동안 연준의 양적완화정책은 담보대출, 위험자산 간접매입, 장기채권 직매입 등의 형태로 실시하였다. 영란은행도 2008년 10월초부터 정책금리를 크게 인하하면서 동 수준 유지에 필요한 규모 이상으로 유동성 공급을 늘리기 위해 대차대조표 규모를 확대함으로써 사실상 양적완화정책을 실시하였다. 다만 초기에는 장기 RP 등 통상적인 공개시장조작을 통해 유동성을 공급하였으나 2009년 3월초에는 정책금리를 0.5%로 인하함과 동시에 양적완화정책의 도입을 공식화하였다. 일본은행도 정책금리 목표를 0.1%로 초저금리로 유지하는 가운데 장기국채 및 위험자산 직매입 등을 통해 유동성을 충분히 공급하고 있어 실질적으로 양적완화정책을 실시중에 있었다.[17]

---

17) 구체적 실시 내용은 '제3장 제1절 주요국의 통화정책 운용'을 참조

3. 양적완화정책의 기대효과

양적완화정책의 기대효과는 단기적으로 시장금리 하락과 금융시장 불안 해소, 은행대출 확대 등을 들 수 있다. 양적완화정책이 실시된 2008년 9월 이후 단기금융시장 금리가 빠르게 하락하고 금리스프레드도 축소되었다. LIBOR금리는 2008년 10월 4.8%까지 상승하였으나 2009년초 1%대 초반으로 하락함에 따라 TED 스프레드도 크게 줄어들었다. 신용시장도 양적완화정책 에 의해 유동성이 공급된 시장을 중심으로 안정을 되찾아 나갔다. 연준의 CP 매입으로 2008년 10월 이후 CP금리가 빠른 속도로 낮아졌으며 MBS 직매입 이후 MBS 및 GSEs 발행채권 금리도 큰 폭 하락하였다.

[그림 5-5] 단기금융시장 금리 및 금리스프레드

(단기금융시장 금리)

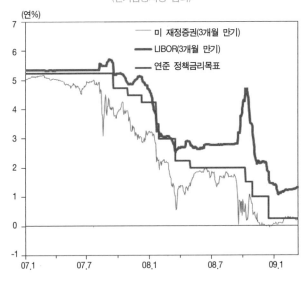

출처 : Bloomberg

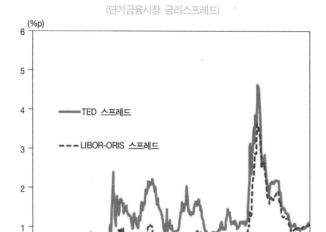

(단기금융시장 금리스프레드)

출처 : Bloomberg

　국제금융계에서는 최근 연준의 양적완화정책이 과거 일본에 비해서는 그 효과가 큰 것으로 평가하고 있다. 이는 글로벌 금융위기 발생 이후의 양적완화정책이 금융불안 심화와 더불어 신속하고 과감하게 실시된 데다 주요국 중앙은행들이 공동으로 실시하였기 때문인 것으로 보고 있다.

4. 양적완화정책 시행에 따른 리스크 및 유의사항

　양적완화정책은 앞에서 설명한 바와 같이 금융시장 안정에 어느 정도 기여하는 것으로 평가되고 있으나 다음과 같은 여러 리스크에 대하여 우려하는 견해도 있다. 첫째, 양적완화정책이 결과적으로 부실 금융기관 및 기업 구제 수단으로도 이용됨에 따라 중앙은행의 정책운용과 관련하여 외부로부터의 정치적 압력이 커질 가능성이 있다. 또한 양적완화정책을 종료하고자 하는 경우에도 이를 지연시키기 위한 정치적 압력이 뒤따를 소지가 있다. 둘째, 단기적으로는 경기침체 지속, 은행의 리스크 회피성향 등으로 양적완화정책이 인플레이션으로 이어질 위험은 낮지만 경기가 회복되고 금융이 안정되는 시점에서 과잉 유동성으로 인한 인플레이션 리스크가 증대될 가능성이 있다. 셋째, 중앙은행 대차대조표에서 위험자산의 비중이 높아짐에 따라 중앙은행이 상당한 수준의 신용 리스크에 노출될 수 있다. 특히 글로벌 금융위기는 과거 사례와 비교해 부실규모가 상대적으로 커 중앙은행이 양적완화를 통해 보유하고 있는 위험자산에서 손실이 발생할 가능성이 높은 것으로 보인다. 넷째, 위험자산의 보유 증가로 중앙은행의 자산건전성이 훼손될 경우 통화정책의 독립성과 신뢰성이 약화될 우려가 있다. 중앙은행의 손실규모가 커질 경우 수지문제가 통화정책운영의 제약요인으로 작용할 가능성이 있으며 정부가 중앙은행의 손실을 보전해 주는 경우 통화정책에 관한 독립성이 훼손될 가능성이 있다. 다섯째, 양적완화를 통한 부실은행 지원이 금융기관과 금융감독기구의 도덕적 해이를 조장할 우려가 있다. 중앙은행이 부실 금융기관에 유동성을 지원하는 경우 감독당국이 이들 금융기관의 구조조정을 지연시킬 유인이 높아질 수 있다. 또한 중앙은행이 위험자산을 직매입하거나 적격담보로 인정하게 되면 금융기관들은 우량자산은 자체 보유하고 위험자산만을 중앙은행에 떠넘기는 현상이 나타날 수 있다. 여섯째, 양적완화정책이 장기간 지속될 경우 중앙은행이 금융기관의 주된 자금공급원이 됨으로써 금융시장의 기능이 저하될 소지가 있다. 중앙은행의 대규모 유동성 공급으로 은행간 시장에서 자금거래가 약화되고 시장가격 형성이 어려워질 소지가 있다. 또한 중앙은행이 CP, 회사채 등을 직접 매입하는 경우 대상에서 제외된 저신용도 크레디트물 거래가 더욱 위축되는 구축효과가 나타날 우려가 있다.

이상에서 살펴본 바와 같이 양적완화정책 시행에는 여러 리스크가 존재함을 고려해 볼 때 동 정책의 시행에 매우 신중하게 접근할 필요가 있다. 특히 중앙은행이 신용 리스크 등 여러 리스크에 노출될 수 있을 뿐만 아니라 통화정책의 독립성 및 신뢰성이 약화되는 부작용을 초래하는 데 주목할 필요가 있다. 왜냐하면 훼손된 통화정책의 독립성과 신뢰성은 이를 회복하는 데 매우 오랜 기간이 소요되기 때문이다. 따라서 중앙은행은 적정 규모의 유동성 공급, 보유자산의 건전성 확보, 위험자산 보유에 따른 손실처리 방법 마련 등에 노력을 기울여야 하며 경기회복 및 금융안정화시 과도한 인플레이션 압력이 발생하지 않도록 정책종료 전략(exit strategy)을 사전에 면밀히 검토하여야 할 것이다. 신흥시장국의 경우 양적완화정책 시행에 따른 자국 통화가치의 급락 위험에 유의하여야 하겠다. 주요 선진국의 경우 양적완화정책을 실시하더라도 안전통화에 대한 수요 등으로 통화가치가 급락할 가능성이 크지 않으나 대외부채 규모가 큰 신흥시장국의 경우 자국 통화의 급속한 절하로 대외채무 상환 부담이 가중되고 금융 및 경제 상황의 불안정성이 증대될 우려가 있기 때문이다. 한편 양적완화는 금융기관의 자본확충 및 신속한 부실자산 처리, 금융산업 구조조정 등 거시 및 미시건전성 대책을 적절히 병행해야 소기의 성과를 거둘 수 있음은 자명하다 할 것이다.

참고문헌

강경훈, 『우리나라 금융시장의 쏠림현상』, 금융조사보고서 2006-8, 한국금융연구원, 2006.

강태수, 박종성, 이환석, "유동성 수준 평가방법", 한국은행 조사연구자료 97-16, 1997. 12.

국회사무처, 제302회 국회(임시회) 국회본회의의사록(임시회의록) 제2호, 2011. 8. 31.

권성태 · 배성종, "물가안정목표제와 주요국의 사례", 『한국의 물가안정목표제』, 한국은행, 1999.

김배근, "물가갭의 인플레이션 예측력에 관한 연구: 통화적 물가결정이론을 중심으로", 『경제분석』제 15권 제 3호, 한국은행, 2009.

김병덕 · 함준호, "규제감독 시스템의 개선방향", 한국금융학회 창립 20주년 기념 금융정책 심포지엄 발표자료, 2009. 5.

김병화 · 문소상, "주가와 소비의 관계분석", 『경제분석』제7권 제1호, 한국은행, 2001.

김석영, 금리 시나리오 생성모델 연구, 보험개발원 연구조사자료 2005-1, 2005. 3.

김인규 · 조용범 · 조성민, "자산건전성 논의 추이와 과제", 『조사통계월보』, 한국은행, 2011. 4.

김현의, "통화정책의 파급효과에 관한 새로운 시각,"『경제분석』제1권 제1호, 한국은
　　행, 1995.

박형근, "물가안정목표제와 물가안정간의 연관성",『조사통계월보』, 한국은행, 2009.
　　6.법제처, 한국은행법(2011), 2011.

오정근,『구조전환기의 한국 통화금융정책』, 다산, 2003.

윤석헌 · 정지만, "시스템리스크와 거시건전성 정책체계",『금융감독체계의 개편 방향』,
　　서울대학교 금융경제연구원 심포지엄 발표자료, 2009. 11.

이은석 · 이문희, "소비자물가지수의 상향편의",『조사통계월보』(2009년 8월호), 한국
　　은행, 2009.

이태규, "거시건전성 감독체계 강화 논의와 정책적 시사점", 한국경제연구원, 2010. 2.

임호열 · 박진호, "최근 영란은행의 통화정책 운영방식 개편 내용과 성과",『한국은행
　　업무참고자료』 2006-3, 2006. 10.

정철 · 김봉근 · 박명호, "한국 소비자물가지수 편의 추정과 국제 물가비교에 대한 시
　　사점",『대외경제연구』, 제11권 제2호, 대외경제정책연구원, 2007.

조동철 · 성명기, "저금리 시대의 부동산가격과 통화 · 조세정책에 대한 시사점", KDI
　　정책포럼 제166호(2003-04), 한국개발연구원, 2003.

증권선물거래소, 『채권시장 해설』, 증권선물거래소 유가증권시장본부, 2005. 1.

차현진,『숫자없는 경제학』, 인물과사상사, 2011.

채희율, "시스템리스크와 금융정책과제", 한국금융연구원, 2010. 5.

통계청,『경기종합지수』, 각 호

하성근,『한국의 금융정책: 주요 과제와 대응방향』, 태진출판사, 1990.

한국개발연구원,『전환기의 한국경제와 금융정책』, 한국개발연구원, 1986.

한국금융연구원,『우리나라 통화금융정책의 추이』, 한국금융연구원, 1993.

한국은행, 『연차보고서』, 각 호

한국은행, 통화신용정책 보고서, 각 호

한국은행,『통화 및 금리 통계 해설』, 2003.

한국은행,『우리나라의 통화정책』, 2005.

한국은행,『우리나라의 통화지표해설』, 2008.

한국은행, 『우리나라의 금융시장』, 2009.

한국은행, "주요국의 통화정책 출구전략 이행 현황", 『해외경제정보』제2009-73호, 2009. 12.

한국은행, "주요국 통화정책의 재완화 움직임과 시사점", 『해외경제정보』제2010-35호, 2010. 9.

한국은행, 『알기 쉬운 경제지표해설』, 2010.

한국은행, 『우리나라의 국민계정체계』, 2010.

한국은행, 『우리나라의 금융제도』, 2011.

함정호·홍승제, "자산가격변동과 통화정책 : 통화정책 역할 변화와 운용방식 및 수단의 적절성", 『금융경제연구』제139호, 한국은행, 2002.

황상필, "유가상승 충격의 요인분해와 시사점", 한은조사연구, 한국은행, 2008. 4

황상필·문소상 외, "한국은행 분기 거시계량모형의 재구축", 『조사통계월보』, 한국은행, 2005. 5.

국토해양부 온나라부동산정보통합포털 : www.onnara.go.kr

통계청 통계설명시스템 : kostat.go.kr/wnsearchNew/search.jsp

한국은행 : www.bok.or.kr

한국은행 경제통계시스템 : ecos.bok.or.kr

白川方明, 『現代の金融政策－理論と實際』, 日本経濟新聞出版社, 2008.

白塚　重典, "現時点におけるインフレ・ターゲッティングは時宜にかなった政策提言ではない : 物価安定を目指すための金融政策の枠組み", 『週刊金融財政事情』2000年11月13日号, 日本銀行 金融研究所, 2000.

日本銀行, 「物価の安定」についての考え方, 日本銀行, 2000.

日本銀行 "日本銀行の金融市場調節", 2008. 6

日本銀行, "日本銀行と金融政策", 2008. 8.

香西　泰·伊藤　修·有岡律子, "バブル期の金融政策とその反省", Discussion Paper No. 2000-J-27, 日本銀行 金融研究所, 2000.

鵜飼　博史·園田　桂子, "金融政策の說明に使われている物価指數", 日銀レビュー 2006-J-2, 日本銀行, 2006.

日本銀行 : www.boj.or.jp

中國人民銀行 : www.pbc.gov.cn

Aizenman, J. and J. Lee, "International Reserves: Precautionary Versus Mercantilist Views, Theory and Evidence", 2007.

Akerlof, George A., William R. Dickens, and George L. Perry, "The Macroeconomics of Low Inflation," *Brookings Papers on Economic Activity*, Economic Studies Program, vol. 27(1996-1), The Brookings Institution, pages 1-76, 1996.

Alchian, A. and Klein, B, "On a Correct Measure of Inflation", *Journal of Money, Credit and Banking*, Vol. 5, 1973.

Allen, M., "A Balance Sheet Approach to Financial Crisis", IMF Working Paper, 2002.

Alvaro Angeriz & Philip Arestis, "Assessing inflation targeting through intervention analysis," Oxford Economic Papers, *Oxford University Press*, vol. 60(2), pages 293-317, Apr. 2008.

Baba, N., S. Nishioka, N. Oda, M. Shirakawa, K. Ueda, and H. Ugai, "Japan's Deflation, Problems in the Financial System, and Monetary Policy", *BIS Working Paper Series* No. 188, 2005.

Bacchetta, P. and E. Van Wincoop, "Does Exchange-Rate Stability Increase Trade and Welfare?", *American Economic Review* 1093-1109, 2000.

Bank of England, "The Framework for the Bank of England's Operations in the Sterling Money Markets", Jan. 2008.

Bank of England, "The Role of Macroprudential Policy", Discussion Paper, Nov. 2009.

Bank of England, "Documentation for the Bank of England's Operations under the Sterling Monetary Framework", Jun. 2010.

Batini, Nicoletta and Edward Nelson, "Optimal horizons for inflation targeting," Bank of England working papers 119, Bank of England, 2000.

Batini, Nicoletta and E. Terean, "Inflation Targeting during Asset and Commodity Price Booms", *Oxford Review of Economic Policy*, Vol. 26, No. 2, pp.15-35.

Bean, C., "Asset Prices, Financial Imbalances and Monetary Policy: Are Inflation Targets Enough?", in Richards, A. and T. Robinson, eds., *Asset Prices and Monetary Policy*, Reserve Bank of Australia, Sydney, pp.48-76, 2003.

Beatty, T. and E. R. Larsen, "Using Engel Curves to Estimate Bias in the Canadian CPI as a Cost of Living Index," *Canadian Journal of Economics*, Vol 38, No 2, The Journal of the Canadian Economics Association, 2005.

Berger, Helge, Volker Nitsch, and Tonny Lybek, Central Bank Boards Around the World: Why Does Membership Size Differ?, CESifo Working Paper No. 1897, CESifo Group, 2007.

Bernanke, B. and Gertler, M., "Monetary and Asset-Price Volatility," FRB of Kansas City Symposium Paper, Aug. 1999.

Bernanke, B., and V. Reinhart, "Conducting Monetary Policy at Very Low Short-Term Interest Rates", *The American Economic Review*, Vol. 94, No. 2, 2004.

Bernanke, B., "Financial Reform to Address Systemic Risk", Speech at the Council on Foreign Relations, Washington, D.C, 2009.

Bernanke, B., "The Crisis and the Policy Response", Speech At the Stamp Lecture, London School of Economics, 2009.

Bernanke, B., "Monetary Policy and the Housing Bubble", At the Annual Meeting of the American Economic Association, January 3, 2010, Atlanta, Georgia, 2010.

BIS, "Recent innovations in international banking", Report prepared by a study group established by the central banks of the G10 countries, Basel, Apr. 1986.

BIS, 80th Annual Report, Basel, Jun. 2010.

Blinder, Alan and Ricardo Reis, "Understanding the Greenspan Standard," Working Papers 88, Princeton University, DeChapterment of Economics, Center for

Economic Policy Studies, 2005.

Blinder, Alan, "Monetary Policy by Committee: Why and How?", *European Journal of Political Economy*, pp. 106-123, March 23, 2007.

Blinder, Alan, "Two Bubbles, Two Paths", *The New York Times*, June 15, 2008.

Blinder, Alan, "How Central should the Central Bank Be?", *Journal of Economic Literature*, Vol.48 No.1, American Economic Association, pp.123-133, 2010.

Board of Governors of the Federal Reserve System, "The Federal Reserve System : Purposes and Functions", Jun. 2005.

Board of Governors of the Federal Reserve System, "Credit and Liquidity Programs and the Balance Sheet", Aug. 2010.

Bordo, M. and O. Jeanne, "Boom-busts in asset prices, economic instability and monetary policy", Centre for Economic Policy Research Discussion Paper 3398, 2002.

Borio, C., N. Kennedy and S.D. Prowse, "Exploring Aggregate Asset Price Fluctuations Accross Countries: Measurement, Determinants and Monetary Policy Implications," BIS Economic Paper No.40, Apr. 1994.

Borio, C. and P. Lowe: "Asset prices, financial and monetary stability: exploring the nexus", BIS, Basel, 2002.

Borio, C., W. English and A. Filardo, "A tale of two perspectives: old or new challenges for monetary policy", BIS Working Papers, No 127, Basel, Feb. 2003.

Borio, C., "Towards a macroprudential framework for financial supervision and regulation?", Apr. 2003.

Borio, C., "Securing Sustainable Price Stability: Should Credit Come back from the Wilderness?, BIS Working Papers No 157, 2004.

Borio, C. and I. Shim, "What can (macro)-prudential policy do to support monetary policy?", *BIS Working Papers*, No. 242, Dec. 2007.

Borio, C., "Implementing the macroprudential approach to financial regulation and supervision", *Financial Stability Review*, Bank of France, Sep. 2009.

Boskin, M. J., E. R. Dulberger, Z. Griliches, R. J. Gordon and D. W. Jorgenson, "Toward a More Accurate Measure of the Cost of Living", *Final Report to the Senate Finance Committee from the Advisory Commission to Study the Consumer Price Index*, December 1996, 46 Monthly Bulletin, 1996.

Boskin, M. J. and D. W. Jorgenson, "Implications of Overstating Inflation for Indexing Government Programs and Understanding Economic Progress", *American Economic Review*, Vol. 87, No. 2, May 1997.

Boskin, M. J., "Causes and Consequences of Bias in the Consumer Price Index as a Measure of the Cost of Living", *Atlantic Economic Journal*, Vol.33, No. 1, Mar. 2005.

Brockmeijer, J., "Issues related to the measurement of market size and macroprudential risks in derivatives markets", Report prepared by a working group established by the central banks of the G10 countries, Basel, Feb. 1995.

Brook, Anne-Marie, Özer Karagedikli, and Dean Scrimgeour. "An Optimal Inflation Target for New Zealand: Lessons from the Literature", Reserve Bank of New Zealand Bulletin 65(3): 5-6, 2002.

Brunnermeier, M., A. Crocket, C. Goodhart, A. Persaud and H. Shin, "The Fundamental Principles of Financial Regulations", Geneva Reports on the World Economy, No. 11, Jul. 2009.

Bryan, M. F., Cecchetti, S. G and O'Sullivan, R., "Asset prices in the measurement of inflation", NBER Working paper 8700, National Bureau of Economic Research, 2002.

Bureau of Labor Statistics, "Consumer Price Index—Measurement Issues in the Consumer Price Index", Prepared in response to a letter from Jim Saxton, Chairman of the Joint Economic Committee, to Katharine, Abraham,

Commissioner of the Bureau Labor Statistics, U.S. DeChapterment of Labor, 1997.

Calomiris, C. W., "Financial Innovation, Regulation, and Reform", *Cato Journal*, Vol. 29, No. 1, 2009.

Calvo, G. A., "Capital Flows and Capital-Market Crises: The Simple Economics of Sudden Stops", *Journal of applied Economics* 1, 1998.

Calvo, G. A, "Monetary Policy Challenges in Emerging Markets: Sudden Stop, Liability Dollarization, and Lender of Last Resort", IADB Working Paper #596, 2006.

Calvo, G. A, "Systemic Sudden Stops: The Relevance of Balance-Sheet Effects and Financial Integration", *NBER Working Paper*, 2008.

Capie F, C. Goodhart and N. Schnadt, "The Development of Central Banking", in F Capie, C Goodhart, S Fischer and N Schnadt(eds), *The Future of Central Banking: The Tercentenary Symposium of the Bank of England*, Cambridge University Press, Cambridge, pp 1–31, 1994.

Cardarelli, Roberto, Deniz Igan, and Alessandro Rebucci, "The Changing Housing Cycle and the Implications for Monetary Policy", *World Economic Outlook*, International Monetary Fund, Apr. 2008.

Cecchetti, Stephen G., Hans Genberg, John Lipsky and Sushil Wadhwani, "Asset prices and central bank policy", *Geneva Report on the World Economy*, No 2, CEPR and ICMB, 2000.

Cecchetti, Stephen G., Hans Genberg, John Lipsky, "Asset Prices in a Flexible Inflation Targeting Framework," *Conference Paper on 'Asset Price Bubbles: Implication for Monetary, Regulatory and International Policies'*, Federal Reserve Bank of Chicago and the World Bank, 2002.

CGFS, "Macroprudential instruments and frameworks: a stocktaking of issues and experiences", *CGFS Papers* No. 38, Apr. 2010.

CGFS, "Practical approaches to designing and conducting macroprudential policy",

Jan. 2011.

Chadha, Jagjit S., Lucio Sarno, and Giorgio Valente, "Monetary Policy Rules, Asset Prices, and Exchange Rates", IMF Staff Papers 51, International Monetary Fund, 2004.

Clark, Todd E., "A Comparison of the CPI and the PCE Price Index", *Economic Review, Third Quarter,* Federal Reserve Bank of Kansas City, 1999.

Corbo V., O. Landerretche, and K. S. Hebbel," Does Inflation Targeting Make a Difference? Central Bank of Chile Working Paper No. 106, 2001.

Costa, D. L., "Estimating Real Income in the United States from 1888 to 1994: Correcting CPI Bias Using Engel Curves", *The Journal of Political Economy*, Vol 109, No. 6, University of Chicago Press, 2001.

Crockett, A., "The Theory and Practice of Financial Stability", *Essays in International Finance*, No.203, Princeton University, 1997.

Crockett, A., "Marrying the micro- and macroprudential dimensions of financial stability", BIS speeches, Sep. 2000.

Crockett, A., "Central banking under test?", Speech at the BIS Conference on 'Monetary stability, financial stability and the business cycle', Basel, Switzerland, March 28, 2003.

Crow, J.W., "The Work of Canadian Monetary Policy." Eric J. Hanson Memorial Lecture, University of Alberta, Edmonton, Alberta, The *Bank of Canada Review*, February. pp 3-17. 1988.

Cunningham, A., "Measurement Bias in Price Indices: An Application to the UK's RPI," Bank of England Working Paper No 47, Bank of England, 1996.

De Nedelandsche Bank," Towards a more stable financial system", 2010.

Decressin, J., and D. Laxton, "Gauging Risks for Deflation," *IMF Staff Position Note* 09/01, 2009.

Dooley, M. P., "A Retrospective on the Debt Crisis", *NBER Working Papers* 4963, 1995.

Drew, A., Ö. Karagedikli, R. Sethi and C. Smith, "Changes in the transmission mechanism of monetary policy in New Zealand," *Reserve Bank of New Zealand Discussion Paper Series DP2008/03*, Reserve Bank of New Zealand, 2008.

ECB, "The Single Monetary Policy in the Euro Area", Apr. 2002.

ECB, "The Implementation of Monetary Policy in the Euro Area", Nov. 2008.

Edwards, S., "Thirty Years of Current Account Imbalances, Current Account Reversals, and Sudden Stops", IMF Staff Papers 51:1-50, 2004.

EU Commission, "Proposal for a Regulation of the European Parliament and of the Council on Community macro prudential oversight of the financial system and establishing a European Systemic Risk Board", 2009/0140.

Fatás, Antonio, Prakash Kannan, Pau Rabanal, and Alasdair Scot. "Lessons for Monetary Policy from Asset Price Fluctuations", *World Economic Outlook*, International Monetary Fund, Sep. 2009.

Feldstein, Martin, "What Powers for the Federal Reserve?", *Journal of Economic Literature*, Vol.48 No.1, American Economic Association, pp.134-145, 2010.

Filardo, A., "Should Monetary Policy Respond to Asset Price Bubbles? Some Experimental Results", Research Working Paper 01-04, Federal Reserve Bank of Kansas City, 2001.

Filardo, A., "Monetary Policy and Asset Price Bubbles: Calibrating the Monetary Policy Trade-Offs", BIS Working Paper No.155, 2004.

Frederic S. Mishkin and Klaus Schmidt-Hebbel, "One Decade of Inflation Targeting in the World: What Do We Know and What Do We Need to Know?" in Norman Loayza and Raimundo Soto, eds., *Inflation Targeting: Design, Performance, Challenges* (Central Bank of Chile: Santiago 2001): pp.117-219, 2007.

FSB · CBS, "Assessing the macroeconomic impact of the transition to stronger capital and liquidity requirements", *MAG*, Dec. 2010.

Furer, J., and G. Moore, "Inflation Persistence.", *Quarterly Journal of Economics*, 110, 1995.

Gali, J. and M. Gertler, "Inflation Dynamics; A Structural Econometric Analysis," *Journal of Monetary Economics*, Vol. 44, 1999.

Gochoco-Bautista, Maria Socorro, "Asset prices and monetary policy: booms and fat tails in East Asia," BIS Working Papers 243, Bank for International Settlements, 2008.

Gonçlves, C. E. and J. M. Salles, "Inflation Targeting in Emerging Economies: What Do the Data Say?" *Journal of Development Economics* 85, pp.312-8, 2008.

Goodhart, Charles A. E., *The Central Bank and the Financial System*, MIT Press, 1995.

Goodhart, Charles A. E, "Time, Inflation and Asset Prices." Eurostat Conference paper, Aug. 1999.

Goodhart, Charles A. E. and B. Hofmann, "Do asset prices help predict consumer price inflation?", The Manchester School Supplement, pp 122-40, 2000.

Goodhart, Charles A. E., *The Central Bank and the Financial System, Asset Prices, Exchange Rates, and Monetary Policy*, Stanford University, March 2-3, 2001.

Gordon Robert J., "The Boskin Commission Report: A Retrospective One Decade Later", NBER Working Paper 12311, National Bureau of Economic Research, 2006.

Greenspan, Alan, "Economic volatility", speech at a symposium sponsored by the Federal Reserve Bank of Kansas City, Jackson Hole, Wyoming, 2002.

Gurkaynak, Refet, Brian Sack and Eric Swanson, "Do Actions Speak Louder than Words? The Response of Asset Prices to Monetary Policy Actions and Statements", *Finance and Economics Discussion Series* 2004-66, The

Federal Reserve Board, 2004.

Gükaynak, R. S., A. T. Levin, and E. T. Swanson, "Does Inflation Targeting Anchor Long-Run Inflation Expectations? Evidence from Long-Term Bond Yields in the U.S., U.K., and Sweden." Federal Reserve Bank of San Francisco Working Paper No. 2006-9, 2006.

Hallman, J., R. Porter and D. Small, "Is the Price Level Tied to the M2 Monetary Aggregate in the Long Run?" *American Economic Review*, 81 (4), pp. 841-858, 1991.

Hamilton, B. W., "Using Engel's Law to Estimate CPI Bias", *The American Economic Review*, pp. 619-630, Jun. 2001.

HM Treasury, "A new approach to financial regulation : judgement, focus and stability", Jul. 2010.

Hoffmaister, Alexander W., "Inflation Targeting in Korea: An Empirical Exploration", IMF Staff Papers Vol. 48, No. 2, International Monetary Fund, 2001.

Hofman, D., R. Atoyan, D. Tzanninis and M. Mecagni, "The Duration of Capital Account Crises--An Empirical Analysis", IMF Working Papers 7258:1-42, 2007.

Hong, Lu and Scott E. Page. "Groups of Diverse Problem Solvers Can Outperform Groups of High-ability Problem Solvers", *Proceedings of the National Academy of Sciences 101(46): 16385-6389*, 2004.

Hyvonen. M.," Inflation Convergence Across Countries", Research Discussion Paper No. 2004-04, Reserve Bank of Australia 2004.

IMF, "Macroprudential and indicators of financial soundness", Occasional Papers, No. 192, Apr. 2000.

IMF-FSB, "Design and Methodological Toolkit", The IMF-FSB Early Warning Exercise, Sep. 2010.

International Labour Organization, *Consumer price index manual: Theory and practice*, 2004.

International Monetary Fund, "Asset Prices and Business Cycle", *World Economic Outlook*, Apr. 2000.

International Monetary Fund, *Producer Price Index Manual: Theory and Practice*, 2004.

International Monetary Fund "Republic of Korea: Article IV Consultation—Staff Report; Public Information Notice on the Executive Board Discussion; and Statement by the Executive Director for the Republic of Korea", *IMF Country Report* No. 10/270, Sep. 2010.

Johnson, D. R., "The Effect of Inflation Targeting on the Behaviour of Expected Inflation: Evidence from an 11 Country Panel", *Journal of Monetary Economics,* Vol. 49, No. 8, 2002.

Kamada, K., and T. Sugo, "Evaluating the Japanese Monetary Policy under the Non-Negativity Constraint on Nominal Short-Term Interests Rates," *Bank of Japan Working Paper Series*, 2006.

Kaminsky, G. L. and C. M. Reinhart, "The Twin Crises: the Causes of Banking and Balance-Of-Payments Problems", *American Economic Review* 473-500, 1999.

Kent, C. and Lowe. P., "Asset Price Bubble and Monetary Policy", Working Paper, Reserve Bank of Australia, Dec. 1997.

Kiley, Michael T., "Monetary Policy Actions and Long-Run Inflation Expectations", Finance and Economics Discussion Series 2008-3, Federal Reserve Board, 2008.

Knight, M. D., "Marrying the micro and macroprudential dimensions of financial stability: six years on", Speech delivered at the 14th International Conference of Banking Supervisors, BIS Speeches, Oct. 2006.

Kohn, Donald L., "Monetary policy and asset prices", at 'Monetary Policy: A Journey from Theory to Practice' a European Central Bank Colloquium held in honor of Otmar Issing, Frankfurt, Germany, 2006.

Kohn, Donald L, "Monetary policy and asset prices revisited", Speech at the Cato Institute's Twenty-Sixth Annual Monetary Policy Conference, Washington DC, November 19, 2008.

Kuttner, K.N., "Comments on 'Price Stability and Japanese Monetary Policy'(2)", *Monetary and Economic Studies*, Bank of Japan, 2004.

Laeven, L., and F. Valencia, "Systemic Banking Crises: A New Database," IMF Working Paper 08/224, 2008.

Landau, J. P., "Bubbles and macro prudential supervision", Remarks at the Joint conference on "The future of Financial Regulation", organized by the Bank of France and the Toulouse School of Economics, Paris, 2009.

Levin, A., and F.M. Natalucci, and J. M. Piger, "The Macroeconomic Effects of Inflation Targeting", *FRB St. Louis Review*, 2004.

Lin, Shu and Haichun Ye, "Does inflation targeting really make a difference? Evaluating the treatment effect of inflation targeting in seven industrial countries," *Journal of Monetary Economics*, Elsevier, vol. 54(8), pp.2521-2533, Nov. 2007.

Marcussen, Martin, "The Fifth Age of Central Banking in the Global Economy", Paper presented at the conference 'Frontiers of Regulation', University of Bath, September 7-8, 2006.

Menz, Jan-Oliver and Lena Vogel, "A Detailed Derivation of the Sticky Price and Sticky Information New Keynesian DSGE Model", *Macroeconomics and Finance Series* 2009/02, Hamburg University, DeChapterment Wirtschaft und Politik, 2009.

Mishkin, Frederic, "The Causes and Propagation of Financial Instability: Lessons for Policymakers", *Maintaining Financial Stability in a Global Economy*, Federal Reserve Bank of Kansas City, Missouri, 1997.

Mishkin, Frederic, "Inflation Dynamics", *NBER Working Paper* No. 13147, 2007.

Mishkin, Frederic, *Monetary Policy Strategy*, The MIT Press, 2007.

Mishkin, F. and K. Schmidt-Hebbel, "Does Inflation Targeting Make a Difference?", *NBER Working Paper* No. 12876, 2007.

Mishkin, Frederic, "How Should We Respond to Asset Price Bubbles", Speech at the Wharton Financial Institutions Center and Oliver Wyman Institute's Annual Financial Risk Roundtable, Philadelphia, Pennsylvania, 2008.

Mohanty, M. S. and P. Turner, "Foreign Reserve Accumulation in Emerging Markets: What Are the Domestic Implications?", *BIS Quarterly Review*, Sep. 2006.

Moyer, Brian C., "Comparing Price Measures—The CPI and the PCE Price Index", Presentation at the 2006 Washington Economic Policy Conference, National Association for Business Economics, Marriott Crystal City, March 13-14, 2006.

Munchau, B., "Central banks must start to care about house prices", *Financial Times*, April 7, 2008.

Obstfeld, M., "Financial Stability, the Trilemma, and International Reserves", *NBER Working Paper* 14217, 2008.

Okina, K., and S. Shiratsuka, "Policy Duration Effect under Zero Interest Rates: An Application of Wavelet Analysis," *CESifo Working Paper Series* No. 1138, 2004.

Peersman, G. and F. Smets, "The monetary transmission mechanism in the Euro area: more evidence from VAR analysis (MTN conference paper)," *Working Paper Series* 091, European Central Bank, 2001.

Pollard, Patricia, "Monetary Policy-Making around the World", Presentation at the Federal Reserve Bank of St. Louis, 2004.

Posen, A., "Why central banks should not burst bubbles", *International Finance*, pp.109-123, 2006.

Ray, P. and S. Chatterjee, "The Role of Asset Prices in Indian Inflation in Recent

Years: Some Conjectures," BIS Papers No. 8, pp. 131-150, 2001.

Roberts, J.M., "Monetary Policy and Inflation Dynamics", *Finance and Economics Discussion Series*, Federal Reserve Board, 2004.

Rossiter, J., "Measurement Bias in the Canadian Consumer Price Index", Working Paper 2005-39, Bank of Canada, 2005.

Rudebusch. G. D., "Assessing the Lucas Critique in Monetary Policy Models," *Journal of Money, Credit, and Banking*, 37, 2005.

Sawyer, Malcolm, "Inflation targeting and central bank independence: we are all Keynesians now! or are we?", *Journal of Post Keynesian Economics*, Volume 28, Number 4 / Summer, M. E. Sharpe, 2006.

Schwartz, A., "Why financial stability depends on price stability?" *Economic Affairs*, 1995.

Shin, H. and K. Shin, "Macroprudential Policy and Monetary Aggregates", Paper prepared for the Bank of Korea 2010 International Conference, May 2010.

Shiratsuka, S., "Measurement Errors in Japanese Consumer Price Index," IMES Discussion Paper No. 99-E-23, Bank of Japan, 1999.

Singleton, John, Arthur Grimes, Gary Hawke, and Sir Frank Holmes, *Innovation and Independence: The Reserve Bank of New Zealand 1973-2004*, Auckland University Press, 2006.

Small, D., and T. Kimura, "Quantitative Monetary Easing and Risk in Financial Asset Markets," FEDS Working Paper No. 2004-57, 2004.

Smet, F., "Financial Assets Prices and Monetary Policy : Theory and Evidence," Conference paper for 'Monetary Policy and Inflation Targeting', Reserve Bank of Australia, 1997.

Spinelli, Franco and Carmine Trecroci, "Maastricht: New and Old Rules", Discussion Paper No. 0614, Università degli Studi di Brescia, 2006.

Squam Lake WG, "The Squam Lake Report: Fixing the Financial System",

Princeton University Press(E-book), Jun. 2010.

Stella, P., "Central Bank Financial Strength, Transparency, and Policy Credibility," IMF Staff Papers Vol. 52, No. 2, 2005.

Svensson, Lars E.O., "Inflation Forecast Targeting: Implementing and Monitoring Inflation Targets." *European Economic Review*, 41(6), pp.1111-1146, Jun. 1997.

Taylor, John B., "Discretion versus Policy Rules in Practice", *Carnegie-Rochester Conference Series on Public Policy*, 39, pp.195-214, 1993.

The Economist, "America's Banking Crisis: Worse than Japan?," Article 2009/2/14.

Trichet, Jean-Claude, "Asset price bubbles and monetary policy", Speech at the Mas lecture, Singapore, June 8, 2005.

Truman, E. M., "Inflation Targeting in the World Economy", Institute for International Economics, 2003.

U.S. General Accounting Office, "Consumer Price Index: Update of Boskin Commission's Estimate of Bias", *Report to the Ranking Minority Member*, Committee on Finance U.S. Senate, 2000.

Ueda, K., "The Role of Capital for Central Banks," Speech to Japan Society of Monetary Economics, 2004.

Ugai, H., "Effects of the Quantitative Easing Policy: A Survey of Empirical Analyses," *Bank of Japan Working Paper Series*, 2006.

Vega, M. and D. Winkelried, "Inflation Targeting and Inflation Behavior: A Successful Story?" *International Journal of Central Banking* 1 (3): 153-5, 2005.

Vickers, J. : "Asset prices and monetary policy", *Quarterly Bulletin*, 34, November, Bank of England, pp 478-435, 1999.

Webb, Roy H., "Which Price Index Should a Central Bank Employ?", *Economic Quarterly*, Volume 90/2, Spring, Federal Reserve Bank of Richmond, 2004.

White, William R., "Changing views on how best to conduct monetary policy: the last fifty years", Speech at the Reserve Bank of India, Mumbai, India, December 14, 2001.

White, William R., "Is Price Stability Enough?", BIS Working Paper No. 205, Bank for International Settlements, Basel, 2006.

Woodford, M., "Non-Standard Indicators for Monetary Policy", in N. Gregory Mankiw(ed) *Monetary Policy*, University of Chicago Press, 1999.

Yellen, Janet L., "Implications of Behavioral Economics for Monetary Policy", Federal Reserve Bank of Boston Conference: 'Implications of Behavioral Economics for Economic Policy', Boston, Massachusetts, September 28, 2007.

Bank of Canada : www.bankofcanada.ca

Bank of England : www.bankofengland.co.uk

Board of Governors of the Federal Reserve System : www.federalreserve.gov

European Central Bank : www.ecb.int

European Union : europa.eu

Reserve Bank of New Zealand : www.rbnz.govt.nz

찾아보기